Jana Friedmann, Marcus Morath, Daniela Weckerle

Wirtschaft und wir

Schülerband

17. Auflage

Bestellnummer 08189

Die in diesem Produkt gemachten Angaben zu Unternehmen (Namen, Internet- und E-Mail-Adressen, Handelsregistereintragungen, Bankverbindungen, Steuer-, Telefon- und Faxnummern und alle weiteren Angaben) sind i. d. R. fiktiv, d. h., sie stehen in keinem Zusammenhang mit einem real existierenden Unternehmen in der dargestellten oder einer ähnlichen Form. Dies gilt auch für alle Kunden, Lieferanten und sonstigen Geschäftspartner der Unternehmen wie z. B. Kreditinstitute, Versicherungsunternehmen und andere Dienstleistungsunternehmen. Ausschließlich zum Zwecke der Authentizität werden die Namen real existierender Unternehmen und z. B. im Fall von Kreditinstituten auch deren IBANs und BICs verwendet.

Die in diesem Werk aufgeführten Internetadressen sind auf dem Stand zum Zeitpunkt der Drucklegung. Die ständige Aktualität der Adressen kann vonseiten des Verlages nicht gewährleistet werden. Darüber hinaus übernimmt der Verlag keine Verantwortung für die Inhalte dieser Seiten.

service@westermann.de
www.westermann.de

Bildungsverlag EINS GmbH
Ettore-Bugatti-Straße 6-14, 51149 Köln

ISBN 978-3-472-**08189**-0

westermann GRUPPE

Vorwort

Liebe Schülerinnen und Schüler,
sehr geehrte Kolleginnen und Kollegen,

ein Leben ohne Wirtschaft ist schwer vorstellbar. Wirtschaften bedeutet auch, im täglichen Leben als Verbraucher/-in Entscheidungen zu treffen. Der Unterricht in Wirtschaftskompetenz will auf diese Entscheidungen vorbereiten und umfasst die gesamte Spannbreite vom Ausbildungsvertrag bis zu Fragen der volkswirtschaftlichen Zusammenhänge in der Weltwirtschaft.

Vor Ihnen liegt die 17. Auflage des bewährten **Schülerbuches „Wirtschaft und wir"**, das zum Ziel hat, Handlungskompetenz im Feld der Wirtschaft zu ermöglichen. Die inhaltliche Aufteilung erfolgt dabei in vier Kompetenzbereiche. Jeder Kompetenzbereich schließt mit Projektarbeiten ab, in denen eine Lohnabrechnung durchgeführt, eine Steuererklärung erstellt, Wege aus der Schuldenfalle aufgezeigt und ein Kapitalbedarfsplan aufgestellt werden. Der Aufbau orientiert sich am Fach „Wirtschaftskompetenz" für gewerbliche, hauswirtschaftliche und landwirtschaftliche Berufsschulen, kann aber auch für viele weitere Schularten eingesetzt werden. Die Kapiteleinstiege erleichtern mit schülerbezogenen Einstiegssituationen und Leitfragen den Zugang zu den Themen. Informationstexte werden durch grafische Darstellungen, Schaubilder und Gesetzestexte unterstützt. Zentrale Aspekte eines Themas werden durch Merkboxen hervorgehoben. Kompetenzorientierte Arbeitsaufträge am Kapitelende sichern den Lernerfolg, können aber auch durch Zuordnung aller Fragen zu den jeweiligen Informationen im Buch zur Erarbeitung verwendet werden. Eine schnelle Übersicht über Lerninhalte erfolgt durch die Rubrik „Auf einen Blick". Zur besseren Übersicht werden wiederkehrende Elemente mit den nachfolgend aufgeführten Icons gekennzeichnet. Alle Lösungen befinden sich in einem **Lösungsheft**. In **drei Arbeitsheften**, zugeordnet zu den drei Ausbildungsjahren, finden sich passend zu allen Kapiteln Lernsituationen, die mit Basisaufgaben und weiterführenden Aufgaben eine Niveaudifferenzierung ermöglichen und mit Seitenangaben auf die zugehörigen Informationen im Schülerbuch verweisen. So können diese Lernsituationen im Unterricht durch die Schüler/-innen mithilfe der Informationen im Buch erarbeitet oder aber in einer Übungsphase eingesetzt werden. Ebenfalls in den Arbeitsheften enthalten sind handlungskompetenzorientierte Prüfungsaufgaben. Die **Lösungshefte** sind separat erhältlich. Methodisch-didaktische Entscheidungen in heterogenen Unterrichtssituationen können der einzelnen Lehrkraft nicht abgenommen werden. Dazu ist die Schülerschaft viel zu heterogen. Was für den Einzelnen oder die einzelne Klasse passt, ist genau das Falsche für andere. Mit dem Lehr- und Lernsystem „Wirtschaft und wir" möchten wir aber eine Grundlage schaffen, um Schülerinnen und Schüler in diversen Unterrichtssettings zu befähigen, Wirtschaftskompetenz im Alltag anzuwenden. Wir wünschen allen viel Freude bei der Erweiterung der Handlungskompetenz im spannenden Feld der Wirtschaft!

Dieses Lehrwerk ist auch als BiBox erhältlich. In unserem Webshop unter www.westermann.de finden Sie hierzu unter der Bestellnummer des Ihnen vorliegenden Bandes weiterführende Informationen zum passenden digitalen Schulbuch.

Jana Friedmann | Marcus Morath

Symbole

 Lernsituation

 Einstiegsfrage

 Merkbox

 Beispiel

 Formel

 Gesetzestext

 Fremdtext

 Basisaufgaben (nur im Arbeitsheft)

 weiterführende Aufgaben (nur im Arbeitsheft)

 Aufgaben zur Handlungskompetenz

 Verweis im Arbeitsheft auf Seiten im Schülerbuch
S. 136

Inhaltsverzeichnis

I   Wir als Mitarbeiter in der Arbeitswelt

1   Grundlagen der Berufsausbildung kennenlernen ——— 10
1.1 Das Prinzip der dualen Berufsausbildung 11
1.2 Weitere Ausbildungssysteme 14
1.3 Zustandekommen eines Ausbildungsverhältnisses 20
1.4 Inhalte des Ausbildungsvertrags 21
1.5 Rechte und Pflichten in der Ausbildung 22
1.6 Beendigung des Ausbildungsverhältnisses 24

2   Am betrieblichen Arbeitsplatz sicher arbeiten ——— 29
2.1 Analyse des betrieblichen Arbeitsplatzes 30
2.2 Schutzvorschriften und deren Überwachung 31
2.3 Umschulung und Weiterbildung 39

3   Konsequenzen einer Anstellung als Arbeitnehmer kennen ——— 47
3.1 Bewerbung und Vertragsabschluss 48
3.2 Rechte und Pflichten 52
3.3 Vertragsarten 54
3.4 Kündigungsschutz 56
3.5 Beendigung des Arbeitsverhältnisses 57
3.6 Arbeitszeugnisse 60

4   Im Betrieb mitbestimmen können ——— 64
4.1 Die Bedeutung eines Betriebsrats 65
4.2 Die Einrichtung eines Betriebsrats 66
4.3 Mitbestimmung eines Betriebsrats 70

5   Die Bindung durch einen Tarifvertrag verstehen ——— 76
5.1 Die Bedeutung von Tarifverträgen 77
5.2 Die Tarifvertragsparteien 78
5.3 Die Tarifvertragsarten 80
5.4 Wirkung von Tarifverträgen 82
5.5 Tarifverhandlung und Arbeitskampf 83

6   Sozial- und Privatversicherungen unterscheiden ——— 88
6.1 Grundzüge der Sozialversicherung 89
6.2 Leistungen der Sozialversicherungszweige 90
6.3 Die Notwendigkeit privater Zusatzversicherungen 102

7 Lohnabrechnung und Steuererklärung erstellen ——————— **115**

7.1 Steuern, Gebühren, Beiträge 116

7.2 Lohnarten 122

7.3 Lohnabrechnung 132

7.4 *Projekt: Eine Lohnabrechnung durchführen* **138**

7.5 Lohnsteuer und Einkommensteuer 142

7.6 *Projekt: Eine Steuererklärung erstellen* **150**

II Wir als Konsumenten im Alltag

1 Grundlagen von Rechtsgeschäften analysieren ——————— **164**

1.1 Rechts-und Geschäftsfähigkeit 165

1.2 Zustandekommen von Rechtsgeschäften 167

1.3 Formen von Rechtsgeschäften 169

1.4 Nichtige und anfechtbare Rechtsgeschäfte 170

2 Kaufverträge abschließen ———————————————— **175**

2.1 Abschluss und Inhalt eines Kaufvertrags 176

2.2 Rechte und Pflichten der Vertragspartner 180

2.3 Besitz und Eigentum 181

2.4 Störungen des Kaufvertrags durch Mängel 183

2.5 Verjährung 190

3 Verbraucherschutz in Anspruch nehmen ———————— **195**

3.1 Verbraucherrechte 196

3.2 Verbraucherberatung 199

3.3 Fernabsatzgeschäfte 203

3.4 Allgemeine Geschäftsbedingungen (AGB) 205

4 Mit Geld umgehen können ———————————————— **210**

4.1 Geld 211

4.2 Girokonto 214

4.3 Zahlungsmöglichkeiten 217

4.4 Geldanlagen 225

5 Kredite aufnehmen ohne Überschuldung ——————————— **232**

5.1 Verbraucherkredite 233

5.2 Projekt: Wege aus der Schuldenfalle aufzeigen 239

5.2 *Wege aus der Schuldenfalle* **245**

III Wir in der sozialen Marktwirtschaft

1 Marktmechanismen verstehen ———————— 252
  1.1 Marktarten und Marktformen 253
  1.2 Verhalten der Marktteilnehmer 256
  1.3 Preisbildung 258
  1.4 Unternehmenskooperation und -konzentration 264

2 Die soziale Marktwirtschaft als Wirtschaftssystem erfassen ———— 274
  2.1 Grundwerte der sozialen Marktwirtschaft 275
  2.2 Instrumente der sozialen Marktwirtschaft 277
  2.3 Probleme der sozialen Marktwirtschaft 279

3 Volkswirtschaftliche Messgrößen kennenlernen ———— 289
  3.1 Kaufkraftmessung 290
  3.2 Inflation und Deflation 293
  3.3 Das Bruttoinlandsprodukt 297
  3.4 Konjunkturelle Schwankungen 300

IV Wir auf dem Weg in die berufliche Selbstständigkeit

1 Berufliche Selbstständigkeit abwägen ———————— 316
  1.1 Motive für Selbstständigkeit 317
  1.2 Anforderungen an einen Unternehmer 318
  1.3 Chancen und Risiken der Selbstständigkeit 319

2 Eine Unternehmensgründung vorbereiten ———————— 326
  2.1 Inhalt eines Businessplans 327
  2.2 Rechtsformen von Unternehmen 329
  2.3 Marketing 339
  2.4 Projekt: Einen Kapitalbedarfsplan aufstellen 346
  2.4 *Einen Kapitalbedarfsplan aufstellen* 357

Sachwortverzeichnis ———————————————— 364

Bildquellenverzeichnis ——————————————— 371

Wir als Mitarbeiter in der Arbeitswelt

Ausbildungsvertrag

1 Grundlagen der Berufsausbildung kennenlernen
2 Am betrieblichen Arbeitsplatz sicher arbeiten
3 Konsequenzen einer Anstellung als Arbeitnehmer kennen
4 Im Betrieb mitbestimmen können
5 Die Bindung durch einen Tarifvertrag verstehen
6 Sozial- und Privatversicherungen unterscheiden
7 Lohnabrechnung und Steuererklärung erstellen

1   Grundlagen der Berufsausbildung kennenlernen

Herzlichen Glückwunsch! Sie haben die in Deutschland auf der Grundlage des Artikels 7 Absatz 1 des Grundgesetzes basierende allgemeine Schulpflicht erfüllt. Nun beginnt für Sie ein ganz neuer Lebensabschnitt! Der **Eintritt in das Berufsleben** steht an, den Sie aber nicht unvorbereitet, sondern gut ausgebildet beginnen wollen. Ein wichtiger Teilbereich dieser Ausbildung ist die **Er-**

langung von Handlungskompetenz im Bereich der Wirtschaft. Sie sollen dazu befähigt werden, im Alltag kompetent handeln zu können. Dieses Lehrbuch führt Sie Schritt für Schritt in die grundlegenden Bereiche der Wirtschaft ein, beginnend mit dem deutschen Ausbildungssystem. Eine gute Ausbildung ist der beste Schutz vor Arbeitslosigkeit und Basis für Aufstieg und beruflichen Erfolg.

Elias, Lena und Lukas stehen – so wie Sie – gerade am Beginn ihrer Berufsausbildung.

○ Elias Wagner hat nach seinem Realschulabschluss eine Ausbildung zum Energieelektroniker begonnen. Die Ausbildung erfolgt im Ausbildungsbetrieb und an der Berufsschule.

○ Lena Hoffmann besucht das zweijährige Berufskolleg an einer beruflichen Schule und wird zur Pharmazeutisch-technischen Assistentin (PTA) ausgebildet.

○ Lukas Fischer hat einen Vorvertrag in der Tasche und besucht die einjährige Berufsfachschule, um dann im zweiten Ausbildungsjahr die Ausbildung zum Kfz-Mechatroniker in einem Kfz-Meisterbetrieb fortzusetzen.

Notieren Sie die Unterschiede der Berufsausbildungsformen von Elias, Lena und Lukas in einer Tabelle (siehe S. 16/17).

In Deutschland besteht nach der allgemeinen Schulpflicht auch noch eine berufliche Schulpflicht, die nach dem Besuch einer beruflichen Schule oder mit Vollendung des 18. Lebensjahres erfüllt ist. Es gibt vielfältige Schularten und Schultypen im beruflichen Schulwesen, die Jugendliche in den Beruf und in die Arbeitswelt einführen.

> Das deutsche Berufsausbildungssystem sieht dabei zwei **Ausbildungsformen** vor:
>
> o die Berufsausbildung im dualen System,
> o die schulische Berufsausbildung in Vollzeit.

1.1   Das Prinzip der dualen Berufsausbildung

Ein Großteil der beruflichen Ausbildung findet in Deutschland im dualen System statt. Das duale Ausbildungssystem ist sicher ein Faktor dafür, dass in Deutschland die geringste Jugendarbeitslosigkeit in der Europäischen Union herrscht. Auszubildende werden aktuell sowohl im Handwerk als auch in der Industrie gesucht.

Die Berufsausbildung erfolgt an zwei Lernorten: im **Ausbildungsbetrieb** und in der **Berufsschule (BS)**. Weil sich zwei Partner die Aufgaben der Berufsausbildung teilen, spricht man vom dualen System der Berufsausbildung.

Was Azubis verdienen

Durchschnittliche tarifliche Ausbildungsvergütungen* pro Monat in Euro

Beruf	WEST	OST
Maurer/in	1175 €	975 €
Mechatroniker/in	1091	1070
Industriemechaniker/in	1086	1044
Industriekaufmann/-frau	1051	981
Kaufmann/frau f. Versicherung. u. Finanzen	1035	1035
Verwaltungsfachangestellte/r	1003	1003
Medientechnologe/in Druck	981	981
Einzelhandelskaufmann/frau	891	806
Medizin. Fachangestellte/r	852	852
Gebäudereiniger/in	837	775
Gärtner/in	836	707
Koch/Köchin	811	740
Metallbauer/in	800	592
Kfz-Mechatroniker/in	796	699
Kaufmann/frau für Büromanagement	794	745
Maler/in und Lackierer/in	718	718
Bäcker/in	678	678
Florist/in	622	587
Friseur/in	606	387
Schornsteinfeger/in	518	518

*Durchschnitt aller Ausbildungsjahre in ausgewählten Berufen   Stand 2018   Quelle: BIBB   © **Globus** 12958

Duales System = zwei Lernorte (Ausbildungsbetrieb + Berufsschule)

Aufgaben und Inhalte

Die Ausbildung in den Betrieben erfolgt durch Ausbilder nach bundeseinheitlichen Aus-bildungsordnungen. Es werden fachtheoretische und fachpraktische Fertigkeiten und Kenntnisse vermittelt. In manchen Berufen werden diese Ausbildungsaufgaben der Be-triebe teilweise auch von **überbetrieblichen Ausbildungsstätten (ÜBA)** übernommen, damit auch Auszubildende spezialisierter Betriebe die ganze Bandbreite des Berufs er-lernen können.

Die wissenschaftlichen und technischen Lehrer an den Berufsschulen vermitteln Allge-meinbildung und Fachtheorie nach Bildungsplänen, die auf die Ausbildungsordnungen abgestimmt sind.

Der Abschluss der Ausbildung wird nach bestandener Berufsschulabschlussprüfung und erfolgreicher Abschlussprüfung vor der sogenannten zuständigen Stelle (Kammer) mit dem **Facharbeiter-, Gesellen- oder Gehilfenbrief** bescheinigt. Das zusätzlich ausge-stellte Berufsschulabschlusszeugnis bildet die Basis für die zukünftige Weiterbildung.

Für die betriebliche Berufsausbildung gilt grundsätzlich das **Berufsbildungsgesetz (BBiG)**. Wird die Ausbildung in einem Handwerksbetrieb durchgeführt, gilt zusätzlich die Hand-werksordnung (HwO). Auch ist das Jugendarbeitsschutzgesetz (JArbSchG) zu beachten.

Durch die vom zuständigen Bundesministerium erlassenen **Ausbildungsordnungen** für staatlich anerkannte Ausbildungsberufe wird eine bundeseinheitliche Berufsausbildung gewährleistet.

 Mindestinhalte einer Ausbildungsordnung (gemäß § 5 BBiG)

- Genaue Bezeichnung des Ausbildungsberufs

- Ausbildungsdauer

- Ausbildungsberufsbild (Fertigkeiten und Kenntnisse, die Gegenstand der Ausbildung sind)

- Ausbildungsrahmenplan (sachliche und zeitliche Gliederung der Fertigkeiten und Kenntnisse, die zu vermitteln sind)

- Prüfungsordnung

Die Einhaltung dieser Vorgaben in den Ausbildungsbetrieben wird durch die zuständige Stelle für die Berufsausbildung überwacht.

Berufsfelder und Ausbildungsberufe

Die Berufsausbildung darf nur in anerkannten Ausbildungsberufen erfolgen. Das Bundesinstitut für Berufsbildung (BiBB) veröffentlicht jährlich ein Verzeichnis der anerkannten Ausbildungsberufe. Danach stehen Berufsanfängern im Moment 326 staatlich anerkannte Ausbildungsberufe in 14 Berufsfeldern zur Verfügung.

o **Berufsfelder:** Metall-, Elektro-, Bau-, Holz- und Fahrzeugtechnik; Körperpflege und Gesundheit; Farbtechnik und Raumgestaltung; Druck- und Medientechnik; Textiltechnik und Bekleidung; Physik, Chemie, Biologie; Ernährung und Hauswirtschaft; Sozial- und Gesundheitswesen; Agrarwirtschaft; Wirtschaft und Verwaltung

o **Ausbildungsberufe:** Im Berufsfeld Metalltechnik kann beispielsweise in fünf industriellen Metallberufen für unterschiedliche Einsatzgebiete ausgebildet werden: Anlagen-, Industrie-, Konstruktions-, Werkzeug- und Zerspanungsmechaniker.

Mithilfe von Arbeitsaufträgen und Geschäftsprozessen aus den jeweiligen Einsatzgebieten werden gemeinsame Kernqualifikationen (KQ) und berufsspezifische Fachqualifikationen (FQ) vermittelt.

o **Gemeinsame Kernqualifikationen (KQ)** am Beispiel industrieller Ausbildungsberufe: Berufsbildung, Arbeits- und Tarifrecht, Betriebsorganisation, Arbeitssicherheit, Gesundheits- und Umweltschutz, betriebliche und technische Kommunikation, Arbeitsplanung und Organisation, Werk- und Hilfsstoffe zuordnen, Betriebsmittel warten, Steuerungstechnik anwenden, Anschlagen, Sichern und Transportieren.

o **Berufsspezifische Fachqualifikationen (FQ)** umfassen zum Beispiel das Bearbeiten von Aufträgen, Herstellen und Montieren von Bauteilen und Baugruppen, Instandhaltung, Feststellen, Eingrenzen und Beheben von Fehlern und Störungen, Bauteile und Einrichtungen prüfen, Geschäftsprozesse und Qualitätssicherungssysteme im Einsatzgebiet.

In der Berufsschule werden fachtheoretische Lerninhalte durch **handlungsorientierte Lernfelder** möglichst zeitgleich zu den betreffenden betrieblichen Arbeitsfeldern vermittelt. Dadurch ermöglicht das duale Berufsausbildungssystem eine abgestimmte, nachhaltige Berufsausbildung.

Das duale Berufsausbildungssystem	
Vorteile	Nachteile
• praxisbezogene Ausbildung im Betrieb • abwechslungsreiche Ausbildung • Erwerb von Berufserfahrung • Steuerzahler wird entlastet, da eine rein schulische Ausbildung teurer wäre	• Übereinstimmung zwischen Bedarf und Ausbildungsplatzangebot nicht gesichert • qualitativ unterschiedliche Ausbildungsplätze • aufwendige inhaltliche Abstimmung zwischen Betrieb und Berufsschule (Lernortkooperation)

1.2   Weitere Ausbildungssysteme

Europäische Berufsausbildungssysteme

Deutschland ist keine Insel, sondern Teil eines geeinten Europas. So vielfältig wie die einzelnen Länder sind auch deren berufliche Ausbildungssysteme. Das deutsche System der betrieblichen Berufsausbildung mit regelmäßigem Wechsel zwischen beruflicher Praxis und theoretischem Unterricht gibt es in dieser Form nur in der Schweiz, Österreich, Portugal und in ähnlicher Form in Dänemark. In den übrigen EU-Ländern findet die berufliche Ausbildung überwiegend an Schulen statt. Diese Schulen sind mit unseren Berufsfachschulen vergleichbar. Private, kommunale und staatliche Schulen bieten zahlreiche Ausbildungsgänge an. Die schulische Ausbildung vermittelt gleichzeitig allgemein- und berufsbildende Kenntnisse und zum Teil Schul- und Berufsabschlüsse. Diese ermöglichen ohne eine weitere Ausbildung den direkten Einstieg ins Berufsleben oder berechtigen zum Studium. Die Theorie steht dabei im Vordergrund; kürzere oder längere Praxisphasen in Betrieben ermöglichen Einblicke in die berufliche Wirklichkeit.

> **(!) Europäische Organisationsformen der Berufsausbildung**
>
> o **Berufsausbildung in Vollzeitschulen**
>   Die gesamte Berufsausbildung in Theorie und Praxis wird in beruflichen
>   Vollzeitschulen durchgeführt.
>
> o **Berufsausbildung im dualen System**
>   Die Ausbildung erfolgt im Betrieb und in der Berufsschule.
>
> o **Berufsausbildung in Betrieben**
>   Nach dem Besuch der allgemeinbildenden Schule erfolgt die Ausbildung
>   ausschließlich in Betrieben.
>
> o **Berufsausbildung in Mischformen**
>   Die Berufsausbildung wird vollzeitschulisch mit innerbetrieblichen Ausbildungsteilen oder im Rahmen des dualen Systems durchgeführt.

Je nach Land bestehen diese vier Organisationsformen nebeneinander, nacheinander
oder integriert. Alle Organisationsformen
der Berufsbildung haben gemeinsam, dass
sie zu Abschlüssen in anerkannten Ausbildungsberufen führen.

Beispiele:

Frankreich	Die duale Ausbildung hat einen niedrigeren Stellenwert als die schulische Vollzeitausbildung.
Italien	Die betriebliche Ausbildung ist die Ausnahme.
Belgien	Die duale Ausbildung überwiegt für handwerklich-technische Berufe und im Handel. Die Ausbildung im kaufmännischen Bereich erfolgt überwiegend an Berufsschulen im Vollzeitunterricht.
Finnland	Es besteht Wahlfreiheit zwischen betrieblicher Ausbildung und einer schulischen zwei- bis dreijährigen Vollzeitausbildung.
Großbritannien Irland Griechenland Niederlande	Hier findet man eine Kombination von schulischer und betrieblicher Berufsausbildung, jedoch nicht als duales Berufsausbildungssystem.

Vollzeitschulische Berufsausbildung in Deutschland

Neben der dualen Berufsausbildung besteht auch in Deutschland die Möglichkeit,
berufliche Qualifikationen teilweise oder
ganz an beruflichen Vollzeitschulen wie
den Berufsfachschulen und Berufskollegs
zu erwerben. Dies betrifft vor allem Berufe aus den Bereichen Gesundheit, Pädago-
gik, Gestaltung, Wirtschaft, Fremdsprachen
oder Technik.

Die vielfältigen Schularten in Deutschland können in vier Schultypen aufgeteilt werden:

Schultypen

1. Gewerblicher Bereich
2. Kaufmännischer Bereich
3. Hauswirtschaftlich-pflegerisch-sozialpädagogischer Bereich
4. Landwirtschaftlicher Bereich

Die Einteilung ist allerdings von Bundesland zu Bundesland verschieden. Eine Einteilung in diese vier Bereiche wird beispielsweise in Baden-Württemberg vorgenommen, in Nordrhein-Westfalen dagegen sind alle beruflichen Schulen in Berufskollegs zusammengefasst.

Die gesamte Ausbildung findet an den beruflichen Schulen statt und ist durch Bundes- oder Landesrecht geregelt. Die Berufsausbildungen dauern zwischen einem Jahr und 3½ Jahren. Die staatlichen beruflichen Schulen erheben kein Schulgeld, an privaten Schulen wird dagegen Schulgeld erhoben. Die schulische Berufsausbildung wird unter Umständen nach dem Bundesausbildungsförderungsgesetz (BAföG) finanziell gefördert.

Die Beruflichen Schularten können nach ihrem **Ziel** unterschieden werden in:

o Schularten zur beruflichen Vorbereitung (VABO, VAB, BEJ, AV-Dual)
o Schularten zur beruflichen Grundbildung (1BFS, 2BFS, 1BK)
o Schularten zur Berufsausbildung (3BFS, 2BK, 3BK, BS)

Da die **Bildungspolitik** in der Verantwortung der Bundesländer liegt, ist auch der konkrete Aufbau des Schulsystems in jedem Bundesland verschieden. Nicht in jedem Bundesland werden die hier nachfolgend beschriebenen Schularten in gleicher Weise angeboten.

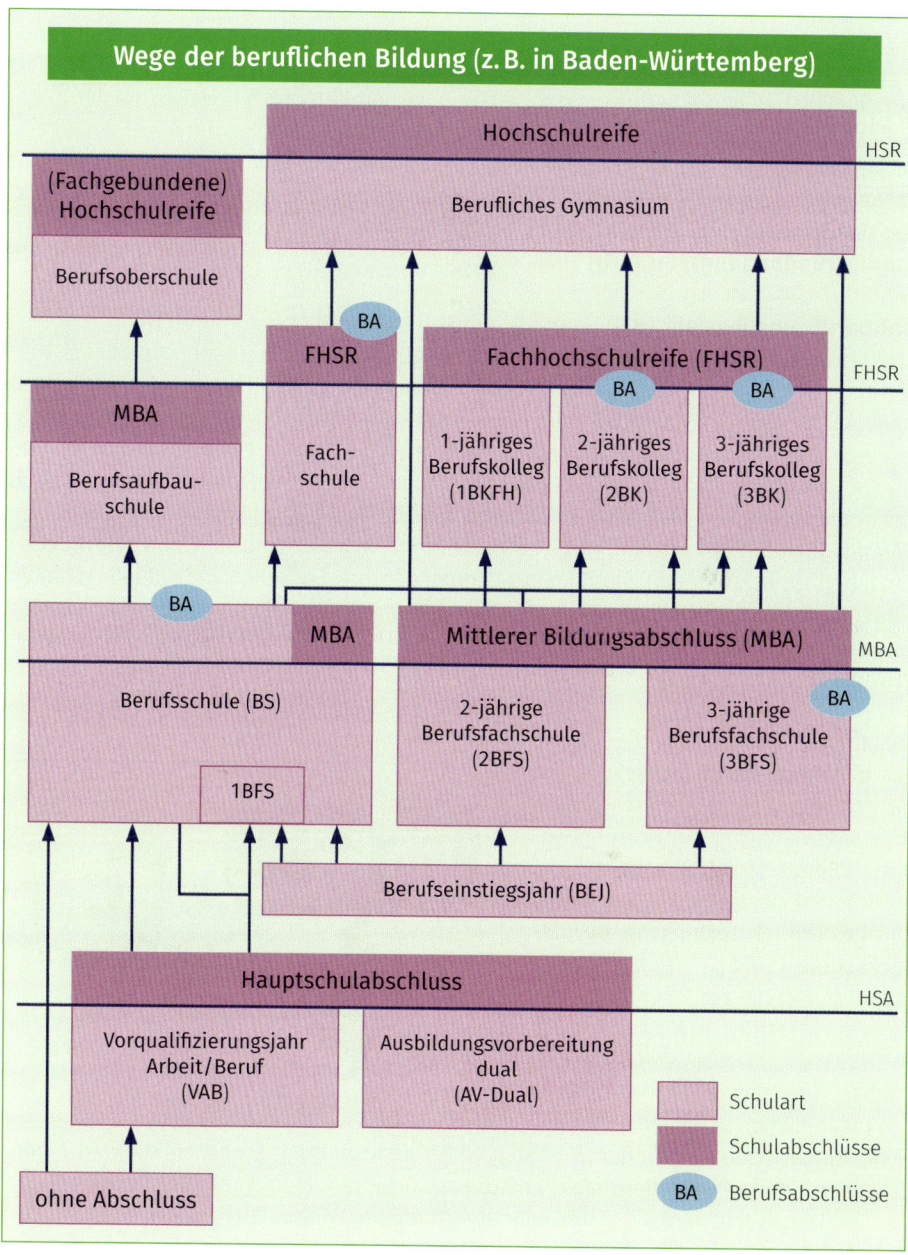

Berufliche Vorbereitung

Das **Vorqualifizierungsjahr Arbeit/Beruf (VAB)**, ist ein schulisches Bildungsangebot für Jugendliche ohne Hauptschulabschluss, die nach Erfüllung der allgemeinen Schulpflicht keine weiterführende Schule besuchen und keine Ausbildung beginnen, aber noch der beruflichen Schulpflicht unterliegen. Es wird auch für Jugendliche mit unzureichenden Deutschkenntnissen als VABO („ohne") mit besonderem Schwerpunkt auf dem Erwerb von

Deutschkenntnissen durch gezielte Sprachförderung angeboten. Im VAB werden Jugendliche durch Vermittlung von beruflichem Grundwissen in mehreren Berufsfeldern gezielt
auf den Einstieg in die Berufs- und Arbeitswelt vorbereitet. Durch Erweiterung der Allgemeinbildung und den Erwerb von grundlegenden Kompetenzen soll die Ausbildungsreife
verbessert werden. Die bestandene Abschlussprüfung und eine Zusatzprüfung in den
Fächern Deutsch, Mathematik und eventuell Englisch ergeben einen Abschluss, der dem
der Hauptschule gleichgestellt ist. In manchen Bundesländern wird hierfür der Schultyp
Berufsgrundbildungsjahr (BGJ) angeboten.

Das **Berufseinstiegsjahr (BEJ)** ist ein Schultyp für Jugendliche, die ihren Hauptschulabschluss erworben, aber noch keinen Ausbildungsplatz gefunden haben und keine weiterführende Schule besuchen. Die Jugendlichen müssen sich für ein Berufsfeld (je nach
Angebot der Schule) entscheiden und eine Praktikumsstelle für das gesamte Schuljahr
in einem Betrieb nachweisen. Im Mittelpunkt stehen die Schulung von Kompetenzen und
die berufliche Vorqualifikation. Das BEJ schließt mit einer zentralen Abschlussprüfung in
den Fächern Deutsch, Mathematik, Fachrechnen und in der Regel Englisch ab. Sowohl am
VAB als auch am BEJ wird mithilfe von praktischen Tests, Gesprächen und schriftlichen
Aufgaben eine „Kompetenzprofilanalyse" durchgeführt. So sollen individuelle Stärken
und Schwächen sowie berufsrelevante Fähigkeiten der Jugendlichen erkannt und durch
die Förderung ihrer Kompetenzen die Chancen auf einen Ausbildungsplatz verbessert
werden.

Berufliche Grundbildung

Die **einjährige Berufsfachschule** gibt
es mit gewerblich-technischer und
hauswirtschaftlicher Ausrichtung sowie als Sonderberufsfachschule.

AUSBILDUNGSMARKT ... DIE WENDE?

Die **gewerblich-technische Berufsfachschule (1BFS)** ist eine einjährige Vollzeitschule für Jugendliche mit
einem Vorvertrag bzw. schriftlicher
Ausbildungsplatzzusage eines Betriebes, vorwiegend im Handwerk.
Die Jugendlichen sollen eine einheit-
liche, umfassende und moderne berufliche Grundausbildung erwerben, die den Anforderungen im jeweiligen Berufsfeld entspricht und ihre Allgemeinbildung erweitert und
vertieft. Dieses Jahr wird als erstes Lehrjahr im jeweiligen Berufsfeld anerkannt.

Die **hauswirtschaftliche Berufsfachschule** vermittelt hauswirtschaftliches Grundwissen.
Zugangsberechtigt sind Jugendliche auch ohne Hauptschulabschluss. Mit dem erfolgrei-
chen Abschluss der Schule erwerben Jugendliche ohne Hauptschulabschluss einen dem
Hauptschulabschluss gleichwertigen Bildungsstand.

Die einjährige berufsvorbereitende **Sonderberufsfachschule** dient der Berufsorientie-
rung und Verbesserung der Ausbildungsreife von Jugendlichen mit Lernbehinderung.

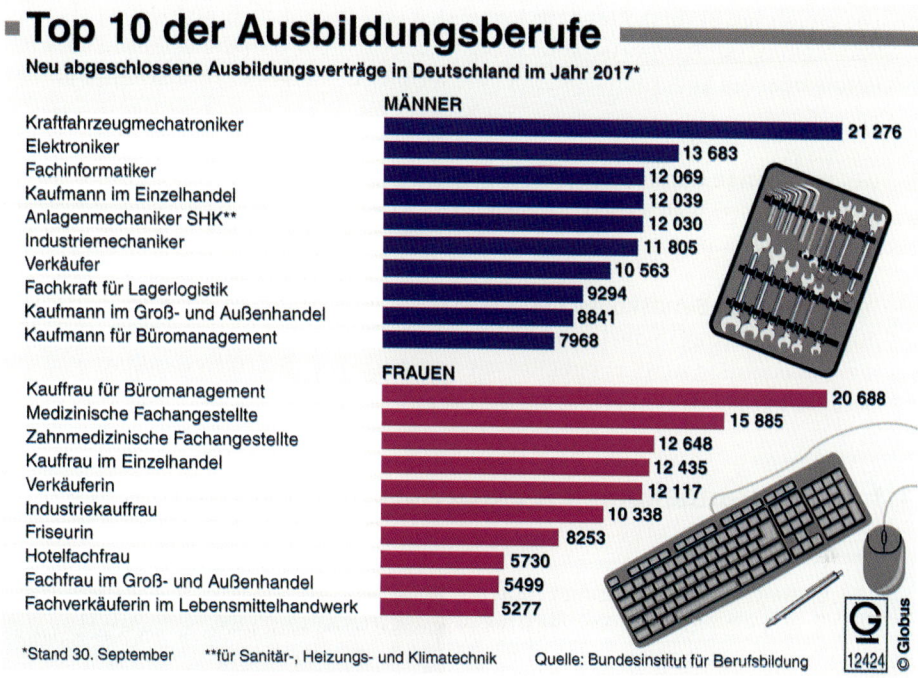

Top 10 der Ausbildungsberufe

Neu abgeschlossene Ausbildungsverträge in Deutschland im Jahr 2017*

MÄNNER

Kraftfahrzeugmechatroniker	21 276
Elektroniker	13 683
Fachinformatiker	12 069
Kaufmann im Einzelhandel	12 039
Anlagenmechaniker SHK**	12 030
Industriemechaniker	11 805
Verkäufer	10 563
Fachkraft für Lagerlogistik	9294
Kaufmann im Groß- und Außenhandel	8841
Kaufmann für Büromanagement	7968

FRAUEN

Kauffrau für Büromanagement	20 688
Medizinische Fachangestellte	15 885
Zahnmedizinische Fachangestellte	12 648
Kauffrau im Einzelhandel	12 435
Verkäuferin	12 117
Industriekauffrau	10 338
Friseurin	8253
Hotelfachfrau	5730
Fachfrau im Groß- und Außenhandel	5499
Fachverkäuferin im Lebensmittelhandwerk	5277

*Stand 30. September   **für Sanitär-, Heizungs- und Klimatechnik   Quelle: Bundesinstitut für Berufsbildung   12424 © Globus

Die **zweijährige Berufsfachschule (2BFS)** ist eine berufliche Vollzeitschule. Ihr Bildungsangebot richtet sich an Jugendliche mit Hauptschulabschluss, die die Fachschulreife (Mittlere Reife) erwerben möchten. Neben der Erweiterung und Vertiefung der Allgemeinbildung wird eine berufliche Grundbildung vermittelt. Die zweijährige Berufsfachschule gibt es im

○ kaufmännischen Bereich (Sekretariat, Informatik, Fremdsprachen),

○ gewerblich-technischen Bereich (Bau-, Metall-, Elektro-, Holz-, Fahrzeug- und Labortechnik sowie Farbtechnik und Raumgestaltung),

○ hauswirtschaftlichen-pflegerischen Bereich (Hauswirtschaft und Ernährung, Gesundheit und Pflege sowie Ernährung und Gastronomie).

Vollschulische Berufsausbildung

Die **dreijährige Berufsfachschule (3BFS)** ist eine schulische Vollausbildung. Es gibt sie in verschiedenen Pflegebereichen und einigen gewerblichen Berufen, zum Beispiel die Ausbildung zum/-r staatlich anerkannten Altenpfleger/-in bzw. Kinderpfleger/-in oder zum/-r Uhrmacher/-in. Die 3BFS vermittelt Kenntnisse, Fähigkeiten und Fertigkeiten, die zur selbstständigen und eigenverantwortlichen Berufsausübung befähigen.

Berufskollegs in den gewerblichen, haus- und landwirtschaftlichen sowie kaufmännischen Bereichen bauen auf dem mittleren Bildungsabschluss auf.

o   Das **einjährige Berufskolleg (1BK)** vermittelt eine berufliche Grundbildung als Vorbereitung auf hauswirtschaftlich-organisatorisch-pflegerische und erzieherische Berufe oder auf eine kaufmännische und technische Tätigkeit in Wirtschaft und Verwaltung.

o   Das **zweijährige Berufskolleg (2BK)** führt zu qualifizierten Berufsabschlüssen wie pharmazeutisch-technische/-r Assistent/-in, chemisch-technische/-r Assistent/-in, Wirtschaftsassistent/-in oder Assistent/-in im hauswirtschaftlichen Betrieb.

o   Das **dreijährige Berufskolleg (3BK)** ermöglicht im Zusammenhang mit einem Ausbildungsvertrag in dualer Ausbildungsform in verschiedenen Fachrichtungen die Qualifizierung zum Facharbeiter mit dem Abschluss „Staatlich geprüfte/-r Berufskollegiat/-in".

1.3   Zustandekommen eines Ausbildungsverhältnisses

Ein Ausbildungsverhältnis kommt durch Abschluss eines Ausbildungsvertrags zwischen einem Ausbildenden (Betrieb bzw. Ausbilder) und einem Auszubildenden (Jugendlichen) zustande, wenn

o   der Jugendliche seine allgemeine Schulpflicht vorher erfüllt hat,

o   der Betrieb ausbildungsberechtigt ist,

o   bei Minderjährigen die Erziehungsberechtigten (bzw. der gesetzliche Vertreter) zustimmen und

o   der Vertrag bei der zuständigen Kammer in das Verzeichnis der Berufsausbildungsverhältnisse eingetragen worden ist.

Ausbildungsberechtigung und Ausbildungseignung (§§ 21, 22 HwO, §§ 27–30 BBiG)

o   Auszubildende einstellen darf nur, wer **persönlich** geeignet ist.

o   Ausbilden darf nur, wer **fachlich** geeignet ist oder einen geeigneten Ausbilder beschäftigt.

o   Die Ausbildungsstätte muss von ihrer Art und Einrichtung her für die Ausbildung geeignet sein.

o   Die Zahl der Auszubildenden muss in einem angemessenen Verhältnis zur Zahl der Fachkräfte stehen.

1.4 Inhalte des Ausbildungsvertrags

Berufsausbildungsvertrag
(§§ 10, 11 Berufsbildungsgesetz – BBiG)

Zwischen dem/der Ausbildenden (Ausbildungsbetrieb)
Öffentlicher Dienst ☐

und dem/der Auszubildenden
männlich ☐ weiblich ☒ unbestimmt ☐
Berufsausbildung im Rahmen eines dualen Studiums ☐

KNR 145	IHK-Firmenident-Nr.	Tel.-Nr. 03643 342208

Anschrift des/der Ausbildenden (Ausbildungsbetrieb)

Schwarz GmbH
Dresdner Str. 66
99425 Weimar

Name Unger	Vorname Nicole

Straße, Haus-Nr.
Mannheimer Str. 9

PLZ 99425	Ort Weimar

Geburtsdatum 06.05.2002	Staatsangehörigkeit deutsch

E-Mail-Adresse (Angabe freiwillig)   ①   Mobil-/Tel.-Nr. (Angabe freiwillig)

Straße, Haus-Nr.
Dresdner Str. 66

PLZ 99425	Ort Weimar

E-Mail-Adresse des/der Ausbildenden (Angabe freiwillig)
dsch@elektro-schwarz.de

Verantwortliche/r Ausbilder/in
Dieter Scholl

Gesetzlicher Vertreter[1]
Eltern ▼   ②

Namen, Vornamen der gesetzlichen Vertreter
Monika und Herbert Unger

Straße, Haus-Nr.
Mannheimer Str. 9

PLZ 99425	Ort Weimar

wird nachstehender **Vertrag zur Ausbil-dung im Ausbildungsberuf** mit der Fachrichtung / dem Schwerpunkt / der/den Wahlqualifikation/en / dem/den Wahlbaustein/en etc. nach Maßgabe der **Ausbildungsordnung**[2] geschlossen.

Elektronikerin für Geräte und Systeme

Änderungen des wesentlichen Vertragsinhaltes sind vom/von der Ausbildenden unverzüglich zur Eintragung in das Verzeichnis der Berufsausbildungsverhältnisse bei der Industrie- und Handelskammer anzuzeigen.

Die beigefügten Angaben zur sachlichen und zeitlichen Gliederung des Ausbildungsablaufs (Ausbildungsplan) sowie die umseitigen Regelungen sind Bestandteil dieses Vertrages.

A Die Ausbildungszeit beträgt nach der Ausbildungsordnung
42 ▼ Monate.
☐ Es wird eine Verkürzung der Ausbildungszeit um [ ] Monate beantragt
Verkürzungsgrund:

Das Berufsausbildungsverhältnis
beginnt am 31.08.2019 und endet am 31.01.2023 .
B Die Probezeit (Nr. 1.2) beträgt | 4 | Monate.[3]
C Die Ausbildung findet statt in [Name/Anschrift der Ausbildungs-stätte(n)]

und den mit dem Betriebssitz für die Ausbildung üblicherweise zusammenhängenden Bau-, Montage- und sonstigen Arbeitsstellen statt.
D Ausbildungsmaßnahmen außerhalb der Ausbildungsstätte(n) sind für den folgenden Zeitraum in der/den folgenden Ausbildungsstätte(n) vorgesehen (hierzu zählen auch Auslandsaufenthalte) (Nr. 3.12).

E Der/Die Ausbildende zahlt dem/der Auszubildenden eine angemessene Vergütung (Nr. 5); diese beträgt zurzeit monatlich brutto

€	947	1000	1066	1120
im	ersten	zweiten	dritten	vierten

Ausbildungsjahr.
F Die regelmäßige Ausbildungszeit in Stunden beträgt
täglich[4] 8,00 und wöchentlich [ ]
Teilzeitausbildung wird beantragt (Nr. 6.2): ja ☐ nein ☐

G Es besteht ein Urlaubsanspruch   ④

im Kalender-jahr	2019	2020	2021	2022	2023
Werktage	13,00	27,00	25,00	24,00	2,00
Arbeitstage					

H Der Ausbildungsnachweis wird wie folgt geführt:
schriftlich ☐   elektronisch ☐
I Hinweise auf anzuwendende Tarifverträge und Betriebsvereinbarungen; sonstige Vereinbarungen (Nr. 11)   ⑤

⑥

J Die umseitigen Bestimmungen sind Gegenstand dieses Vertrages und werden anerkannt.

Ort, Datum: Weimar, 20.01.2019

Der/Die Ausbildende:

Dieter Scholl
Stempel und Unterschrift

Der/Die Auszubildende:

Nicole Unger
Vor- und Familienname

Der/Die gesetzlichen Vertreter/in des/der Auszubildenden:

Monika Unger   Herbert Unger ⑦
Vater und Mutter/Vormund

1) Vertretungsberechtigt sind beide Eltern gemeinsam, soweit nicht die Vertretungsberechtigung nur einem Elternteil zusteht. Ist ein Vormund bestellt, so bedarf dieser zum Abschluss des Ausbildungsvertrages der Genehmigung des Vormundschaftsgerichtes.
2) Solange die Ausbildungsordnung nicht erlassen ist, sind gem. § 104 Abs. 1 BBiG die bisherigen Ordnungsmittel anzuwenden.
3) Die Probezeit muss mindestens einen Monat und darf höchstens vier Monate betragen.
4) Das Jugendarbeitsschutzgesetz sowie für das Ausbildungsverhältnis geltende tarifvertragliche Regelungen und Betriebsvereinbarungen sind zu beachten.

Quelle: Abdruck mit freundlicher Genehmigung des Deutschen Industrie- und Handelskammertage e. V.

① Vertretungsberechtigt sind beide Eltern gemeinsam, soweit nicht die Vertretungsberechtigung nur einem Elternteil zusteht.

② Angaben zum gesetzlichen Vertreter sind nur bei minderjährigen Auszubildenden erforderlich.

③ Das Jugendarbeitsschutzgesetz sowie für das Ausbildungsverhältnis geltende tarifvertragliche Regelungen und Betriebsvereinbarungen sind zu beachten.

④ Der Urlaubsanspruch ist für jedes Urlaubsjahr gesondert anzugeben, bei weniger als zwölf Monaten besteht in diesem Jahr Teilurlaubsanspruch.

⑤ Ein Hinweis auf geltende Tarifverträge muss gegeben werden, genügt aber in allgemeiner Form.

⑥ Als sonstige Vereinbarungen sind alle Vereinbarungen möglich, die nicht gegen ein Gesetz oder die guten Sitten verstoßen, zum Beispiel das Tragen bestimmter Arbeitskleidung, Gesellenstück, Teilnahme an ausbildungsbegleitenden Hilfen bei schlechten Leistungen.

⑦ Bei Minderjährigen müssen beide Eltern gemeinsam unterschreiben, wenn beide das Sorgerecht haben.

Die **Verkürzung** der Ausbildungszeit am Anfang der Ausbildung ist möglich:

o **in vollem Umfang** bei Vor-Ausbildungszeiten im selben Ausbildungsberuf,

o **um 12 Monate** bei Abitur, Fachabitur, abgeschlossener Berufsausbildung in einem anderen Beruf, älter als 21 Jahre bei Ausbildungsbeginn, erfolgreich abgelegtes Berufsgrundschuljahr, zweijährige Berufsfachschule,

o **um sechs Monate** bei Fachoberschulreife.

Eine **Verkürzung am Ausbildungsende** ist möglich um sechs Monate, und zwar bei guten Leistungen bis zum Ende des zweiten Ausbildungsjahres. Bei Nichtbestehen der Abschlussprüfung ist eine **Verlängerung am Ausbildungsende** um maximal zwölf Monate möglich.

Zum Schutze der Jugendlichen hat der Gesetzgeber die Vertragsfreiheit beim Abschluss des Berufsausbildungsvertrages eingeschränkt und **Formvorschriften** erlassen:

o Der Berufsausbildungsvertrag muss von den Beteiligten – Ausbildenden und Auszubildenden – unverzüglich nach Einigung, spätestens jedoch vor Beginn der Berufsausbildung **schriftlich** abgeschlossen werden.

o Der unterschriebene Vertrag muss der **zuständigen Stelle für Berufsausbildung** (meist einer Kammer) zur Überprüfung des Vertragsinhaltes und der Ausbildungsberechtigung und Eignung des Ausbildenden vorgelegt werden.

o Der Ausbildungsvertrag muss einen vorgeschriebenen **Mindestinhalt** regeln.

Mindestinhalt eines Ausbildungsvertrags (§ 11 BBiG)
o Art, sachliche und zeitliche Gliederung sowie Ziel der Berufsausbildung
o Beginn und Dauer der Ausbildung
o Ausbildungsmaßnahmen außerhalb der Ausbildungsstätte
o Dauer der regelmäßigen täglichen Ausbildungszeit
o Dauer der Probezeit
o Zahlungstermin und Höhe der Vergütung
o Dauer des Urlaubs
o Kündigungsvoraussetzungen

1.5   Rechte und Pflichten in der Ausbildung

Für Jugendliche ist es wichtig, eine gute Ausbildung in einem anerkannten Ausbildungsberuf anzustreben. Dazu müssen sich die Jugendlichen selbst einbringen und den Weg in den Beruf aktiv mitgestalten. Ihr Partner als Auszubildende ist im Ausbildungsverhältnis der Ausbildende (Ausbilder), also der Vertreter des Ausbildungsbetriebs, der sich um die Ausbildung besonders kümmern soll. Auszubildende haben bestimmte Rechte, aber auch Pflichten. Diese sind gesetzlich festgelegt und gelten umgekehrt auch für den Ausbildenden.

> Die **Pflichten** des einen Partners im Ausbildungsverhältnis sind die **Rechte** des anderen Partners und umgekehrt.

Beide Ausbildungspartner sind dafür verantwortlich, dass das angestrebte Ausbildungsziel erreicht wird. Pflichtverstöße können zur außerordentlichen Kündigung führen.

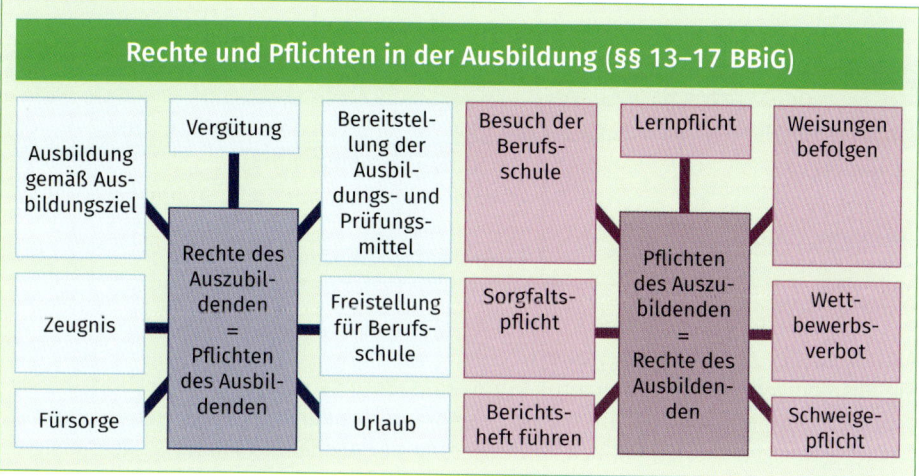

- Grundsätzlich muss ausbildungsbezogen beschäftigt werden. Das heißt, der Ausbildende hat Fertigkeiten und Kenntnisse im gewählten Beruf zu vermitteln und darf **keine berufsfremde Arbeit** verlangen.

- Es muss gewährleistet sein, dass der Auszubildende die Berufsschule besuchen und die notwendigen **Prüfungen** ablegen kann.

- Der Ausbilder muss dem Auszubildenden ein einfaches **Zeugnis** (nur Bestätigung des Arbeitszeitraums und der Tätigkeit) ausstellen, auf Verlangen auch ein qualifiziertes Zeugnis mit Beurteilung von Führung und Leistung.

- Der Auszubildende ist verpflichtet, die ihm übertragenen Aufgaben im Rahmen der gesetzlich erlaubten Arbeitszeit und des Ausbildungsplans für den Auszubildenden **sorgfältig** zu erledigen.

- Er muss sich bemühen, die für das Ausbildungsziel erforderlichen Kenntnisse und Fertigkeiten zu **erlernen**. Dazu gehört auch der Besuch der Berufsschule, für den er freigestellt wird und während deren Besuch er keinen Urlaub nehmen kann.

o Zudem hat sich der Auszubildende nach den Betriebsvorschriften zu richten, indem er beispielsweise über Geschäftsvorgänge und Betriebsgeheimnisse gegenüber jedermann **Stillschweigen** bewahrt.

Überwachung der Berufsausbildung

Die zuständige Stelle (Kammer) überwacht die Durchführung der Berufsausbildung und fördert sie durch Beratung der Ausbildenden und der Auszubildenden. Welche Kammer das ist, hängt vom Ausbildungsberuf und dem Ausbildungsbetrieb ab, in dem die Ausbildung durchgeführt wird.

Zuständige Stellen für die Berufsausbildung	
Wirtschaftsbereich	Kammer
• Industrie, Handel • Handwerk • freie Berufe • Landwirtschaft	• Industrie- und Handelskammern (IHK) • Handwerkskammern (HK) • Ärzte-, Rechtsanwalts- oder Apotheker-kammern • Landwirtschaftskammern

Aufgaben der zuständigen Stellen
Die zuständigen Stellen (Kammern) führen das Berufsausbildungsverzeichnis. Außerdem haben sie die Aufgabe, auf Antrag des Auszubildenden und mit Einverständnis des Ausbildenden die Verkürzung bzw. Verlängerung der Ausbildungsdauer zu genehmigen. Sie überwachen nicht nur die Berufsausbildung, sondern darüber hinaus auch die Eignung der Ausbildungsstätten. Sie führen zudem Beratungen durch und schlichten bei Beschwerden durch ihren Ausbildungsberater. Die Kammern bilden auch die Prüfungsausschüsse und führen die Zwischen- und Abschlussprüfungen durch.

1.6   Beendigung des Ausbildungsverhältnisses

Kündigung

Kündigung während der Probezeit
Die Berufsausbildung beginnt mit einer **Probezeit von mindestens einem und höchstens vier Monaten** (§ 20 BBiG). Die Probezeit gibt beiden Vertragsparteien die Möglichkeit, die Richtigkeit der getroffenen Entscheidung zu überprüfen. Während der Probezeit kann das Berufsausbildungsverhältnis **jederzeit, ohne Einhaltung einer Frist** und **ohne Begründung** von beiden Seiten gekündigt werden.

Kündigung nach Ablauf der Probezeit

Eine **ordentliche Kündigung** ist bei Berufsaufgabe bzw. Berufswechsel unter Einhaltung einer Kündigungsfrist von vier Wochen (§ 22 (2) Nr. 2 BBiG) durch den Auszubildenden möglich. Einem Wechsel des Ausbildungsbetriebs innerhalb desselben Berufs muss der Ausbildende zustimmen. Eine ordentliche Kündigung durch den Ausbildenden ist nicht möglich.

Eine **außerordentliche Kündigung** aus wichtigem Grund (beharrliche Arbeitsverweigerung, unentschuldigtes Fehlen in Betrieb und Berufsschule, Gewaltandrohung, Straftaten, mangelnde Bereitschaft zur Einordnung in die betriebliche Ordnung) ist ohne Einhaltung einer Kündigungsfrist, also fristlos möglich (§ 22 (2) Nr. 1 BBiG).

In jedem Fall muss die Kündigung des Ausbildungsverhältnisses **schriftlich** erfolgen, bei fristgerechter (ordentlicher) und fristloser (außerordentlicher) Kündigung unter Angabe des Kündigungsgrundes. Die Auflösung des Ausbildungsverhältnisses muss der zuständigen Stelle zur Löschung aus dem Ausbildungsverzeichnis mitgeteilt werden.

Regelfall der Beendigung der Ausbildung

In der Regel endet eine Ausbildung mit der Abschlussprüfung zum/-r Gesellen/Gesellin, Gehilfen/Gehilfin oder zum/zur Facharbeiter/-in. Zur **Prüfung** zugelassen wird, wer

- die Ausbildungszeit abgeleistet,
- an der vorgeschriebenen Zwischenprüfung teilgenommen und
- das Berichtsheft (Ausbildungsnachweis) ordnungsgemäß geführt hat.

Der letzte Arbeitstag als Auszubildender ist der Tag der Bestätigung, dass die Abschlussprüfung bestanden wurde. Falls die Abschlussprüfung nicht bestanden wird, verlängert sich das Ausbildungsverhältnis dementsprechend. Nach dem dritten vergeblichen Versuch, spätestens nach zwölf Monaten Verlängerung, endet die Ausbildung ohne Abschluss.

Auf einen Blick

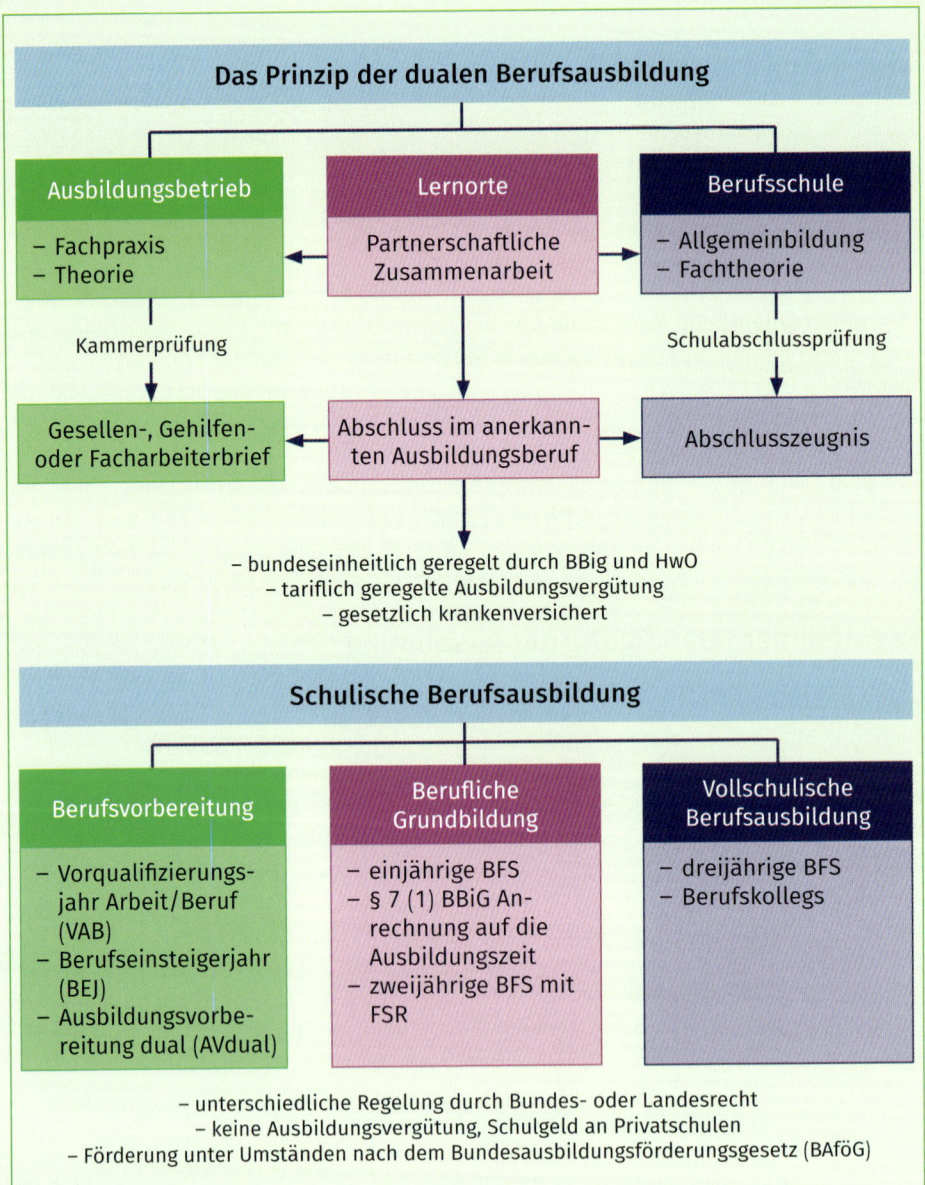

Das Prinzip der dualen Berufsausbildung

Ausbildungsbetrieb
- Fachpraxis
- Theorie

Lernorte
Partnerschaftliche Zusammenarbeit

Berufsschule
- Allgemeinbildung
- Fachtheorie

Kammerprüfung   Schulabschlussprüfung

Gesellen-, Gehilfen- oder Facharbeiterbrief

Abschluss im anerkannten Ausbildungsberuf

Abschlusszeugnis

– bundeseinheitlich geregelt durch BBig und HwO
– tariflich geregelte Ausbildungsvergütung
– gesetzlich krankenversichert

Schulische Berufsausbildung

Berufsvorbereitung
- Vorqualifizierungsjahr Arbeit / Beruf (VAB)
- Berufseinsteigerjahr (BEJ)
- Ausbildungsvorbereitung dual (AVdual)

Berufliche Grundbildung
- einjährige BFS
- § 7 (1) BBiG Anrechnung auf die Ausbildungszeit
- zweijährige BFS mit FSR

Vollschulische Berufsausbildung
- dreijährige BFS
- Berufskollegs

– unterschiedliche Regelung durch Bundes- oder Landesrecht
– keine Ausbildungsvergütung, Schulgeld an Privatschulen
– Förderung unter Umständen nach dem Bundesausbildungsförderungsgesetz (BAföG)

Auf einen Blick

Berufsausbildung in einem anerkannten Ausbildungsberuf

Ausbildender

Pflichten:
- Ausbildungspflicht
- Fürsorgepflicht
- Freistellungspflicht
- Vergütungspflicht
- Zeugnispflicht

Berufsausbildungsvertrag
(Schriftform vorgeschrieben)

Mindestinhalte nach § 4 BBiG:
- Art der Ausbildung
- Gliederung der Ausbildung
- Ausbildungsdauer
- Dauer der Probezeit
- Vergütung und Termin
- Urlaubstage
- Kündigungsvoraussetzungen

Auszubildender

Pflichten:
- Lernpflicht
- Berufsschulpflicht
- Sorgfaltspflicht
- Gehorsamspflicht
- Berichtsheftführung
- Schweigepflicht
- Wettbewerbsverbot

Aufgaben der zuständigen Stelle (Kammer)

- Genehmigung des Ausbildungsverhältnisses
- Eintrag in das Ausbildungsverzeichnis
- Überwachung der Berufsausbildung
- Durchführung der Zwischen- und Abschlussprüfung

Beendigung des Ausbildungsverhältnisses

Regelfall
- durch Bestehen der Prüfung
- Verlängerung längstens um ein Jahr

Kündigung (immer schriftlich)

Probezeit
ohne Fristeinhaltung und Begründung

Ordentlich (fristgerecht)
- Berufsaufgabe
- Berufswechsel (4-Wochen-Frist)

Außerordentlich (fristlos)
aus wichtigem Grund

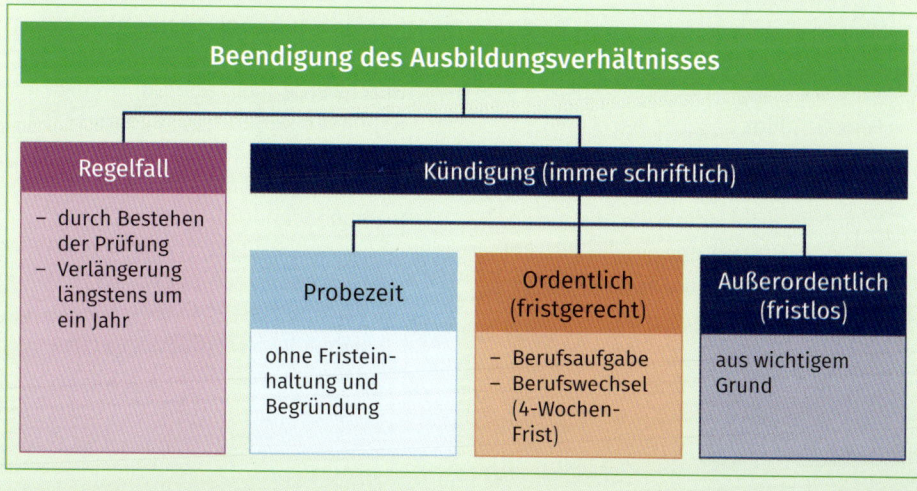

Kompetent handeln

1. Sie sind Mitglied im Musikverein in
   Ihrem Ort. Einige Mitglieder sind
   noch in der allgemeinbildenden
   Schule und wollen von Ihnen als
   Auszubildendem wissen, welche
   Möglichkeiten es bei der Berufswahl
   gibt.
   a) Erläutern Sie Ihren Freunden den
      Unterschied zwischen einer
      schulischen Berufsausbildung in
      Vollzeit und einer dualen Berufs-
      ausbildung. Erläutern Sie dabei
      auch die Vorteile und Nachteile
      des jeweiligen Systems (siehe
      S. 11–16).
   b) Zeigen Sie den Mitgliedern
      Möglichkeiten auf, wie im beruf-
      lichen Schulsystem der Haupt-
      schulabschluss, der mittlere
      Bildungsabschluss, die Fachhoch-
      schulreife und die Hochschulreife
      erreicht werden können.

2. Sandro Küfner hat keine Ausbil-
   dungsstelle gefunden und wird nun
   das Vorqualifizierungsjahr Arbeit/
   Beruf besuchen.
   Welche Ziele werden mit dem Besuch
   des VAB angestrebt?

3. Felix Schmidt besucht nach dem
   Hauptschulabschluss die einjährige
   Berufsfachschule.
   Erläutern Sie die Vorteile, die sich
   aus dem Besuch der einjährigen BFS
   für Felix und einen Handwerksbetrieb
   ergeben können.

4. Erklären Sie dem 16-jährigen Tim
   Fuchs, der demnächst eine Ausbildung als Kfz-Mechatroniker beginnen
   will, die Grundlagen der dualen
   Berufsausbildung:
   a) Wie lange dauert die Probezeit
      bei einem Ausbildungsverhältnis?
   b) Welche Bedeutung hat die
      Probezeit?
   c) Welche gesetzlichen Grundlagen
      sind beim Abschluss eines
      Ausbildungsvertrags zu berück-
      sichtigen?
   d) Auf welche Mindestinhalte ist im
      Ausbildungsvertrag zu achten?
   e) Auf was ist aufgrund des Alters
      von Tim beim Vertragsabschluss
      zu achten?
   f) Wer ist für die Überwachung der
      Ausbildung in einem Kfz-Meister-
      betrieb zuständig?
   g) Wodurch ergibt sich letztendlich
      ein rechtswirksamer Berufsausbil-
      dungsvertrag?

5. Der Auszubildende Raphael Becker
   wird häufig als Hilfskraft mit berufs-
   fremden Aufgaben beschäftigt. Da
   sich die Verhältnisse auch nach einer
   Beschwerde nicht ändern, kündigt
   Raphael das Berufsausbildungsverhältnis.
   a) Gegen welche Pflicht verstößt der
      Ausbildende?
   b) Welche Aufgabe hat die zuständi-
      ge Stelle in diesem Konflikt?
   c) Was muss Raphael beachten,
      damit seine Kündigung rechts-
      wirksam wird?

2 Am betrieblichen Arbeitsplatz sicher arbeiten

Nach Abschluss des Ausbildungsvertrags betritt der Auszubildende Max Fuchs am ersten Arbeitstag seinen Ausbildungsbetrieb. Vieles ist neu und ungewohnt für ihn. Die Tageseinteilung, das Arbeiten mit Kollegen aller Altersstufen, die Hierarchie im Betrieb. Sein Ausbilder macht mit ihm einen Rundgang durch den Betrieb und erklärt ihm die Aufgaben der einzelnen Abteilungen.

Tauschen Sie sich in der Gruppe aus, welche Produkte oder Dienstleistungen Ihr Ausbildungsbetrieb herstellt, und wie Ihr Betrieb aufgebaut ist (Abteilungen, Teams …).

An welchem Ort werden Sie in Ihrer Ausbildung im Betrieb arbeiten, haben Sie eine Lehrwerkstatt, arbeiten Sie an wechselnden Arbeitsplätzen?

Welche Tätigkeiten durften Sie in den ersten Tagen im Betrieb bereits verrichten?

Ähnlich wie Max wird es Ihnen wahrscheinlich auch gehen. Sie sind als Auszubildende/-r in einem völlig neuen Umfeld im Vergleich zu Ihrem bisherigen Leben. Ihre Hauptbeschäftigung wird nun die Arbeit bzw. das Erlernen der Arbeit in einem Betrieb im Wirtschaftsleben sein. Dabei gibt es in jedem Beruf und jedem einzelnen Betrieb andere Besonderheiten. Selbst Unternehmen, die denselben Beruf ausbilden, werden fast nie genau dieselben Produkte herstellen und dieselben Arbeitsabläufe haben. All das werden Sie beim **dualen Ausbildungspartner Betrieb** kennenlernen. Für Sie als Neuling im Arbeitsleben ist auch gleich am Anfang Ihres Berufslebens wichtig, sich der **Gefahren und Risiken der Arbeit** bewusst zu werden und die jeweiligen **Schutzvorschriften** zu kennen. Zum Ende dieses Kapitels erhalten Sie dann bereits einen Ausblick darauf, wie Ihr Berufsweg weitergehen könnte, welche **Weiterbildungsmöglichkeiten** es gibt und wer Sie dabei unterstützen kann.

2.1   Analyse des betrieblichen Arbeitsplatzes

Alle Unternehmen, die ein Produkt zum Kauf anbieten, haben im Ablauf ihrer Leistungserstellung einen grundsätzlich ähnlichen Aufbau. Immer müssen Rohstoffe oder Halbfertigteile eingekauft werden, die dann zu einem Mehrwert gebracht werden. Dieser Mehrwert wird erzeugt durch das Bearbeiten der Rohstoffe und Halbfertigteile oder auch nur durch das Liefern an einen anderen Ort. Das dadurch erzeugte Produkt wird dann anderen Unternehmen oder Endkunden (Verbrauchern) zum Kauf angeboten.

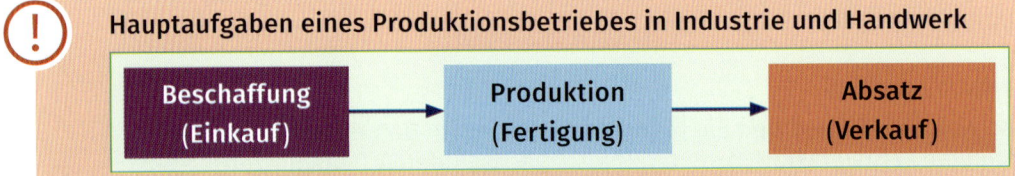

Hauptaufgaben eines Produktionsbetriebes in Industrie und Handwerk

Beschaffung (Einkauf)	Produktion (Fertigung)	Absatz (Verkauf)

Beispiel:
Ein Fahrzeughersteller kauft Bleche, Elektronikbauteile und weitere Rohstoffe und Halbfertigteile von anderen Unternehmen, produziert daraus ein Auto und verkauft dieses an einen Kunden.

o Wenn er mit dem Verkauf des Autos mehr einnimmt, als ihn die Produktion des Autos gekostet hat (nicht nur Material, sondern auch Lohn, Werbung, Maschinen usw.) hat er einen **Gewinn** erzielt. Mit dem Gewinn kann er sich ein schönes Leben machen oder seinen Betrieb weiter ausbauen.

o Wenn seine Produktion regelmäßig Verluste macht, ist er bald **insolvent**.

Die **Ausführung dieser Aufgaben** in einem Unternehmen können geschehen durch:
1. **Handarbeit:** Sie wird durch Menschen unter Zuhilfenahme von Werkzeug erledigt. Auch heute noch wird Handarbeit benötigt, sei es im Kunsthandwerk oder auch bei der Anfertigung von Entwürfen und Modellen in der Industrie.
2. **Maschinenarbeit:** Die Maschinen werden von Menschen bedient. Das können zum Beispiel ein PC, eine Bohrmaschine oder auch eine computergesteuerte CNC-Fräse sein.

3. **Automatische Fertigung:** Hier werden Arbeitsgänge von Maschinen selbsttätig ohne menschliche Hilfe ausgeführt. Wenn nicht nur die Produktionsmaschinen, sondern selbst die Produkte „mitdenken", sich also beispielsweise den besten Weg durch eine Fertigungsstraße selbst errechnen, spricht man in diesem Zusammenhang von **Industrie 4.0.**

Ein Unternehmen kann aus mehreren Betrieben bestehen.

In allen Bereichen eines Unternehmens werden aber auch zukünftig Menschen benötigt, und so gibt es auch in allen Bereichen Ausbildungsstellen. Auszubildende können bei der Beschaffung, bei der Produktion, im Absatz oder in Querschnittsaufgaben, wie zum Beispiel im Rechnungswesen, einen Beruf erlernen.

So vielfältig wie die Berufe sind auch die **Produktionsstätten**. Die Produktion kann beispielsweise am Fließband stattfinden, in der Werkstatt, in Laboren, auf Baustellen oder in der Backstube. Auch bedeutet Leistungserstellung nicht nur die Neuherstellung von Produkten.

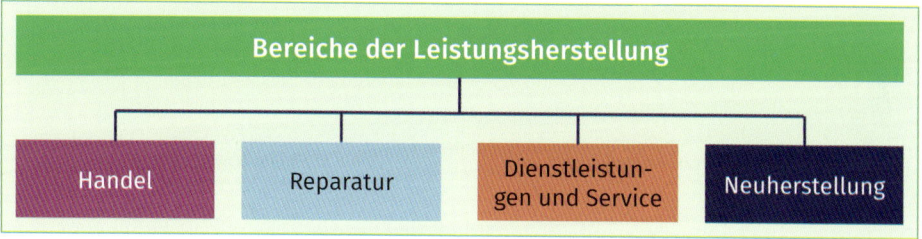

Bereiche der Leistungsherstellung

| Handel | Reparatur | Dienstleistungen und Service | Neuherstellung |

2.2 Schutzvorschriften und deren Überwachung

Menschen sind keine Maschinen. Sie haben Bedürfnisse, benötigen ein Sozialleben, sind auf menschliche Interaktion angewiesen und brauchen besonderen Schutz im Arbeitsleben.

Jährlich ereignen sich in der gewerblichen Wirtschaft und im öffentlichen Dienst laut Statistik fast eine Million Unfälle bei der Arbeit. Auf dem Weg zur Arbeit sind es rund 250 000

Unfälle. Der Anteil an Unfällen mit tödlichem Ausgang bzw. mit dauernden gesundheitlichen Beeinträchtigungen ist erschreckend hoch. Die Zahl der Berufserkrankungen ist zwar verhältnismäßig gering. Jedoch können die Folgen einer Berufserkrankung erheblich sein. Oft bleiben lebenslange Beeinträchtigungen zurück. Ein Großteil aller vorzeitig aus dem Arbeitsleben Ausscheidenden tut dies wegen einer Behinderung. Auch fehlen Arbeitskräfte durch Arbeitsunfälle, Wegeunfälle oder Krankheit in den Betrieben.

In den einzelnen Wirtschaftszweigen und Berufen ist die Unfallgefahr unterschiedlich groß. Die Ursachenforschung zeigt, dass die Unfallursache meist nicht in technischen Mängeln oder ungenügenden Sicherheitseinrichtungen, sondern in menschlichem Fehlverhalten liegt.

 Ursachen für **menschliches Fehlverhalten** sind Unkenntnis, fehlende Informationen, mangelnde Erfahrung, Routine, Selbstüberschätzung, Übermüdung, Leichtsinn, Alkohol und Medikamentenmissbrauch.

Viele Arbeitsunfälle sind vermeidbar. Um Menschen vor Unfällen bei der Arbeit und auf dem Weg zur Arbeit sowie vor Berufserkrankungen und ihren Auswirkungen zu schützen, hat der Gesetzgeber Vorschriften und rechtliche Rahmenbedingungen – die **Arbeitsschutzgesetze** – erlassen.

 Beim **Arbeitsschutz** unterscheidet man zwei Bereiche:

1. **den technischen Arbeitsschutz und**
2. **den sozialen Arbeitsschutz.**

Technischer Arbeitsschutz

Der beste Schutz, um Arbeitsunfälle zu verhindern, ist die Prävention (Vorbeugung, Verhütung). Arbeits- und Gesundheitsschutz unterliegen der Fürsorgepflicht der Arbeitgeber. Das Bundesministerium für Arbeit und Soziales stellt Informationen zu den Arbeitsschutzgesetzen zur Verfügung, die Berufsgenossenschaften zur Unfallverhütung.

 Wichtige gesetzliche Regelungen zum technischen Arbeitsschutz

- o Gewerbeordnung (GewO)
- o Arbeitsstättenverordnung (ArbStättV)
- o Arbeitssicherheitsgesetz (ASiG)
- o Arbeitsschutzgesetz (ArbSchG)
- o Produktsicherheitsgesetz (ProdSG)
- o BG-Vorschriften (BGV, früher UVV)

Die **Gewerbeordnung (GewO)** enthält neben den Bestimmungen für Gewerbetreibende im allgemeinen Teil auch arbeitsrechtliche Regelungen und grundlegende Bestimmungen zur Unfallverhütung.

Verbotszeichen   Warnzeichen

Die **Arbeitsstättenverordnung (ArbStättV)** erweitert den Arbeitsschutz der Gewerbeordnung und enthält Vorschriften für die menschenfreundliche Gestaltung von Arbeitsplätzen bezüglich Lärm, Beleuchtung, Dämpfen, Staub, Wasch- und Umkleideräumen, Toiletten und Notausgängen.

Gebotszeichen   Rettungszeichen

Das **Arbeitssicherheitsgesetz (ASiG)** verpflichtet die Arbeitgeber zur Bestellung von Betriebsärzten, Sicherheitsingenieuren und anderen Fachkräften für Arbeitssicherheit. Es definiert deren Aufgaben und betriebliche Position und soll eine fachkundige Beratung der Arbeitgeber sicherstellen.

Das **Arbeitsschutzgesetz (ArbSchG)** dient dazu, Sicherheit und Gesundheitsschutz der Beschäftigten bei der Arbeit durch Maßnahmen des Arbeitsschutzes zu sichern und zu verbessern. Im Vordergrund stehen Verhütung von Arbeitsunfällen, Verhinderung der Gesundheitsgefährdung und menschengerechte Gestaltung der Arbeit. Arbeitgeber sind verpflichtet, die erforderlichen Maßnahmen des Arbeitsschutzes zu treffen.

Das **Produktsicherheitsgesetz (ProdSG)** dient der Umsetzung der EU-Richtlinie über die Produktsicherheit. Die Hersteller werden verpflichtet, nur Geräte und Produkte in den Verkehr zu bringen, die diesem Gesetz entsprechen. Im Bereich der Marktüberwachung wurde das ProdSG verbessert. Die Erteilung

Geprüfte Sicherheit

und Kontrolle zum **GS-Zeichen** wurden strenger gefasst und erweitert. Mit seiner Aussage „geprüfte Sicherheit" beeinflusst es die Kaufentscheidung und trägt zu einem wirkungsvollen Unfall- und Verbraucherschutz bei. Neben den staatlichen Stellen haben sich auch privatrechtliche Vereine wie beispielsweise der Verband Deutscher Elektrotechniker (VDE) oder der Technische Überwachungsverein (TÜV) die Einhaltung der Gerätesicherheit zur Aufgabe gemacht.

Die **BG-Vorschriften (BGV)** für Arbeitssicherheit und Gesundheitsschutz stellen für jedes Unternehmen und jeden Versicherten der gesetzlichen Unfallversicherung verbindliche Pflichten bezüglich Arbeitssicherheit und Gesundheitsschutz am Arbeitsplatz dar. Die BG-Vorschriften (früher Unfallverhütungsvorschriften, UVV) der Berufsgenossenschaften der einzelnen Wirtschaftszweige geben vor, welche Maßnahmen für Sicherheit und Gesundheit bei der Arbeit Unternehmer und Beschäftigte zu beachten haben. Aufsichtsbeamte der Berufsgenossenschaften und die staatlichen Gewerbeaufsichtsämter überwachen die Einhaltung der BG-Vorschriften. Arbeitsunfälle und deren Hergang müssen der zuständigen Berufsgenossenschaft und dem zuständigen Gewerbeaufsichtsamt gemeldet werden.

Sozialer Arbeitsschutz

Der soziale Arbeitsschutz umfasst spezielle Schutzrechte für schutzbedürftige Arbeitneh-
mergruppen wie Jugendliche, werdende Mütter und Menschen mit Schwerbehinderung,
aber auch allgemeine Regelungen, um allen Arbeitnehmern ein ausgeglichenes Sozialleben zu ermöglichen.

Wichtige gesetzliche Regelungen zum sozialen Arbeitsschutz

o Jugendarbeitsschutzgesetz (JArbSchG)
o Mutterschutzgesetz (MuSchG)
o Sozialgesetzbuch Neuntes Buch (SGB IX, früher Schwerbehindertengesetz)
o Bundeselterngeld- und Elternzeitgesetz (BEEG)
o Arbeitszeitgesetz (ArbZG)
o Bundesurlaubsgesetz (BUrlG)

Jugendarbeitsschutzgesetz

Das Jugendarbeitsschutzgesetz (JArbSchG) soll Kinder und Jugendliche vor körperlicher und
seelischer Überlastung in der Arbeitswelt schützen. Berufsanfänger bewegen sich in der
noch unbekannten Arbeitswelt, die in erster Linie auf das Leistungsvermögen Erwachsener
zugeschnitten ist. Konkurrenzsituationen, jugendlicher Elan, fehlende Erfahrung und
Selbstüberschätzung können zu einer Überbeanspruchung führen. Die Überwachung und
Beratung bei der Einhaltung des JArbSchG ist Aufgabe der Gewerbeaufsichtsämter.

© Bergmoser + Höller Verlag AG

141 220

Wesentliche Bestimmungen des Jugendarbeitsschutzgesetzes (JArbSchG)

§ 1 Geltungsbereich	Für Jugendliche in einem Ausbildungs- oder Beschäftigungsverhältnis; Jugendlicher ist, wer 15, aber noch nicht 18 Jahre alt ist. (Nur vereinzelte Regelungen des JArbSchG gelten auch für Auszubildende über 18 Jahre.)
§ 4, § 8 Arbeitszeit und Dauer	Beginn bis Ende der täglichen Beschäftigung höchstens acht Stunden pro Tag (ohne Ruhepausen), ausnahmsweise 8 ½ Stunden bei Verkürzung an einem Werktag, 40 Stunden/Woche, Fünf-Tage-Woche
§ 9 Berufsschule	Freistellung für den Berufsschulunterricht; Beschäftigungsverbot im Betrieb vor einem vor 9:00 Uhr beginnenden Unterricht, bei Teilzeitunterricht an Tagen mit mehr als fünf Stunden Unterricht, bei Blockunterricht in Wochen mit mindestens 25 Stunden Unterricht an fünf Tagen
§ 11 Ruhepausen	Bei einer Arbeitszeit von 4 ½ bis 6 Stunden mindestens 30 Minuten, bei mehr als sechs Stunden mindestens 60 Minuten
§ 13 Freizeit	Mindestens zwölf Stunden zwischen zwei Arbeitstagen
§ 14 Nachtruhe	Beschäftigung nur in der Zeit von 6:00 bis 20:00 Uhr. 16-Jährige dürfen in Bäckereien, Konditoreien und in der Landwirtschaft ab 5:00 Uhr arbeiten, 17-Jährige in Bäckereien ab 4:00 Uhr, 16-Jährige in Gaststätten bis 22:00 Uhr, im Mehrschichtbetrieb bis 23:00 Uhr
§ 19 Urlaub	o Wenn zu Beginn eines Jahres unter 16 Jahre, dann mindestens 30 Werktage im Jahr o Wenn zu Beginn eines Jahres unter 17 Jahre, dann mindestens 27 Werktage im Jahr o Wenn zu Beginn eines Jahres unter 18 Jahre, dann mindestens 25 Werktage im Jahr
§ 22 Gefährliche Arbeiten	Beschäftigungsverbot für Arbeiten, die die Leistungsfähigkeit übersteigen, eine sittliche Gefährdung ergeben oder Unfallgefahren aufweisen
§ 23 Akkordarbeit	Beschäftigungsverbot bei Akkordarbeit oder tempoabhängiger Arbeit (Fließbandarbeit)
§ 32, § 33 Erst- und Nachuntersuchung	Ärztlich bescheinigte Erstuntersuchung aus den letzten 14 Monaten vor Beschäftigung. Ärztlich bescheinigte Nachuntersuchung in den letzten drei Monaten des ersten Arbeitsjahres

Mutterschutzgesetz

Das Mutterschutzgesetz (MuSchG) soll die Belastung für die Gesundheit der Mutter und des ungeborenen bzw. gerade geborenen Kindes durch das Arbeitsleben begrenzen.

Wesentliche Bestimmungen des Mutterschutzgesetzes (MuSchG)

o **Beschäftigungsverbot** sechs Wochen vor und acht Wochen nach der Entbindung (nach Früh- und Mehrlingsgeburten Verlängerung auf 12 Wochen),

o **Mutterschaftsgeld:** In dieser Zeit besteht ein Anspruch auf Mutterschaftsgeld von der gesetzlichen Krankenversicherung.

o **Verbot** von Mehr-, Sonntags- und Nachtarbeit, schweren und gefährlichen Arbeiten sowie Akkord- und Fließbandarbeiten.

o **Besonderer Kündigungsschutz** während der Schwangerschaft und bis vier Monate nach der Entbindung.

Sozialgesetzbuch Neuntes Buch

Das Sozialgesetzbuch Neuntes Buch (SGB IX, früher Schwerbehindertengesetz) gilt für Personen, deren Erwerbsfähigkeit auf Dauer um mindestens 50 % eingeschränkt ist. Diese werden für die gleichberechtigte Teilnahme im Arbeitsleben und in der Gesellschaft gefördert. Menschen mit Schwerbehinderung haben zusätzlich fünf Tage mehr Jahresurlaub, keine Überstunden- und Mehrarbeitsverpflichtung und stehen unter einem besonderen Kündigungsschutz. Um den geeigneten Arbeitsplatz und Arbeitgeber zu finden, fördert der Staat die berufliche Anpassung der Qualifikation und Beschäftigung von Menschen mit Schwerbehinderung durch Zuschüsse. Arbeitgeber mit durchschnittlich 20 Arbeitsplätzen sind verpflichtet, wenigstens 5 % der Arbeitsplätze mit Menschen mit Schwerbehinderung zu besetzen. Wird diese Quote nicht erreicht, muss eine Ausgleichsabgabe gezahlt werden.

Bundeselterngeld- und Elternzeitgesetz

Mit dem Bundeselterngeld- und Elternzeitgesetz (BEEG) wird es für Mütter und Väter finanziell einfacher, vorübergehend ganz oder auch nur teilweise auf eine Erwerbstätigkeit zu verzichten.

Elterngeld erhalten Eltern, die sich in den ersten 14 Monaten selbst um die Betreuung ihres Kindes kümmern und deshalb nicht mehr als 30 Wochenstunden arbeiten. Das Elterngeld beträgt 67 % des durchschnittlichen Nettoeinkommens aus dem Jahr vor der Geburt des betreuenden Elternteils, höchstens jedoch 1 800,00 € und mindestens 300,00 € monatlich. Familien mit mehreren Kleinkindern erhalten Zuschläge. Gemeinsam stehen den Eltern zwölf Monatsbeträge zu, die sie frei untereinander aufteilen können.

Ein Elternteil kann für mindestens zwei und höchstens zwölf Monate Elterngeld beziehen. Zwei Monate gibt es dazu, wenn durch die Beteiligung des Partners an der Betreuung des Kindes ein weiteres Einkommen wegfällt (Partnermonate). Alleinerziehende erhalten 14 Monate Elterngeld. Eine andere Aufteilung ist mit dem „ElterngeldPlus" möglich.

Elternzeit können beide Elternteile bis zur Vollendung des dritten Lebensjahres des Kindes in Anspruch nehmen. Mit Zustimmung des Arbeitgebers ist ein Anteil von bis zu zwölf Monaten auf die Zeit bis zur Vollendung des achten Lebensjahres des Kindes übertragbar. Während der Elternzeit besteht ein besonderer Kündigungsschutz. Auch Großeltern können Elternzeit in Anspruch nehmen. Die Voraussetzung dafür ist, dass ein Elternteil des Kindes minderjährig ist oder sich im letzten bzw. vorletzten Jahr der Ausbildung befindet. Zudem müssen die Großeltern mit ihrem Enkelkind in einem Haushalt leben.

Arbeitszeitgesetz und Bundesurlaubsgesetz

Das Arbeitszeitgesetz (ArbZG) soll den Gesundheitsschutz von Arbeitnehmern, die älter als 18 Jahre sind, gewährleisten. Es begrenzt die tägliche Höchstarbeitszeit, gibt Pausenregelungen vor, legt Ruhezeiten und das Arbeitsende fest. Die Gleichbehandlung von Frauen und Männern im Arbeitsleben wird angestrebt und eine flexible Gestaltung der Arbeitszeit ermöglicht. Mit dem ArbZG sollen auch die Sonntage und die staatlich anerkannten Feiertage als Tage der Arbeitsruhe geschützt werden.

Wesentliche Bestimmungen des Arbeitszeitgesetzes (§§ 3–13 ArbZG)

o Begrenzung der **täglichen Arbeitszeit** auf acht Stunden; eine Verlängerung der Arbeitszeit auf zehn Stunden pro Tag ist möglich, wenn innerhalb von sechs Monaten der Durchschnitt von acht Stunden pro Werktag nicht überschritten wird.

o Mindestens elf Stunden ununterbrochene **Ruhepause** zwischen zwei Arbeitstagen.

o Kein Arbeitnehmer darf länger als sechs Stunden **ohne Ruhepause** arbeiten. Bei einer Arbeitszeit von sechs bis neun Stunden beträgt die Pause mindestens 30 Minuten, bei mehr als neun Stunden mindestens 45 Minuten.

o Für **Nachtarbeitnehmer** sind arbeitsmedizinische Untersuchungen vorgeschrieben.

o **Sonn- und Feiertagsarbeit** ist nur dann erlaubt, wenn aus technischen Gründen eine ununterbrochene Produktion notwendig ist. Es muss geprüft werden, ob die Arbeit nicht auf die Werktage von Montag bis Samstag verlegt werden kann.

o **Erlaubte Sonntagsarbeit**, zum Beispiel in Bäckereien und Konditoreien, im Gastgewerbe, in Verkehrsbetrieben und im Krankenhaus, muss innerhalb von zwei

Wochen durch Freizeit ausgeglichen werden, erlaubte Feiertagsarbeit innerhalb einer Woche.

o   Mindestens 15 Sonntage im Jahr sind **beschäftigungsfrei**.

o   Abweichende Regelungen können durch tarifliche Vereinbarungen bzw. in einer Betriebs- oder Dienstvereinbarung zugelassen werden.

Die tatsächliche, tarifliche Wochenarbeitszeit (je nach Wirtschaftszweig 35 bis 40 Stunden) ist jedoch erheblich geringer als die vom Gesetzgeber festgelegte Höchstarbeitszeit von 48 Stunden pro Woche (6 Werktage/Woche · 8 Stunden/Tag).

Wesentliche Bestimmungen des Bundesurlaubsgesetzes (BUrlG)

o   Alle Arbeitnehmer in Deutschland haben Anspruch auf **bezahlten Jahresurlaub**.

o   Der **Mindesturlaub** beträgt 24 Werktage bei einer Sechs-Tage-Woche (bei einer Fünf-Tage-Woche 20 Arbeitstage). Ein Anspruch entsteht erstmals nach einem sechsmonatigen ununterbrochenen Arbeitsverhältnis.

o   Das **Urlaubsentgelt** errechnet sich aus dem durchschnittlichen Arbeitsverdienst aus den letzten 13 Wochen vor dem Beginn des Urlaubs. Bezahlte Überstunden werden nicht berücksichtigt.

o   Der Urlaub muss auf Wunsch des Arbeitnehmers **zusammenhängend** gewährt werden. Den Zeitpunkt bestimmt der Arbeitgeber. Bei der zeitlichen Festlegung des Urlaubs sind jedoch die Urlaubswünsche des Arbeitnehmers zu berücksichtigen. Dringliche betriebliche Belange oder Urlaubswünsche anderer Arbeitnehmer sind bei der betrieblichen Urlaubsplanung hingegen ebenfalls zu bedenken.

Überwachung der Schutzvorschriften

Die Überwachung der betrieblichen Umsetzung des Arbeitsschutzes ist eine staatliche Aufgabe. Die staatlichen Gewerbeaufsichtsämter sind mit der Überprüfung der Betriebe beauftragt.

Die Aufgabe der **Gewerbeaufsichtsämter** ist die Überwachung des technischen Arbeitsschutzes und die Überprüfung, ob der soziale Arbeitsschutz eingehalten wird. Ihre Beamten sind berechtigt, während der Arbeitszeit die Arbeitsstätten zu

betreten, Auskünfte und Unterlagen über Einrichtungen, Arbeitsverfahren und Werkstoffe zu verlangen und technische Prüfungen vorzunehmen. Bei Verstößen, zum Beispiel gegen das Jugendarbeitsschutzgesetz, kann eine Geldbuße ausgesprochen, in schweren Fällen ein Strafverfahren eingeleitet oder die Einstellung des Betriebs verfügt werden.

Die **Berufsgenossenschaften** als Unfallversicherungsträger der gesetzlichen Unfallversicherung sind ebenfalls für den Arbeitsschutz in ihren Mitgliedsbetrieben zuständig. Technische Aufsichtsbeamte überwachen die Einhaltung der BG-Vorschriften. Die Berufsgenossenschaften sind nach Wirtschaftsbereichen gegliedert und legen für ihre Wirtschaftsbereiche Unfallverhütungs- und Arbeitsschutzbestimmungen fest. Dabei arbeiten sie mit den Gewerbeaufsichtsämtern zusammen.

Arbeitgeber sind im Rahmen ihrer Fürsorgepflicht zur Einhaltung der entsprechenden Schutzvorschriften verpflichtet. Nach dem Betriebsverfassungsgesetz (BetrVG) ist es Aufgabe des **Betriebsrats**, die Einhaltung der Arbeitsschutzvorschriften zu überwachen. Betriebe mit mehr als 20 Mitarbeitern müssen **Sicherheitsbeauftragte** ernennen. Arbeitgeber sind gemäß Arbeitssicherheitsgesetz (ASiG) gesetzlich verpflichtet, weitere Fachkräfte für Arbeitssicherheit zu bestellen.

Die **Einhaltung der Arbeitsschutzvorschriften** wird überwacht durch:

o Gewerbeaufsichtsämter
o Berufsgenossenschaften
o Betriebsräte und Sicherheitsbeauftragte in den Betrieben

2.3 Umschulung und Weiterbildung

Ein anhaltender Strukturwandel kennzeichnet die moderne Berufs- und Arbeitswelt. Technische Veränderungsprozesse und neue Kommunikationsmethoden führen zu neuen Qualifikationsanforderungen. Um Schritt halten zu können, müssen Erwerbstätige ein Leben lang lernen.

Unter **Weiterbildung** versteht man die Fortsetzung oder die Wiederaufnahme organisierten Lernens nach Abschluss einer ersten Bildungsphase und zwischenzeitlicher Berufstätigkeit. Dabei unterscheidet man zwischen beruflicher und allgemeiner Weiterbildung. Zur beruflichen Weiterbildung gehören die berufliche **Fortbildung** (Anpassungs- oder Aufstiegsfortbildung) sowie die berufliche **Umschulung**.

Berufliche Fortbildung

Die berufliche Fortbildung baut auf einer abgeschlossenen Berufsausbildung auf. Im Sinne des Berufsbildungsgesetzes (BBiG) und der Handwerksordnung (HwO) soll sie dazu dienen, die berufliche Qualifikation zu erhalten, zu erweitern bzw. der technischen Entwicklung anzupassen oder beruflich aufzusteigen.

 Die Fähigkeit, sich den wandelnden Berufsanforderungen anzupassen, bezeichnet man als **berufliche Flexibilität**.

Über das Berufskolleg zur Fachhochschulreife
An dem **einjährigen Berufskolleg zur Erlangung der Fachhochschulreife (1BKFH)** kann nach abgeschlossener Berufsausbildung die Fachhochschulreife erreicht werden.

Über das Technische Gymnasium zur allgemeinen Hochschulreife
Bei einem vorhandenen mittleren Bildungsabschluss kann am **Technischen Gymnasium (TG)** die allgemeine Hochschulreife erlangt werden.

Fachschulen als Ort der beruflichen Fortbildung
Die Fachschulen der gewerblichen, haus- und landwirtschaftlichen sowie kaufmännischen Berufsschulen bieten ein vielseitiges Fortbildungsangebot an. Der Abschluss einer Fachschule ist einem Bachelor im Europäischen Qualifikationsrahmen gleichgestellt.

○ An den **Meisterschulen** können sich Facharbeiterinnen und Facharbeiter, Gehilfinnen und Gehilfen oder Gesellinnen und Gesellen in einem anerkannten Ausbildungsberuf auf die Meisterprüfung vor der zuständigen Stelle oder Kammer vorbereiten. Meisterkurse an Vollzeitschulen dauern ein Jahr, im Teilzeitunterricht an Abenden und Wochenenden entsprechend länger. Die Meisterprüfung besteht aus vier Teilen, einem fachpraktischen, einem fachtheoretischen, einem wirtschaftlich-rechtlichen sowie einem berufs- und arbeitspädagogischen Teil. Die Teile können auch einzeln abgelegt werden. Der Meisterbrief eröffnet gute Chancen, Führungspositionen in der Wirtschaft zu übernehmen oder selbst ein Unternehmen zu eröffnen.

○ Die **Fachschule für Technik** als Beispiel für viele weitere Fachschulen dauert in der Vollzeitform zwei Jahre und in der Teilzeitform berufsbegleitend meist vier Jahre. Sie führt zum/-r „Staatlich geprüfte/-n Techniker/-in" in den Fachrichtungen Bau-, Holz- oder Maschinentechnik. Aufnahmevoraussetzungen sind eine abgeschlossene Erstausbildung und zweijährige Berufserfahrung in einem anerkannten Ausbildungsberuf. Mit der Abschlussprüfung wird auch die Fachhochschulreife erworben. Staatlich geprüfte Techniker/-innen sind beispielsweise im mittleren Management in Industrie und Handwerk tätig.

Gründe für eine Fortbildung
Gründe für eine Fortbildung können beispielsweise eine Aktualisierung des beruflichen Wissens sein, die Arbeitsplatzsicherung, der Wunsch nach beruflichem Aufstieg und einem höheren Einkommen, nach beruflicher Selbstverwirklichung oder auch Selbstständigkeit.

Fortbildungen werden nach ihrem **Ziel** unterschieden:

o **Einarbeitung** in ein neues betriebliches Aufgaben- bzw. Arbeitsgebiet

o **Anpassungsfortbildung** zum Erwerb wichtiger Zusatzqualifikationen, damit der bisherige Beruf weiter ausgeübt werden kann

o **Aufstiegsfortbildung**, um ausgehend vom erlernten Beruf eine höhere Position anzustreben, zum Beispiel als Meister, Techniker oder Ingenieur

Berufliche Umschulung

Die berufliche Umschulung hat andere Beweggründe als eine Fortbildung. Sie bedeutet einen Berufswechsel durch eine Zweitausbildung und soll den Übergang in eine andere berufliche Tätigkeit vorbereiten. Eine Umschulung erfolgt in einem anerkannten Ausbildungsberuf oder nach besonderen Ausbildungsregelungen für Menschen mit Behinderung. Vorausgesetzt wird eine abgeschlossene Berufsausbildung oder Berufserfahrung. Eine Umschulung kann erforderlich werden, um eine drohende Arbeitslosigkeit abzuwenden oder eine bestehende Arbeitslosigkeit zu beenden.

Umschulungsgründe

o **Strukturwandel**, erworbene Kenntnisse sind veraltet oder werden nicht mehr benötigt (Aussterben des Berufs)

o **Arbeitslosigkeit** abwenden bzw. beenden

o **Berufsunfähigkeit** durch Arbeitsunfall oder Berufskrankheit

o **Unzufriedenheit** mit dem erlernten Beruf

Finanzielle Unterstützung während der beruflichen Aus- oder Weiterbildung

Berufliche Bildung liegt grundsätzlich in der Verantwortung des Bildungswilligen oder des Betriebs. Es ist aber auch staatliche Unterstützung möglich, um Ausbildung, Fortbildung, Umschulung und Aufstieg zu fördern oder erst zu ermöglichen.

Fördermöglichkeiten bestehen für

o **Ausbildungen** durch BAföG beim Amt für Ausbildungsförderung der Stadt-bzw. Kreisverwaltung

o **Fortbildungen und Umschulungen** nach SGB III durch die Agentur für Arbeit

o **Aufstiegsfortbildung** durch „Meister-BAföG" beim Amt für Ausbildungsförderung der Stadt- bzw. Kreisverwaltung

Bundesausbildungsförderungsgesetz (BAföG)

Ziel des Bundesausbildungsförderungsgesetzes (BAföG) ist es, Jugendlichen die Möglichkeit zu geben, unabhängig von ihrer sozialen und wirtschaftlichen Situation eine Ausbildung zu absolvieren, die ihren Fähigkeiten und Interessen entspricht. Förderfähig ist der Besuch von allgemeinbildenden und beruflichen Schulen ab Klasse 10. BAföG-Anträge sind beim zuständigen Amt für Ausbildungsförderung zu stellen.

Zuständig für die Förderung durch BAföG ist:

o für **Schüler** das Amt für Ausbildungsförderung der Stadt- bzw. Kreisverwaltung am Wohnort der Eltern,

o für **Auszubildende** an Abendgymnasien, Kollegs, höheren Fachschulen und Akademien das Amt für Ausbildungsförderung, in dessen Bezirk sich die Ausbildungsstätte befindet,

o für **Studenten** die Studentenwerke der Hochschulen.

Arbeitsförderung nach dem Sozialgesetzbuch III

Die Arbeitsförderung nach dem Sozialgesetzbuch III (§§ 77, 79, 80 SGB III) gewährt nur Beihilfen für die Berufsausbildung, wenn der Antragsteller die erforderlichen Mittel nicht selbst aufbringen kann. Die Leistungen der Arbeitsförderung sollen dazu beitragen, Arbeitslosigkeit zu vermeiden bzw. die Dauer von Arbeitslosigkeit zu verkürzen. Ein Antrag auf Förderung ist bei der zuständigen **Agentur für Arbeit** zu stellen. Die Fortbildungs- und Umschulungsmaßnahmen sollen nicht länger als zwei Jahre dauern. Erfolgen diese in schulischer Vollzeitform, so erhalten die Teilnehmer ein Unterhaltsgeld. Daneben werden Aufwendungen für Lehrmittel, Fahrten und Arbeitskleidung ganz oder teilweise erstattet.

Aufstiegsfortbildungsförderungsgesetz (Meister-BAföG)
Durch das Aufstiegsfortbildungsförderungsgesetz (AFBG, auch Meister-BAföG genannt) sollen Teilnehmer an Fortbildungsmaßnahmen finanziell unterstützt und zur Existenzgründung ermuntert werden. Mit Darlehen und Zuschüssen werden Fortbildungsmaßnahmen, die zum/zur Handwerks- oder Industriemeister/-in, Techniker/-in, Fachkaufmann/-kauffrau, Fachkrankenpfleger/-in, Betriebsinformatiker/-in, Programmierer/-in, Betriebswirt/-in führen oder eine vergleichbare Qualifikation vorbereiten, gefördert. Voraussetzung ist eine abgeschlossene Erstausbildung oder ein vergleichbarer Berufsabschluss. Die Förderung ist an bestimmte persönliche, qualitative und zeitliche Anforderungen geknüpft, unabhängig von der Durchführungsform (Vollzeit, Teilzeit, Fernunterricht). Bei Vollzeitlehrgängen wird ein einkommens- und vermögensabhängiger Lebensunterhalt gewährt. Zuständig ist das Ausbildungsförderungsamt des Landkreises bzw. der Kommune, in der der/die Antragsteller/-in ständig wohnt.

Auf einen Blick

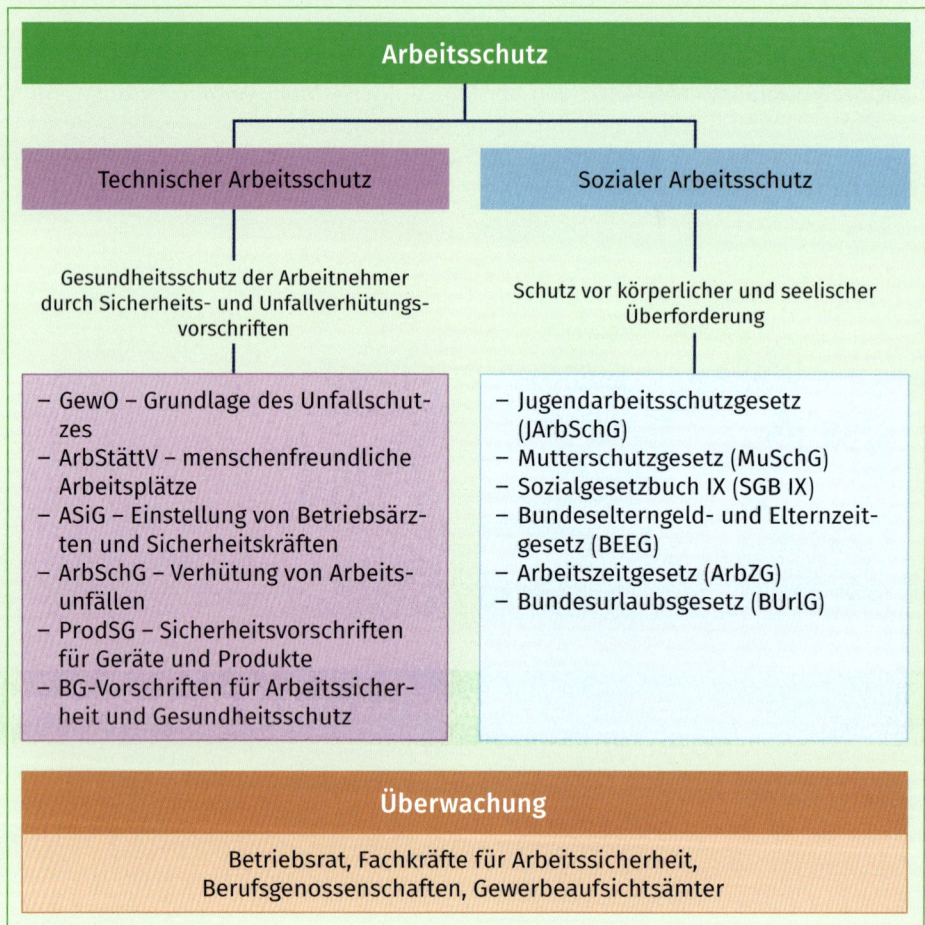

Kompetent handeln

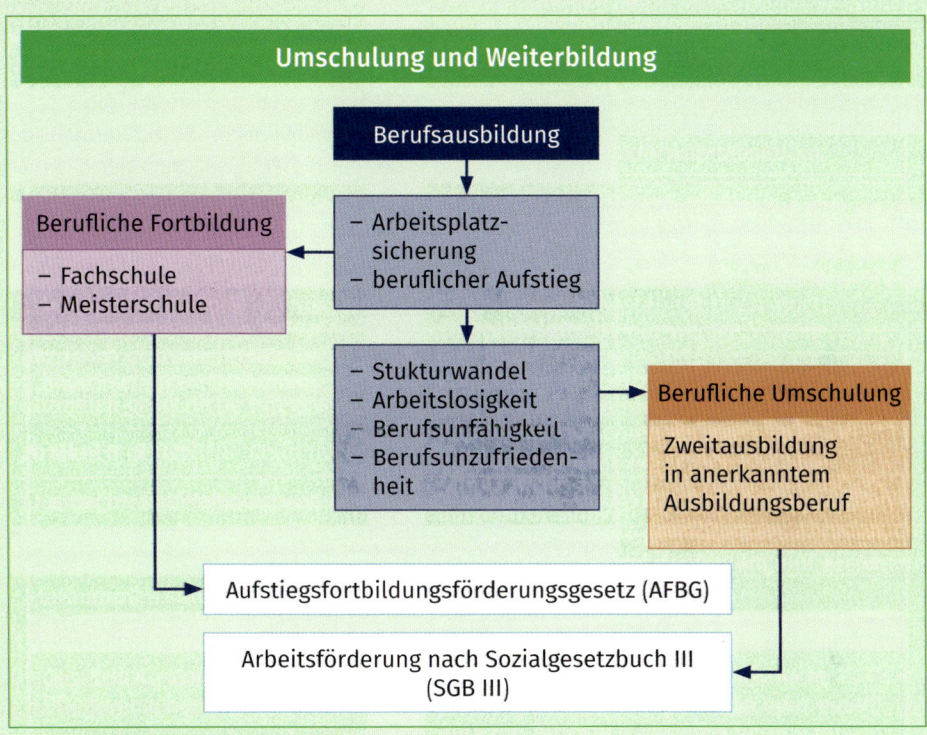

1. Beschreiben Sie Ihren betrieblichen Arbeitsplatz während der Ausbildung hinsichtlich hierarchischer und räumlicher Organisation, Ausstattung, Aufgaben, Chancen und Gefahren.

2. Welche Auswirkungen haben Unfälle bei der Arbeit bzw. auf dem Weg zur Arbeit für Arbeitnehmer, Arbeitgeber und Gesellschaft?

3. Seit ein paar Wochen wird der 17-jährige Fabian Huber in einem metallverarbeitenden Betrieb zum Konstruktionsmechaniker ausgebildet. Den Ausbildungsbetrieb und die Berufsschule erreicht er mit seinem Motorroller.

   a) Nennen Sie drei Gefahren, gegen die Fabian durch die gesetzliche Unfallversicherung abgesichert ist.

   b) Erläutern Sie den Unterschied zwischen einer Berufserkrankung und einer allgemeinen Erkrankung.

4. Nennen Sie die häufigsten Unfallursachen.

5. Erklären Sie den Unterschied zwischen technischem und sozialem Arbeitsschutz.

6. Nennen Sie Personengruppen, die durch den sozialen Arbeitsschutz besonders geschützt werden, und begründen Sie jeweils diesen besonderen Schutz.

7. Erläutern Sie die Notwendigkeit des Arbeitsschutzes.

8. Wer ist zuständig für die Überwachung des technischen Arbeitsschutzes?

9. Für die 16-jährige Anna Krüger, Auszubildende im Berufsfeld Körperpflege, fällt der Berufsschulunterricht nach der 6. Stunde aus.
   a) Klären Sie mithilfe des Jugendarbeitsschutzgesetzes, ob Ihr Chef Anna nach der Schule noch in den Betrieb zur Arbeit einteilen darf.
   b) Dürfte er Anna zur Arbeit einteilen, wenn sie im Blockunterricht unterrichtet wird und der Unterricht an einem Einzeltag aufgrund einer Krankheit mehrerer Lehrer bereits nach der 4. Stunde endet?

10. In weniger vorbildlich geführten Ausbildungsbetrieben ergeben sich Verstöße gegen das Jugendarbeitsschutzgesetz. Meist erstrecken sich die Verfehlungen auf das Einhalten der Pausen und Arbeitszeiten.
   a) Wer ist zuständig für die Einhaltung und Überwachung des sozialen Arbeitsschutzes?
   b) Welche Pausen- und Arbeitszeitregelungen gelten für jugendliche Auszubildende?

11. Die schwangere Louisa Schneider hat Angst, ihren Arbeitsplatz zu verlieren. Deshalb verzichtet sie auf die Schutzfrist vor der Entbindung. Durch eine Kündigung will sich der Betriebsinhaber von den Lasten des Mutterschutzes befreien. Beurteilen Sie mithilfe des Mutterschutzgesetzes den dargestellten Fall.

12. Beschreiben Sie die beruflichen Fortbildungsmöglichkeiten Ihres Berufsfeldes.

13. Beschreiben Sie die Vorteile einer beruflichen Umschulung.

14. Paul Müller arbeitet als Geselle, möchte nun aber an einer Fachhochschule studieren. Zeigen Sie einen möglichen Weg auf, der Paul ein Studium an einer Hochschule ermöglicht.

15. Worauf baut die berufliche Fortbildung auf?

16. Erklären Sie die Bedeutung von beruflicher Flexibilität.

17. Nennen Sie drei Gründe, die eine berufliche Umschulung erforderlich machen.

18. Beschreiben Sie die Ziele von beruflicher Umschulung.

19. Erläutern Sie die Förderziele des Aufstiegsfortbildungsgesetzes.

3   Konsequenzen einer Anstellung als Arbeitnehmer kennen

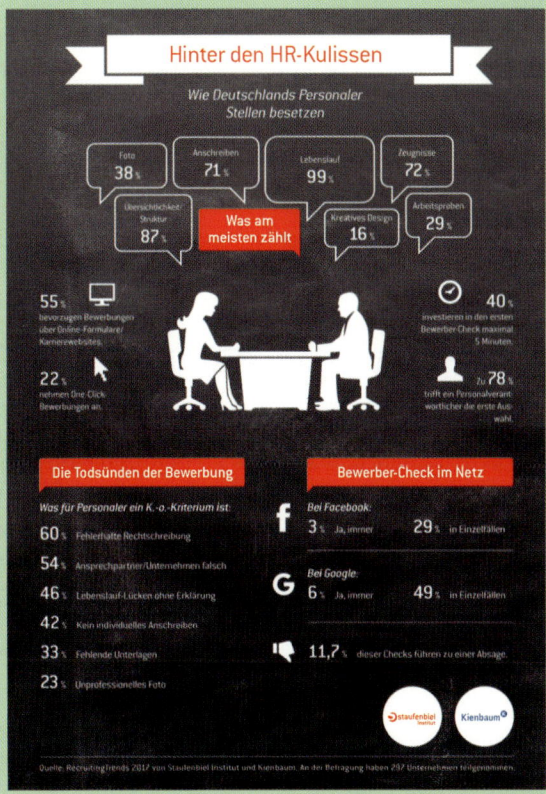

Analysieren Sie im obigen Schaubild, auf welche Themen bei einer Bewerbungsmappe besonders geachtet werden muss.

Diskutieren Sie mit Ihrem Nachbarn / Ihrer Nachbarin, ob Sie nachvollziehen können, warum manche Bewerbungen wegen der beschriebenen „Todsünden" nicht berücksichtigt werden.

Machen Sie eine Umfrage in der Klasse: Wer weiß von sich, was man in Facebook oder Google über die eigene Person herausfinden kann?

Ist die Berufsausbildung geschafft, gibt es verschiedene Möglichkeiten, an eine feste Stelle zu kommen. Möglicherweise wird man vom Ausbildungsbetrieb übernommen, vielleicht ist es aber an der Zeit, sein Glück in einem anderen Unternehmen oder an einem anderen Ort zu versuchen.

Um einen Arbeitsplatz zu bekommen, muss man sich bewerben. Doch schon bevor man nach Stellenanzeigen sucht, sollte man vorbereitet sein. Folgende Fragen können dabei helfen, die richtigen Stellenanzeigen auszusuchen.

○ Welche Kompetenzen habe ich?
○ Was möchte ich beruflich erreichen?
○ Wie nehmen mich andere wahr?

Darüber hinaus gibt es Kriterien, die einem helfen können, die eigenen beruflichen Ziele zu bestimmen. Die Aufgaben im Unternehmen, der Standort, die Unternehmensgröße, das Einkommen oder die Arbeitsplatzsicherheit sind einige davon.

3.1   Bewerbung und Vertragsabschluss

Die Suche nach einem neuen Arbeitsplatz kann man unterschiedlich angehen. Man kann **selbst aktiv** werden: Es gibt Stellenbörsen im Internet, **Stellenangebote** auf der Homepage von Unternehmen, den Stellenmarkt in der Zeitung oder die Jobbörse der Arbeitsagentur. Eine einfache Kontaktaufnahme bieten auch Fachmessen. Weitere Möglichkeiten sind die **Initiativbewerbung** oder das Inserieren eines **eigenen Stellengesuchs**, um potenzielle Arbeitgeber auf sich aufmerksam zu machen. Onlinemedien bieten auch die Möglichkeit, als Arbeitnehmer/-in gefunden zu werden. Ebenso kann man entsprechende Netzwerke nutzen.

Die Auswahl an freien Stellen hängt von der jeweiligen Arbeitsmarktsituation ab. Je nachdem, welche Stelle wo und bei welchem Arbeitgeber angeboten wird, bewerben sich unterschiedlich viele Interessenten auf einen freien Arbeitsplatz.

Schriftliche Bewerbung

In „Bewerbung" steckt das Wort „Werbung". Die schriftliche Bewerbung kann als Werbeprospekt für sich selbst gesehen werden. Deshalb ist es wichtig, mit seinen **Bewerbungsunterlagen** einen möglichst guten ersten Eindruck zu hinterlassen. In der Personalabteilung entscheidet häufig schon der erste Blick auf die schriftliche Bewerbung, ob man eine persönliche Chance beim Vorstellungsgespräch bekommt. Rechtschreibfehler, ein unschönes Foto, Kaffeeflecken und Eselsohren sollten unbedingt vermieden werden. Die schriftlichen Bewerbungsunterlagen bestehen aus

○ dem Anschreiben,
○ dem Lebenslauf,
○ dem Bewerbungsfoto und
○ den Zeugniskopien der erreichten Abschlüsse.

Die **schriftliche Bewerbung** sollte in wenigen Minuten einen guten und umfassenden Eindruck vom Bewerber vermitteln. Deshalb sollte sie möglichst aussagekräftig und gleichzeitig nur so umfangreich wie nötig sein. Eine inhaltlich und formal sorgfältige Gestaltung, die der entsprechenden Stellenanzeige individuell angepasst ist, erhöht die Erfolgsaussichten.

Die vollständigen Bewerbungsunterlagen werden in einer Bewerbungsmappe präsentiert, sofern in der Stellenanzeige nichts anderes angegeben wurde. Inzwischen hat die Anzahl der Onlinebewerbungen deutlich zugenommen. Falls man sich über die Form der Bewerbung nicht im Klaren ist, kann man sich auf der Webseite des Unternehmens informieren.

Vorstellungsgespräch

Mit der Einladung zum Vorstellungsgespräch ist die erste Hürde geschafft. Jetzt hat der Arbeitgeber die Chance, sich im Gespräch ein persönliches Bild vom Bewerber zu machen. Der Bewerber sollte pünktlich und in angemessener Kleidung erscheinen. Es empfiehlt sich, vorab über den künftigen Arbeitgeber Informationen zu sammeln, um Fragen zum Unternehmen beantworten zu können. Der Bewerber sollte in der Lage sein, sich selbst positiv darzustellen. Deshalb ist es empfehlenswert, eine **Selbstpräsentation** vorzubereiten und zu üben.

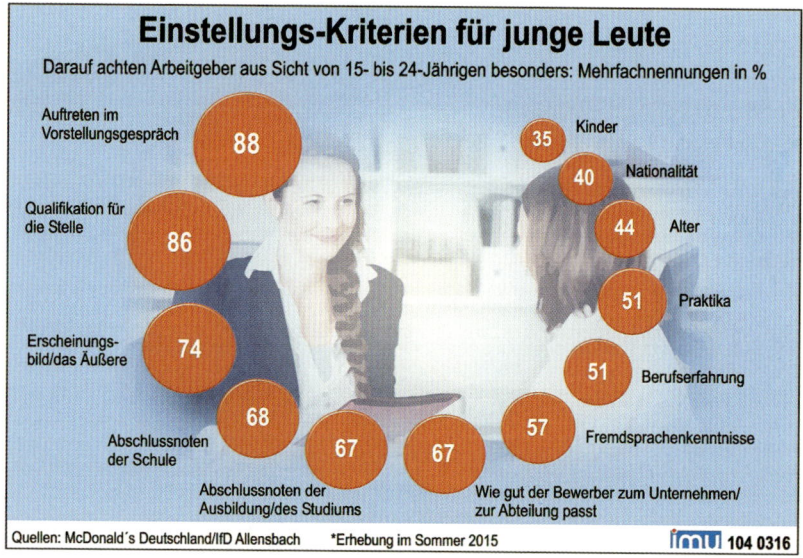

Der Bewerber ist im Vorstellungsgespräch verpflichtet, Fragen, die das Arbeitsverhältnis betreffen, wahrheitsgemäß zu beantworten. Dazu gehören unter anderem Fragen zum beruflichen Werdegang und zur eigenen Person, wie nach Stärken und Schwächen.

Es gibt aber auch **unzulässige Fragen**, die der Bewerber entweder gar nicht oder nicht wahrheitsgemäß beantworten muss, beispielsweise nach dem eigenen Kinderwunsch, der sexuellen Identität oder der Religionszugehörigkeit.

Das Vorstellungsgespräch kann als eine Aufnahme von Vertragsverhandlungen betrachtet werden. Dadurch entsteht nach dem Bürgerlichen Gesetzbuch (BGB) ein Schuldverhältnis, obwohl noch kein Vertrag abgeschlossen wurde. Das bedeutet, dass beide Seiten bestimmte Verpflichtungen, sogenannte **Schutzpflichten**, eingehen. Der Bewerber darf beispielsweise keine Informationen des Unternehmens weitergeben, und der Arbeitgeber muss mit den persönlichen Daten des Bewerbers vertraulich umgehen. Verstößt eine Seite gegen diese Schutzpflichten, kann die andere Seite rechtlich dagegen vorgehen und unter Umständen Schadensersatz verlangen. Diesen Grundsatz nennt man **Culpa in contrahendo***.

Vertragsabschluss

Ist der Arbeitgeber davon überzeugt, in einem Bewerber die richtige Person für die ausgeschriebene Stelle gefunden zu haben, und ist der Bewerber mit den Einzelheiten des Arbeitsvertrags einverstanden, kommt es zum Vertragsabschluss.

Der **Arbeitsvertrag** ist eine Sonderform des Dienstvertrages. Für ihn gelten die Paragrafen des Bürgerlichen Gesetzbuches (BGB).

§ 611 BGB

1. Durch den Dienstvertrag wird derjenige, welcher Dienste zusagt, zur Leistung der versprochenen Dienste, der andere Teil zur Gewährung der vereinbarten Vergütung verpflichtet.

2. Gegenstand des Dienstvertrags können Dienste jeder Art sein.

Die Vertragspartner beim Arbeitsvertrag sind der **Arbeitnehmer**, der seine Arbeitsleistung zur Verfügung stellt, und der **Arbeitgeber**, der ihn dafür entsprechend entlohnt.

---

* *Culpa in contrahendo (lat.): Verschulden bei Vertragsschluss*

Der Arbeitsvertrag kann grundsätzlich frei gestaltet werden. Wann das Arbeitsverhältnis beginnt und wie hoch die Entlohnung ist, sind für beide Vertragspartner wichtige Punkte. Welche **Inhalte** im Vertrag enthalten sein müssen, regelt das „Gesetz über den Nachweis der für ein Arbeitsverhältnis geltenden wesentlichen Bedingungen", auch **Nachweisgesetz (NachwG)** genannt.

Es gibt aber noch eine Vielzahl von Bestimmungen, die im Arbeitsvertrag berücksichtigt werden müssen, zum Beispiel:

- **Gesetze:** Jugendarbeitsschutzgesetz, Kündigungsschutzgesetz, Bundesurlaubsgesetz
- **Tarifverträge** zwischen Arbeitgebern bzw. ihren Verbänden und Gewerkschaften
- **Betriebsvereinbarungen** zwischen der Geschäftsleitung und dem Betriebsrat

Bei diesen Bestimmungen handelt es sich immer um **Mindestregelungen**. Sie dürfen zwar nicht unterschritten, wohl aber zum Vorteil des Arbeitnehmers angepasst werden.

Beispiel:
30 statt der gesetzlich vorgeschriebenen 24 Werktage bezahlter Erholungsurlaub pro Jahr sind zulässig, die Kürzung auf 22 Werktage jedoch nicht.

Ähnlich wie beim Führerschein gibt es bei einem neuen Arbeitsverhältnis eine **Probezeit**. Sie darf höchstens sechs Monate dauern. In dieser Phase können sich die Vertragspartner kennenlernen. Der Arbeitnehmer erhält einen Eindruck von seiner Tätigkeit, seinen Kollegen und dem Betriebsklima. Auch der Arbeitgeber kann testen, ob der Arbeitnehmer für die Tätigkeit geeignet ist. Für beide Vertragspartner besteht die Möglichkeit, innerhalb der Probezeit das Arbeitsverhältnis zu beenden. Eine **zweiwöchige Kündigungsfrist** muss allerdings eingehalten werden.

Spätestens zu Beginn der Tätigkeit muss der Arbeitnehmer dem Arbeitgeber seinen **Sozialversicherungsausweis** vorlegen. Darüber hinaus benötigt der Arbeitgeber die **Steueridentifikationsnummer** sowie das Geburtsdatum des Arbeitnehmers. Mit diesen Daten können die Lohnsteuerabzugsmerkmale beim Bundeszentralamt für Steuern abgerufen werden.

Für den Arbeitsvertrag ist keine bestimmte Form vorgeschrieben. Es besteht **Formfreiheit**. Er muss nicht schriftlich verfasst werden, auch wenn es in der Regel so gemacht wird. Die mündliche Vereinbarung beider Vertragspartner reicht zum Vertragsabschluss aus. Wurde der Arbeitsvertrag nicht schriftlich abgeschlossen, muss der Arbeitgeber das sogenannte **Nachweisgesetz (NachwG)** beachten. Es verpflichtet ihn, spätestens einen Monat nach Beginn des Arbeitsverhältnisses die wichtigsten Inhalte des Vertrags schriftlich zu verfassen. Diese Niederschrift muss er unterschreiben und dem Arbeitnehmer aushändigen. Auch die Mindestinhalte dieser Niederschrift sind in § 2 NachwG vorgegeben.

§ 2 (1) NachwG

[...] In die Niederschrift sind mindestens aufzunehmen:

1. Name und Anschrift der Vertragsparteien,
2. der Beginn des Arbeitsverhältnisses,
3. die vorhersehbare Dauer des Arbeitsverhältnisses, wenn es befristet ist,
4. der Arbeitsort, und eventuell der Hinweis, dass die Tätigkeit an verschiedenen Orten ausgeführt werden muss,
5. eine Beschreibung der Tätigkeit,
6. die Zusammensetzung und Höhe des Arbeitsentgelts, einschließlich Zulagen, Prämien und Sonderzahlungen und deren Fälligkeit,
7. die vereinbarte Arbeitszeit,
8. die Dauer des jährlichen Urlaubs,
9. Kündigungsfristen und
10. Hinweise auf Tarifverträge, Betriebs- oder Dienstvereinbarungen, die für das Arbeitsverhältnis gelten.

Die Punkte 6. bis 9. können durch einen Hinweis auf die einschlägigen Tarifverträge und Betriebsvereinbarungen, die für das Arbeitsverhältnis gelten, ersetzt werden.

Sollten sich im Verlauf der Arbeitstätigkeit wichtige Vertragsbedingungen ändern, zum Beispiel wegen einer Gehaltserhöhung, muss der Arbeitgeber auch das spätestens einen Monat nach der Änderung schriftlich tun.

3.2 Rechte und Pflichten

Durch den Abschluss eines Arbeitsvertrags verpflichten sich beide Vertragspartner zur **Erfüllung des Vertrags**. Daraus ergeben sich für Arbeitgeber und Arbeitnehmer sowohl Rechte als auch Pflichten. Der Arbeitnehmer ist dazu verpflichtet, die Arbeitsleistung persönlich, also selbst zu erbringen. Außerdem ist er an die Weisungen seines Arbeitgebers gebunden. Dieser gibt hingegen den Arbeitsort und die Arbeitszeit vor. Grundsätzlich sind die Rechte des einen die Pflichten des anderen Vertragspartners.

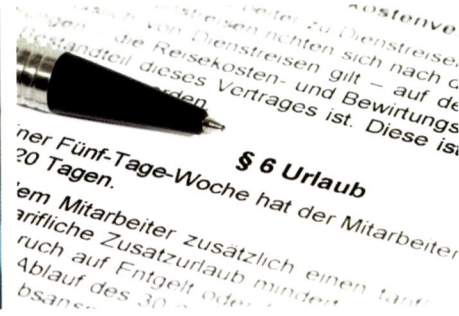

Pflichten des Arbeitnehmers

O Die Hauptpflicht des Arbeitnehmers besteht darin, die **vereinbarte Arbeit** zu leisten.

O Er muss die ihm übertragenen Tätigkeiten pünktlich und gewissenhaft erledigen. Man sagt auch, er hat die **Sorgfaltspflicht**.

O Darüber hinaus muss er die Anweisungen seines Vorgesetzten über die Ausführung der Arbeit und das Verhalten am Arbeitsplatz befolgen. Das ist die **Gehorsamspflicht**.

O Die **Treuepflicht** verlangt vom Arbeitnehmer, sich nach besten Kräften für den Betrieb einzusetzen. Darüber hinaus hat er alles zu unterlassen, was dem Betrieb schaden könnte. Zur Treuepflicht zählen die **Schweigepflicht** und das **Wettbewerbsverbot**. Ein Arbeitnehmer darf weder betriebsinterne Dinge gegenüber Dritten ausplaudern, noch darf er Tätigkeiten ausüben, die in direkter Konkurrenz zu seinem Arbeitgeber stehen.

O Letztlich ist ein Arbeitnehmer auch dazu verpflichtet, den **Betriebsfrieden zu wahren**.

Pflichten des Arbeitgebers

O Der Arbeitgeber muss den Arbeitnehmer **vertragsgemäß beschäftigen**. Das bedeutet, er darf keine komplett andere Tätigkeit von ihm verlangen. Ein Arbeitnehmer, der als Maurer eingestellt wurde, muss beispielsweise keine dauerhafte Aufgabe im Büro des Bauunternehmens übernehmen.

O Der Arbeitgeber ist auch dazu verpflichtet, dem Arbeitnehmer die **vereinbarte Vergütung** pünktlich zu bezahlen.

O Der Arbeitnehmer hat einen gesetzlichen Anspruch auf 24 Werktage **Erholungsurlaub** pro Jahr. Dabei sind Wünsche zu berücksichtigen, die den Zeitpunkt des Urlaubs betreffen, es sei denn, betriebliche Gründe sprechen dagegen.

O Zur **Fürsorgepflicht** zählen Unfall- und Gesundheitsschutz des Arbeitnehmers und seine Anmeldung bei den gesetzlichen Sozialversicherungen.

O Endet das Arbeitsverhältnis, muss der Arbeitgeber auf Verlangen des Arbeitnehmers ein **Arbeitszeugnis** ausstellen.

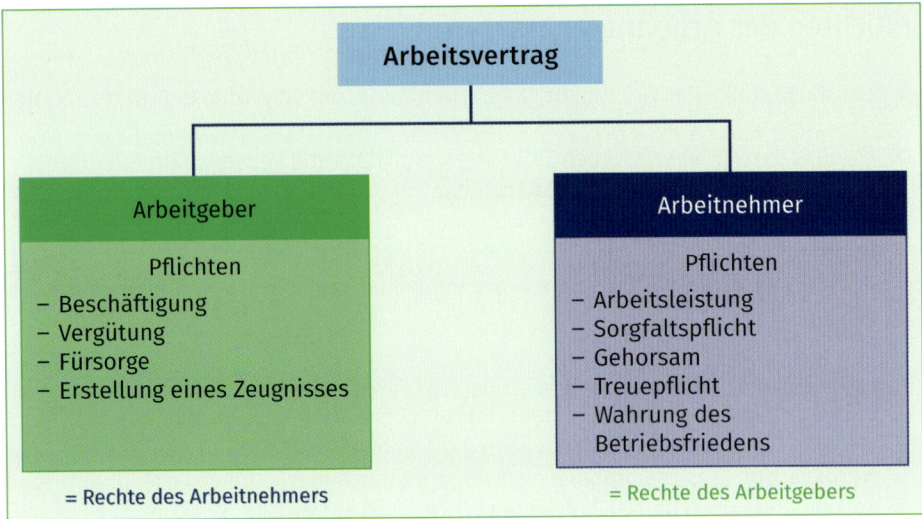

Werden die Pflichten aus dem Arbeitsvertrag nicht eingehalten, kann das zur Kündigung und unter Umständen zur Zahlung von Schadensersatz führen.

3.3   Vertragsarten

Es gibt verschiedene Vertragsarten, die ein Arbeitsverhältnis begründen. Die wichtigsten Unterscheidungsmerkmale sind die Dauer des Arbeitsverhältnisses und der Umfang der Arbeitszeit.

Unbefristete Arbeitsverhältnisse

In vielen Arbeitsverträgen ist **keine Dauer** des Arbeitsverhältnisses vorgesehen. Es handelt sich um unbefristete Arbeitsverhältnisse, die so lange gültig sind, bis entweder der Arbeitnehmer oder der Arbeitgeber kündigt.

Befristete Arbeitsverhältnisse

Eine steigende Zahl von Arbeitsverträgen wird für eine **bestimmte Zeit** abgeschlossen. Das Arbeitsverhältnis ist mit dem Ablauf des vereinbarten Termins beendet.

Aber nicht jeder Arbeitsvertrag darf befristet abgeschlossen werden. In welchen Fällen die Befristung erlaubt ist, regelt das **Teilzeit- und Befristungsgesetz (TzBfG)**. Dazu zählen unter anderem:

○ ein vorübergehender betrieblicher Bedarf,
○ eine Beschäftigung direkt im Anschluss an eine Ausbildung,

o   eine Vertretung eines anderen Arbeitnehmers, zum Beispiel wegen Mutterschutz oder Elternzeit oder

o   eine Befristung zur Erprobung.

Es gibt aber auch Ausnahmen. So ist ein befristeter Arbeitsvertrag ohne einen der oben genannten Gründe zulässig, wenn er für die Dauer von höchstens zwei Jahren abgeschlossen wird. Auch eine bis zu dreimalige Verlängerung des befristeten Arbeitsvertrags innerhalb dieser zwei Jahre ist erlaubt. Auch im geltenden Tarifvertrag kann etwas anderes geregelt sein. In neu gegründeten Unternehmen ist eine Befristung in den ersten vier Jahren für die Dauer von maximal vier Jahren ohne sachlichen Grund erlaubt.

Wird ein Arbeitsverhältnis befristet abgeschlossen, obwohl es keinen rechtlichen Grund dafür gibt und keine der Ausnahmeregelungen greift, ist die Befristung nicht wirksam. Der Arbeitsvertrag bleibt aber bestehen und gilt als unbefristet abgeschlossen.

Befristete Arbeitsverträge müssen **schriftlich** abgeschlossen werden.

Arbeitgeber schließen zunehmend lieber befristete Arbeitsverträge ab, gerade bei Berufseinsteigern. Ein Argument ist das flexible Reagieren auf die wirtschaftliche Situation. Manche Arbeitgeber sehen in der Befristung auch eine Verlängerung der Probezeit.

Teilzeitverträge

Von einer Teilzeitbeschäftigung spricht man, wenn die **regelmäßige Wochenarbeitszeit** des Teilzeitbeschäftigten **kürzer** ist als die eines vergleichbaren vollbeschäftigten Arbeitnehmers, zum Beispiel 20 statt 40 Stunden pro Woche.

Auch für die Teilzeitbeschäftigung gelten die gesetzlichen Bestimmungen des Teilzeit- und Befristungsgesetzes (TzBfG). Ziele des Gesetzes sind die Förderung der Teilzeitbeschäftigung und das Verringern der Ungleichbehandlung von Teilzeitbeschäftigten.

Um in Teilzeit zu arbeiten, gibt es verschiedene Möglichkeiten:

o   ein Vertrag wurde als Teilzeitstelle ausgeschrieben,

o   ein Vollzeitarbeitsverhältnis, das länger als sechs Monate besteht, kann durch einen Antrag des Arbeitnehmers verkürzt werden.

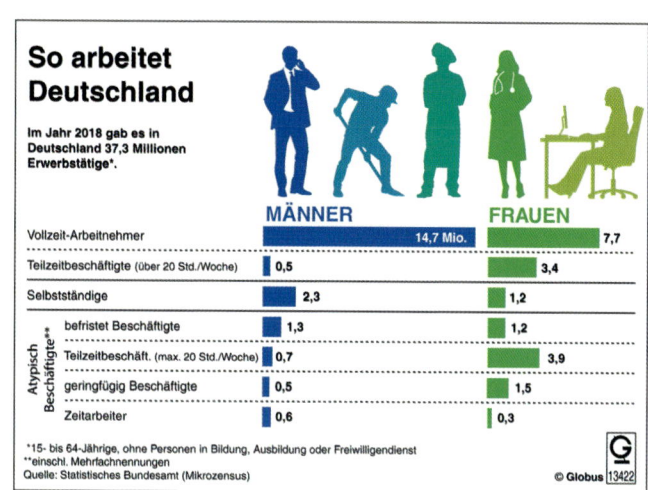

Der Antrag auf die Arbeitszeitverringerung muss mindestens drei Monate vorher gestellt werden. Sprechen keine betrieblichen Gründe gegen eine Verringerung der Arbeitszeit, muss der Arbeitgeber zustimmen. Diese Regelung gilt für Unternehmen mit mehr als 15 Arbeitnehmern.

3.4　　Kündigungsschutz

Während der Zeit, in der man als Arbeitnehmer beschäftigt ist, ist man durch Gesetze wie das Kündigungsschutzgesetz (KSchG) vor willkürlicher Kündigung durch den Arbeitgeber geschützt. Dabei werden der allgemeine Kündigungsschutz, der alle Arbeitnehmer betrifft, und der besondere Kündigungsschutz, der nur für bestimmte Personengruppen gilt, unterschieden.

Allgemeiner Kündigungsschutz

Die Bestimmungen des **Kündigungsschutzgesetzes (KSchG)** gelten für Arbeitnehmer, die in Betrieben mit mehr als zehn Beschäftigten seit mindestens sechs Monaten angestellt sind. Bei dieser Zahl werden Teilzeitbeschäftigte anteilig berücksichtigt. Auszubildende zählen nicht dazu.

Eine Kündigung muss sozial gerechtfertigt sein. Dies ist sie dann, wenn ihr Grund in der Person, im Verhalten des Arbeitnehmers oder in dringenden betrieblichen Erfordernissen liegt.

Die Gründe für eine Kündigung können folgende sein:

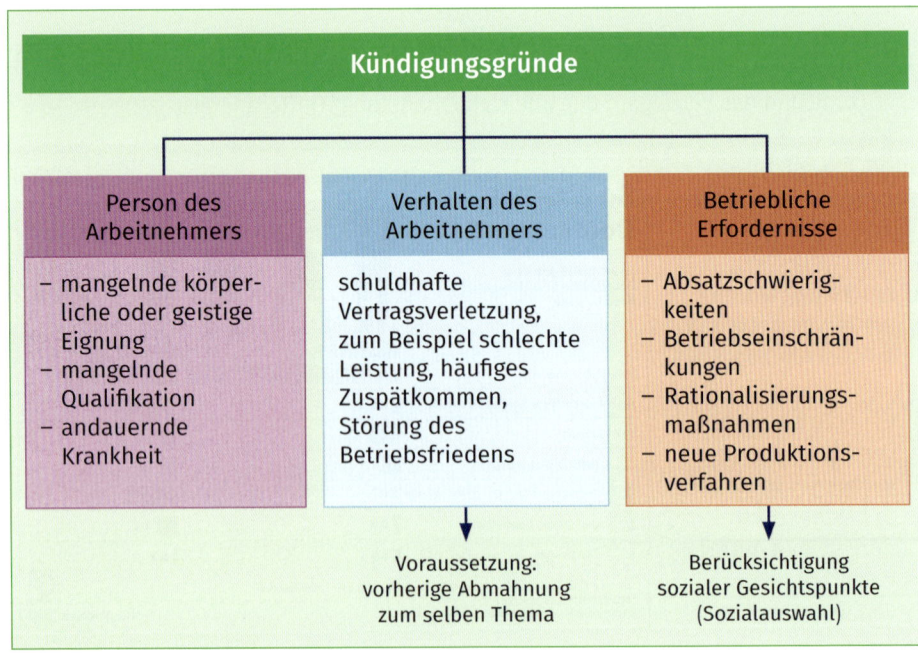

Besonderer Kündigungsschutz

Besondere Kündigungsschutzbestimmungen gelten für verschiedene Personengruppen, die der Gesetzgeber als besonders schutzbedürftig ansieht. Dazu zählen:

○ Mitglieder des **Betriebsrats** und der **Jugend- und Auszubildendenvertretung** eines Betriebes sind während ihrer Amtszeit und ein Jahr darüber hinaus unkündbar. Eine Kündigung wäre nur aus wichtigem Grund möglich (siehe Kapitel 3.5).

○ Die Kündigung eines **schwerbehinderten Arbeitnehmers** bedarf der vorherigen Zustimmung des Integrationsamtes.

○ Das Mutterschutzgesetz (MuschG) sieht ein Kündigungsverbot für

   • **schwangere Frauen** und

   • **Mütter** bis vier Monate nach der Entbindung vor.

○ Geht ein **Elternteil in Elternzeit**, darf ihm weder acht Wochen vor Beginn noch während der Elternzeit gekündigt werden.

○ Nach der Probezeit kann einem **Auszubildenden** nur noch aus einem wichtigen Grund vom Ausbildenden gekündigt werden.

3.5   Beendigung des Arbeitsverhältnisses

Arbeitsverhältnisse werden aus ganz unterschiedlichen Gründen beendet: entweder weil einem Arbeitnehmer die Tätigkeit im Unternehmen nicht mehr gefällt, man aus privaten Gründen umzieht oder auch weil man in einem anderen Unternehmen bessere Aufstiegschancen sieht. Aber auch der Arbeitgeber kann ein Arbeitsverhältnis beenden, wenn er zum Beispiel in einer wirtschaftlich schwierigen Situation steckt oder der Arbeitnehmer seine Pflichten massiv verletzt hat.

○ **Befristete Arbeitsverhältnisse** werden für eine bestimmte Zeit abgeschlossen und enden am vereinbarten Termin automatisch. Eine Kündigung ist nicht notwendig.

○ **Unbefristete Arbeitsverhältnisse** wurden auf unbestimmte Zeit geschlossen. Sie können grundsätzlich auf drei Arten beendet werden:

   • durch Renteneintritt oder Tod: Das Arbeitsverhältnis endet automatisch.

   • durch einen **Aufhebungsvertrag**: Arbeitgeber und Arbeitnehmer trennen sich in gegenseitigem Einvernehmen. Ein Aufhebungsvertrag ist jederzeit ohne die Einhaltung von Fristen möglich. Manchmal erhält der Arbeitnehmer eine Abfindung. Man sollte beachten, dass ein Aufhebungsvertrag unter Umständen zu einer Sperrzeit beim Anspruch auf Arbeitslosengeld führt.

- durch eine **Kündigung**: Entweder der Arbeitnehmer oder der Arbeitgeber beendet das Arbeitsverhältnis durch eine einseitige Willenserklärung, das heißt, derjenige, der kündigt, lässt dem anderen die Kündigung zukommen. Wenn die Kündigung rechtswirksam ist, ist es egal, ob der Gekündigte damit einverstanden ist oder nicht (vgl. Kompetenzbereich II, Kapitel 1.2 Zustandekommen von Rechtsgeschäften).

 Aufhebungsverträge und Kündigungen müssen **schriftlich** verfasst sein, sonst sind sie nicht gültig.

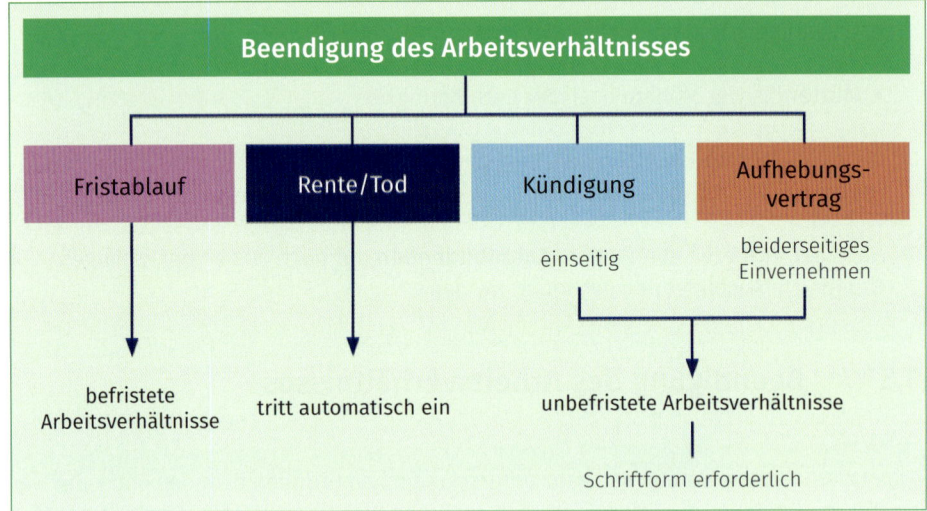

Kündigung

Das Ziel einer Kündigung ist das Beenden eines Arbeitsverhältnisses zu einem bestimmten Zeitpunkt. Sie wird rechtswirksam, sobald sie dem Vertragspartner zugeht.

Bei einer Kündigung durch den Arbeitgeber muss der Betriebsrat, sofern einer vorhanden ist, über die Kündigung informiert und dazu gehört werden. Der Arbeitgeber muss die Gründe für die Kündigung nennen. Kündigt ein Arbeitgeber einem Mitarbeiter, ohne den Betriebsrat anzuhören, ist diese Kündigung nicht gültig.

Es gibt zwei Arten von Kündigungen: die ordentliche und die außerordentliche Kündigung.

Die ordentliche Kündigung
Ein unbefristeter Arbeitsvertrag kann von beiden Vertragspartnern gekündigt werden. Dabei sind unterschiedliche Kündigungsfristen zu beachten.

Möchte der **Arbeitnehmer** kündigen, muss er seinem Arbeitgeber die schriftliche Kündigung vier Wochen vor dem letzten Arbeitstag zukommen lassen. Der letzte Arbeitstag darf der Fünfzehnte oder der letzte Tag des Kalendermonats sein.

Bei einer ordentlichen Kündigung durch den **Arbeitgeber** hängt die Länge der gesetzlichen Kündigungsfrist von der Dauer der Betriebszugehörigkeit ab. Unter einer zweijährigen Betriebszugehörigkeit gelten die gleichen Vorschriften wie für die Kündigung durch den Arbeitnehmer. Bei einer Betriebszugehörigkeit von mindestens zwei Jahren gelten verlängerte Kündigungsfristen.

Möchte ein Arbeitgeber einem Arbeitnehmer aus **Verhaltensgründen** ordentlich kündigen, muss er ihn zuvor abmahnen. Die **Abmahnung** muss das pflichtwidrige Verhalten des Arbeitnehmers benennen und ihn dazu auffordern, dieses Verhalten künftig zu unterlassen. Außerdem muss auf die Kündigung als Konsequenz im Fall einer Wiederholung hingewiesen werden. Bei Kündigungsnotwendigkeit wegen dringender betrieblicher Erfordernisse muss eine Sozialauswahl getroffen werden. Erfolgt die Kündigung, besteht ein Anspruch auf 0,5 Monatsverdienste je Arbeitsjahr als Abfindung.

Die gesetzlichen Kündigungsfristen

jeweils zum Monatsende bei einer ordentlichen **Kündigung durch den Arbeitgeber**

Betriebszugehörigkeit des Arbeitnehmers	**Kündigungsfrist**
unter 2 Jahre	**4 Wochen***
ab 2 Jahren	**1 Monat****
ab 5 Jahren	**2 Monate**
ab 8 Jahren	3 Monate
ab 10 Jahren	4 Monate
ab 12 Jahren	5 Monate
ab 15 Jahren	6 Monate
ab 20 Jahren	7 Monate

Die Kündigungsfrist während einer vereinbarten Probezeit (max. sechs Monate) beträgt zwei Wochen.

*zum 15. oder zum Monatsende   **Kalendermonat

Stand 2015   Quelle: BGB   © Globus 10442

Die außerordentliche Kündigung

Eine außerordentliche Kündigung erfolgt in der Regel fristlos, das heißt ohne Einhaltung einer Kündigungsfrist. Es muss allerdings ein **wichtiger Grund** vorliegen. Das kann beispielsweise Diebstahl durch den Arbeitnehmer oder Tätlichkeit durch den Arbeitgeber sein. Bei solchen schweren Vertragsverletzungen kann dem anderen Vertragspartner nicht zugemutet werden, das Arbeitsverhältnis bis zum Ablauf einer regulären Kündigungsfrist aufrechtzuerhalten.

Die fristlose Kündigung muss innerhalb von zwei Wochen nach Bekanntwerden des wichtigen Grundes erfolgen. So kann ein Arbeitgeber, der einen Diebstahl durch den Arbeitnehmer bemerkt, mit der Kündigung nicht drei Monate warten.

3.6   Arbeitszeugnisse

Am Ende des Arbeitsverhältnisses ist der Arbeitgeber verpflichtet, dem Arbeitnehmer seine Arbeitspapiere auszuhändigen. Zu diesen Unterlagen zählt auch das schriftliche Arbeitszeugnis.

Man unterscheidet zwei Arten:

- Das **einfache Arbeitszeugnis** beinhaltet die Namen und Adressen von Arbeitgeber und Arbeitnehmer sowie die Art und Dauer der Beschäftigung.

- Das **qualifizierte Arbeitszeugnis** enthält zusätzlich eine Beurteilung des Verhaltens und der Arbeitsleistung des Arbeitnehmers.

Wenn der Arbeitnehmer ein qualifiziertes Arbeitszeugnis möchte, muss ihm der Arbeitgeber eines ausstellen. Es muss klar und verständlich formuliert sein. Die Angaben, die im Zeugnis gemacht werden, müssen der Wahrheit entsprechen. Allerdings muss es wohlwollend formuliert werden, um dem Arbeitnehmer den weiteren beruflichen Werdegang nicht zu erschweren. Außerdem muss es vollständig sein.

Ein qualifiziertes Arbeitszeugnis besteht in der Regel aus sechs Teilen:

1. Einleitung
2. berufliche Entwicklung im Unternehmen
3. Beschreibung der zuletzt ausgeführten Tätigkeit
4. Leistungsbeurteilung mit Angaben zur Arbeitsbereitschaft, Arbeitsbefähigung und Arbeitsweise
5. soziales Verhalten
6. Schlussformulierung mit der Angabe von Gründen für die Beendigung, der Dank- oder Bedauernsformel und den Zukunftswünschen

Die Rechtsprechung verlangt von einem Arbeitszeugnis, dass es sowohl wahr als auch wohlwollend formuliert ist. Obwohl laut Gewerbeordnung ein Zeugnis klar und verständlich formuliert sein muss, hat sich eine eigene Zeugnissprache entwickelt, die in den wohlwollenden Formulierungen bestimmte Noten ausdrückt, ohne sie explizit im Zeugnis zu nennen.

Beispiel für eine Beurteilung in Arbeitszeugnissen		
Leistung	Verhalten	
Übertragene Arbeiten wurden ... erledigt	**Das Verhalten zu Vorgesetzten und Mitarbeitern war ...**	Benotung
stets zu unserer vollsten Zufriedenheit	stets vorbildlich	sehr gut
zu unserer vollsten Zufriedenheit	vorbildlich	gut
zu unserer vollen Zufriedenheit	gut	befriedigend
zu unserer Zufriedenheit	gab zu Beanstandungen keinen Anlass	ausreichend
im Großen und Ganzen zu unserer Zufriedenheit	insgesamt angemessen	mangelhaft
er/sie hat sich bemüht	bemühte sich um ein gutes Verhältnis	unzureichend

Auf einen Blick

Arbeitsvertrag

Arbeitgeber ← Einigung → **Arbeitnehmer**

schriftlicher Vertrag oder
nachträgliche Niederschrift durch
den Arbeitgeber

Pflichten
- Beschäftigung
- Vergütung
- Fürsorge
- Erstellung eines
- Zeugnisses

Vertragsinhalt

Vertragsparteien, Beginn, Ort,
Tätigkeit, Arbeitsentgelt, Zulagen,
Arbeitszeit, Jahresurlaub,
Kündigungsfristen

Pflichten
- Arbeitsleistung
- Sorgfaltspflicht
- Gehorsam
- Treuepflicht
- Wahrung des
  Betriebsfriedens

Kündigungsschutz

Allgemeiner Kündigungsschutz

- Kündigung durch den Arbeitgeber
  muss sozial gerechtfertigt sein
- Kündigungsgründe liegen
  ○ in der Person des Arbeitnehmers
  ○ im Verhalten (nach Abmahnung)
  ○ in betrieblichen Erfordernissen

Besonderer Kündigungsschutz

- Betriebsräte, JAV-Mitglieder
- Schwangerschaft, Mutterschutz,
  Elternzeit
- Menschen mit Schwerbehinderung
- Azubis nach der Probezeit

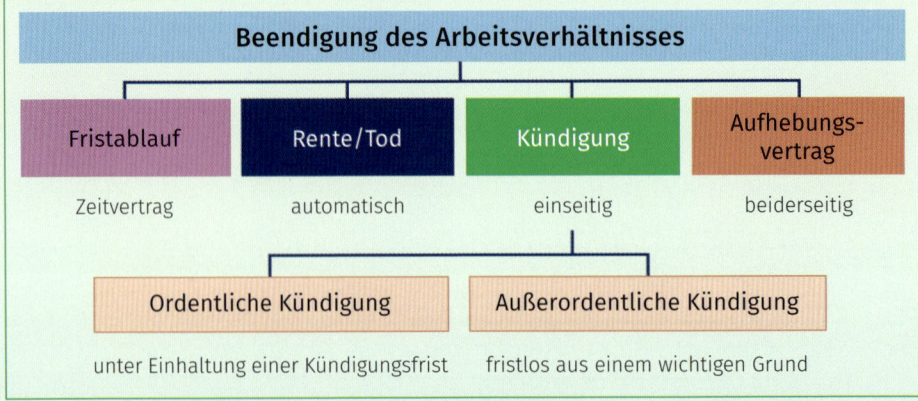

Beendigung des Arbeitsverhältnisses

Fristablauf	Rente/Tod	Kündigung	Aufhebungs-vertrag
Zeitvertrag	automatisch	einseitig	beiderseitig

Ordentliche Kündigung — unter Einhaltung einer Kündigungsfrist

Außerordentliche Kündigung — fristlos aus einem wichtigen Grund

Kompetent handeln

1. Führen Sie in einer Checkliste auf, welche Tipps Sie bei Ihrer nächsten schriftlichen Bewerbung besonders beachten müssen. Zum einen, um sich auf die wichtigsten Dokumente zu konzentrieren, zum anderen, um die gröbsten Fehler zu vermeiden.

2. Erarbeiten Sie Ihre Selbstpräsentation für ein Vorstellungsgespräch. Üben Sie diese in einem Rollenspiel und geben Sie Ihrem Mitschüler/Ihrer Mitschülerin ein konstruktives Feedback.

3. In einem Vorstellungsgespräch werden Sie nach Ihrer Gewerkschaftszugehörigkeit gefragt. Wie reagieren Sie? Begründen Sie Ihre Antwort.

4. Sie erhalten eine mündliche Zusage von Ihrem zukünftigen Arbeitgeber. Erläutern Sie, welchen Verpflichtungen Ihr Arbeitgeber betreffend Vertragsform und Inhalt nachkommen muss.

5. Welche Pflichten wurden in den folgenden Fällen verletzt?
   a) Robin arbeitet seit einer Woche bei einer Straßenbaufirma. Er verletzt sich, weil er keine Sicherheitsschuhe trug. Sein Chef wirft ihm vor: „Darum hätten Sie sich selbst kümmern müssen!"
   b) Aliya, technische Zeichnerin, soll regelmäßig in der Werkstatt aushelfen. Sie weigert sich.
   c) Nico erzählt seinem Kollegen: „Stell dir vor, dem Herrn Weber wird heute fristlos wegen Diebstahls gekündigt. Ich habe gerade die Papiere fertig gemacht."

6. Formulieren Sie je drei Fälle, in denen eine ordentliche bzw. eine außerordentliche Kündigung gerechtfertigt wäre. Begründen Sie.

4   Im Betrieb mitbestimmen können

Neulich im Betrieb …

Fassen Sie die in der oben stehenden Karikatur genannten Tätigkeitsfelder eines Betriebsrats in Bereiche zusammen.

? Begründen Sie die Sichtweise des Arbeitgebers in der obigen Karikatur.

Der Arbeitsplatz spielt eine wichtige Rolle im Leben von Auszubildenden und Arbeitnehmern. Man verbringt dort viel Zeit und verdient seinen Lebensunterhalt. Deshalb ist es wichtig, faire Arbeitsbedingungen und einen sicheren Arbeitsplatz zu haben. Zwar kann sich nun der einzelne Arbeitnehmer für seine Rechte selbst einsetzen, leichter wird es aber mit Unterstützung. Dafür gibt es den Betriebsrat. Er vertritt die Interessen der Arbeitnehmer gegenüber dem Arbeitgeber und sorgt so für mehr Demokratie in der Arbeitswelt.

? Finden Sie in Ihrer Klasse heraus, welche Erfahrungen mit einem Betriebsrat im eigenen Betrieb bereits vorliegen. Tauschen Sie sich dann über die beobachteten Vorteile eines Betriebsrats aus.

4.1   Die Bedeutung eines Betriebsrats

Der gesetzliche Rahmen für die Mitbestimmung der Arbeitnehmer/-innen in einem Betrieb wird im Betriebsverfassungsgesetz (BetrVG) geregelt.

§ 74 (1) BetrVG

Arbeitgeber und Betriebsrat sollen mindestens einmal im Monat zu einer Besprechung zusammentreten. Sie haben über strittige Fragen mit dem ernsten Willen zur Einigung zu verhandeln und Vorschläge für die Beilegung von Meinungsverschiedenheiten zu machen.

Damit das gelingt, sollten Betriebsrat und Arbeitgeber zum Wohle der Arbeitnehmer und des Betriebs vertrauensvoll zusammenarbeiten. Manchmal sind die Interessen beider Seiten verschieden. Dennoch sind sie verpflichtet, sich miteinander auseinanderzusetzen. Die Bereiche, in denen sich der Betriebsrat für die Mitarbeiter einsetzt, sind vielfältig. Dazu gehören unter anderem folgende Tätigkeiten:

- Er vertritt und informiert die Mitarbeiter.

- Er setzt sich für sichere Arbeitsplätze ein.

- Er greift Anregungen seiner Kollegen auf und übermittelt diese dem Arbeitgeber.

- Er bemüht sich um die Mitbestimmung der Arbeitnehmer.

- Er engagiert sich für deren gerechte Entlohnung.

- Er vertritt oder unterstützt seine Kollegen bei Konflikten, Beschwerden oder ungerechtfertigten Kündigungen.

- Er achtet auf die Einhaltung geltender Normen und Vorschriften, zum Beispiel im Bereich der Arbeitssicherheit.

- Er setzt sich für benachteiligte Arbeitnehmer ein, zum Beispiel für ältere Mitarbeiter oder Kollegen mit einer Behinderung, und bemüht sich um die Vereinbarkeit von Berufstätigkeit und Familie.

- Er fördert die Integration von Mitarbeitern und Mitarbeiterinnen mit Migrationshintergrund und setzt sich gegen Rassismus und Fremdenfeindlichkeit ein.

- Er organisiert die Wahl der Jugend- und Auszubildendenvertretung, wenn die Voraussetzungen dazu gegeben sind und setzt sich für ihre Belange ein.

- Er fördert Maßnahmen des betrieblichen Umweltschutzes.

Damit Arbeitnehmerinteressen gehört werden, muss der Betriebsrat ihnen eine Stimme geben. In vielen Fällen kann der Betriebsrat zwar nicht entscheiden, er ist aber berechtigt, mitzureden.

In Betrieben mit einem Betriebsrat ist statistisch gesehen die Bindung an den Arbeitsplatz größer. Das bedeutet, dass die Arbeitnehmer zufriedener mit ihrer Situation sind als ohne Betriebsrat. Auch die Bezahlung ist oft höher, wenn sich ein Betriebsrat für die Mitarbeiter einsetzt.

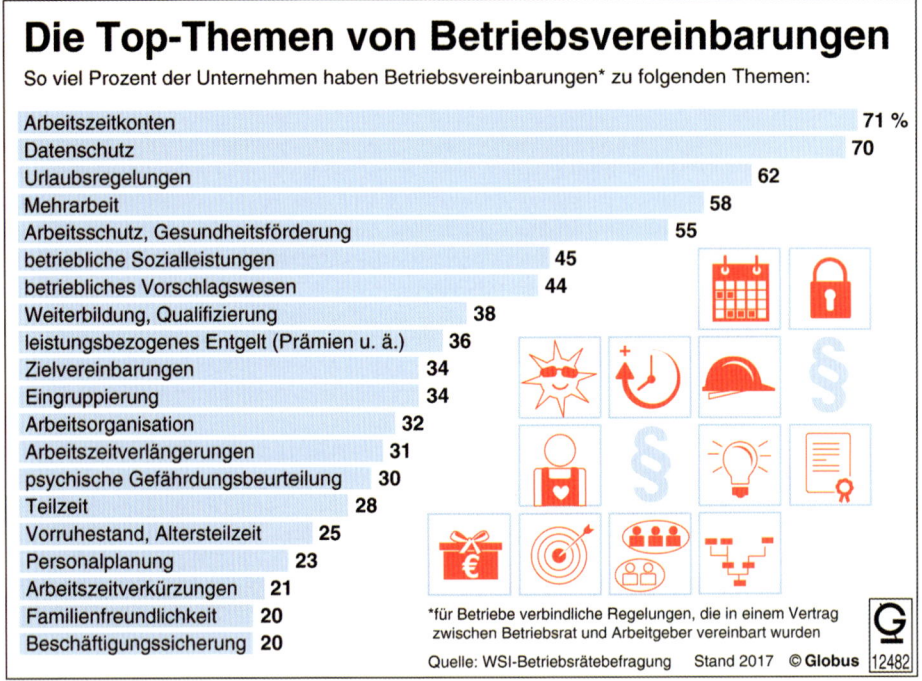

Die Top-Themen von Betriebsvereinbarungen

So viel Prozent der Unternehmen haben Betriebsvereinbarungen* zu folgenden Themen:

Thema	%
Arbeitszeitkonten	71 %
Datenschutz	70
Urlaubsregelungen	62
Mehrarbeit	58
Arbeitsschutz, Gesundheitsförderung	55
betriebliche Sozialleistungen	45
betriebliches Vorschlagswesen	44
Weiterbildung, Qualifizierung	38
leistungsbezogenes Entgelt (Prämien u. ä.)	36
Zielvereinbarungen	34
Eingruppierung	34
Arbeitsorganisation	32
Arbeitszeitverlängerungen	31
psychische Gefährdungsbeurteilung	30
Teilzeit	28
Vorruhestand, Altersteilzeit	25
Personalplanung	23
Arbeitszeitverkürzungen	21
Familienfreundlichkeit	20
Beschäftigungssicherung	20

*für Betriebe verbindliche Regelungen, die in einem Vertrag zwischen Betriebsrat und Arbeitgeber vereinbart wurden

Quelle: WSI-Betriebsrätebefragung   Stand 2017 © Globus 12482

4.2   Die Einrichtung eines Betriebsrats

Das **Betriebsverfassungsgesetz (BetrVG)** regelt, ob in einem Unternehmen ein Betriebsrat gegründet werden kann, wie er sich zusammensetzt und wann er gewählt wird. Voraussetzung für die Wahl eines Betriebsrates ist die **Unternehmensgröße**.

Es müssen mindestens fünf ständige wahlberechtigte Arbeitnehmer angestellt sein, von denen drei wählbar sind. Wahlberechtigt sind alle Arbeitnehmer, die das 18. Lebensjahr vollendet haben. Wählbar sind alle Wahlberechtigten, die seit mindestens sechs Monaten in diesem Betrieb arbeiten.

Die **Betriebsratswahlen** finden alle vier Jahre in der Zeit vom 1. März bis 31. Mai statt. Wie viele Betriebsräte gewählt werden können, hängt von der Anzahl der wahlberechtigten Arbeitnehmer ab. Bei fünf bis 20 wahlberechtigten Arbeitnehmern ist es ein Betriebsrat, bei 21 bis 50 sind es drei Betriebsratsmitglieder. Je größer der Betrieb ist, desto mehr Betriebsratsmitglieder vertreten die Interessen der Arbeitnehmer. Der § 9 BetrVG schreibt die Anzahl vor (siehe nebenstehende Tabelle).

In großen Unternehmen werden Betriebsräte nach § 38 BetrVG von ihrer beruflichen Tätigkeit freigestellt. Sie widmen sich dann „Vollzeit" der Interessenvertretung der Arbeitnehmer. Bei 200 bis 500 Arbeitnehmern ist das ein Betriebsratsmitglied, bei 501 bis 900 Arbeitnehmern sind es zwei Betriebsratsmitglieder und so weiter.

Anzahl der Betriebsratsmitglieder	
Wahlberechtigte	Mitglieder
5–20	1
21–50	3
51–100	5
101–200	7
201–400	9
401–700	11
701–1 000	13
1 001–1 500	15
1 501–2 000	17
2 001–2 500	19
2 501–3 000	21
...	...
7 001–9 000	35

In größeren Betrieben erhöht sich die Zahl der Betriebsräte für je angefangene weitere 3 000 Arbeitnehmer um zwei Mitglieder.

Ist der Betriebsrat gewählt, wählen wiederum die Betriebsratsmitglieder einen Vorsitzenden und dessen Stellvertreter. Ihre Aufgabe ist es, den Betriebsrat nach außen zu vertreten. Betriebsräte mit neun oder mehr Mitgliedern bilden einen **Betriebsausschuss**. Er besteht aus dem Betriebsratsvorsitzenden, seinem Stellvertreter und einer entsprechenden Anzahl weiterer Ausschussmitglieder. Der Betriebsausschuss führt die laufenden Geschäfte des Betriebsrates. Die Sitzungen des Betriebsrates finden in der Regel während der Arbeitszeit statt. Die erforderlichen Räume und Mittel für die laufende Geschäftsführung, für Sitzungen und Sprechstunden muss der Arbeitgeber zur Verfügung stellen. Er trägt auch die Kosten für die Betriebsratswahlen.

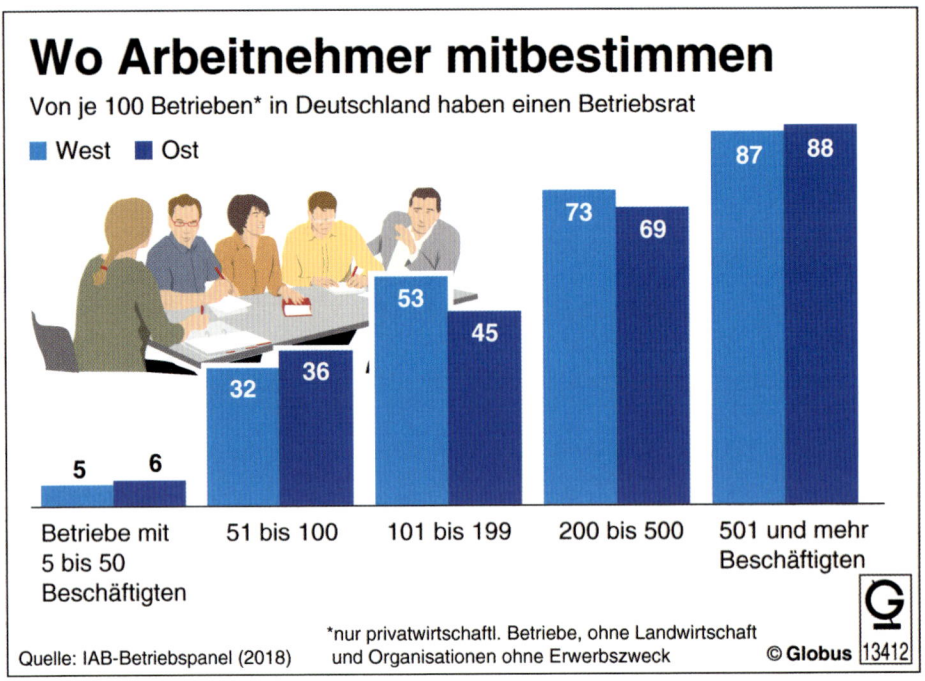

Wo Arbeitnehmer mitbestimmen

Von je 100 Betrieben* in Deutschland haben einen Betriebsrat

■ West ■ Ost

	87	88
73	69	
53	45	
32	36	
5	6	

Betriebe mit   51 bis 100   101 bis 199   200 bis 500   501 und mehr
5 bis 50   Beschäftigten
Beschäftigten

*nur privatwirtschaftl. Betriebe, ohne Landwirtschaft
und Organisationen ohne Erwerbszweck

Quelle: IAB-Betriebspanel (2018)   © **Globus** 13412

Betriebsversammlung

Die Betriebsversammlung besteht aus den Arbeitnehmern des Betriebs und wird vom Betriebsratsvorsitzenden geleitet. Der Betriebsrat ist verpflichtet, einmal pro Kalendervierteljahr eine Betriebsversammlung einzuberufen. Ihr Inhalt ist der Tätigkeitsbericht des Betriebsrats. Der Arbeitgeber wird dazu eingeladen. Er ist berechtigt, auf der Betriebsversammlung zu sprechen.

Einigungsstelle

Bei Meinungsverschiedenheiten zwischen Betriebsrat und Arbeitgeber kann bei Bedarf eine Einigungsstelle gebildet werden, um den Konflikt zu lösen. Die Einigungsstelle besteht aus der gleichen Anzahl von Arbeitgebervertretern und Betriebsratsvertretern sowie einem unparteiischen Vorsitzenden. Beschlüsse werden mit Stimmenmehrheit gefasst.

Arbeitnehmervertretung im Betrieb

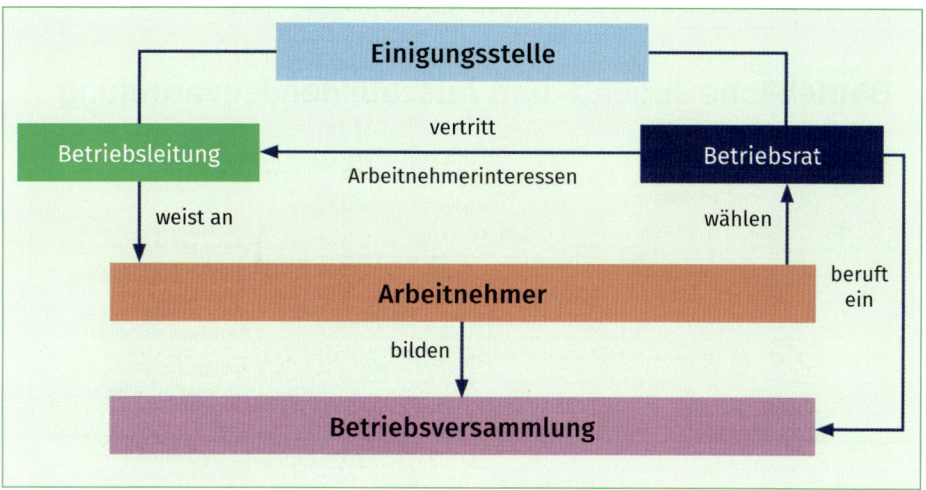

Wirtschaftsausschuss

In Unternehmen mit mehr als 100 ständig beschäftigten Arbeitnehmern ist ein Wirtschaftsausschuss zu bilden. Seine Aufgabe ist es, wirtschaftliche Angelegenheiten mit dem Unternehmer zu beraten und den Betriebsrat zu unterrichten. Das können die wirtschaftliche und finanzielle Lage des Unternehmens oder geplante Rationalisierungsmaßnahmen sein. Er setzt sich aus drei bis sieben Arbeitnehmern zusammen, die alle dem Unternehmen angehören müssen. Mindestens ein Mitglied muss Betriebsratsmitglied sein. Die Sitzungen des Wirtschaftsausschusses finden in der Regel einmal monatlich statt.

Jugend- und Auszubildendenvertretung

Sie wird in Betrieben gewählt, die mindestens fünf Arbeitnehmer unter 18 Jahren beschäftigen. Dazu zählen auch Auszubildende unter 25 Jahren. Sie sind sowohl wahlberechtigt als auch wählbar. Die Wahlen zur Jugend- und Auszubildendenvertretung finden alle zwei Jahre in der Zeit vom 1. Oktober bis 30. November statt.

Die Jugend- und Auszubildendenvertretung ist dem Betriebsrat zugeordnet und erhält von ihm notwendige Informationen. Sie kümmert sich vor allem um die Interessen der jugendlichen Arbeitnehmer und Auszubildenden im Unternehmen. Sie nimmt Anregungen entgegen und leitet sie an den Betriebsrat weiter, der sich schließlich darum kümmert. Ein Vertreter darf an allen Sitzungen des Betriebsrats teilnehmen. Wenn bei einer Betriebsratssitzung jugend- und ausbildungsrelevante Themen besprochen werden, hat die gesamte Jugend- und Auszubildendenvertretung Teilnahme- und Stimmrecht. Vor oder nach jeder Betriebsversammlung kann die Jugend- und Auszubildendenvertretung mit

dem Einverständnis des Betriebsrats eine eigene betriebliche Jugend- und Auszubilden-
denversammlung einberufen.

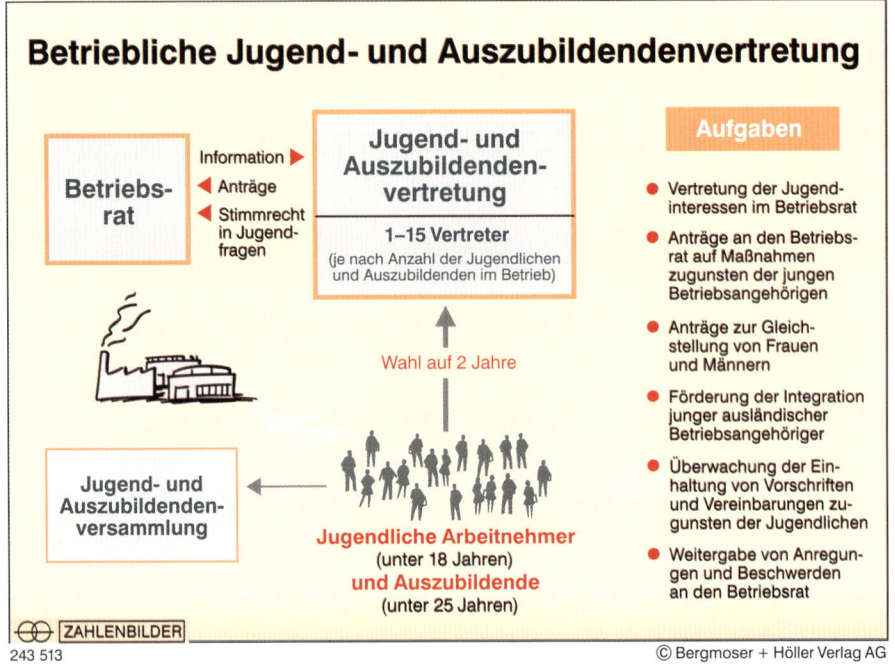

4.3   Mitbestimmung eines Betriebsrats

Neben den vielen allgemeinen Aufgaben des Betriebsrats hat er in bestimmten betrieblichen Bereichen besondere Rechte, nämlich

○ Mitbestimmungsrechte in sozialen Angelegenheiten,
○ Mitwirkungsrechte in personellen Angelegenheiten und
○ Beratungs- und Informationsrechte in wirtschaftlichen Angelegenheiten.

Mitbestimmungsrechte

Es gibt Entscheidungen im Unternehmen, bei denen der Betriebsrat der gleichberechtigte
Verhandlungspartner des Arbeitgebers ist. Seine Zustimmung ist notwendig, das heißt,
er hat ein Mitbestimmungsrecht. Kommen der Betriebsrat und der Arbeitgeber zu keiner
gemeinsamen Lösung, entscheidet die Einigungsstelle.

Nach § 87 BetrVG stehen dem Betriebsrat **Mitbestimmungsrechte in sozialen Angelegenheiten** zu.

§ 87 (1) BetrVG

Der Betriebsrat hat, soweit eine gesetzliche oder tarifliche Regelung nicht besteht, in folgenden Angelegenheiten mitzubestimmen:

1. Fragen der Ordnung des Betriebs und des Verhaltens der Arbeitnehmer im Betrieb;

2. Beginn und Ende der täglichen Arbeitszeit, einschließlich der Pausen sowie Verteilung der Arbeitszeit auf die einzelnen Wochentage;

3. vorübergehende Verkürzung oder Verlängerung der betriebsüblichen Arbeitszeit;

4. Zeit, Ort und Art der Auszahlung der Arbeitsentgelte;

5. Aufstellung allgemeiner Urlaubsgrundsätze und des Urlaubsplans [...];

6. Einführung und Anwendung von technischen Einrichtungen, die dazu bestimmt sind, das Verhalten oder die Leistung der Arbeitnehmer zu überwachen;

7. Regelungen über die Verhütung von Arbeitsunfällen und Berufskrankheiten [...].

[...]

Darüber hinaus hat der Betriebsrat im Bereich der personellen Angelegenheiten Mitbestimmungsrechte, zum Beispiel bei der Erstellung von Personalfragebögen und bei den Auswahlrichtlinien bei Einstellungen und Versetzungen.

Mitwirkungsrechte

In manchen Fällen kann der Betriebsrat sein Mitwirkungsrecht geltend machen. Das bedeutet, er kann seine Zustimmung zu einer Entscheidung des Arbeitgebers verweigern, wenn er ganz bestimmte, im Gesetz geregelte Gründe vorbringen kann, die gegen die Maßnahme sprechen. Der Arbeitgeber darf dann seine Entscheidung nicht umsetzen, es sei denn, er holt sich beim Arbeitsgericht die fehlende Zustimmung. Setzt der Arbeitgeber eine Entscheidung ohne die Zustimmung des Betriebsrats durch, kann der Betriebsrat seinerseits beim Arbeitsgericht dagegen vorgehen. Bekommt der Betriebsrat in diesem Fall Recht, muss der Arbeitgeber seine Entscheidung rückgängig machen.

Beim Mitwirkungsrecht handelt es sich um ein eingeschränktes Mitbestimmungsrecht, zum Beispiel bei

○ **personellen Einzelmaßnahmen:** dazu zählen Einstellungen, Versetzungen sowie Ein- und Umgruppierungen;

○ der Durchführung **betrieblicher Bildungsmaßnahmen**;

○ **Kündigungen:** Der Betriebsrat ist vor einer beabsichtigten Kündigung anzuhören. Dabei muss der Arbeitgeber die Kündigungsgründe nennen. Spricht der Arbeitgeber eine Kündigung ohne vorherige Anhörung aus, ist sie unwirksam.

Informations-und Beratungsrechte

Der Arbeitgeber ist verpflichtet, den Betriebsrat über anstehende Entscheidungen zu informieren und sich mit ihm zu beraten. Dies ist beispielsweise bei der Gestaltung des Arbeitsplatzes, bei der Personalplanung oder bei wirtschaftlichen Angelegenheiten der Fall. Der Arbeitgeber kann auf die Wünsche und Anregungen des Betriebsrats eingehen, muss es aber nicht.

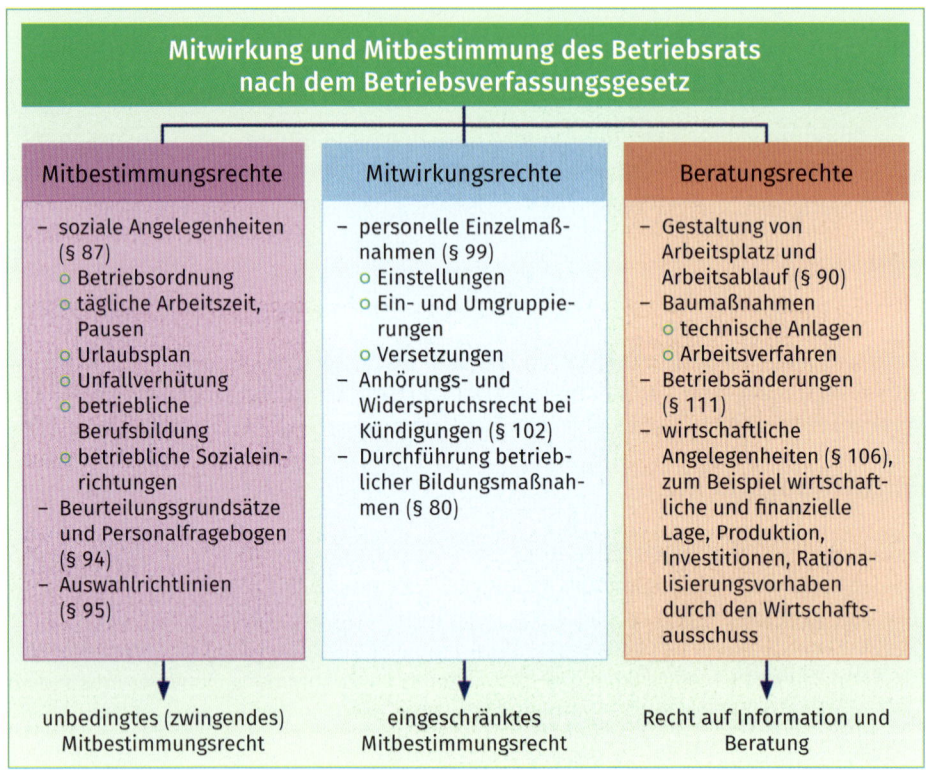

Betriebsvereinbarungen

Der Abschluss einer Betriebsvereinbarung zwischen dem Betriebsrat und dem Arbeitgeber ist eine praktische Umsetzung der Mitbestimmungsrechte. Dabei werden Vereinbarungen getroffen, die nur für das konkrete Unternehmen und dessen Arbeitnehmer gelten. Inhalt von Betriebsvereinbarungen können die Mitbestimmungsrechte nach § 87 BetrVG sein, wie beispielsweise Pausen- oder Urlaubsregelungen.

Betriebsvereinbarungen sind **von Betriebsrat und Arbeitgeber gemeinsam** zu beschließen. Dabei ist die **Schriftform** vorgeschrieben. Zusätzlich müssen beide Seiten unterschreiben. Der Arbeitgeber muss die Betriebsvereinbarungen an einer geeigneten Stelle im Unternehmen zugänglich machen.

Grundsätzlich müssen sich Betriebsvereinbarungen den geltenden Gesetzen und Tarifverträgen unterordnen. Sie gelten so lange, bis sie

○ durch eine neue Betriebsvereinbarung ersetzt werden,
○ bei Befristung durch Zeitablauf enden,
○ durch fristgerechte Kündigung gekündigt werden oder
○ durch einen Aufhebungsvertrag beendet werden.

Beispiel:
Beispiel einer Betriebsvereinbarung zum Thema Urlaubsplanung:

Betriebsvereinbarung Urlaubsplanung

Zwischen der Firma [...] und dem Betriebsrat der Firma [...]
wird folgende Betriebsvereinbarung geschlossen:

1.1 Präambel
Diese Betriebsvereinbarung soll eine reibungslose Urlaubsplanung gewährleisten und für die Arbeitnehmer des Betriebs sowie für die Geschäftsleitung Rechtssicherheit bei der Abwicklung des Urlaubs geben.

1.2 § 1 Beantragung des Urlaubs
Alle Arbeitnehmer haben ihren Urlaub in der Zeit vom 1.01. bis zum 15.02 eines jeden Urlaubsjahres auf dem hierfür vorgesehenen Antragsformular (Bestandteil dieser Betriebsvereinbarung) zu beantragen und im Personalbüro abzugeben. Verspätet abgegebene Urlaubsanträge finden bei der Gewährung des Urlaubs nur dann Berücksichtigung, wenn dem Antrag nicht andere, rechtzeitig eingegangene Urlaubsanträge entgegenstehen. Das Urlaubsjahr ist das Kalenderjahr.

1.3 § 2 Vorrang
Arbeitnehmer, die schulpflichtige Kinder haben, erhalten vorrangig während der Schulferien den Jahresurlaub.

1.4 § 3 Urlaubsplaner
Der beantragte Urlaub ist jeweils in den für die Abteilungen bereitgestellten Urlaubsplaner einzutragen.

1.5 § 4 Urlaubsgewährung
Der Urlaubsantrag ist nach Eingang im Personalbüro schriftlich auf der Kopie des Urlaubsantrags zu bescheiden. Dies hat spätestens 14 Tage nach Eingang des Urlaubsantrags im Personalbüro zu erfolgen. Wird vorgenannte Frist nicht eingehalten, gilt der Urlaub, wie beantragt, als gewährt und kann auch angetreten werden, ohne dass die Einrede des eigenmächtigen Urlaubsantritts geltend gemacht wird.

1.6 § 5 Streitigkeiten
Bei Streitigkeiten über die Gewährung des Urlaubs verhandeln Geschäftsleitung und Betriebsrat gemäß den Bestimmungen des Betriebsverfassungsgesetzes mit dem ernsthaften Willen zur Einigung. Die Vorschriften über ein mögliches Einigungsstellenverfahren werden durch diese Betriebsvereinbarung nicht berührt.

1.7 § 6 Schlussbestimmungen
Die Betriebsvereinbarung wird jedem Arbeitnehmer mit der nächsten Entgeltabrechnung ausgehändigt und am Schwarzen Brett bekannt gemacht. Neu eingetretene Beschäftigte erhalten diese Betriebsvereinbarung spätestens am ersten Tage der Arbeitsaufnahme. Diese Betriebsvereinbarung tritt am [...] in Kraft und kann mit einer Kündigungsfrist von drei Monaten zum Ende eines Kalenderjahres gekündigt werden, erstmalig jedoch zum [...]. Im Falle einer Kündigung entfaltet diese Betriebsvereinbarung Nachwirkung, bis eine neue Betriebsvereinbarung vorstehende Vereinbarung ersetzt.

Quelle: W. A. F. Institut für Betriebsräte-Fortbildung AG (Hrsg.): Muster-Betriebsvereinbarung zum Thema Urlaubsplanung, unter: https://www.betriebsrat.com/musterbetriebsvereinbarung/148/64708/urlaubs-rahmenplanung-1 [30.09.2019]

Auf einen Blick

Interessenvertretung der Arbeitnehmer

– Betriebsrat
– Betriebsversammlung
– Einigungsstelle
– Wirtschaftsausschuss
– Jugend- und Auszubildendenvertretung

Rechte des Betriebsrats

Mitbestimmung	Mitwirkung	Beratung
– in sozialen Angelegenheiten – unbedingte Mitbestimmung – Zustimmung des Betriebsrates ist notwendig	– in personellen Angelegenheiten – eingeschränkte Mitbestimmung – Betriebsrat kann nur aus wichtigen Gründen die Zustimmung verweigern	– in wirtschaftlichen Angelegenheiten – Recht auf Information und Beratung – Betriebsrat muss über Maßnahmen informiert und diese müssen mit ihm beraten werden; seine Zustimmung ist aber nicht notwendig

Umsetzung der Interessen der Arbeiter

Arbeitgeber ←——————→ Betriebsrat

Betriebsvereinbarung

zum Beispiel über:
– Betriebsordnung
– Arbeitsbeginn, -ende
– Pausen
– Urlaubsregelungen

Kompetent handeln

1. Erarbeiten Sie fünf Argumente für die Gründung eines Betriebsrats.

2. In einem Unternehmen soll ein Betriebsrat gewählt werden. Die Belegschaft besteht aus 39 deutschen und acht ausländischen Arbeitnehmern, die alle volljährig sind. Darüber hinaus gibt es zwei Auszubildende, die noch nicht volljährig sind.
   a) Wie viele Belegschaftsmitglieder sind wahlberechtigt?
   b) Wie viele Betriebsratsmitglieder können gewählt werden?
   c) Kann auch eine Jugend- und Auszubildendenvertretung gewählt werden?

3. Finden Sie fünf Gründe, weshalb in kleinen Unternehmen selten ein Betriebsrat gewählt wird.

4. In Ihrem Betrieb ereignen sich folgende Situationen. Welche Rechte hat Ihr Betriebsrat?
   a) Die Betriebsleitung beschließt die Verkürzung der Mittagspause von 60 auf 45 Minuten.
   b) Der Betriebsrat verweigert seine Zustimmung bei einer innerbetrieblichen Versetzung eines Mitarbeiters.
   c) Die Betriebsleitung informiert den Betriebsrat über den Neubau einer Werkstatt.

5   Die Bindung durch einen Tarifvertrag verstehen

 Beschreiben Sie die Karikatur und begründen Sie deren Aussage.

Der Hauptgrund, arbeiten zu gehen, ist für die meisten von uns das Verdienen von Geld, wovon man sein tägliches Leben finanziert. Wir verbringen viel Zeit am Arbeitsplatz. Damit dort gute Bedingungen herrschen und man ein faires Gehalt bekommt, setzen sich Gewerkschaften mit den Abschlüssen von Tarifverträgen für die Auszubildenden und Arbeitnehmer ein.

 Welche Gewerkschaft ist für Ihre Branche zuständig?

 Recherchieren Sie die tarifvertraglichen Regelungen, die aktuell für Ihre Branche gelten.

5.1   Die Bedeutung von Tarifverträgen

Im Gegensatz zum Berufsausbildungs- oder Arbeitsvertrag sind Tarifverträge **Kollektiv-verträge**. Sie werden nicht zwischen einzelnen Personen abgeschlossen, sondern zwischen den sogenannten **Tarifvertragsparteien**. Das sind die für die jeweilige Branche zuständige Gewerkschaft und der entsprechende Arbeitgeberverband bzw. einzelne Arbeitgeber. Sie vertreten die Interessen der Arbeitnehmer einerseits und die der Arbeitgeber andererseits. Anders als im Arbeitsvertrag sind im Tarifvertrag einheitliche Löhne und Arbeitsbedingungen für Arbeitnehmer ganzer Wirtschaftszweige geregelt. Sie gelten ausschließlich für die Mitglieder der Tarifvertragsparteien, es sei denn, ein Tarifvertrag wurde für allgemeinverbindlich erklärt. Die Regelungen der Tarifverträge müssen günstiger sein als die gesetzlichen Mindestangaben.

> In Tarifverträgen werden die Rahmenbedingungen für die individuellen Arbeitsverträge festgelegt. Deshalb sind sie für Arbeitnehmer wichtig.

In der Bundesrepublik Deutschland garantiert Artikel 9, Absatz 3 des Grundgesetzes (GG) die Möglichkeit, dass Arbeitgeber und Arbeitnehmer entsprechende Organisationen gründen dürfen.

> **Artikel 9 (3) GG**
>
> Das Recht, zur Wahrung und Förderung der Arbeits- und Wirtschaftsbedingungen Vereinigungen zu bilden, ist für jedermann und für alle Berufe gewährleistet. Abreden, die dieses Recht einschränken oder zu behindern suchen, sind nichtig, hierauf gerichtete Maßnahmen sind rechtswidrig. [...]

Dieses Recht nennt man **Tarifautonomie**. Es bedeutet, dass die Tarifvertragsparteien Arbeitsbedingungen eigenverantwortlich aushandeln können. Der Staat darf sich dabei nicht einmischen.

Tarifverträge regeln unter anderem die
- Höhe des Entgelts,
- Arbeits- und Ruhezeiten,
- Kündigungsfristen,
- Dauer des Urlaubs.

Tarifverträge erfüllen darüber hinaus verschiedene Funktionen:

1. Die **Schutzfunktion**: Damit soll die schwächere Position der Arbeitnehmer gegenüber den Arbeitgebern beim Vertragsabschluss ausgeglichen werden. Arbeitsverträge dürfen die geltenden Regelungen des Tarifvertrags nicht unterschreiten.
2. Die **Friedensfunktion**: Während der Gültigkeit eines Tarifvertrags dürfen die Arbeitnehmer wegen tariflich vereinbarter Angelegenheiten nicht streiken.
3. Die **Ordnungsfunktion**: Der Tarifvertrag regelt die Rechtsbeziehung zwischen den Tarifvertragsparteien und ist ein Maßstab für die entsprechende Branche.

Die Verbände der Arbeitgeber und Arbeitnehmer nennt man auch **Sozialpartner**. Sie verfolgen gemeinsame wirtschaftspolitische Ziele wie Wirtschaftswachstum oder Sicherung der internationalen Wettbewerbsfähigkeit. Aber auch sozialpolitische Ziele wie die Sicherung von Betrieben und Arbeitsplätzen streben sie gemeinsam an.

Manche Interessen widersprechen sich. Die Arbeitgeber streben nach höheren Gewinnen und Senkung der Kosten, zum Beispiel durch Rationalisierung. Die Arbeitnehmer hingegen versuchen, eine bessere Bezahlung und bessere Arbeitsbedingungen zu erreichen. Die Sozialpartner versuchen, sich in diesen unterschiedlichen Interessen anzunähern und wenn möglich einen gemeinsamen Konsens zu finden.

5.2   Die Tarifvertragsparteien

Arbeitgeberverbände

Arbeitgeber schließen sich in Arbeitgeberverbänden zusammen, um ihre gemeinsamen Interessen sowohl den Gewerkschaften als auch dem Staat gegenüber zu vertreten. In der Bundesrepublik Deutschland gibt es für verschiedene Branchen Fachverbände, zum Beispiel Industrie, Handwerk oder Handel. Die Fachverbände führen die Tarifverhandlungen mit den entsprechenden Gewerkschaften. Darüber hinaus informieren und beraten sie ihre Mitglieder.

Die Fachverbände schließen sich zu Dachverbänden auf Landes- und Bundesebene sowie auf europäischer Ebene zusammen. Die **Bundesvereinigung der Deutschen Arbeitgeberverbände (BDA)** ist ein branchenübergreifender Dachverband auf Bundesebene. Die BDA hat unter anderem folgende Aufgaben:

o   Zentrale Aufgabe der BDA ist es, die unternehmerischen Interessen im Bereich der Sozialpolitik aktiv zu vertreten.

o   Die BDA engagiert sich in Gremien auf nationaler, europäischer und internationaler Ebene, bei Sachverständigenanhörungen, in den Selbstverwaltungsorganen der Sozialversicherung, als Koordinator und Ratgeber in Tarifvertragsverhandlungen der Mitgliedsverbände und als Vermittler in der öffentlichen Auseinandersetzung. Darin liegt eine hohe Verantwortung auch für das Gemeinwohl, die eine einseitige Interessenvertretung ausschließt.

o   Die BDA ist Ansprechpartner für ihre Mitglieder, die Öffentlichkeit, Bundesregierung und Bundestag in allen Fragen der Sozial- und Tarifpolitik, des Arbeitsrechts, des Arbeitsmarktes, der Bildungs-, der Personal- und Gesellschaftspolitik einschließlich der europäischen und internationalen Sozialpolitik.

Quelle: Bartscher, Thomas, Wichert, Joachim, Nissen, Regina: Bundesvereinigung der Deutschen Arbeitgeberverbände e.V. (BDA). Ausführliche Definition, in: Gabler Wirtschaftslexikon, unter: www.wirtschaftslexikon. gabler.de/definition/bundes-vereinigung-der-deutschen-arbeitgeberverbaende-ev-bda-28015/ version-251655 [30.09.2019]

Gewerkschaften

Gewerkschaften vertreten die Interessen ihrer Mitglieder, den Arbeitnehmern einer Branche. Dazu zählen höhere Löhne, bessere Arbeitsbedingungen und mehr Mitbestimmung in den Unternehmen. Gewerkschaften sind Vertragspartner beim Tarifvertrag. Ihre Interessen versuchen sie unter anderem mit Streiks durchzusetzen.

Sie finanzieren sich durch Mitgliedsbeiträge, deren Höhe abhängig vom Bruttoverdienst des jeweiligen Mitglieds ist.

Auch die Gewerkschaften sind branchenspezifisch gegliedert. Zu den größten Einzelgewerkschaften in Deutschland zählen die IG Metall und ver.di. Sie sind in Orts-, Kreis-, Bezirks- und Landesverbände unterteilt und letztendlich auch auf Bundesebene organisiert.

Acht Einzelgewerkschaften sind im **Deutschen Gewerkschaftsbund (DGB)** zusammengefasst: die IG Bauen-Agrar-Umwelt (IG BAU), die IG Bergbau, Chemie, Energie (IG BCE), die Eisenbahn- und Verkehrsgewerkschaft (EVG), die Gewerkschaft Erziehung und Wissenschaft (GEW), die IG Metall (IGM), die Gewerkschaft Nahrung-Genuss-Gaststätten (NGG), die Gewerkschaft der Polizei (GdP), und die Vereinte Dienstleistungsgewerkschaft e.V. (ver.di).

Der DGB vertritt die Interessen der Einzelgewerkschaften auf Bundesebene sowie im europäischen und internationalen Gewerkschaftsbund, zum Beispiel gegenüber der Europäischen Union und den vereinten Nationen. Als Dachverband schließt der DGB selbst keine Tarifverträge ab. Neben dem DGB gibt es noch weitere Arbeitnehmerorganisationen in Deutschland.

Sowohl Arbeitgeberverbände als auch Gewerkschaften als Interessenvertreter der Arbeitnehmer sind überbetriebliche Zusammenschlüsse auf freiwilliger Basis. Niemand darf zum Beitritt gezwungen oder daran gehindert werden.

5.3   Die Tarifvertragsarten

Tarifverträge sind in der Regel das Ergebnis der Verhandlungen von Gewerkschaft und Arbeitgeberverband. Die anfangs unterschiedlichen Interessen enden in einem Kompromiss. Die Gewerkschaft fordert beispielsweise eine Lohnerhöhung von 6 % und droht mit Streik, um ihre Interessen durchzusetzen. Die Arbeitgeber bieten zu Beginn beispielsweise eine Lohnerhöhung von maximal 2 %. Als Verhandlungsergebnis könnte in diesem Beispiel eine Lohnerhöhung von 4 % herauskommen.

Tarifverträge werden nach unterschiedlichen Gesichtspunkten, zum Beispiel nach ihrem Inhalt oder nach ihrem Geltungsbereich gegliedert.

Tarifverträge nach Inhalt

Die drei wichtigsten Arten von Tarifverträgen sind der Entgelttarifvertrag, der Rahmentarifvertrag und der Manteltarifvertrag.

Entgelttarifvertrag	Er regelt die Grundvergütung für Arbeitnehmer und Auszubildende. Seine Laufzeit ist mit zwölf bis 24 Monaten relativ kurz. Die Forderungen nach Lohnerhöhungen durch die Gewerkschaften hängen von der wirtschaftlichen Situation und der Entwicklung der Preise ab.
Rahmentarifvertrag	Durch ihn werden die Arbeitnehmer nach festgelegten Kriterien in Entgeltgruppen eingeordnet. Auch Entgeltformen sind im Rahmentarifvertrag geregelt. Er gilt normalerweise mehrere Jahre.
Manteltarifvertrag	Er enthält grundlegende Bestimmungen über die Arbeitsbedingungen der Arbeitnehmer. Dazu zählen beispielsweise die Zahl der Urlaubstage und die wöchentliche Arbeitszeit. Seine Laufzeit beträgt in der Regel mehrere Jahre.

Tarifverträge nach Geltungsbereich

Unter dem Gesichtspunkt des Geltungsbereichs unterscheidet man zwischen dem Flächentarifvertrag und dem Haustarifvertrag.

Flächentarifvertrag	Die Tarifvertragsparteien einer Branche schließen einen Vertrag für einen bestimmten räumlichen Geltungsbereich ab. Das kann eine Region oder ein ganzes Bundesland sein. Durch den Abschluss von Flächentarifverträgen können nahezu gleiche Bedingungen für die Arbeitnehmer in den Betrieben einer Branche erreicht werden. Die Anzahl der Flächentarifverträge nimmt seit Jahren ab.
Haustarifvertrag	Der Firmentarifvertrag ist das Gegenteil vom Flächentarifvertrag. Er wird zwischen einer Gewerkschaft und einem Unternehmen abgeschlossen. Im Firmentarifvertrag können sowohl Arbeits- als auch Entgeltsbedingungen geregelt sein. Der Anteil der Firmentarifverträge nimmt zu.

Anerkennungstarifvertrag

Unternehmen, die keinem Arbeitgeberverband angehören, können trotzdem Regelungen aus dem Tarifvertrag ihrer Branche übernehmen. Dazu schließt die Gewerkschaft einen Anerkennungstarifvertrag mit dem entsprechenden Unternehmen ab.

5.4   Wirkung von Tarifverträgen

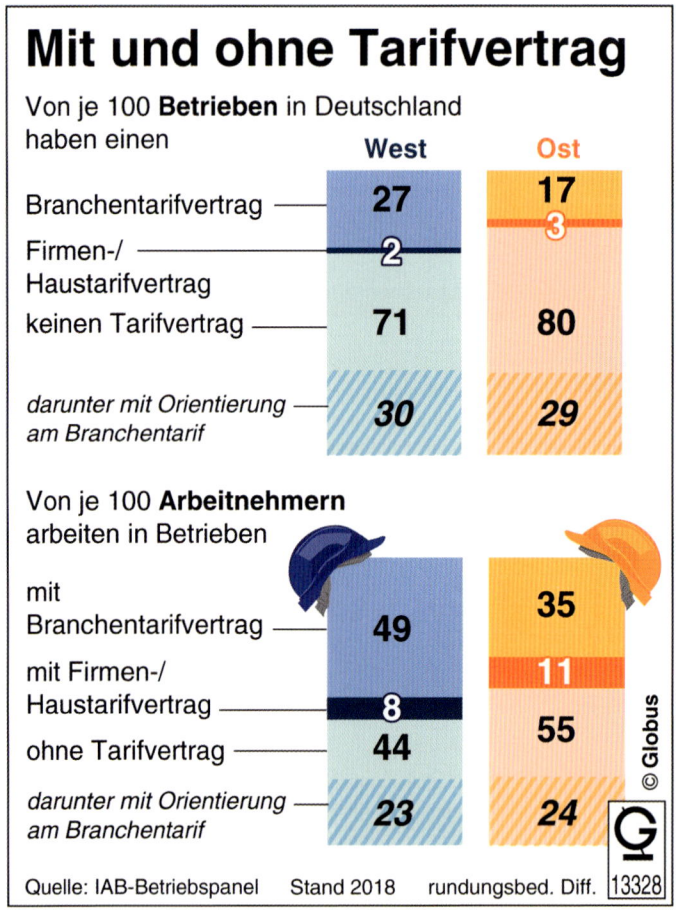

Mit und ohne Tarifvertrag

Von je 100 **Betrieben** in Deutschland haben einen

	West	Ost
Branchentarifvertrag	27	17 / 3
Firmen-/Haustarifvertrag	2	
keinen Tarifvertrag	71	80
darunter mit Orientierung am Branchentarif	30	29

Von je 100 **Arbeitnehmern** arbeiten in Betrieben

	West	Ost
mit Branchentarifvertrag	49	35
mit Firmen-/Haustarifvertrag	8	11
ohne Tarifvertrag	44	55
darunter mit Orientierung am Branchentarif	23	24

© Globus

Quelle: IAB-Betriebspanel   Stand 2018   rundungsbed. Diff.   13328

> **!** Tarifverträge gelten für die Mitglieder der Tarifvertragsparteien. Diese **Tarifbindung** gilt sowohl für den Arbeitgeber im Arbeitgeberverband als auch für den Arbeitnehmer als Mitglied der Gewerkschaft.

Ein tarifgebundener Arbeitgeber könnte einem Arbeitnehmer, der kein Gewerkschaftsmitglied ist, einen niedrigeren Lohn zahlen. Viele Arbeitgeber handeln aber nicht mit jedem Bewerber im Einzelnen die Bedingungen des Arbeitsvertrags aus. Sie halten sich im Sinne der Gleichbehandlung an geltende Tarifverträge.

Die in Tarifverträgen vereinbarten Regelungen sind unabdingbar. Das bedeutet, es handelt sich um **Mindestanforderungen**, die in einem Arbeitsvertrag nicht unterschritten werden dürfen. Der Tarifvertrag bindet damit den Arbeitsvertrag.

Beispiele:
Ein Arbeitgeber darf, wenn tarifvertraglich 30 Tage Jahresurlaub festgelegt sind, dem Arbeitnehmer beispielsweise 32 Tage zugestehen. Mit 28 Tagen Urlaubsanspruch darf der Tarifvertrag im Einzelarbeitsvertrag aber nicht unterschritten werden, obwohl nach dem Bundesurlaubsgesetz nur 24 Tage vorgeschrieben sind.

Die beiden Tarifvertragsparteien dürfen frei miteinander verhandeln, ohne dass sich ein Dritter, zum Beispiel der Staat, einmischt. Dieses Recht ist in Artikel 9 (3) GG verankert. Wer in die freie wirtschaftliche und soziale Interessenvertretung der Sozialpartner eingreift oder sie zu behindern versucht, handelt ungesetzlich. Diese Unabhängigkeit bezeichnet man als **Tarifautonomie**.

Ein Tarifvertrag kann durch eine **Allgemeinverbindlichkeitserklärung** auch für sonst nicht tarifgebundene Arbeitgeber und Arbeitnehmer bindend werden. Dazu muss er vom Bundesministerium für Arbeit und Soziales mit Zustimmung der Spitzenorganisationen von Arbeitnehmern und Arbeitgebern für allgemein verbindlich erklärt werden. Damit ist der Tarifvertrag für alle Arbeitgeber und Arbeitnehmer, beispielsweise einer ganzen Branche, bindend. Solche allgemein gültigen Tarifverträge kommen nur noch selten zustande.

Während der Laufzeit eines Tarifvertrags herrscht die sogenannte **Friedenspflicht**. Darunter versteht man den Verzicht von Arbeitskampfmaßnahmen wie Streik der Arbeitnehmer oder Aussperrung durch die Arbeitgeber wegen tariflich vereinbarter Angelegenheiten. Die Friedenspflicht endet grundsätzlich vier Wochen nach dem zeitlichen Ablauf oder der fristgerechten Kündigung des geltenden Tarifvertrags.

5.5 Tarifverhandlung und Arbeitskampf

Tarifverhandlungen zwischen den Arbeitgeber- und Arbeitnehmervertretungen werden branchenbezogen geführt, zum Beispiel für die Metallindustrie, das Baugewerbe oder den öffentlichen Dienst. Meist sind sie regional begrenzt wie im Metallbereich. Es gibt aber auch überregionale Gespräche, zum Beispiel im öffentlichen Dienst.

Das Ziel von Tarifverhandlungen ist es, einen **neuen Tarifvertrag** abzuschließen, der in der Regel eine verbesserte Entlohnung oder bessere Arbeitsbedingungen für die Arbeitnehmer zur Folge hat.

Tarifverhandlung

Tarifverhandlungen werden erforderlich, wenn der alte Tarifvertrag abgelaufen ist oder fristgerecht gekündigt wurde. Arbeitgeberverband und Gewerkschaft bilden dann eine **Verhandlungskommission**. Die Gewerkschaft stellt ihre Forderungen, die Arbeitgebervertreter machen ein erstes Angebot. Die Verhandlungen beginnen. Liegen die Forderungen sehr weit auseinander oder bringen die Verhandlungen keine Annäherung, organisieren die Gewerkschaften nach Ablauf der Friedenspflicht häufig Warnstreiks. Sie sollen den Forderungen der Gewerkschaft Nachdruck verleihen.

Einigen sich die Vertragsparteien auf einen Kompromiss, wird ein neuer Tarifvertrag abgeschlossen. Kommt keine Einigung zustande, erklärt eine der beiden Seiten die Verhandlungen als **gescheitert**.

Im Rahmen einer **Schlichtung** sollen sich die Vertragsparteien mit ihren erhärteten Positionen wieder annähern. Dazu kann entweder eine Schlichtungskommission gebildet werden, oder ein neutraler Schlichter, den beide Seiten akzeptieren, wird zusätzlich eingesetzt. Auch in dieser Phase herrscht die Friedenspflicht. Wenn aber auch die Schlichtung **scheitert**, kommt es meist zum Arbeitskampf.

Arbeitskampf

Durch den Arbeitskampf versuchen die Gewerkschaften durch Streik und die Arbeitgeber durch Aussperrung Druck auf den Verhandlungspartner auszuüben, um die eigenen Interessen durchzusetzen. Für diese Maßnahmen gelten bestimmte „Spielregeln":

○ Die Gewerkschaft muss eine **Urabstimmung** unter den Gewerkschaftsmitgliedern durchführen, ob ein **Streik** durchgeführt werden soll. Stimmen mindestens 75 % der Gewerkschaftsmitglieder für einen Streik, darf er durchgeführt werden. Die Arbeit wird eingestellt und Streikposten beziehen Stellung an den Werkstoren. In dieser Zeit erhalten Gewerkschaftsmitglieder Streikgeld von ihrer Gewerkschaft. In der Regel werden nicht alle Betriebe einer Branche bestreikt, sondern gezielt die Betriebe, bei denen Arbeitsniederlegungen schwerwiegende Folgen für die Arbeitgeber haben, zum Beispiel Zulieferer der Automobilindustrie.

○ Die Arbeitgeber hingegen haben das Mittel der **Aussperrung**. Sie können selbst nicht streikende Arbeitnehmer für eine bestimmte Zeit von ihrer Arbeitspflicht entbinden. In dieser Zeit erhalten die Arbeitnehmer vom Arbeitgeber keine Entlohnung. Das Ziel der Aussperrung ist es, den Druck auf die Gewerkschaft zu erhöhen, da diese als Ersatz Streikgeld an ihre Mitglieder zahlt.

○ Sowohl Streik als auch Aussperrung bringen für Arbeitgeber, Gewerkschaft und Arbeitnehmer hohe, meist finanzielle Belastungen mit sich. Deshalb werden beide Seiten versuchen, in weiteren Verhandlungen einen Kompromiss zu finden. Wenn dies gelingt, wird die Aussperrung beendet. Unter den Gewerkschaftsmitgliedern findet eine weitere **Urabstimmung** statt. Stimmen mindestens 25 % für den neuen Tarifvertrag, gilt er als angenommen. Der Streik wird beendet, und der neue Tarifvertrag kann in Kraft treten.

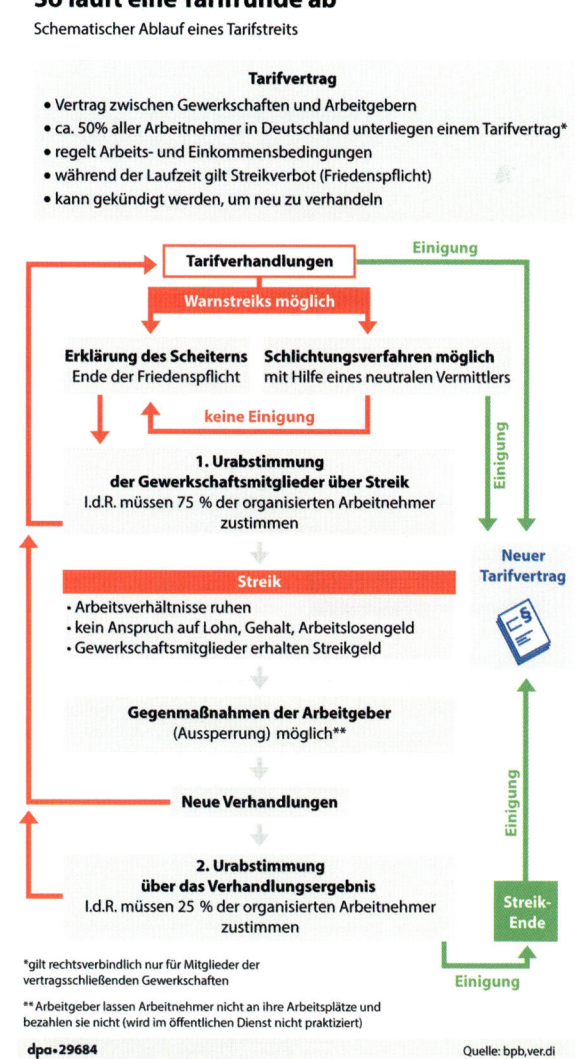

So läuft eine Tarifrunde ab

Schematischer Ablauf eines Tarifstreits

Tarifvertrag
- Vertrag zwischen Gewerkschaften und Arbeitgebern
- ca. 50% aller Arbeitnehmer in Deutschland unterliegen einem Tarifvertrag*
- regelt Arbeits- und Einkommensbedingungen
- während der Laufzeit gilt Streikverbot (Friedenspflicht)
- kann gekündigt werden, um neu zu verhandeln

Tarifverhandlungen

Einigung

Warnstreiks möglich

Erklärung des Scheiterns
Ende der Friedenspflicht

Schlichtungsverfahren möglich
mit Hilfe eines neutralen Vermittlers

keine Einigung

Einigung

1. Urabstimmung
der Gewerkschaftsmitglieder über Streik
I.d.R. müssen 75 % der organisierten Arbeitnehmer zustimmen

Neuer Tarifvertrag

Streik
- Arbeitsverhältnisse ruhen
- kein Anspruch auf Lohn, Gehalt, Arbeitslosengeld
- Gewerkschaftsmitglieder erhalten Streikgeld

Gegenmaßnahmen der Arbeitgeber
(Aussperrung) möglich**

Neue Verhandlungen

Einigung

2. Urabstimmung
über das Verhandlungsergebnis
I.d.R. müssen 25 % der organisierten Arbeitnehmer zustimmen

Streik-Ende

*gilt rechtsverbindlich nur für Mitglieder der vertragsschließenden Gewerkschaften

** Arbeitgeber lassen Arbeitnehmer nicht an ihre Arbeitsplätze und bezahlen sie nicht (wird im öffentlichen Dienst nicht praktiziert)

Einigung

dpa·29684

Quelle: bpb,ver.di

Auf einen Blick

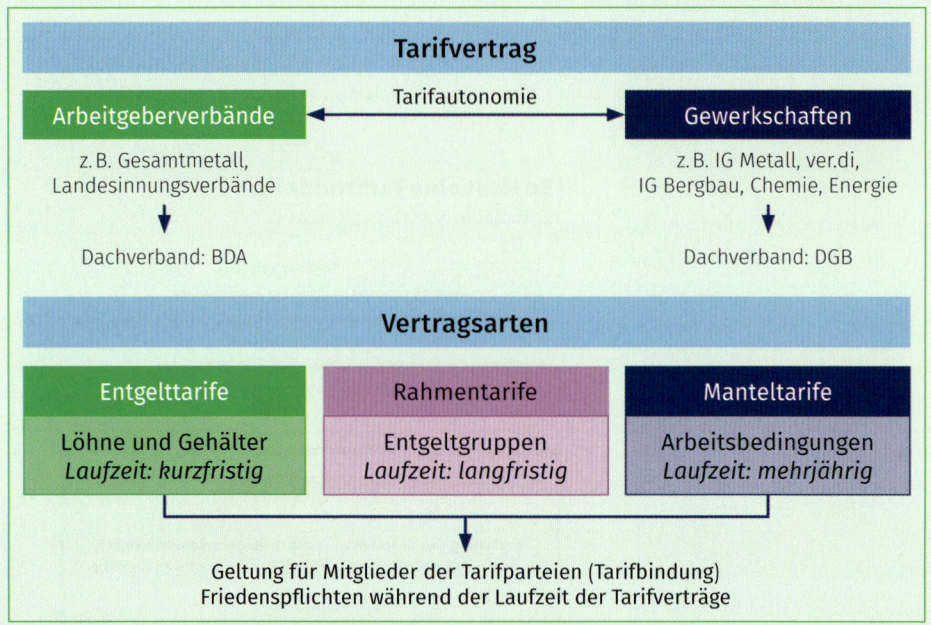

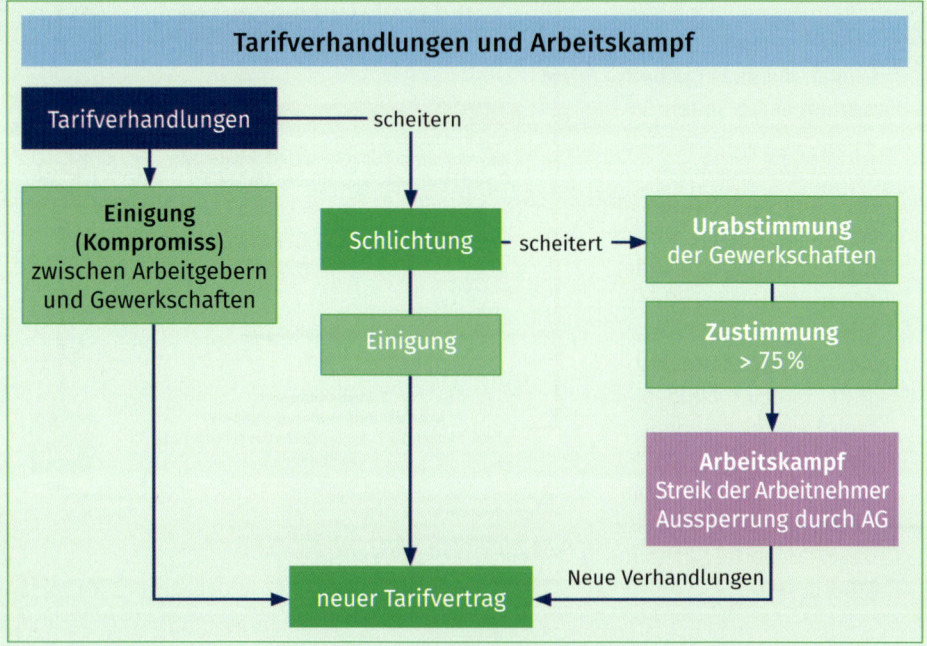

Kompetent handeln

Tarifkommissionen im Kfz-Handwerk wollen 5 Prozent mehr Geld fordern

„5 Prozent mehr Geld: Diese Forderung für die anstehende Kfz-Tarifrunde empfehlen die gewählten IG Metall-Tarifkommissionen fast aller Regionen dem IG Metall-Vorstand zur Beschlussfassung. Letztere steht Anfang April an. Die Tarifverhandlungen starten Anfang Mai.

Die Tarifkommissionen der IG Metall wollen in der anstehenden Tarifrunde im Kfz-Handwerk unter anderem 5 Prozent mehr Geld fordern, neben weiteren regionale Forderungsbestandteilen. Auszubildende sollen noch einmal überproportional etwas dazubekommen, um das Kfz-Handwerk für Fachkräftenachwuchs attraktiver zu machen. Diese Empfehlung haben die gewählten Tarifkommissionen der einzelnen Kfz-Tarifgebiete gestern in ihren regionalen Sitzungen beschlossen.

Die Mitglieder der Tarifkommissionen, überwiegend Vertreter aus den Betrieben, haben zuvor mit den IG Metall-Mitgliedern in ihren Betrieben über mögliche Forderungen diskutiert. Trotz des Abwärtstrends der Konjunktur und der belastenden „Diesel-Affäre" begründen die Tarifkommissionsmitglieder ihre Forderungsempfehlung nach mehr Geld mit der Preissteigerung und dem Fortschritt der Produktivität. Der Umsatz je Beschäftigten im Kfz-Handwerk ist in den vergangenen Jahren immer mehr gestiegen. Die Arbeitsbelastung in den Autohäusern und Werkstätten hat deutlich zugenommen. [...]

Ein ähnliches Votum haben bereits die IG Metall-Mitglieder in den Autohäusern und Werkstätten abgegeben: Die große Mehrheit hält eine Forderung von 4 bis 6 Prozent mehr Geld für angemessen. Das zeigt eine laufende Umfrage der IG Metall Mitte, zu der bereits Ergebnisse aus den meisten Betrieben vorliegen.

Besonders die Digitalisierung, die auch im Kfz-Handwerk immer schneller kommt, führt zur Arbeits- und Leistungsverdichtung, erklärt Tarifkommissionsmitglied Francisco Campos. Er ist Betriebsratsvorsitzender in der Mercedes-Niederlassung Frankfurt am Main. ‚Schon heute geht ohne Laptops und Tablets in der Werkstatt nichts mehr. Die Technik wird immer schneller und gibt immer mehr den Takt vor. Deshalb diskutieren die Beschäftigten bei uns auch über Möglichkeiten zur Entlastung, etwa durch einen früheren Altersausstieg oder mehr Freizeit, die es bei unseren Mercedes-Kollegen in der Industrie ja bereits gibt.'"

Quelle: IG Metall: Tarifkommissionen im Kfz-Handwerk wollen 5 Prozent mehr Geld fordern, veröffentlicht am 21.03.2019 unter: www.igmetall.de/tarif/tarifrunden/handwerk/tarifkommissionen-kfz-handwerk-wollen-5-prozent-mehr-geld [30.09.2019]. (gekürzt)

1. Welche konkreten Forderungen stellt die Tarifkommission der IG Metall?
2. Womit begründet die IG Metall ihre Forderungen?
3. Beschreiben Sie den voraussichtlichen Verlauf der Tarifverhandlungen.
4. Stellen Sie eine Vermutung auf, zu welchem Ergebnis die Tarifverhandlungen führen könnten, und begründen Sie Ihre Vermutung.

6   Sozial- und Privatversicherungen unterscheiden

Der Start in das Berufsleben bringt einige Veränderungen mit sich. Für Arbeitnehmer wird die Sozialversicherung ein ständiger Begleiter auf dem Weg durchs Arbeitsleben. Auch Auszubildende sind vom ersten Tag an Mitglied in der Sozialversicherung. Das Sozialsystem in Deutschland wurde im Laufe der Zeit den aktuellen Bedingungen angepasst und mittlerweile auf fünf Zweige der Sozialversicherung ausgebaut.

? Erstellen Sie eine Übersicht über die Lebensrisiken, die durch die Sozialversicherung abgedeckt werden.

? Bietet die Sozialversicherung damit eine ausreichende Vorsorge in allen Lebenslagen? Begründen Sie Ihre Meinung.

! Das **Versicherungswesen in Deutschland** teilt sich auf zwei wesentliche Säulen auf:

- die **Sozialversicherung** und
- die **Individualversicherungen** (private Zusatzversicherungen).

Versicherungen werden abgeschlossen, um große Zahlungen, die die Einzelperson überfordern würden, im Schadensfall leisten zu können. Welche Schadensfälle eine Versicherung abdeckt, wird in der **Versicherungspolice** beschrieben. Für diese Absicherung sind Menschen bereit, regelmäßig kleinere Zahlungen an die jeweilige Versicherung zu leisten. Tritt kein Schadensfall ein, werden diese Zahlungen ohne Gegenleistung getätigt. Das wird durch die Sicherheit ausgeglichen, für Schadensfälle vorbereitet zu sein.

Die **fünf Zweige der gesetzlichen Sozialversicherung** decken die größten finanziellen Risiken ab, die im Leben eines Menschen versichert werden können. Sie werden im Sozialgesetzbuch geregelt. Während die Sozialversicherung für Arbeitnehmerinnen und Arbeitnehmer verpflichtend abzuschließen ist, muss im Bereich der **Individualversicherungen** jeder selbst entscheiden, welche er abschließt und welche dann eben auch nicht. Für sich abzuwägen, welche Versicherungen sinnvoll, vielleicht sogar zwingend nötig und welche wiederum überflüssig sind, erfordert ein vertieftes Verständnis der Vertragsbedingungen. Deshalb werden in diesem Kapitel nicht nur die verschiedenen Arten von Versicherungen vorgestellt, sondern auch Tipps gegeben, welche **Entscheidungskriterien** in den verschiedenen Lebenslagen wichtig sind.

6.1 Grundzüge der Sozialversicherung

Die Sozialversicherung ist ein wesentlicher Bestandteil unserer sozialen Marktwirtschaft und beruht auf folgenden Prinzipien:

Grundprinzipien der Sozialversicherung

o Pflichtversicherungsprinzip
o Solidaritätsprinzip
o Selbstverwaltungsprinzip

Pflichtversicherungsprinzip

Im gesetzlichen Versicherungssystem der Sozialversicherung sind nahezu 90 % der deutschen Bevölkerung pflichtversichert oder freiwillig versichert. Als Solidargemeinschaft bietet sie einen finanziellen Schutz vor den Lebensrisiken und deren Folgen wie Krankheit, Arbeitslosigkeit, Alter, Betriebsunfall und Pflegebedürftigkeit.

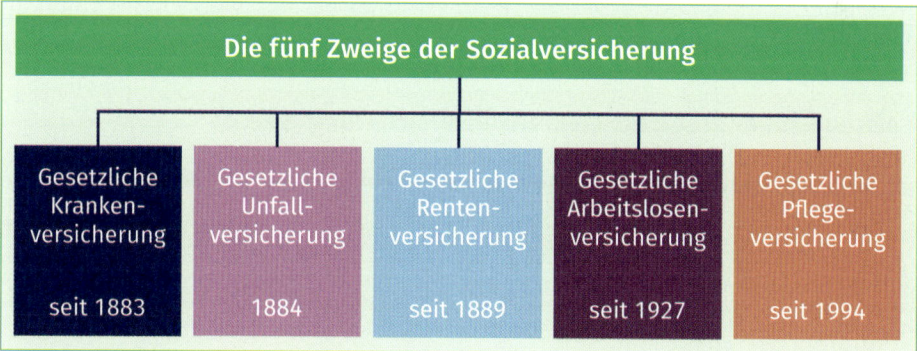

Die fünf Zweige der Sozialversicherung

Gesetzliche Krankenversicherung	Gesetzliche Unfallversicherung	Gesetzliche Rentenversicherung	Gesetzliche Arbeitslosenversicherung	Gesetzliche Pflegeversicherung
seit 1883	1884	seit 1889	seit 1927	seit 1994

Solidaritätsprinzip

Alle Versicherten tragen die Versicherungsrisiken gemeinsam. Die Absicherung ist nicht abhängig davon, wie viel der Einzelne an die Sozialversicherung gezahlt hat. Dadurch wird ein Ausgleich zwischen Gesunden und Kranken, zwischen besser und weniger gut Verdienenden, zwischen Jung und Alt, zwischen Familien und Alleinstehenden geschaffen.

Selbstverwaltungsprinzip

Als öffentlich-rechtliche Körperschaft erfüllen die Anbieter der einzelnen Zweige der Sozialversicherung (Versicherungsträger) alle Steuerungsaufgaben in Eigenverantwortung. Die Verwaltungsorgane werden gewählt und bestehen zur Hälfte aus Arbeitgebern und Arbeitnehmern.

6.2   Leistungen der Sozialversicherungszweige

Gesetzliche Krankenversicherung

Die gesetzliche Krankenversicherung (GKV) bietet Arbeitnehmern und ihren Familien Versicherungsschutz in allen Krankheitsfällen. Sie tritt ein, wenn die Gesundheit der Versicherten erhalten oder wiederhergestellt werden soll. Als Versicherungsnachweis dient die elektronische Gesundheitskarte. Ihr Mikroprozessorchip bietet Speichermöglichkeiten, ein Lichtbild des Versicherten soll Missbrauch verhindern. Ärzte und Krankenhäuser rechnen über die Krankenversicherungs- bzw. Gesundheitskarte direkt mit der Krankenversicherung ab.

Versicherungsträger sind die Allgemeinen Ortskrankenkassen (AOK), Betriebskrankenkassen (BKK), Innungskrankenkassen (IKK), Ersatzkassen (EK), die Landwirtschaftliche Krankenkasse (LKK) und die Knappschaft.

Leistungen der gesetzlichen Krankenversicherung (SGB V)

o **Gesundheitsvorsorge und Früherkennung:** Maßnahmen zur Verhütung von Krankheiten, Vorsorgeuntersuchungen für Kinder bis zu bestimmten Altersgrenzen, Früherkennung von Krebs-, Herz-Kreislauf- und Nierenerkrankungen sowie Diabetes (Zuckerkrankheit) ab bestimmten Altersgrenzen

o **Krankheitsfall**

  • **Krankenpflege:** ärztliche und zahnärztliche Behandlung, Arzneimittel, Verbandsmittel, Heil- und Hilfsmittel
  • **Krankenhauspflege** und häusliche Krankenpflege
  • **Krankengeld** nach Ablauf der sechswöchigen Lohnfortzahlung durch den Arbeitgeber

○ **Mutterschaftshilfe:** Bei Schwangerschaft besteht ein Anspruch auf ärztliche Betreuung, Hebammenhilfe, stationäre Entbindung mit Unterkunft, Pflege und Verpflegung (auch für das Neugeborene) bis sechs Tage nach der Entbindung, häusliche Pflege, Haushaltshilfe und **Mutterschaftsgeld** für die Zeit der Mutterschutzfristen.

Die **Finanzierung** der gesetzlichen Krankenversicherung erfolgt über Zuweisungen von Geldmitteln aus dem **Gesundheitsfonds**. In den Fonds fließen die Beitragsanteile der Arbeitgeber und Arbeitnehmer sowie Steuermittel ein.

Der **Beitragssatz** beträgt aktuell 14,6 % vom Bruttolohn und wird je zur Hälfte (7,3 %) vom Arbeitnehmer und vom Arbeitgeber getragen. Allerdings darf von der jeweiligen Kasse ein Zusatzbetrag erhoben werden (durchschnittlich 1,1 %), der ebenso jeweils zur Hälfte vom Arbeitgeber und vom Arbeitnehmer zu tragen ist. Außerdem ist bei einigen Krankheitskosten eine Selbstbeteiligung (Zuzahlung) des Versicherten zu leisten. Die Krankenkassen erhalten je Mitglied aus dem Fonds eine Grundpauschale. Zu- bzw. Abschläge werden je nach Risikostruktur der Krankenkassen berücksichtigt. Familienangehörige (Ehepartner, eingetragene Lebenspartner, Kinder) des Versicherten sind beitragsfrei mitversichert, sofern deren Einkommen unter der **Geringfügigkeitsgrenze** von 450,00 € liegt. Der zu zahlende Höchstbeitrag wird ab der **Beitragsbemessungsgrenze** von 4 537,50 € Bruttolohn je Monat fällig. Beiträge für Auszubildende mit einer Vergütung von bis zu 325,00 € brutto werden vom Arbeitgeber allein finanziert.

Versicherungspflichtig sind alle Einwohner Deutschlands. Arbeitnehmer, deren Brutto-Arbeitsentgelt pro Monat die **Krankenversicherungspflichtgrenze** von 5 062,50 € übersteigt, können in eine private Krankenkasse wechseln. Selbstständige, Freiberufler und Beamte sind in der gesetzlichen Krankenversicherung nicht pflichtversichert und können stattdessen ersatzweise eine private Krankenkasse abschließen.

Gesetzliche Unfallversicherung

Die gesetzliche Unfallversicherung (GUV) hat die Aufgabe, Arbeitsunfälle, Berufskrankheiten und arbeitsbedingte Gesundheitsgefahren mit geeigneten Mitteln zu verhüten. Nach Eintritt von Versicherungsfällen hat sie die Gesundheit und Leistungsfähigkeit der Versicherten wiederherzustellen und die Versicherten oder ihre Hinterbliebenen durch Geldleistungen zu entschädigen.

Versicherungsträger sind die gewerblichen oder landwirtschaftlichen Berufsgenossenschaften (BG) und die Unfallversicherungsträger der öffentlichen Hand (Gemeindeunfallversicherungsverbände). Jedes Unternehmen muss bei einem gesetzlichen Unfallversicherungsträger versichert sein.

Die gesetzliche Unfallversicherung tritt ein bei Schäden durch Arbeitsunfälle, Wegeunfälle und bei Berufserkrankungen.

○ **Arbeitsunfälle** umfassen die berufliche Tätigkeit einschließlich der Dienst- und Arbeitswege. Betriebssport, Betriebsausflüge und Ähnliches sind eingeschlossen.

○ **Wegeunfälle**, die sich auf dem kürzesten Weg zur oder von der Arbeit ereignen. Begründete Umwege, um Kinder während der Arbeitszeit unterzubringen oder bei Fahrgemeinschaften, um den Arbeitsplatz schneller zu erreichen, sind mitversichert.

○ **Berufskrankheiten**, z. B. Hauterkrankungen, Lärmschwerhörigkeit oder „Staublunge", sind mitversichert, wenn sie durch berufliche Tätigkeiten verursacht wurden.

Arbeitgeber sind verpflichtet, alle Unfälle ihrer Berufsgenossenschaft zu melden, bei denen Mitarbeiter getötet oder verletzungsbedingt mehr als drei Tage arbeitsunfähig wurden (**Unfallanzeige**).

Leistungen der gesetzlichen Unfallversicherung (SGB VII)

○ **Prävention** ist die vorrangige Aufgabe. Dazu erlassen und überwachen die Berufsgenossenschaften die BG-Vorschriften.

○ **Rehabilitation** umfasst medizinische Betreuung (ärztliche Behandlung, Medikamente, Krankenhausaufenthalt) sowie berufliche Wiedereingliederung; hierzu zählen Leistungen zur Erhaltung oder Erlangung eines Arbeitsplatzes, berufliche Anpassung, Fortbildung, Ausbildung, Umschulung, Kraftfahrzeughilfe, Wohnungshilfe.

○ **Geldleistungen**

  · Verletztengeld bzw. Übergangsgeld ersetzen den Verdienstausfall.
  · Verletztenrente wird nach dem Schadensersatzprinzip gewährt, wenn die Erwerbsfähigkeit nicht wiederhergestellt werden kann.
  · Hinterbliebenenrente (Witwen- und Waisenrente) ersetzen den Unterhaltsausfall, Sterbegeld und Erstattung anfallender Überführungskosten werden zusätzlich gewährt.

Der **Beitrag**, den der Arbeitgeber allein zahlt, richtet sich nach den Entgelten der Versicherten (Lohnsumme) eines Unternehmens und nach dem Grad der Unfallgefahr. Gewerbezweige mit einer höheren Unfallhäufigkeit zahlen entsprechend höhere Beiträge.

Versichert sind alle Arbeitnehmer, Auszubildenden, in einigen Branchen auch Arbeitgeber, Kinder in Kindertageseinrichtungen, Schüler und Studenten in Schulen und Hochschulen sowie Mitarbeiter von Hilfsorganisationen.

Gesetzliche Arbeitslosenversicherung

Aufgabe der gesetzlichen Arbeitslosenversicherung (GAV) ist die finanzielle Absicherung bei Arbeitslosigkeit. Durch das Arbeitsförderungsrecht nach dem SGB III wurde das Aufgabenfeld der Arbeitslosenversicherung erweitert.

Versicherungsträger ist die Bundesagentur für Arbeit (BA) in Nürnberg. Regionaldirektionen (ehemals Landesarbeitsämter) und lokale Geschäftsstellen (ehemals Arbeitsämter) sind verantwortlich für die regionale Arbeitsmarktpolitik.

Leistungen der gesetzlichen Arbeitslosenversicherung (SGB II und SGB III)

o **Arbeitsförderung:** Maßnahmen zur Beschäftigungssicherung und Bekämpfung der Arbeitslosigkeit

- Arbeitsmarkt- und Berufsforschung
- Arbeitsvermittlung und Berufsberatung
- Förderung der Berufsausbildung, Weiterbildung, Eingliederung behinderter Menschen und Existenzgründung

o **Geldleistungen**

- **Kurzarbeitergeld** zur Sicherung der Arbeitsplätze, wenn die betriebsübliche Arbeitszeit infolge wirtschaftlicher Ursachen verkürzt wird
- **Saison-Kurzarbeitergeld**, um Arbeitnehmer ganzjährig zu beschäftigen und Schlechtwetterzeiten auszugleichen
- **Arbeitslosengeld I (ALG I)** erhalten Arbeitslose, die sich persönlich arbeitslos gemeldet haben, der Arbeitsvermittlung zur Verfügung stehen und in den letzten zwei Jahren mindestens 12 Monate (Anwartschaftszeit = Beitragszeit) versicherungspflichtig beschäftigt waren. Die Anspruchsdauer von ALG I ist abhängig vom Alter und den Monatsbeiträgen aus den letzten fünf Jahren, jedoch höchstens 12 Monate. Arbeitnehmer älter als 50 Jahre erhalten es 15 Monate, älter als 55 Jahre 18 Monate und älter als 58 Jahre 24 Monate. Der Leistungssatz beträgt derzeit für Versicherte mit Kind 67 %, ohne Kind 60 % des Nettoentgeltes. Die Leistung kann für eine **Sperrfrist** von 12 Wochen verweigert werden, wenn die Arbeitslosigkeit selbstverschuldet ist. Auszubildende, die nach der Abschlussprüfung nicht

> übernommen werden, erhalten ein Arbeitslosengeld I entsprechend der Ausbildungsvergütung oder entsprechend 50 % des erzielbaren Tariflohnes.

Der **Beitrag** in Höhe von 2,5 % des Bruttolohns wird je zur Hälfte vom Arbeitnehmer und vom Arbeitgeber aufgebracht. Für Auszubildende mit einer Vergütung bis 325,00 € übernimmt der Ausbildungsbetrieb die Beiträge. Arbeitnehmer mit Einkommen zwischen 450,00 € und 850,00 € zahlen ermäßigte, nach Einkommen gestaffelte Beitragssätze.

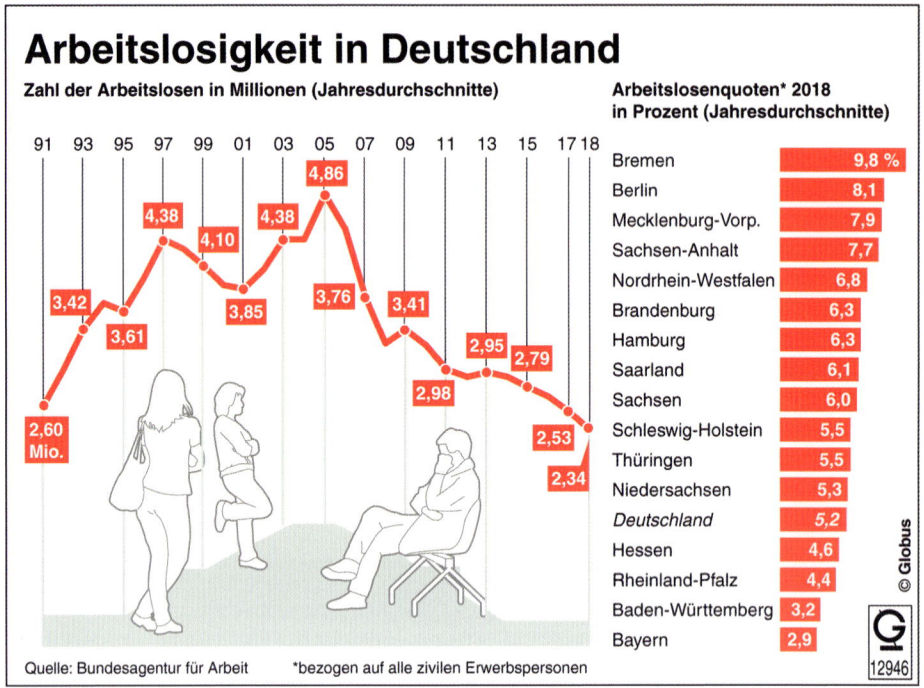

Versicherungspflichtig sind alle Arbeitnehmer und Auszubildenden. Geringfügig Beschäftigte (Minijobs, bis 450,00 € brutto pro Monat) sind versicherungsfrei.

Arbeitslosengeld II (ALG II) wird aus Steuern finanziert, die Auszahlung erfolgt aber dennoch durch die Bundesanstalt für Arbeit. Zeitlich unbegrenzt erhalten ALG II alle erwerbsfähigen Personen im Alter von 15 Jahren bis zur Altersgrenze 65 bzw. 67 Jahren sowie Arbeitslose, die noch keinen Anspruch auf ALG I haben bzw. deren Anspruch abgelaufen ist (Langzeitarbeitslose). Der Antragsteller muss seine Bedürftigkeit nachweisen. Es ist identisch mit dem Sozialgeld bzw. der Sozialhilfe und beträgt im Regelfall zurzeit für Alleinstehende monatlich 424,00 €, zusätzlich weiterer Leistungen (Wohngeld, Kinder- und Partnerzuschlag). Umgangssprachlich wird das ALG II auch **Hartz IV** genannt, da das ALG II die vierte Stufe der Neugestaltung der Arbeitslosenversicherung war, die die Hartz-Kommission 2002 entworfen hatte.

Gesetzliche Rentenversicherung

Die gesetzliche Rentenversicherung (GRV) schützt Versicherte und ihre Familien durch Rentenzahlung vor den Folgen von verminderter Erwerbsfähigkeit, im Alter nach Beendigung der beruflichen Tätigkeit und im Todesfall des Ehe- oder Lebenspartners.

Versicherungsträger ist die Deutsche Rentenversicherung, ein Dachverband der gesetzlichen Rentenversicherungen aus Deutsche Rentenversicherung Bund, Deutsche Rentenversicherung Regional und Deutsche Rentenversicherung Knappschaft-Bahn-See.

Leistungen der gesetzlichen Rentenversicherung (SGB VI) ⊙

o   **Rehabilitation** bedeutet Maßnahmen, die eine frühzeitige Rentenzahlung verhindern und die Erwerbsfähigkeit erhalten, zum Beispiel Kuren und berufliche Umschulung nach dem Grundsatz „Rehabilitation vor Rente".

o   **Rentenleistungen**

•   **Erwerbsminderungsrente** wird gezahlt, wenn die Erwerbsfähigkeit wegen Krankheit oder Behinderung vermindert ist. Wer täglich weniger als drei Stunden arbeiten kann, erhält die volle Erwerbsminderungsrente. Wer noch mindestens drei, aber nicht mehr sechs Stunden täglich arbeiten kann, erhält die halbe Erwerbsminderungsrente.

•   **Altersrente** erhalten Versicherte, die ein bestimmtes Lebensalter erreicht haben. Seit 2012 wird die Altersgrenze von 65 Jahren schrittweise angehoben, bis 2029 die neue Regelaltersgrenze von 67 Jahren erreicht ist. Weiterhin können „besonders langjährig Versicherte" mit 63 in Rente gehen, wenn die Wartezeit von 45 Jahren aus Pflichtbeiträgen erfüllt ist.

•   **Witwen-** und **Witwerrente** erhalten die Ehe- oder Lebenspartner nach dem Tod des versicherten Ehe- bzw. Lebenspartners. Bei „Wiederheirat" entfällt die Rente.

•   **Waisenrente** erhalten Kinder verstorbener Versicherter bis zum Ende der Erstausbildung.

Ein **Leistungsanspruch** erfordert eine **Anwartschaftszeit** (Wartezeit) von 60 Monaten. Menschen mit Schwerbehinderung können nach dem 63. Lebensjahr (zukünftig 65) und derzeit 35 Versicherungsjahren in Rente gehen. Zu den Versicherungszeiten (Wartezeiten) zählen neben den Beitragszeiten auch sogenannte Anrechnungs- und Berücksichtigungszeiten, beispielsweise aus Krankheit, Schulbildung, Kindererziehung und Wehrdienst. Leistungen aus der Rentenversicherung müssen über das Versicherungsamt der Gemeinde beantragt werden. Der Antrag wird dann an den entsprechenden Versicherungsträger weitergeleitet.

Mit dem Modell der sogenannten **flexiblen Altersrente** können Versicherte mit 63 Jahren und 35 Versicherungsjahren vorgezogen, also **früher in Rente** gehen. Der vorgezogene Rentenbezug ist jedoch mit einem Abschlag von 0,3 % pro Monat verbunden. Wer nach der Regelaltersgrenze, also **später in Rente** geht, erhält pro aufgeschobenem Monat einen Zuschlag von 0,5 %. Altersrenten können als Voll- oder Teilrenten in Anspruch genommen werden. Je nach Teilrentenanteil besteht die Möglichkeit, im Rahmen der Hinzuverdienstgrenzen eine berufliche Tätigkeit auszuüben. Mit der flexiblen Altersrente wird ein gleitender Übergang in den Ruhestand ermöglicht. Nach Erreichen der Regelaltersgrenze ist der Hinzuverdienst weniger beschränkt.

Finanziert wird die gesetzliche Rentenversicherung durch die Beiträge der Versicherten und staatliche Zuschüsse. Arbeitnehmer und Arbeitgeber teilen sich die Beiträge in Höhe von 18,6 % des Bruttolohns. Für Auszubildende mit einer Vergütung bis maximal 325,00 € übernimmt der Ausbildungsbetrieb den Beitrag. Der **Höchstbeitrag** wird durch die **Beitragsbemessungsgrenze** von 6 700,00 € (West) bzw. 6 150,00 € (Ost) bestimmt. Für den Teil des Lohnes, der über der Beitragsbemessungsgrenze liegt, ist kein Beitrag zu zahlen. Ein Überschreiten der Bemessungsgrenze ändert allerdings nichts an der Versicherungspflicht.

Versicherungspflichtig sind Arbeitnehmer, Handwerker, Landwirte und Auszubildende. Für Selbstständige gelten besondere Regelungen. Beamte, Schüler und Bezieher einer Altersvollrente sind nicht versicherungspflichtig.

Geringfügig Beschäftigte (Minijobs, bis 450,00 € brutto pro Monat) sind sozialversicherungsfrei. Der Arbeitgeber zahlt vom Entgelt 15 % zur GRV, 13 % an die GKV und 2 % Pauschalsteuer. Der Arbeitnehmer zahlt 3,6 % zur GRV. Bei Minijobs im Privathaushalt sind vom Arbeitgeber 12 % abzuführen.

Bezahlung der gesetzlichen Rentenversicherung
Die Rentenbeiträge der Arbeitnehmer werden direkt vom Lohn abgezogen und zusammen mit den Beitragsanteilen der Arbeitgeber an die zuständigen Krankenkassen als Einzugsstellen abgeführt und von diesen an die Rentenversicherungsträger weitergeleitet. Mit diesen Einnahmen werden die aktuellen Renten ausgezahlt. Dafür erhalten die heutigen Beitragszahler einen verfassungsrechtlich geschützten Anspruch auf Altersrente, die dann von der nächsten Generation zu zahlen ist. Dieses Prinzip des Lohnabzugs- und Umlageverfahrens wird **Generationenvertrag** genannt.

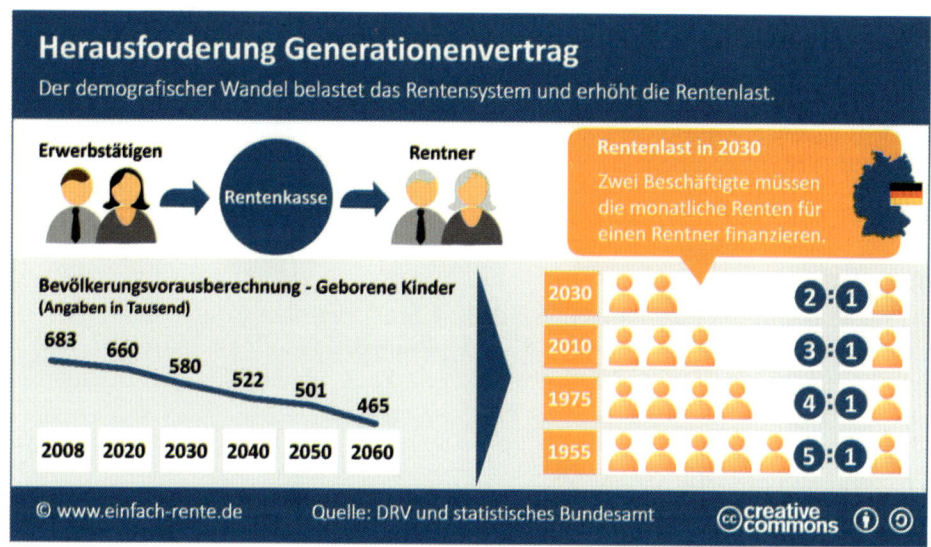

Berechnung der Rentenhöhe

Die Rentenhöhe soll das Erwerbsleben des Einzelnen widerspiegeln und errechnet sich aus der Multiplikation von vier Faktoren:

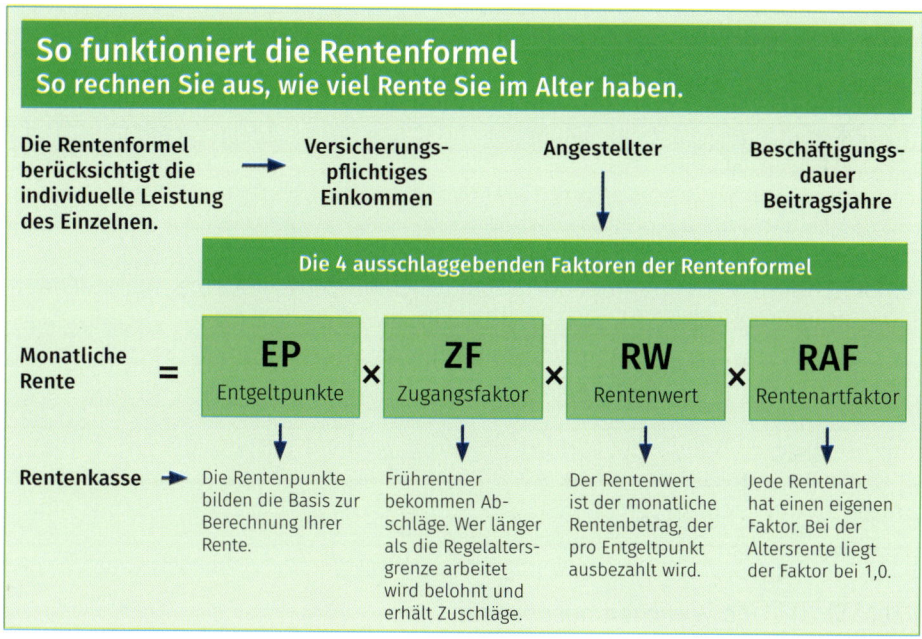

○ **Entgeltpunkte (Ep)**
Der Jahresverdienst des Versicherten wird als Grundlage für die Berechnung der späteren Rente in Entgeltpunkte (Ep) umgerechnet. Verdient ein Arbeitnehmer in einem Jahr genauso viel wie der Durchschnitt aller Rentenversicherten (2019: 38 901,00 € brutto), erhält er einen Entgeltpunkt. Bei einem höheren oder geringeren Verdienst gibt es entsprechend mehr oder weniger Entgeltpunkte.

Beispiel:
Aus einem Jahresverdienst von 38 901,00 € brutto werden für das Jahr 2019 dem persönlichen Rentenkonto 1,00 Entgeltpunkte, aus einem Jahresverdienst von 29 175,75 € 0,75 Entgeltpunkte und aus 48 626,25 € 1,25 Entgeltpunkte gutgeschrieben.

○ **Zugangsfaktor (zf)**
Die Summe der jährlich erwirtschafteten Entgeltpunkte, multipliziert mit dem Zugangsfaktor (zf), ergibt die persönlichen Entgeltpunkte. Grundsätzlich ist der Zugangsfaktor (zf) 1, bei vorgezogener Rente ist er kleiner als 1, bei erfüllter Wartezeit und Renteneintritt nach der Regelaltersgrenze größer als 1. Der Faktor vermindert sich um 0,3 % für jeden Kalendermonat des Vorziehens einer Altersrente.

○ **Rentenartenfaktor (Raf)**
Der Rentenartenfaktor (Raf) berücksichtigt die Art der Rente. Bei einer Regelaltersrente beträgt er 1, bei einer Rente wegen Berufsunfähigkeit 2/3. Berufsunfähige haben aber die Möglichkeit des Hinzuverdienens.

○ **Aktueller Rentenwert (aRw)**
Der aktuelle Rentenwert (aRw) berücksichtigt die Lohn- und Gehaltsentwicklung und wird jährlich angepasst. Aktuell beträgt er 32,03 € für Westdeutschland und 30,69 € für Ostdeutschland.

Beispiel:
45 Entgeltpunkte ergeben bei durchschnittlichem Verdienst eine monatliche Regelaltersrente von

○ In den alten Bundesländern: 45 · 1 · 1 · 32,03 € = 1 441,35 € brutto
○ In den neuen Bundesländern: 45 · 1 · 1 · 30,69 € = 1 381,05 € brutto

Wer 40 Jahre 20 % mehr als der Durchschnitt verdient hat und ein Jahr früher in Rente geht, erhält monatlich (40 · 1,2) · 0,964 · 1 · 32,03 € = 1 482,09 € brutto.

Rentenkonto und Versicherungsnummer
Die gesetzliche Rentenversicherung führt für jeden Versicherten unter seiner Versicherungsnummer ein Konto, in dem alle Daten gespeichert werden: Beitragszahlungen, Ar-

beitslosigkeit, Kindererziehungszeiten oder freiwilliger Dienst. Die Renteninformation wird den Versicherten ab dem 27. Lebensjahr und mindestens fünf Beitragsjahren automatisch zur Überprüfung zugesandt.

Probleme der Rentenversicherung
Seit mehr als drei Jahrzehnten schrumpft die deutsche Bevölkerung ständig. Immer mehr Menschen beziehen durch die steigende Lebenserwartung immer länger Rente. Der steigenden Rentnerzahl steht eine immer kleiner werdende Gruppe von Beitragszahlern gegenüber. Der Generationenvertrag gerät deshalb in Schwierigkeiten. Für ein sorgenfreies Alter genügt die alleinige Vorsorge über die gesetzliche Rentenversicherung nicht mehr. Bei der Rentenplanung des Einzelnen sollten weitere Vorsorgebausteine wie private Rentenversicherung, betriebliche Rentenversicherung oder Immobilienbesitz hinzukommen.

Gesetzliche Pflegeversicherung

Aufgabe der gesetzlichen Pflegeversicherung ist die finanzielle Absicherung bei Pflegebedürftigkeit.

§ 2 (1) Sozialgesetzbuch 11, SGB XI

Die Leistungen der Pflegeversicherung sollen den Pflegebedürftigen helfen, trotz ihres Hilfebedarfs ein möglichst selbstständiges und selbstbestimmtes Leben zu führen, das der Würde des Menschen entspricht. Die Hilfen sind darauf auszurichten, die körperlichen, geistigen und seelischen Kräfte der Pflegebedürftigen wiederzugewinnen oder zu erhalten.

Versicherungsträger sind die bei den Krankenkassen eingerichteten Pflegekassen.

Leistungen der gesetzlichen Pflegeversicherung (SGB XI)

○ **Häusliche Pflege**

○ **Sachleistung:** Übernahme der Kosten für häusliche Pflegehilfe
  - bis 689,00 € bei Pflegegrad 2
  - bis 1 298,00 € bei Pflegegrad 3
  - bis 1 612,00 € bei Pflegegrad 4
  - bis 1 995,00 € bei Pflegegrad 5

ff

Stopffffffffff

- **Pflegegeld:** Anstelle der Sachleistungen sind auch Geldleistungen möglich. Für die Übernahme der Pflege von Angehörigen oder Bekannten erhält man je nach Pflegegrad ein Pflegegeld von 316,00 €, 545,00 €, 728,00 € oder 901,00 €. Sach- und Geldleistungen können auch kombiniert werden.

- **Vollstationäre Pflege:** Bei stationärer Pflege werden die Pflegekosten je nach Pflegegrad bis 770,00 €, 1 262,00 €, 1 775,00 € und 2 005,00 € übernommen. Die Kosten für die Unterbringung und Verpflegung muss der Pflegebedürftige selbst tragen.

Grundsätzlich gilt: häusliche Pflege vor Heimpflege.

Finanziert werden die Beiträge in Höhe von 3,05 % des Bruttolohns je zur Hälfte durch Arbeitgeber und Arbeitnehmer. Kinderlose ab dem 23. Lebensjahr zahlen einen **Kinderlosenzuschlag** von 0,25 %. Um die Arbeitgeber zu entlasten, wurde in allen Bundesländern bis auf Sachsen ein gesetzlicher Feiertag (Buß- und Bettag) gestrichen. In Sachsen zahlen Arbeitnehmer einen Beitragssatz von 2,025 % plus Kinderlosenzuschlag, Arbeitgeber 1,025 %. Der Arbeitgeber trägt den Beitrag allein, wenn die Ausbildungsvergütung 325,00 € monatlich nicht übersteigt.

Versicherungspflicht besteht für alle Personen, die in der gesetzlichen Krankenversicherung pflichtversichert sind. Dies gilt auch für Rentner. Nach dem Grundsatz „Pflege folgt der Krankenversicherung" müssen privat krankenversicherte ihre Pflegeversicherung bei der eigenen Krankenversicherung abschließen. Die Leistungen der gesetzlichen sind gemäß § 110 SGB XI gleich der privaten Pflegeversicherung. Geringfügig Beschäftigte müssen ihre Pflegeversicherung ebenfalls über eine private Pflegeversicherung abschließen.

So viel für die Sozialversicherung

Die Sozialversicherungsbeiträge werden je zur Hälfte von Arbeitgeber und Arbeitnehmer getragen. Rechenbeispiel für einen Arbeitnehmer mit einem Bruttogehalt von **3000 Euro** pro Monat:

	Beitragssatz	davon zahlen Arbeitgeber und Arbeitnehmer jeweils
Rentenversicherung	18,6 %	9,3 % = 279,00 Euro
Krankenversicherung[1]	15,5 %	7,75 = 232,50
Arbeitslosenversich.	2,5 %	1,25 = 37,50
Pflegeversicherung[2]	3,05 %	1,525[3] = 45,75

jeweils insgesamt **594,75 €**

[1] einschl. durchschnittl. Zusatzbeitrag von 0,9 %
[2] abweichende Regelung im Freistaat Sachsen
[3] ggfs. plus Kinderlosenbeitrag zur Pflegeversicherung von 0,25 % (= 7,50 €), der allein vom Arbeitnehmer getragen wird

Quelle: Bundesarbeitsministerium Stand Jan. 2019 © Globus 12961

Streitigkeiten mit einem Sozialversicherungsträger

Zuständig für alle Streitigkeiten zwischen Versicherten und den einzelnen Sozialversicherungsträgern ist die **Sozialgerichtbarkeit**, eine eigenständige Gerichtsbarkeit nach dem Sozialgerichtsgesetz (SGG).

Widerspruch

Gegen Bescheide der Sozialversicherungsträger kann Widerspruch einlegt werden. Bei Widerspruch befasst sich die Behörde nochmals mit dem Anliegen. Wenn dem Widerspruch nicht stattgegeben wird, kann man innerhalb eines Monats Klage erheben.

Klage

Es reicht ein formloses Schreiben an das Sozialgericht für die Klageerhebung. Grundsätzlich kann jeder Kläger seinen Prozess allein führen. Vorteilhafter ist es jedoch, sich der Hilfe eines Rechtsanwaltes oder eines Fachmannes eines Verbandes (zum Beispiel von Gewerkschaften, Behindertenverbände oder anderen) zu bedienen.

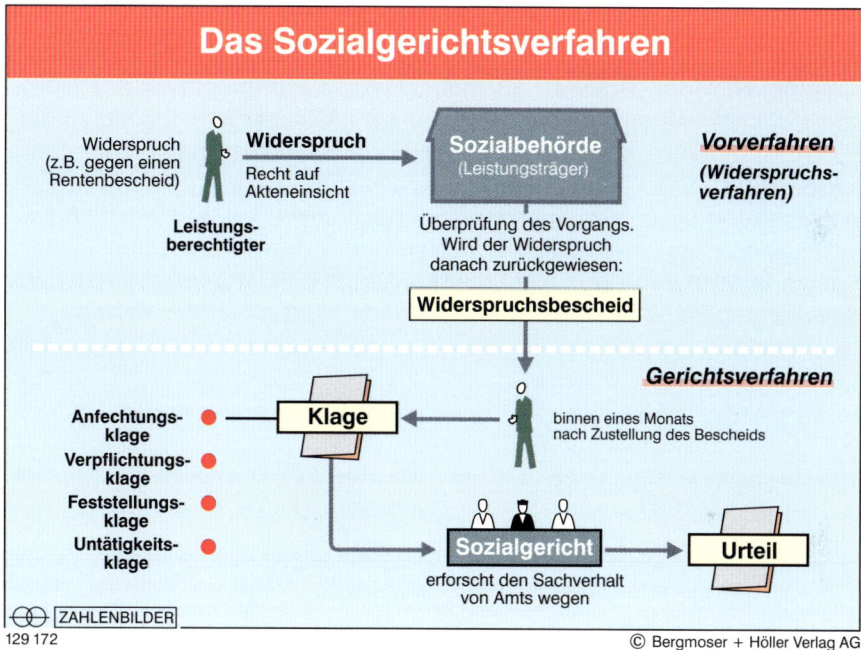

Gerichtskosten

Verfahren vor den Sozialgerichten einschließlich erforderlicher Gutachten sind für die beteiligten Parteien kostenfrei, selbst wenn man im Prozess unterliegt. In diesem Fall sind lediglich die Kosten des eigenen Rechtsbeistandes zu tragen.

Prozesse können auf unterschiedliche Art beendet werden:

- **Anerkenntnis:** Der Beklagte sieht ein, dass der Kläger recht hat und erkennt seinen Anspruch voll an. Der Kläger erklärt hiermit sein Einverständnis.

- **Vergleich:** Der Beklagte erkennt den Anspruch teilweise an; der Kläger geht auf das Angebot ein und verzichtet auf den Rest seines geltend gemachten Anspruchs.

- **Klagerücknahme:** Der Kläger nimmt seine Klage zurück.

- **Urteil:** Kläger und Beklagte beharren auf ihren unterschiedlichen Meinungen. Das Gericht entscheidet nach einer mündlichen Verhandlung.

6.3   Die Notwendigkeit privater Zusatzversicherungen

In Deutschland werden viele Lebensrisiken bereits durch die gesetzlich vorgeschriebenen Sozialversicherungen abgedeckt.

Wie ist es im folgenden Fall?

Beispiel:
Alle Last fiel von Tom Straub ab, als ihm nach dem Prüfungsstress der Prüfungsvorsitzende mit einem kräftigen Händedruck bestätigte: „Sie haben die Prüfung bestanden. Ab sofort sind Sie Geselle." Das musste gefeiert werden, und so lud Tom seine Clique abends zu sich nach Hause ein, später brachen sie noch auf und besuchten die Kneipe im Nachbarort. Auf dem Nachhauseweg kam es dann zu einem folgenschweren Unfall. Infolge des Unfalls kann Tom den erlernten Beruf nun nicht mehr ausüben und ist querschnittsgelähmt auf einen Rollstuhl angewiesen. Besonders bitter für Tom: Er hatte keine Versicherung, die ihm die horrenden Folgekosten in sechsstelliger Höhe bezahlen würde.

Offensichtlich gibt es Situationen, in denen keine der fünf Sozialversicherungen einen Schutz bietet. Deshalb ist es bereits für Auszubildende wichtig, sich Gedanken darüber zu machen, welche privaten Zusatzversicherungen sinnvollerweise abgeschlossen werden sollten.

Versicherungsprinzip

Über private Zusatzversicherungen kann der gesetzliche Versicherungsschutz sinnvoll ergänzt werden. Abgestimmt auf den gewünschten Versicherungsumfang werden Privatversicherungen **freiwillig** abgeschlossen. Eine von wenigen Ausnahmen bildet die Kfz-Haftpflichtversicherung. Sie ist für Fahrzeughalter eine Pflichtversicherung.

Nach **Antragstellung** durch den Versicherungsnehmer und bei Annahme durch den Versicherer entsteht ein **privatrechtlicher Versicherungsvertrag**. Das versicherte Risiko wird gegen Zahlung der Prämien auf den Versicherer übertragen. Die Vertragsinhalte werden im Versicherungsschein (der Police) dokumentiert.

Äquivalenzprinzip: Die Prämienhöhe hängt von der Risikohöhe ab, nicht vom Verdienst des Versicherten.

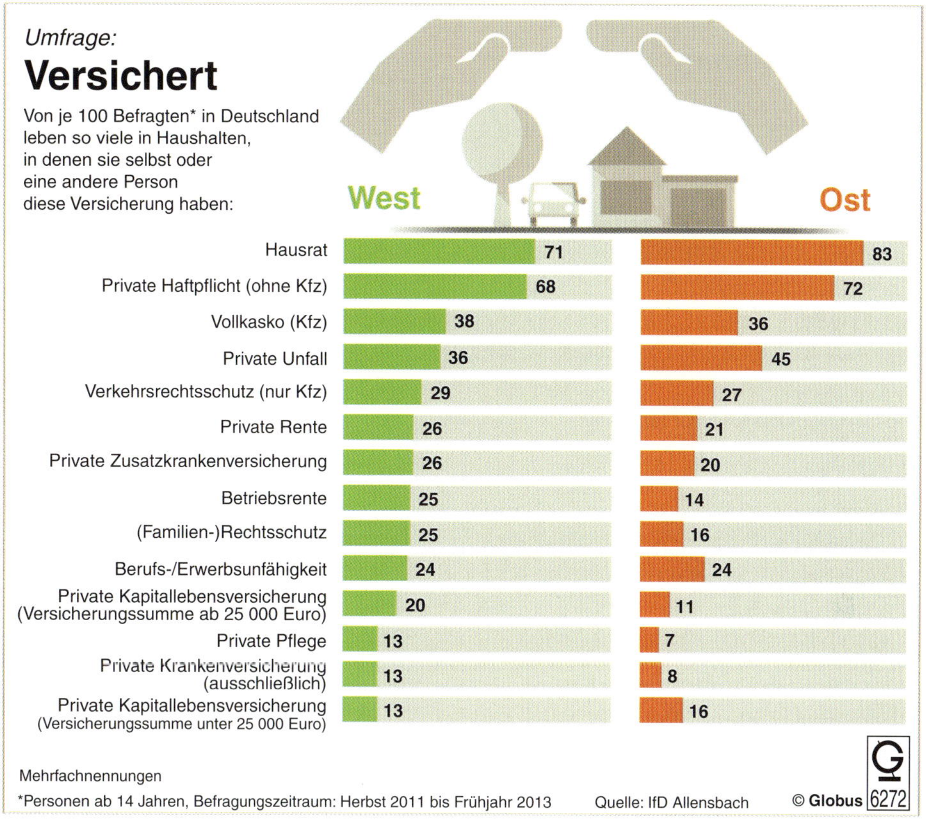
Umfrage:
Versichert
Von je 100 Befragten* in Deutschland leben so viele in Haushalten, in denen sie selbst oder eine andere Person diese Versicherung haben:
West
Ost
Hausrat 71 83
Private Haftpflicht (ohne Kfz) 68 72
Vollkasko (Kfz) 38 36
Private Unfall 36 45
Verkehrsrechtsschutz (nur Kfz) 29 27
Private Rente 26 21
Private Zusatzkrankenversicherung 26 20
Betriebsrente 25 14
(Familien-)Rechtsschutz 25 16
Berufs-/Erwerbsunfähigkeit 24 24
Private Kapitallebensversicherung (Versicherungssumme ab 25 000 Euro) 20 11
Private Pflege 13 7
Private Krankenversicherung (ausschließlich) 13 8
Private Kapitallebensversicherung (Versicherungssumme unter 25 000 Euro) 13 16
Mehrfachnennungen
*Personen ab 14 Jahren, Befragungszeitraum: Herbst 2011 bis Frühjahr 2013
Quelle: IfD Allensbach
© Globus 6272

Träger der Individual- oder Privatversicherungen sind Versicherungsgesellschaften, die wie alle Unternehmen eine Gewinnerzielung anstreben. Im Versicherungsvertragsgesetz (VVG) sind die gesetzlichen Grundlagen – Pflichten und Rechte – festgelegt. Diese werden durch die Allgemeinen Geschäftsbedingungen der Versicherungsgesellschaften ergänzt. Die Versicherer bzw. die Versicherungsvermittler müssen vor Vertragsabschluss den Versicherungsnehmer umfassend beraten. Das Beratungsgespräch muss klar und verständlich geführt und dokumentiert werden. Wird die **Beratungspflicht** verletzt, besteht eine Schadensersatzpflicht.

Es besteht ein **allgemeines Widerrufsrecht**, sodass der Versicherungsnehmer seine Vertragserklärung innerhalb von zwei Wochen widerrufen kann. Bei Lebensversicherungen beträgt die Frist 30 Tage.

UND WENN SIE SICH VERPFLICHTEN, DAS KLEINGEDRUCKTE NICHT ZU LESEN, GIBT'S 10% RABATT

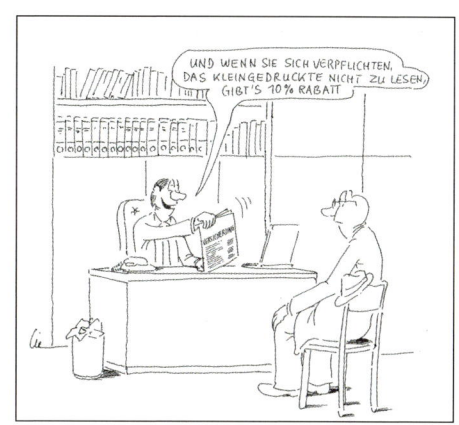

Private Zusatzversicherungen können eingeteilt werden in:

- **Sachversicherungen,**
- **Vermögensversicherungen,**
- **Personenversicherungen.**

Sachversicherung

Die Sachversicherung versichert **Sachen** gegen Gefahren wie Feuer, Einbruch-Diebstahl, Blitzschlag, Schäden durch Leitungswasser, Glasbruch, Sturm, Hagel oder Ähnliches.

Es gilt ein **Bereicherungsverbot**. Der Versicherungsnehmer darf durch die Ersatzleistung nicht bereichert werden. Die Versicherungssumme soll dem Versicherungswert entsprechen.

Das Abwägen, ob ein Schaden zur Not aus eigener Tasche bezahlt werden kann, verhindert den Abschluss unnötiger Versicherungen.

Vermögensversicherung

Wer das Eigentum anderer beschädigt, muss dafür in unbegrenzter Höhe bezahlen. Die Vermögensversicherung schützt das **Vermögen** des Versicherten vor einer Verminderung durch einen eingetretenen Haftpflichtanspruch, bei dem er ohne Versicherung verpflichtet wäre, selbst zu haften.

Je nach Gefahrenbereich unterscheidet man folgende Versicherungsarten:

- Die **Privathaftpflichtversicherung** deckt Schäden ab, die man in der Freizeit bei anderen (Dritten) verursacht. Versichert sind Personen-, Sach- und Vermögensschäden. Schadensfälle, zum Beispiel das Verletzen eines Fußgängers durch einen versicherten Fahrradfahrer, müssen dem Versicherer spätestens innerhalb einer Woche gemeldet werden.

- Die **Berufshaftpflichtversicherung** tritt bei Schäden im beruflichen Betätigungsfeld ein, zum Beispiel bei einem Schaden wegen nicht angezogener Radmuttern.

- Die **Tierhalterhaftpflichtversicherung** deckt den Gefahrenbereich ab, der sich aus der Tierhaltung ergibt, beispielsweise wenn der Hund einen Spaziergänger beißt.

- Die **Kfz-Haftpflichtversicherung** ist für Halter eines Kraftfahrzeugs eine Pflichtversicherung und deckt die Schäden des Unfallgegners ab.

- Die **Rechtsschutzversicherung** übernimmt bei Streitigkeiten die Anwalts- und Gerichtskosten und ist behilflich bei der Durchsetzung eigener Ansprüche sowie der Abwehr fremder Ansprüche. Der Rechtsschutz gliedert sich in die Gefahrenbereiche Privat-, Arbeits-, Bau- oder Verkehrsrecht.

Personenversicherung

Die Personenversicherung versichert **Personen** gegen Risiken wie Krankheit, Unfall und Tod. Sie ist eine unverzichtbare Versicherung für Personen, die nicht der Sozialversicherungspflicht unterliegen wie Beamte und die meisten Selbstständigen. Kostenentwicklung und Strukturprobleme (demografischer Faktor) führten und führen zu Leistungskürzungen bei der Sozialversicherung. Dadurch wird die Personenversicherung auch für Pflichtversicherte in der Sozialversicherung zu einer wichtigen **Zusatzversicherung**.

Berufsunfähigkeitsversicherung

Die Berufsunfähigkeitsversicherung ist besonders für Berufsanfänger, die noch keinen bzw. erst einen geringen Anspruch aus der gesetzlichen Rentenversicherung haben, für Freiberufler und für Selbstständige die **wichtigste Privatversicherung**. Durch die Berufsunfähigkeit aufgrund von Krankheit oder Körperverletzung geht das lebensstandardsichernde Einkommen verloren. Zudem wird durch fehlende Beitragszahlungen die spätere Rente geschmälert. Ist der Versicherte länger als sechs Monate oder voraussichtlich dauernd erwerbsunfähig, so erhält er unabhängig von der gesetzlichen Rentenzahlung die vereinbarte Rente. Die Berufsunfähigkeit muss von einem Arzt bestätigt werden. Bei Vertragsabschluss sind sorgfältige Angaben zu etwaigen Vorerkrankungen erforderlich. Eine nicht wahrheitsgemäße oder lückenhafte Krankheitsgeschichte gibt dem Versicherer die Möglichkeit der Leistungsverweigerung. Die Beitragshöhe hängt von der Risikoeinstufung, dem Eintrittsalter und der vereinbarten Rentenhöhe ab. Die Risikoeinstufung berücksichtigt die Wahrscheinlichkeit einer Berufsunfähigkeit in den verschiedenen Berufsgruppen. Das Eintrittsalter bestimmt die Leistungsdauer. Häufig wird eine Berufsunfähigkeitsversicherung mit einer Lebensversicherung verbunden.

Private Krankenversicherung

In Deutschland gilt eine generelle Krankenversicherungspflicht. Die private Krankenversicherung (PKV) übernimmt den Versicherungsschutz für Personen wie Selbstständige, Freiberufler und Beamte, die nicht Pflichtmitglied in der gesetzlichen Krankenversicherung sind. Mit Beginn des Studiums oder nach Erlöschen des Familienschutzes mit 25 Jahren haben Studenten die Wahlmöglichkeit, in eine private Krankenversicherung einzutreten. Sobald eine sozialversicherungspflichtige Arbeit angetreten wird, ist die Rückkehr in die gesetzliche Krankenversicherung verpflichtend. Arbeitnehmer mit einem Einkommen über der Krankenversicherungspflichtgrenze können in die private Krankenversicherung wechseln, müssen jedoch nicht. Im Gegensatz zur gesetzlichen Krankenversicherung sind die Prämien der privaten Krankenversicherung einkommensunabhängig. Die Beiträge sind abhängig von Alter, Berufsgruppe, Gesundheitszustand und Leistungsumfang.

Über **Zusatzversicherungen** können Pflichtversicherte ihren Versicherungsschutz aus der gesetzlichen Krankenversicherung erweitern, um sich zum Beispiel die Zahnersatzkosten ganz oder teilweise ersetzen zu lassen.

Über eine **Tagegeldversicherung** können Selbstständige einen Verdienstausfall wegen Erkrankung ausgleichen. Pro Krankheitstag wird die vereinbarte Geldsumme ausgezahlt. Arbeitnehmer mit einer tariflichen Lohnfortzahlung im Krankheitsfall und Krankengeld aus der gesetzlichen Krankenversicherung können auf eine Tagegeldversicherung verzichten.

Wer privat krankenversichert ist, muss auch eine **private Pflegeversicherung** abschließen. Seit 2013 erhalten diejenigen einen staatlichen Zuschuss von 5,00 € pro Monat, die zusätzlich zur gesetzlichen Pflegeversicherung privat für den Pflegefall vorsorgen und eine kapitalgedeckte Zusatzversicherung für die Pflege, den sogenannten „Pflege-Riester" abschließen. Diese **Pflegezusatzversicherung** ist erforderlich, um die Lücke zwischen den tatsächlichen Pflegekosten und den niedrigeren Leistungen der gesetzlichen Pflegeversicherung zu schließen.

Lebensversicherung

Die Lebensversicherung dient der finanziellen Absicherung der Hinterbliebenen im Todesfall der versicherten Person oder als Vorsorge im Alter für die versicherte Person.

Man unterscheidet zwischen:

- **Todesfallversicherung**, eine Risiko-Lebensversicherung, in der kein oder nur sehr wenig Kapital gebildet wird. Tritt der Todesfall innerhalb des vereinbarten Zeitraums ein, wird die Versicherungssumme an den Bezugsberechtigten ausgezahlt. Mit kleinen, monatlichen Beiträgen kann eine große Wirkung erzielt werden. Die Vorsorge für Hinterbliebene beginnt mit dem ersten Beitrag in Höhe der vereinbarten Versicherungssumme.

- **Erlebensfallversicherung**, eine kapitalbildende Versicherung: Ein Teil der Beiträge wird zur Bildung einer Kapitaleinlage genutzt, welche im besten Fall durch Zinsen oder Gewinnausschüttungen gesteigert werden kann. Vertreterprovision und Verwaltungskosten der Versicherungsgesellschaft schmälern allerdings den Ertrag. Im eigentlichen Sinn ist die kapitalbildende Versicherung ein „Ansparvertrag" und ihre Rendite ist mit anderen Sparformen zu vergleichen. Die Versicherungssumme wird mit Erreichen des zuvor vereinbarten Alters komplett oder als monatliche Rente an die versicherte Person ausbezahlt.

Bei der **Direktversicherung** erfolgt die Finanzierung durch den Arbeitgeber. Der Arbeitnehmer kann sich beteiligen. Diese Form der Lebensversicherung wird vom Arbeitgeber für seine Mitarbeiter abgeschlossen. Bezugsberechtigt sind Beschäftigte oder ihre Hinterbliebenen. Die **Kapitalversicherung** ist eine Kombination aus Todes- und Erlebensfallversicherung.

Private Rentenversicherung

Bei einem vollen Erwerbsleben liegt die gesetzliche Rente weit unter dem vor Renteneintritt bezogenen Nettolohn. Wegen der immer weiter sinkenden staatlichen Rentengarantien wurde die sogenannte **Riester-Rente** eingeführt. Der Beitragssatz beträgt 4 % vom vorjährigen Einkommen. Durch die **Altersvorsorgezulage** wird diese Zusatzrente vom Staat gefördert. Die Förderung beträgt zurzeit für Ledige 154,00 €, für Verheiratete 308,00 € und zusätzlich 300,00 € als Kinderzulage. Der maximale Förderbetrag liegt bei 2 100,00 €. Mit Erreichen des Rentenalters wird das angesparte Geld als monatliche, zum Teil steuerpflichtige Rente ausgezahlt.

Bei der **Rürup-Rente** handelt es sich um eine staatlich geförderte Basisrente. Diese Versicherung entspricht der gesetzlichen Rente. Sie ist im Gegensatz zur gesetzlichen Rentenversicherung kapitalgedeckt und nicht umlagefinanziert. Die Rürup-Rente wird dem Versicherten als monatliche Rente frühestens ab dem 60. Lebensjahr (Vertragsschluss ab 2012 Auszahlung ab dem 62. Lebensjahr) ausbezahlt. Sie soll ausschließlich der eigenen Altersvorsorge dienen und kann nicht als Gesamtsumme ausgezahlt, vererbt oder anderweitig weitergegeben werden. Einzahlungen bis maximal 20 000,00 € pro Jahr können steuerlich geltend gemacht werden. Die späteren Rentenzahlungen sind zu versteuern.

Private Unfallversicherung
Während die gesetzliche Unfallversicherung den beruflichen Bereich abdeckt, schützt die private Unfallversicherung weltweit rund um die Uhr in allen üblichen Lebenslagen (Haushalt, Straßenverkehr, Arbeit, Freizeit, Sport, Hobby, Urlaub). Aufgabe der Unfallversicherung ist es, die finanziellen Auswirkungen von Unfällen mithilfe der vereinbarten Leistungsarten aufzufangen. Das Leistungsangebot umfasst Invalidität, Todesfall, Tagegeld, Krankenhaustagegeld und/oder Genesungsgeld. Sie ist mit der Privathaftpflichtversicherung und der Berufsunfähigkeitsversicherung eine **zentral wichtige Vorsorge für jeden Bürger**, aber wie alle Privatversicherungen freiwillig.

Wer braucht welche Privatversicherung?

Mit folgender Übersicht können Sie sich schnell einen Überblick darüber verschaffen, welche Privatversicherungen in den verschiedenen Lebenssituationen notwendig sind, egal ob als Auszubildende, mit Familie, in der Mitte des Lebens oder als Rentner.

Um den Abschluss dieser Versicherungen kümmern müssen Sie sich aber schon selbst, denn von staatlicher Seite werden Sie keine Aufforderung zum Abschluss von Privatversicherungen erhalten.

In der folgenden Tabelle bedeutet:
4 = unbedingt notwendig
3 = sehr zu empfehlen
2 = sinnvoll
1 = mit Einschränkung sinnvoll
0 = überflüssig

Versicherungsart		Bedarf
Auto		
Kfz-Haftpflichtversicherung	4	Für jeden Kfz-Halter Pflicht.
Vollkaskoversicherung	2	Für Besitzer neuer Fahrzeuge.
Teilkaskoversicherung	2	Für höherwertige ältere Autos. Oft werden die Versicherungsbeiträge aber im Verhältnis zum Restwert des Autos nach einigen Jahren zu teuer.

Versicherungsart		Bedarf
Verkehrsrechtschutz	2	Für jeden Kfz-Halter/Autofahrer.
Insassenunfallversicherung	0	Diese Versicherung braucht niemand. Mitfahrende sind über die Kfz-Haftpflichtversicherung des Fahrers versichert, der Fahrer besser über eine Berufsunfähigkeits- oder Unfallversicherung.
Autoschutzbrief	0	Keine Abdeckung existenzieller Schäden. Häufig in Kfz-Versicherung integriert.
Beruf und Leben		
Privathaftpflichtversicherung	4	Braucht jeder. Unverheiratete Kinder sind in der Regel bis zum Ende ihrer Ausbildung über den Vertrag der Eltern mitversichert.
Berufsunfähigkeitsversicherung	3	Für jeden, der von seinem Arbeitseinkommen lebt.
Erwerbsunfähigkeitsversicherung	3	Für alle, die aus Kostengründen keine Berufsunfähigkeitsversicherung abschließen können oder wegen ihres hohen Risikos keine bekommen.
Risikolebensversicherung	3	Für alle, die für andere Personen sorgen.
Kinderinvaliditätsversicherung	3	Für Kinder und Jugendliche bis zum Ende ihrer Ausbildung. Anschließend Berufsunfähigkeitsschutz sichern.
Unfallversicherung	2	Für Kinder und Jugendliche, sofern sie keine Kinderinvaliditätsversicherung haben, sowie für Erwachsene, wenn sie weder eine Berufs- noch eine Erwerbsunfähigkeitsversicherung bekommen.
Senioren-Unfallversicherung	2	Für alleinlebende Senioren, wenn sie niemanden haben, der sich nach einem Unfall um sie kümmern kann.
Rechtsschutzversicherung (Verkehrsrechtsschutz, siehe oben)	1	Je nach Rechtsschutzpaket für Selbstständige, Angestellte, Mieter, Privatleute. Gewerkschaften (Arbeitsrecht) oder Vereine (Mietrecht) bieten für spezielle Probleme oft preiswerteren Rechtsschutz als die Versicherer.
Tierhalterhaftpflichtversicherung	3	Für Hundehalter oder Pferdebesitzer.
Sterbegeldversicherung	0	Für die meisten zu teuer. Besser anders für die Beerdigung sparen.

Versicherungsart		Bedarf
Ausbildung und Altersvorsorge		
Riester-Rente	3	Als Altersvorsorge empfehlenswert für alle Arbeitnehmer und deren Ehepartner.
Private Rentenversicherung	2	Für alle, die eine garantierte, lebenslange Rente wünschen. Steuerlich interessant.
Rürup-Rente	1	Für Selbstständige, die Wert auf eine lebenslange Rente legen. Steuerlich interessant, aber nicht vererbbar, beleihbar, veräußerbar oder kapitalisierbar.
Fondsgebundene Rentenversicherung	1	Unflexibel und Kosten oft hoch. Kann aber für Gutverdiener steuerlich interessant sein.
Fondsgebundene Lebensversicherung	0	Unflexibel und Kosten oft hoch. Auch steuerlich gibt es nur wenige Vorteile.
Kapitallebensversicherung	0	Kommt nur für Selbstständige infrage, die den Sparerfreibetrag schon überschritten haben und nur einen geringen Todesfallschutz benötigen. Als reiner Todesfallschutz nicht sinnvoll. Als reine Sparanlage auch nicht sinnvoll.
Ausbildungsversicherung	0	Als Sparform für die Ausbildung der Kinder nicht sinnvoll.
Krankheit und Pflegebedürftigkeit		
Gesetzliche Kranken- und Pflegeversicherung	4	Für jeden Pflicht, sofern er sich nicht privat krankenversichern kann oder einen anderen Anspruch auf Absicherung im Krankheitsfall hat. Kinder sind beitragsfrei mitversichert.
Private Krankenvollversicherung und Pflegepflichtversicherung	4	Für Beamte, weil für sie die Privatversicherung meist günstiger ist als die gesetzliche. Für andere Versicherungsfreie überlegenswert, wenn sie bessere Leistungen als die der gesetzlichen Krankenkasse wünschen und bereit sind, dies langfristig teuer zu bezahlen.
Auslandsreise-Krankenversicherung	3	Für alle Kassenpatienten sowie für Privatversicherte, wenn die Kostenübernahme für medizinisch sinnvolle und vertretbare Rücktransporte aus dem Ausland fehlt.

Versicherungsart		Bedarf
Krankentagegeldversicherung (Zusatzversicherung)	2	Für gesetzlich versicherte Selbstständige und Angestellte mit hohem Einkommen oberhalb der Beitragsbemessungsgrenze. Angestellte sollten die Zahlung erst ab Ende der Lohnfortzahlung vereinbaren.
Stationäre Zusatzversicherung	2	Für gesetzlich Krankenversicherte, die im Krankenhaus Chefarztbehandlung und ein Ein- oder Zweibettzimmer wünschen.
Pflegezusatzversicherung	2	Für jeden, um die Leistungen der Pflegeversicherung aufzustocken.
Zahnzusatzversicherung	2	Für gesetzlich Krankenversicherte, die eine höherwertige Zahnversorgung wünschen, als die Kassen bieten.
Krankenhaustagegeld-Versicherung	0	Braucht niemand. Verdienstausfall durch Krankenhausaufenthalt ist bereits durch das Krankengeld der Kasse oder durch eine private Krankentagegeldversicherung abgedeckt.
Reise		
Reiserücktrittsversicherung	2	Bei teuren Pauschalreisen, vor allem mit kleinen Kindern.
Reisegepäckversicherung	0	Meist lohnt sich der Abschluss nicht. Außerdem ist Reisegepäck auch über die Hausratversicherung und zum Teil über den Reiseveranstalter abgedeckt.
Haus und Wohnung		
Bauherrenhaftpflicht	3	Für Bauherren.
Gewässerschadenhaftpflicht	3	Für Öltankbesitzer.
Haus- und Grundbesitzerhaftpflicht	3	Für Vermieter von Immobilien.
Wohngebäudeversicherung	3	Für jeden Eigentümer einer Immobilie.
Hausratversicherung	2	Sobald der Hausrat einen höheren Wert erreicht.
Glas-, Reparatur-, Brillen-, Handyversicherung	0	Beiträge im Vergleich zur möglichen Schadenhöhe viel zu teuer. Es ist sinnvoller, jeden Monat etwas Geld für solche Ausgaben zurückzulegen.

Quelle: vgl. Stiftung Warentest: Versicherungen: Optimaler Risikoschutz, veröffentlicht am 08.01.2018, unter: www.test.de/Versicherungen-Optimaler-Risikoschutz-1162242-1218400/ [30.09.2019]

Auf einen Blick

Sozialversicherung				
Die fünf Zweige der Sozialversicherung				
Krankenver-sicherung	Unfallver-sicherung	Arbeitslosen-versicherung	Rentenver-sicherung	Pflegever-sicherung
Träger AOK, BKK, IKK, Ersatz-kassen	Berufsgenos-senschaften	Bundesagen-tur für Arbeit (BA)	Dachverband Deutsche Rentenversi-cherung	Pflegekas-sen der GKV
Versiche-rungspflicht alle Deut-schen bis 5 062,50 € brutto	alle Arbeit-nehmer	alle Arbeit-nehmer	Arbeitneh-mer, Hand-werker, Landwirte	alle Kran-kenversiche-rungspflich-tigen
Beitragsbe-messungs-grenze (BBG) 4 537,50 €	–	6 700,00 € (West) 6 150,00 € (Ost)	6 700,00 € (West) 6 150,00 € (Ost)	4 537,50 €
Beitragssatz vom Bruttolohn 14,6 % + Zusatzbeitrag (Ø 1,1 %)	abhängig von Lohnsumme und Unfall-gefahr	2,5 %	18,6 %	3,05 % (Kinderlo-senzuschlag: 0,25 %)
Leistungen Dienst-, Sach- und Geldleistun-gen	Prävention, Rehabilita-tion, Renten-zahlungen	Fördermaß-nahmen, Geldleistun-gen	Rehabilita-tion, Renten-zahlungen	Pflegegeld, Sachleistun-gen
Finanzierung Arbeitgeber und Arbeit-nehmer je zur Hälfte, bis BBG steigend, ab BBG kons-tant, Rezept- und Praxisgebühr, Steuermittel	Arbeitgeber allein	Arbeitgeber und Arbeit-nehmer je zur Hälfte	Arbeitgeber und Arbeit-nehmer je zur Hälfte, Steuermittel	Arbeitgeber 1,525 %, Arbeitneh-mer 1,525 % plus Kinderlosen-zuschlag von 0,25 %, (Sachsen: AG 1,025 %, AN 2,025 % + 0,25 %),
bis 325,00 € beitragsfrei		bis 325,00 € beitragsfrei	bis 325,00 € beitragsfrei	bis 325,00 € beitragsfrei
Stand 2019 Bei geringfügig Beschäftigten (Minijobs, bis 450,00 € brutto im Monat) zahlt der Arbeitgeber Pauschalbeiträge zur GKV 13 %, GRV 15 %, Pauschalsteuer 2 %.				

Auf einen Blick

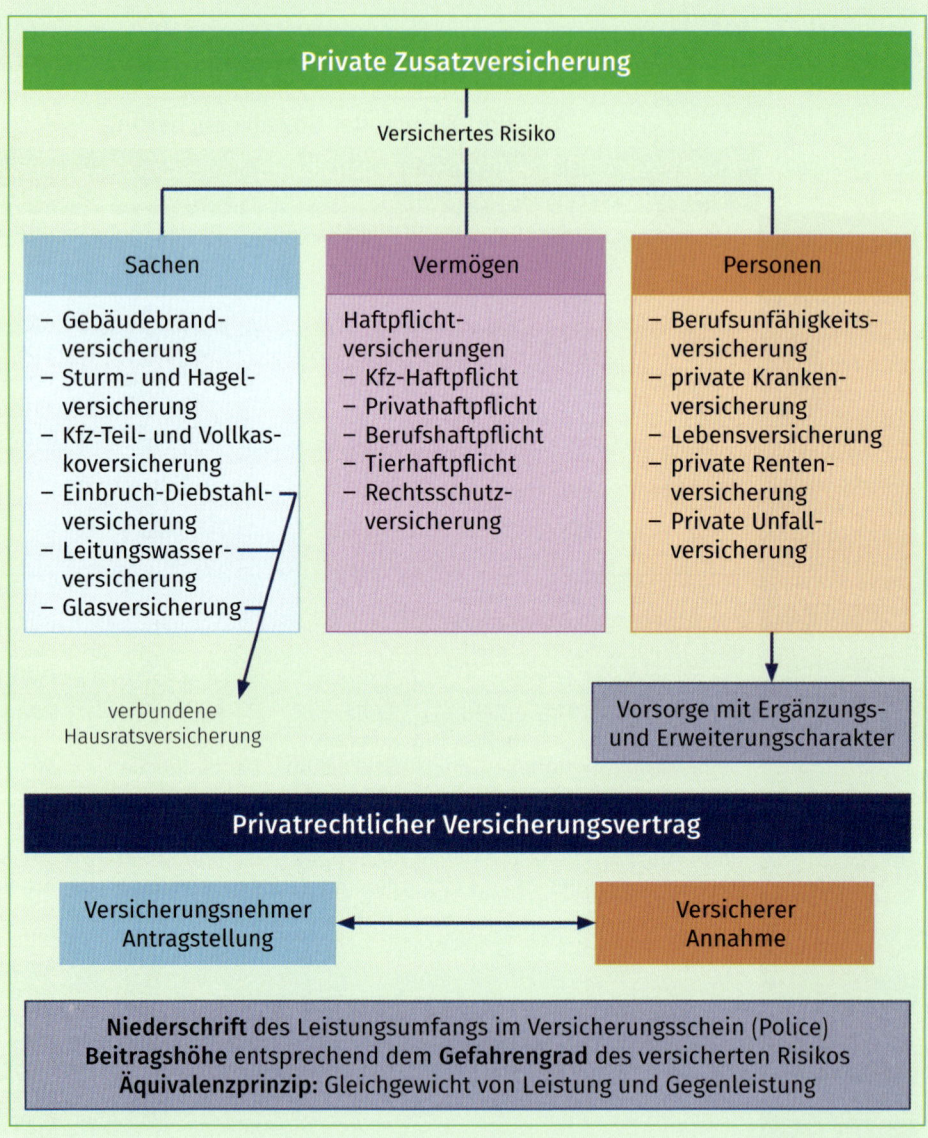

Kompetent handeln

1. Als Auszubildende/-r müssen Sie sich auch um Ihre Versicherung kümmern.
   a) Welche Versicherungen sind für Sie verpflichtend?
   b) Welche Versicherungen sind in Ihrer Lebenssituation zwar nicht verpflichtend, aber dennoch sehr wichtig und warum?

2. Nennen Sie drei wesentliche Merkmale des Sozialversicherungssystems.

3. Erläutern Sie das Solidaritätsprinzip im Sozialversicherungssystem.

4. Wie erfolgt die Finanzierung in den einzelnen Zweigen der Sozialversicherung?

5. Mit einer akuten Blinddarmentzündung wird ein Arbeitnehmer ins Krankenhaus eingeliefert.
   a) Welche Leistungen der gesetzlichen Krankenkasse kann der Patient in Anspruch nehmen?
   b) Wegen Komplikationen ergibt sich eine Krankheitsdauer von zehn Wochen. Wer bezahlt in dieser Zeit den Unterhalt des Arbeitnehmers?

6. Erläutern Sie die Bedeutung der Krankenversicherungspflichtgrenze.

7. Wie hoch ist die aktuelle Beitragsbemessungsgrenze in den einzelnen Zweigen der Sozialversicherung?

8. Welche Bedeutung hat die Beitragsbemessungsgrenze in der Sozialversicherung?

9. Erörtern Sie Vorteile und Nachteile der Selbstbeteiligung (Zuzahlung) der Versicherten an den Krankheitskosten.

10. Unterscheiden Sie die Aufgaben der Krankenversicherung von denen der Unfallversicherung.

11. Noah Koch ist auf dem Weg zur Arbeit. In einer langgezogenen Kurve verliert er die Kontrolle über sein Motorrad und wird erheblich verletzt. Von welchem Versicherungsträger kann Noah Versicherungsleistungen erwarten?

12. Noah Koch hat sich bei seinem Unfall nicht auf dem direkten Weg zur Arbeit befunden. Der Umweg war erforderlich, weil auf der kürzeren Strecke eine wesentlich höhere Verkehrsdichte ist. Die Berufsgenossenschaft lehnt die Kostenübernahme ab.
    a) Wie kann Noah zur Durchsetzung seiner Ansprüche vorgehen?
    b) Welches Gericht ist zuständig und welche Besonderheit unterscheidet dieses Gericht von anderen Gerichten?

13. Johannes Lange wird nach bestandener Facharbeiterprüfung von seinem
Ausbildungsbetrieb nicht übernommen.

   a) Von welchem Zweig der Sozialversicherung hat Johannes einen
   Rechtsanspruch auf Versicherungsleistungen?

   b) Welches sind die wesentlichen
   Aufgaben dieses Versicherungs-
   zweigs?

14. Die Großmutter eines Auszubildenden ist mit ihren 86 Jahren stark
pflegebedürftig. Welche Leistungen
können die Angehörigen aus der
Pflegeversicherung in Anspruch
nehmen?

15. Erläutern Sie den Generationenvertrag.

16. Nehmen Sie Stellung zur Entwicklung
der Bevölkerung in der Bundesrepublik Deutschland und deren Auswirkungen auf die Sozialversicherung.

17. Erklären Sie, welche Unterschiede
zwischen Sozial- und Privatversicherung bestehen.

18. Welche Leistungen kann der Versicherte aus einer kapitaldeckenden
Lebensversicherung erwarten?

19. Begründen Sie, warum es sinnvoll
sein kann, zusätzlich zur privaten
Rentenversicherung eine gesetzliche
Rentenversicherung abzuschließen.

20. Die 22-jährige berufstätige Julia
Meyer erleidet beim Skifahren einen
Beinbruch. Welche Versicherung
leistet in einem solchen Fall?

21. Empfehlen Sie für die nachfolgend
geschilderten Lebenssituationen
einen sinnvollen privaten Versicherungsschutz.

   a) David Müller, 30 Jahre, verheiratet,
   zwei Kinder, ist mit seiner Familie
   in das neue Eigenheim eingezo-
   gen.

   b) Laura Bauer, 26 Jahre, alleinstehend, wohnt in einer Dreizimmer-
   wohnung. In ihrer Freizeit
   unternimmt sie mit dem Motorrad
   lange Passfahrten im Gebirge.

7 Lohnabrechnung und Steuererklärung erstellen

Amelie Schneider steht vor einem Problem. Kurz vor Abschluss ihrer Weiterbildung zur Bautechnikerin möchte sie in einem Bewerbungsgespräch Gehaltsvorstellungen nennen. Sie will sich nicht unter Wert verkaufen, ist doch der Lohn ihre wesentliche Einkommensquelle.

Sind ihre Gehaltsvorstellungen zu hoch, wird sie vom zukünftigen Arbeitgeber möglicherweise deshalb nicht eingestellt. Sind sie zu niedrig, wird er Amelie vielleicht als naiv abstempeln. Eigentlich interessiert sie dabei ja vor allem, was netto auf ihrem Konto ankommt.

Nicht alle Arbeitnehmer/-innen verdienen den gleichen Lohn. Listen Sie Gründe für diese Entgeltunterschiede auf.

Wie kommt der Unterschied zwischen Nettolohn und Bruttolohn zustande?

Erklären Sie, warum Amelie nach Ablauf eines Jahres eine Einkommensteuererklärung beim Finanzamt abgeben sollte.

Im Idealfall macht nichtselbstständige oder auch selbstständige Arbeit so viel Freude, dass sie sich im Gefühl der Beschäftigten kaum mehr von einem Hobby oder einer ehrenamtlichen Beschäftigung unterscheiden lässt. Der Unterschied zwischen Arbeit und Freizeitbeschäftigung liegt dann nicht in dem Maß der Anstrengung, die dafür aufgebracht wird. Bergsteigen in der Freizeit oder Haushaltsführung mit Kinderbetreuung im Privatleben kann deutlich anstrengender sein als die Beschäftigung an vielen Arbeitsstellen. Der Unterschied liegt schlicht darin, dass die eine Tätigkeit bezahlt wird, die andere nicht.

Während es früher Lohn für Arbeiter und Gehalt für Angestellte gab, spricht man heute eher bei beiden Beschäftigtengruppen von Entgelt. Wie dieses Entgelt von brutto bis netto berechnet wird und wie am Ende eines Jahres eine Einkommensteuererklärung erstellt werden kann, wird am Ende dieses Kapitels geübt. Doch wie immer wird auch hier vor der Anwendung in Alltagssituationen zuerst Grundlagenwissen und Verständnis für Zusammenhänge benötigt.

7.1   Steuern, Gebühren, Beiträge

Einnahmen des Staates

Ein Staat wie Deutschland ist eine Gemeinschaft von Bürgern. Diese Bürger erwarten vom Staat, dass er umfangreiche Aufgaben für sie übernimmt. Mit „dem Staat" sind dann die von den Bürgern gewählten Volksvertreter und deren Mitarbeiter gemeint, die diese Aufgaben erledigen müssen. Dazu braucht der Staat aber auch die notwendigen finanziellen Mittel. Die Bürger in Deutschland stellen dem Staat diese Mittel vor allem durch **Abgaben** (Steuern, Gebühren, Beiträge, Zölle) der Wirtschaft und der privaten Haushalte auf Grundlage gesetzlicher Regelungen zur Verfügung.

Verteilt werden diese Einnahmen nach den Vorgaben des Artikels 106 des Grundgesetzes auf die **Gebietskörperschaften** Bund, Länder und Kreise bzw. Gemeinden. Reichen diese Einnahmen nicht aus, so muss der Fehlbetrag durch die Aufnahme von Krediten ausgeglichen werden, zum Beispiel für öffentliche Investitionen wie Baumaßnahmen. Das bedeutet aber, dass der Staat sich verschuldet. Die Staatsschuldenquote, also der Schuldenstand aller öffentlichen Haushalte in Deutschland im Verhältnis zum Bruttoinlandsprodukt beträgt aktuell 54 % (1 914 Milliarden €). Davon entfallen 1 214 Milliarden auf den Bund, 571 Milliarden auf die Länder und 130 Milliarden auf die Kommunen. Während die Staatsschulden seit 1950 ständig gestiegen sind, fallen sie seit 2013 wieder. Die Staatsverschuldung belastet den Staatshaushalt aber weiterhin mit hohen Zins- und Tilgungszahlungen.

Steuern
Steuern sind einmalige oder laufende Geldzahlungen, die den Betroffenen von einer staatlichen Stelle auferlegt werden, **ohne** dass sie dafür eine **direkte Gegenleistung** erhalten. Steuern werden vom Bund, den Ländern und Gemeinden erhoben und sind deren wichtigste Einnahmequelle.

Gebühren
Gebühren werden verlangt als **Gegenleistung** für öffentliche Verwaltungshandlungen, zum Beispiel Pass-Ausstellung, für den Unterhalt öffentlicher Einrichtungen, zum Beispiel ein Hallenbad, oder für sonstige Leistungen, zum Beispiel Müllabfuhr, Wasserversorgung und Abwasserbeseitigung.

Beiträge
Beiträge zahlt man für **besondere Vorteile**, die man aus der Benutzung oder der Mitgliedschaft bestimmter öffentlicher Einrichtungen zieht, zum Beispiel Erschließungsbeiträge für Baugrundstücke oder Sozialversicherungsbeiträge.

Zölle und Monopolabgaben

Zölle sind Abgaben im **grenzüberschreitenden Warenhandel**. Da zwischen den EU-Ländern Zollfreiheit besteht, ist die Bedeutung der Zölle als Einnahmequelle gering. Der Staat besitzt zudem als Monopolist, zum Beispiel bei Branntwein, das alleinige Herstellungs-, Einfuhr- und Verwertungsrecht. Er vergibt diese Rechte an private Unternehmen, die dafür Monopolabgaben bezahlen.

Staatseinnahmen sind

1. **Abgaben** von Wirtschaft und Privathaushalten und, wenn diese nicht ausreichen,
2. **Kreditaufnahmen** (Verschuldung).

Abgaben an den Staat sind

o   **Steuern:** Zahlungen ohne direkte Gegenleistung

o   **Gebühren:** für Leistungen, die man als Einzelner in Anspruch nimmt

o   **Beiträge:** für Leistungen, an denen mehrere Personen gemeinsam Anteil haben (kollektive Leistungen)

o   **Zölle** und **Monopolabgaben**

Bedeutung öffentlicher Abgaben

Steuern, Gebühren und Beiträge verschaffen dem Staat die Mittel zur Finanzierung seiner vielfältigen Aufgaben. Mit den Haushalten des Bundes, der Länder, der Kreise und Gemeinden werden Aufgaben für die Gesellschaft übernommen, aber auch zahlreiche Maßnahmen ermöglicht, die dem einzelnen Bürger direkt zugutekommen, zum Beispiel Sozialeinrichtungen, Verkehrswege und Sportstätten.

Aufgaben der Gebietskörperschaften

Bund	Länder	Gemeinden
soziale Sicherung	Schulen, Hochschulen	Sozial- und Jugendhilfe
Verteidigung	Justiz, Polizei	Krankenhäuser, Sport
Verkehrswesen	soziale Sicherung	Müll- und Abwasserbeseitigung
Wissenschaft, Forschung	Wirtschaftsförderung	Schulen

Politische Einflussnahme des Staates über Steuern

Steuern eignen sich als Instrument zur **Beeinflussung der Konjunktur**. In der Hochkonjunktur kann der Staat beispielsweise durch Erhöhung der Einkommens-, Lohn- oder Umsatzsteuer die Nachfrage der Wirtschaft und der Verbraucher dämpfen; umgekehrt kann er in Abschwung und Depression durch Steuersenkungen Anreize für zusätzliche Konsumausgaben und Investitionen schaffen.

Das Haushaltsbuch des Bundes

Bundeshaushalt 2019 in Milliarden Euro

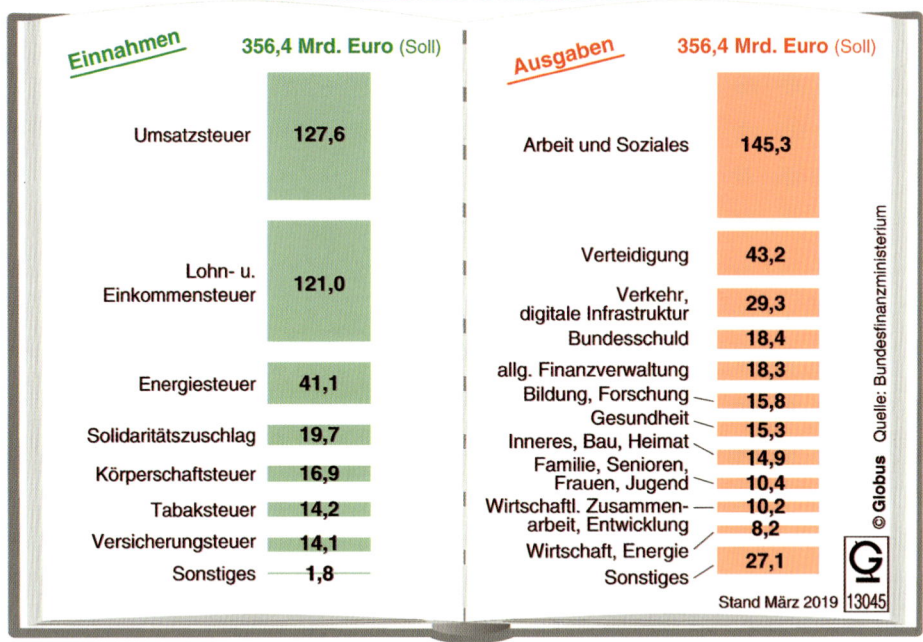

Einnahmen	356,4 Mrd. Euro (Soll)
Umsatzsteuer	127,6
Lohn- u. Einkommensteuer	121,0
Energiesteuer	41,1
Solidaritätszuschlag	19,7
Körperschaftsteuer	16,9
Tabaksteuer	14,2
Versicherungsteuer	14,1
Sonstiges	1,8

Ausgaben	356,4 Mrd. Euro (Soll)
Arbeit und Soziales	145,3
Verteidigung	43,2
Verkehr, digitale Infrastruktur	29,3
Bundesschuld	18,4
allg. Finanzverwaltung	18,3
Bildung, Forschung	15,8
Gesundheit	15,3
Inneres, Bau, Heimat	14,9
Familie, Senioren, Frauen, Jugend	10,4
Wirtschaftl. Zusammenarbeit, Entwicklung	10,2
Wirtschaft, Energie	8,2
Sonstiges	27,1

© Globus   Quelle: Bundesfinanzministerium

Stand März 2019   13045

Durch die Besteuerung kann der Staat auch **Einfluss auf die Einkommens- und Vermögensverteilung** in der Bevölkerung nehmen. Bei der Lohn- und Einkommensteuer gelten je nach der Höhe der Einkünfte unterschiedliche Steuersätze (Steuerprogression). Sehr niedrige Einkommen bleiben steuerfrei (Existenzminimum), mit der Zunahme der Einkommen steigt der Steuersatz, bis schließlich der Spitzensteuersatz als Obergrenze erreicht wird.

Indirekte Steuern wie Mehrwertsteuer (= Umsatzsteuer) und Verbrauchssteuern sowie Einfuhrzölle beeinflussen die **Höhe der Verbraucherpreise**, zum Beispiel bei Tabak, Branntwein und Mineralölprodukten. In diesem Zusammenhang steht auch die Besteuerung von Produktion und Verbrauch nach ökologischen Gesichtspunkten, zum Beispiel bei Energie und Kraftstoffen. Umweltbelastende Produktionsverfahren und umweltschädliches Verbraucherverhalten werden zum Beispiel durch Emissions- und Abwasserabgaben oder durch eine abgasbezogene Kfz-Steuer belastet, umweltschonende Verhaltensweisen dagegen entlastet.

Einteilung der Steuern

Einige von Bund, Ländern und Gemeinden erhobene Steuern erbringen hohe Einnahmen. So machen die Einnahmen aus der Umsatzsteuer (Mehrwertsteuer) sowie der Lohn- und Einkommensteuer bereits zwei Drittel des gesamten Steueraufkommens aus. Daneben gibt es einige kleine Steuern, bei denen im Verhältnis zum Erhebungsaufwand nur ein geringer Ertrag erzielt wird. Man nennt diese kleineren Steuern auch Bagatellsteuern, zum Beispiel Biersteuer oder Hundesteuer.

Die Einteilung der Steuern kann nach verschiedenen Gesichtspunkten erfolgen:

1. nach dem **Steuergegenstand** in Besitz-, Verkehrs- und Verbrauchsteuern
2. nach der **Art der Erhebung** in direkte und indirekte Steuern
3. nach der **Steuerverteilung** in Bundes-, Landes- und Gemeindesteuern

Unterscheidung der Steuern nach dem Steuergegenstand
Hier werden alle Steuern nach dem Gesichtspunkt des wirtschaftlichen Vorgangs einge-teilt, der die Besteuerung auslöst.

O **Besitzsteuern** werden aufgrund eines Einkommens oder eines Vermögens erhoben.

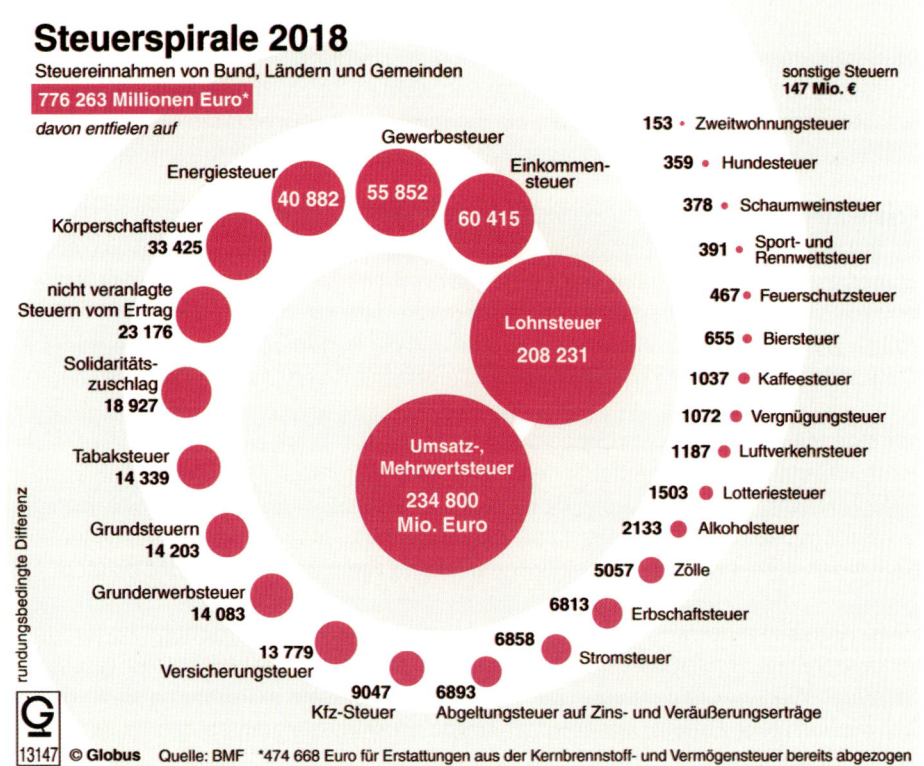

Beispiele: Besitzsteuern

o Lohn- und Einkommensteuer auf Einkünfte natürlicher Personen (Menschen)

o Körperschaftsteuer auf die Einkommen juristischer Personen (zum Beispiel einer GmbH)

o Gewerbesteuer auf den Ertrag von Gewerbebetrieben

o **Verbrauchsteuern** werden über die Verkaufspreise auf den Verbrauch bestimmter Güter erhoben.

Beispiele: Verbrauchsteuern
Energie-, Tabak-, Alkopop-, Kaffee-, Strom-, Zuckersteuer

o **Verkehrssteuern** werden auf den Waren- oder Dienstleistungsverkehr erhoben.

Beispiele: Verkehrssteuern

o Umsatzsteuer (Mehrwert- und Einfuhrumsatzsteuer)
o Versicherungs-, Kraftfahrzeug-, Grunderwerbs-, Sportwett-, Lotteriesteuer

Unterscheidung der Steuern nach der Art der Erhebung
Alternativ können auch alle Steuern eingeteilt werden durch Unterscheidung zwischen dem **Steuerzahler**, der die Steuer an die staatliche Stelle (Finanzamt, Gemeindekasse) abführen muss, und dem **Steuerträger**, der sie letztlich aufbringen (tragen) muss.

Direkte Steuern werden von demjenigen verlangt, den sie auch wirtschaftlich treffen sollen. Steuerzahler und Steuerträger sind identisch. Bei der Lohnsteuer ist dies der Arbeitnehmer; er schuldet die Zahlung, auch wenn sie der Arbeitgeber für ihn übernimmt. Weitere Beispiele sind Einkommen-, Körperschaft-, Gewerbe- und Kfz-Steuer. Die direkten Steuern erfüllen die Grundsätze der Steuergerechtigkeit und der Besteuerung nach der Leistungsfähigkeit, da die persönlichen Verhältnisse des Steuerzahlers berücksichtigt werden können.

Indirekte Steuern werden vom Steuerschuldner zwar abgeführt, er bringt sie jedoch nicht selbst auf, sondern zieht sie bei anderen ein. Beim Warenkauf stellt der Verkäufer dem Käufer Umsatzsteuer in Rechnung. Sie ist Bestandteil des Rechnungspreises, wie auch die Versicherungssteuer und die verschiedenen Verbrauchsteuern. Indirekte Steuern sind für jeden gleich hoch, unabhängig vom Einkommen und von persönlichen Verhältnissen.

Bei der **Umsatzsteuer** wird auf jeder Produktionsstufe nur die Wertschöpfung (Produktionswert minus Vorleistungen), der sogenannte **Mehrwert**, besteuert. Dies geschieht, indem der Verkäufer dem Käufer zwar den vollen Steuersatz in Rechnung stellt, davon aber die Vorsteuer abzieht, die er in Zahlungen an seine Lieferanten bereits entrichtet hat (**Vorsteuerabzug**).

Beispiel: Geldfluss bei der Umsatzsteuer

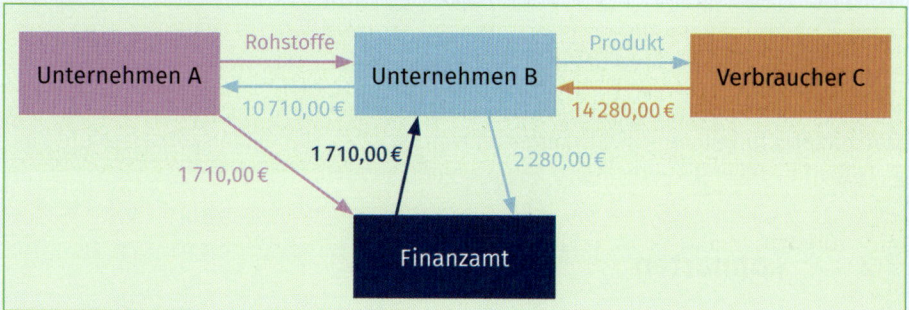

Unternehmen A nimmt für eine Rohstofflieferung 10 710,00 € brutto von Firma B ein und liefert 19 % Umsatzsteuer = 1 710,00 € an das Finanzamt ab.

Firma B verarbeitet die Rohstoffe und verkauft das fertige Produkt an Verbraucher C (Endkunde) für 14 280,00 € brutto. Firma B muss also 19 % von 14 280,00 € an Umsatzsteuer an das Finanzamt abführen. Das sind 2 280,00 €. Da es aber die Vorsteuer über 1 710,00 € vom Finanzamt erstattet bekommt, zahlt es also im Saldo 570,00 € an das Finanzamt.

Verbraucher C hat am Ende die kompletten 19 % Umsatzsteuer gezahlt, das Finanzamt hat die kompletten 19 % Umsatzsteuer erhalten, aber nicht doppelt, da immer nur der „Mehrwert" besteuert wurde.

Die Unternehmen zahlen zwar keine Mehrwertsteuer, haben aber den Aufwand, diese im Auftrag des Finanzamts einnehmen und weiterleiten zu müssen. Die Umsatzsteuer (Mehrwertsteuer) ist also für die Unternehmen ein „Durchlaufposten".

Unterscheidung der Steuern nach der Steuerverteilung
Als dritte Möglichkeit können die Steuern auch nach der Verteilung der Steuereinnahmen auf Bund, Länder und Gemeinden (= Gebietskörperschaften) eingeteilt werden.

O **Bundessteuern** sind beispielsweise die Verbrauchsteuern und die Versicherungssteuer.

O **Ländersteuern** sind beispielsweise Kraftfahrzeug-, Bier-, Grunderwerb-, Schenkungs- und Erbschaftsteuer.

O **Gemeindesteuern** sind beispielsweise Grundsteuer und Gewerbesteuer. Ein Teil muss allerdings als Umlage an Bund und Länder abgeführt werden.

Die ergiebigsten Steuern werden als **gemeinschaftliche Steuern** zwischen Bund, Ländern und Gemeinden aufgeteilt:

○ Die Einnahmen aus der Umsatz-, der Körperschaft- und der Kapitalertragsteuer teilen sich Bund und Länder.

○ Die Einnahmen aus der Einkommen- und Lohnsteuer gehen an Bund, Länder und Gemeinden.

Durch diese Aufteilung soll gewährleistet werden, dass alle Gebietskörperschaften ihren Aufgaben in angemessener Weise nachkommen können.

7.2   Lohnarten

Produktivität

Die Lohnkosten sind zusammen mit den Personalzusatzkosten Bestandteile der Verkaufspreise, die über nationale und internationale Märkte erwirtschaftet werden müssen. Im internationalen Vergleich zählen die deutschen Arbeitnehmer mit zu den teuersten Beschäftigten.

Die Arbeitskosten allein sagen noch nicht allzu viel über die tatsächliche Wettbewerbssituation einer Volkswirtschaft aus. Faktoren wie Arbeitsqualität und Produktivität sind wichtige Gradmesser, wenn es um den internationalen Wettbewerb geht. Die **Produktivität** eines Betriebes bzw. einer Volkswirtschaft misst das Mengenverhältnis zwischen Produktionsergebnis und eingesetzten Gütern und Dienstleistungen. Die Produktivität ist eine Mengenzahl, zum Beispiel Tonnen pro Arbeitsstunde.

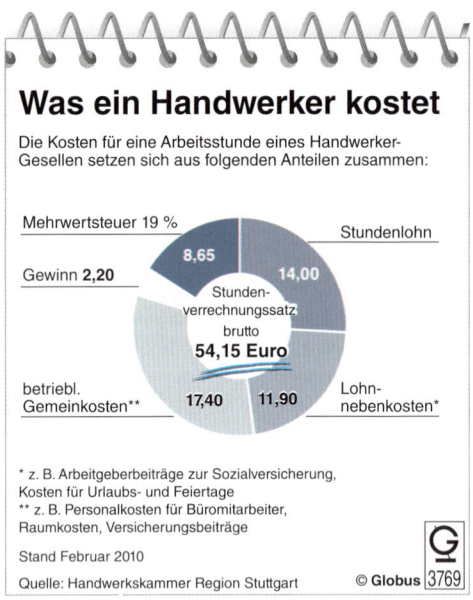

Was ein Handwerker kostet

Die Kosten für eine Arbeitsstunde eines Handwerker-Gesellen setzen sich aus folgenden Anteilen zusammen:

Mehrwertsteuer 19 %   Stundenlohn

8,65   14,00

Gewinn **2,20**   Stunden-
verrechnungssatz
brutto
54,15 Euro

betriebl.
Gemeinkosten**   17,40   11,90   Lohnnebenkosten*

* z. B. Arbeitgeberbeiträge zur Sozialversicherung, Kosten für Urlaubs- und Feiertage
** z. B. Personalkosten für Büromitarbeiter, Raumkosten, Versicherungsbeiträge

Stand Februar 2010

Quelle: Handwerkskammer Region Stuttgart   © Globus 3769

$$\text{Arbeitsproduktivität} = \frac{\text{erzeugte Menge}}{\text{Arbeitsstunden}} \quad \text{oder} \quad \frac{\text{erzeugte Menge}}{\text{Mitarbeiter}} = \frac{\text{Output}}{\text{Input}}$$

Beispiel: Produktivität als betriebliche Messzahl
4 000 Beschäftigte fertigten in einem Jahr 10 000 Fahrzeuge. Im folgenden Jahr erhöht sich die Fertigungsmenge durch Rationalisierungsmaßnahmen um 400 Fahrzeuge.

Produktivität vor der Rationalisierung:

$$\text{Arbeitsproduktivität (P)} = \frac{10\,000 \text{ Fahrzeuge}}{4\,000 \text{ Beschäftigte}} = 2{,}5 \text{ Fahrzeuge pro Mitarbeiter}$$

Produktivität nach der Rationalisierung:

$$\text{Arbeitsproduktivität (P)} = \frac{10\,400 \text{ Fahrzeuge}}{4\,000 \text{ Beschäftigte}} = 2{,}6 \text{ Fahrzeuge pro Mitarbeiter}$$

Kaufkraft des Lohnes

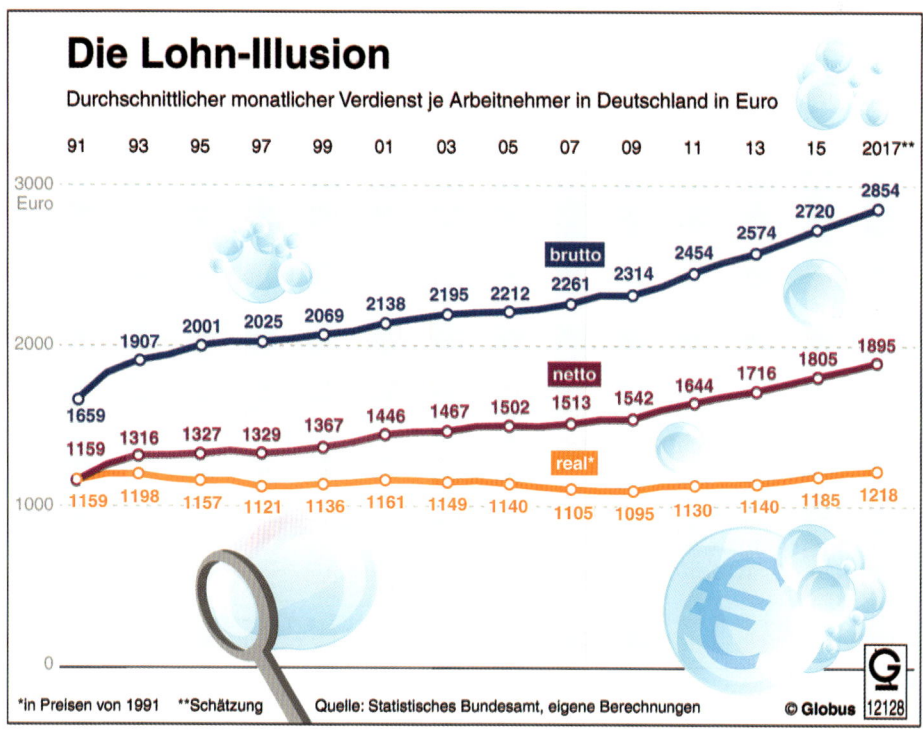

In nebenstehender Grafik ist der Zusammenhang zwischen Bruttolohn, Nettolohn und Reallohn zu sehen. Von 1991 bis 2015 ist der Bruttolohn und in seiner Folge auch der Nettolohn jedes Jahr gestiegen, durchschnittlich wurden also jedem Lohnempfänger jedes Jahr mehr Euro als Lohn überwiesen, es gab also eine nominale Lohnsteigerung. Ob damit allerdings auch mehr Waren gekauft werden konnten, lässt sich nur sagen, wenn die **Kaufkraft** verglichen wird, also das **Realeinkommen**. Ist die Preissteigerung höher als der nominale Einkommenszuwachs, dann ergibt sich ein Kaufkraftverlust. Ist der nominale Einkommenszuwachs höher als die Preissteigerung, dann erhöht sich die Kaufkraft.

Man unterscheidet zwischen:

- **Nominallohn:** der Geldbetrag, der dem Arbeitnehmer als Nettolohn überwiesen wird

- **Reallohn:** die Größe, die die Kaufkraft des Nominallohns ausdrückt

Nominallohnsteigerungsrate – Preissteigerungsrate = Reallohnveränderung

Nettolohn = Bruttolohn – Lohnabzüge (LSt, KiSt, SolZ, GSV)

Beispiel:
Eine Gewerkschaft hat für ihre Mitglieder im Industriezweig X eine Lohn-erhöhung von 4,5 % erkämpft. Im Industriezweig Y wurde ein Lohnzuwachs von 1,5 % erreicht. Die Verbraucherpreise steigen gleichzeitig um 2,2 %. Für die Arbeitnehmer der X-Industrie ergibt sich ein Reallohnzuwachs von 2,3 % (4,5 % – 2,2 %). Für die Arbeitnehmer der Y-Industrie dagegen verringert sich der Reallohn um 0,7 % (1,5 % – 2,2 %).

Zeitlohn

Die am häufigsten angewendete Lohnform ist der **Zeitlohn**. Dabei wird die gesetzlich, ta-riflich oder vertraglich vorgegebene Arbeitszeit unabhängig von der geleisteten Arbeits-menge vergütet. Je nach Bezugsgröße erhalten Arbeitnehmer den Zeitlohn als Stunden-, Tages-, Wochen- oder Monatslohn. Der Bruttomonatslohn berechnet sich demnach:

Monatlicher Bruttolohn = Arbeitszeit · Stundenlohn

Beispiel:
Maximilian Krüger arbeitet als Maurergeselle 170 Stunden in einem Monat. Sein Brutto-Stundenlohn beträgt 14,95 € pro Stunde. Es ergibt sich folgender Brutto-Monatslohn:

Brutto-Monatslohn = 170 Stunden pro Monat · 14,95 € pro Stunde = 2 541,50 € pro Monat

Der Zeitlohn ist üblich für Tätigkeiten, wenn

o Qualität, Genauigkeit und saubere Ausführung wichtiger als die Menge sind (Erstellen von technischen Zeichnungen, Qualitätsprüfung),
o die Arbeitsleistung nicht oder nur schwer messbar ist (Büro- oder Verwaltungstätigkeit),
o der Arbeitnehmer keinen Einfluss auf das Arbeitstempo nehmen kann (vorgegebenes Arbeitstempo durch Fließband),
o unterschiedlich viel Arbeit anfällt (Stoßzeiten im Einzelhandel),
o gefährliche Arbeiten ausgeführt werden müssen (Schwertransport).

Zeitlohn	
Vorteile	**Nachteile**
geringer Zeitdruck, keine körperliche Überforderung für Arbeitnehmer	geringer Leistungsanreiz macht Leistungsüberwachung durch Arbeitgeber erforderlich
Arbeitgeber kann hohe Qualität erwarten	höhere Leistung bleibt beim Lohn unberücksichtigt; Unzufriedenheit bei leistungsfreudigen Mitarbeitern
einfache Lohnabrechnung für den Arbeitgeber	aufwendige Lohnkostenberechnung bei der Angebotserstellung für den Arbeitgeber

Leistungslohn

Beim Leistungslohn wird nicht die im Betrieb verbrachte Arbeitszeit, sondern die erbrachte Leistung des Einzelnen oder einer Gruppe entlohnt. Wer mehr leistet, erhält mehr Lohn. Zum Leistungslohn zählen der **Akkordlohn**, der **Zeitlohn mit Leistungszulage** und der **Prämienlohn**.

Zeitlohn: Lohn wird pro Arbeitsstunde bzw. pro Monat bezahlt.

Leistungslohn: Lohn wird pro Leistungseinheit bezahlt.

Akkordlohn
Beim Akkordlohn erhält der Arbeitnehmer für eine messbare Arbeitsleistung, zum Beispiel pro Stück oder pro Quadratmeter, ein vereinbartes Entgelt. Durch persönlichen Einsatz kann die Leistung gesteigert und die Lohnhöhe beeinflusst werden.

Beim **Geldakkord** oder auch **Stückgeldakkord** erhält der Arbeitnehmer für eine be-stimmte Mengenleistung (Stückzahl) unabhängig von der benötigten Arbeitszeit einen bestimmten Stückgeldakkord (Geldbetrag).

Bruttolohn bei Geldakkord = Stückzahl · Stückgeldakkordsatz

Beispiel:
Fliesenleger Philipp Wolf arbeitet bei einem Auftrag im Geldakkord. Das Verle-gen von 1 m² Fliesen wird mit 13,50 € pro m² vergütet. Philipp verlegt 20 m² Fliesen in 15 Stunden.

Bruttolohn =   20 m² · 13,50 € pro m² = 270,00 €

$$\text{Stundenlohn} = \frac{270,00\ €}{15\ \text{Stunden}} = 18,00\ €\ \text{pro Stunde}$$

Beim **Zeitakkord** oder auch **Stückzeitakkord** dagegen wird für das zu fertigende Stück bzw. den durchzuführenden Arbeitsgang eine Vorgabezeit auf Grundlage der normaler-weise benötigten Zeit ermittelt. In der vorgegebenen Zeit, zum Beispiel zwölf Minuten für das Montieren einer Ölpumpe, ist der Arbeitsgang bei einer durchschnittlichen Leis-tung (Normalleistung) sachgerecht auszuführen. Dieser **Zeitfaktor** (vorgegebene Minu-tenzahl aus der Normalleistung) wird mit dem **Geldfaktor** (Euro pro Minute) aus dem Akkordrichtsatz (Grundlohn pro Stunde) vergütet.

Bruttolohn bei Zeitakkord = Stückzahl · Zeitfaktor (Vorgabe-Minutenzahl) · Geldfaktor (Euro pro Minute)

Beispiel:
Simon Bauer montiert Ölpumpen im **Zeitakkord**. Aus dem **Akkordrichtsatz** von 15,00 € pro Stunde geteilt durch 60 Minuten ergibt sich ein Minutenfak-tor von 0,25 € pro Minute. Bei einer Vorgabezeit von zwölf Minuten sind bei **Normalleistung** pro Stunde fünf Pumpen zu montieren. Simon montiert im Schnitt sechs Ölpumpen pro Stunde, insgesamt bei diesem Auftrag 120 Stück.

Bruttostundenlohn	= 6 Stück pro Stunde · 12 Minuten pro Stück · 0,25 € pro Minute = 18,00 € pro Stunde
Gesamtlohn	= 120 Stück insgesamt · 12 Minuten pro Stück · 0,25 € pro Minute = 360,00 €

Arbeitnehmer können beim Leistungslohn durch Mehrleistung ihren Verdienst steigern. Die **Gefahren des Leistungslohns** können durch Tarifverträge begrenzt werden, beispielsweise durch eine Akkordbegrenzung auf 135 %. Auf diese Weise werden Arbeitnehmer vor „Selbstausbeutung" geschützt. Bei einem vorübergehenden Leistungstief aus persönlichen Gründen kann das Einkommen durch einen garantierten Mindestlohn (Zeitlohn) abgesichert werden.

Eine Bezahlung im Akkordlohn ist möglich, wenn folgende **Voraussetzungen** gegeben sein:

○ genau festgelegter Arbeitsumfang

○ ständig sich wiederholende Verrichtungen über einen längeren Zeitraum

○ Vorgabezeit durch Arbeitszeitstudie im Voraus ermittelbar

○ beeinflussbares Arbeitstempo

Akkordlohn	
Vorteile	Nachteile
Arbeitnehmer kann durch Mehrleistung einen höheren Verdienst erzielen; Leistungsanreiz und leistungsgerechte Entlohnung.	Die Lohnmaximierung führt beim Arbeitnehmer zu Überanstrengung, Gesundheitsgefährdung und erhöhter Unfallgefährdung.
Arbeitgeber kann auf Leistungskontrollen verzichten.	Es kommt zu einem starken Verschleiß von Maschinen und Werkzeugen.
Vorgabezeiten vereinfachen die Fertigungsplanung.	Das erhöhte Arbeitstempo führt zur Qualitätsverringerung mit höherer Ausschussquote und höherem Materialverbrauch.
Feststehende Lohnkosten erleichtern die Angebotskalkulation.	Qualitätskontrolle ist erforderlich.

Zeitlohn mit Leistungszulage und Prämienlohn
Wenn Akkordrichtsätze nicht ermittelbar sind, kann dennoch durch eine Leistungszulage auch bei Zeitlohnzahlung die Leistung des Mitarbeiters gefördert und entlohnt werden. Bei einer höheren Leistung erhält der Arbeitnehmer eine Leistungszulage zum vereinbarten Zeitlohn oder wird in eine höhere Lohngruppe eingestuft. Die Messung der Leistung wird durch Leistungsbewertungen vorgenommen.

Beispiel: Leistungsbewertung

Beurteilungsbogen und eine mögliche Leistungsbewertung	nennenswert übertroffen	häufig übertroffen	erfüllt und übertroffen	wird erfüllt	nicht immer erfüllt	Beispiel für die Zuordnung von Leistungswert (LW) und Leistungszulage (LZ), durch Tarifverträge festgelegt	
Leistungsmerkmale	5	4	3	2	1		
Arbeitsmenge		x				LW	LZ
Arbeitsqualität			x			40–35	30 %
Arbeitssorgfalt				x		34–29	23 %
Arbeitssicherheit				x		28–23	17 %
Bereitschaft zur Mithilfe	x					**22**–17	**12 %**
Übernahme von Verantwortung			x			16–11	8 %
zeitliche Flexibilität			x			10–6	5 %
Leistungswert (LW)					22	< 6	0 %

Die Leistungszulage kann auch an bestimmte Bedingungen geknüpft werden, bei deren Erreichen eine Prämie gewährt wird. Solche Bedingungen können beispielsweise sein:

- **Qualitätsprämie** bei Erhöhung der Qualität, Verringerung von Ausschuss
- **Quantitätsprämie** bei Überschreitung der Menge der Normalleistung
- **Nutzungsprämie** bei Verringerung der Stillstands- und Leerlaufzeiten
- **Einsparprämie** bei Verringerung des Rohstoff- oder Energieverbrauchs
- **Terminprämie** für termingerechte Fertigung
- **Anerkennungsprämie** für Verbesserungsvorschläge und Unfallverhütung

Beteiligungslohn

Da der Gewinn des Unternehmens von der Leistung der Mitarbeiter abhängt, werden bei einem steigenden Teil der Unternehmen die Mitarbeiter durch Beteiligungslohn am Gewinn beteiligt. Der Beteiligungslohn wird zusätzlich zum Lohn bzw. Gehalt gezahlt. Zwei Beteiligungslohnmodelle sind üblich:

- Bei der **Kapitalbeteiligung** wird der Beteiligungslohn (Gewinnanteil) nicht ausbezahlt, sondern verbleibt im Unternehmen als Darlehen oder in Form von Belegschaftsaktien.

O Bei der **Gewinnbeteiligung** werden die Gewinnanteile zusätzlich zum Lohn ausgezahlt und stehen den Mitarbeitern zur freien Verfügung.

Der Beteiligungslohn bindet Arbeitnehmer stärker an das Unternehmen und fördert ihre Leistungsbereitschaft. Der nicht ausbezahlte Gewinnanteil erhöht das Investitionskapital. Wegen schwankender Unternehmensgewinne ist die Höhe des Beteiligungslohns nicht festgelegt. Ein Problem tritt auf, wenn ein Unternehmen in die Verlustzone gerät. Denn es stellt sich die Frage, ob die Mitarbeiter auch an eventuellen Verlusten beteiligt werden können.

Soziallohn

Mit zunehmendem Alter schwinden die Kraft und die Leistungsfähigkeit, andererseits nimmt die Berufserfahrung zu. Der leistungsorientierte Lohn könnte für ältere Mitarbeiter zu Benachteiligungen führen. Eine gerechte Lohnbemessung berücksichtigt deshalb neben der Leistung auch **soziale Gesichtspunkte**:

O **Lebensalter:** Der Grundlohn steigt mit zunehmendem Alter, Tarifverträge und Betriebsvereinbarungen sehen Alterszuschläge vor.

O **Familienstand:** Es gibt Zuschläge für verheiratete Arbeitnehmer und Arbeitnehmer mit Kindern.

O **Betriebszugehörigkeit:** Urlaubs- und Weihnachtsgeld sowie die Höhe des Beteiligungslohns sind nach der Dauer der Betriebszugehörigkeit gestaffelt.

O **Mindestlohn:** Ein Mindestlohn wird beim Akkordlohn für den Fall garantiert, dass die Vorgabezeit nicht eingehalten werden kann.

O **Lohnfortzahlung:** Im Krankheitsfall zahlt der Arbeitgeber weiterhin Lohn, ohne eine Gegenleistung zu erhalten.

Lebensalter und Familienstand werden vor allem bei der Vergütung im öffentlichen Dienst berücksichtigt. Einen wesentlichen Beitrag zum familiengerechten Lohn leistet der Staat bei der Besteuerung der Einkommen mit entsprechenden Freibeträgen und dem Kindergeld. Der Soziallohn widerspricht allerdings dem Leistungsgedanken.

Ein **gerechter Lohn** setzt sich nach vorherrschender Meinung aus drei Gesichtspunkten zusammen:

1. Berücksichtigung der Länge der Arbeitszeit
2. Honorierung von Leistung
3. Einbeziehung sozialer Gesichtspunkte

Basis eines jeden Lohns bleiben aber immer die Qualifikation des Arbeitnehmers und die Anforderungen des Arbeitsplatzes.

Bewertung von Arbeitsstellen

Arbeitsplätze sind durch unterschiedliche Anforderungen wie körperliche
Belastung, handwerkliches Geschick,
fachliche Kenntnisse und Umgebungseinflüsse gekennzeichnet. Diese unterschiedlichen Anforderungen sollten bei der Entlohnung angemessen
berücksichtigt werden. Die Frage nach
einem **gerechten Lohn** lässt sich aber
nicht eindeutig beantworten, da Gerechtigkeit kein messbarer Begriff ist.
Um eine relative Lohngerechtigkeit zu erreichen, muss man leistungs-, anforderungs-,
ausbildungs-, markt-, verhaltens- oder sozialgerechte Maßstäbe zu Hilfe nehmen. Es
werden also Arbeitsstellen höher bewertet, die höhere Anforderungen bezüglich der
einzelnen Kriterien stellen. Vergleichbaren Verrichtungen oder Arbeitsplätzen werden
dieselben Arbeitswerte zugeordnet. Dazu haben die Tarifpartner oftmals verschiedene
Lohngruppen in ihren **Manteltarifverträgen** festgeschrieben.

Um den Schwierigkeitsgrad einer Aufgabe „gerecht" zu bewerten und die übrigen Anforderungen in der Lohnfindung zu berücksichtigen, sind **Bewertungsverfahren** erforderlich.

Zur **Bewertung einer Arbeitsstelle** stehen grundsätzlich zwei Methoden zur
Verfügung:

o summarische Arbeitsbewertung
o analytische Arbeitsbewertung

Aufgabe der Arbeitsbewertung ist es, die unterschiedlichen Anforderungen an die einzelnen Arbeitsplätze zu erfassen, die Anforderungen zu bewerten und eine **anforderungsabhängige Entlohnung** zu ermöglichen. Die Arbeitsbewertung liefert Informationen für
die Personalplanung: Es ist zu fragen, welche Qualifikation ein einzustellender Arbeitnehmer mitbringen sollte oder welche Weiterbildungsmaßnahmen erforderlich sind.

Summarische Arbeitsbewertung
Bei der summarischen Arbeitsbewertung werden die Anforderungen, die zur Verrichtung
der Aufgaben am Arbeitsplatz erforderlich sind, als Ganzes – in der Summe – bewertet.
Die zu bewertenden Arbeitsabläufe werden ihrem Schwierigkeitsgrad nach entsprechenden Lohngruppen zugeordnet. Ausschlaggebend sind dabei die erforderliche Ausbildung,
das fachliche Können, die Berufserfahrung und Verantwortung.

Beispiel: Lohngruppen im Baugewerbe

Löhne im Baugewerbe gemäß Tarifvertrag			(Stand 2019)
Ausbildungsjahr			Monatslohn
1. Ausbildungsjahr			850,00 €
2. Ausbildungsjahr			1 200,00 €
3. Ausbildungsjahr			1 475,00 €
Lohngruppe	Gruppendefinition	Stundenlohn	Monatslohn
1	Werker, Maschinenwerker (zum Beispiel Hilfsarbeiter)	12,20 €	2 074,00 €
2	Fachwerker, Maschinisten, Kraftfahrer (zum Beispiel Maler, Hochbaufacharbeiter)	15,20 €	2 584,00 €
3	Facharbeiter, Baugeräteführer, Berufskraftfahrer (zum Beispiel Maurergesellen im 1. Jahr)	18,88 €	3 209,60 €
4 (Ecklohn)	Spezialfacharbeiter, Baumaschinenführer (zum Beispiel Maurergesellen ab dem 2. Jahr)	20,63 €	3 507,10 €
5	Vorarbeiter, Baumaschinen-Vorarbeiter	21,65 €	3 680,50 €
6	Werkpolier, Baumaschinen-Fachmeister	23,70 €	4 029,00 €

Die in Tarifverträgen vereinbarte Bezahlung bezieht sich auf die **Ecklohngruppe**. Das ist im Beispiel des Baugewerbes der Tarifstundenlohn des Spezialfacharbeiters der Lohngruppe 4. Diese Lohngruppe gilt als 100 %-Gruppe. Durch einen tariflich festgelegten „Schlüssel" (Zu- oder Abschläge) werden die Löhne in den übrigen Lohngruppen ermittelt.

Analytische Arbeitsbewertung
Bei der analytischen Arbeitsbewertung wird der Schwierigkeitsgrad der auszuführenden Verrichtungen nicht als Ganzes bewertet, sondern die Höhe der Beanspruchung für jede Anforderungsart einzeln ermittelt. In einem ersten Schritt werden mithilfe einer ausführlichen Arbeitsplatzbeschreibung die Anforderungsarten ermittelt. Die einzelnen Anforderungen werden dann mit einer möglichen Höchstwertzahl verglichen und eine Wertzahl gebildet. Aus der Summe der Wertzahl ergibt sich der Arbeitsplatzwert. Die Zuordnung zu den Lohngruppen erfolgt entsprechend der **Arbeitswertzahl**.

Beispiel: Bewertung eines Arbeitsplatzes

Anforderungsart	Höchstwert (Vorgabe)	vergebene Werte (bewerteter Arbeitsplatz)
Fachkenntnisse, Berufsausbildung, Berufserfahrung	18	12
Geschicklichkeit (Handfertigkeit, Gewandtheit)	12	6
Verantwortung für die eigene Arbeit	10	8
Verantwortung für die Arbeit anderer	8	0
Verantwortung für Betriebsmittel	6	4
Muskelbelastung	8	6
geistige Belastung (Wahrnehmung, Konzentration, Nachdenken)	8	6
Temperatur, Schmutz, Feuchtigkeit, Lärm, Gas, Dämpfe, Lichtverhältnisse, Unfallgefahr	10	5
Arbeitsplatzwert (AW)	**80**	**45**

Mit dem **Entgelt-Rahmenabkommen (ERA)** wurde in der Elektro- und Metallindustrie die Unterscheidung zwischen Arbeitern und Angestellten beseitigt. Die beiden Begriffe wurden durch den Begriff „Beschäftigte" ersetzt; die Begriffe „Lohn" und „Gehalt" durch den Begriff „Entgelt".

7.3   Lohnabrechnung

Beispiel:
Alina Hoffmann öffnet ihren Verdienstnachweis und muss feststellen, dass zwischen ihrem
Bruttolohn und dem tatsächlich ausgezahlten Nettolohn eine große Differenz besteht. In
ihrem Arbeitsvertrag wurde ein Bruttolohn von
2 339,00 € festgelegt. Auf ihrem Konto kommt
monatlich aber ein Betrag von 1 508,92 € an.

Wie erklärt sich die Differenz zwischen dem Bruttolohn und dem tatsächlich ausgezahlten Nettolohn?

Vom Bruttolohn zum Nettolohn

Der Bruttolohn wird bereits im Arbeitsvertrag zwischen dem Arbeitgeber (AG) und dem Arbeitnehmer (AN) festgelegt. Davon muss der Arbeitgeber Abzüge einbehalten und weiterleiten. Der so entstandene Nettolohn (Bruttolohn minus Abzüge) wird vom Arbeitgeber zu einem vorher festgelegten Zeitpunkt monatlich (Anfang, Mitte oder Ende des Monats) an den Arbeitnehmer ausgezahlt. Der Arbeitgeber ist verpflichtet, seinen Beschäftigten eine schriftliche Lohnabrechnung (Verdienstnachweis) auszuhändigen, aus der die Zusammensetzung des Arbeitsentgelts und die Lohnabzüge ersichtlich sind.

Zusammensetzung des Bruttolohns	
Grundlohn	je nach Vereinbarung, zum Beispiel als Stundenlohn
+ Zulagen	beispielsweise Erschwerniszulage wegen Schmutz
+ Zuschläge	beispielsweise Überstunden-Zuschlag für Mehrarbeit außerhalb der üblichen Arbeitszeit
+ Zuwendungen	zum Beispiel Weihnachts- und Urlaubsgeld, Arbeitgeberanteil zur vermögenswirksamen Leistung (VWL)
= Bruttolohn	Bestimmte, vom Gesetzgeber vorgegebene Bruttolohnanteile sind begrenzt lohnsteuer- bzw. lohnsteuer- und sozialabgabenfrei. Man unterscheidet deshalb zwischen **Bruttolohn** und dem möglicherweise geringeren **steuer- und sozialabgabenpflichtigen Lohn**.

Lohnabzüge

Die **gesetzlichen Lohnabzüge** werden aufgrund rechtlicher Vorschriften erhoben. Der Arbeitgeber ist verpflichtet, die steuer- und sozialversicherungsrechtlichen Abzüge zu ermitteln, einzubehalten und an die entsprechende Stelle (Finanzamt, Krankenkasse) weiterzuleiten.

Einkommensteuer, Solidaritätszuschlag und Kirchensteuer können **Lohnsteuertabellen** entnommen werden. Die Besteuerungsmerkmale wie Steuerklasse und Kinderfreibeträge werden mithilfe des **ELStAM** (Verfahren der „**E**lektronischen **L**ohn**St**euer**A**bzugs**M**erkmale") in einer Datenbank der Finanzverwaltung hinterlegt und dem Arbeitgeber zur Berechnung der **Lohnsteuer** bereitgestellt.

○ Der **Solidaritätszuschlag** (5,5 % von der Lohn- oder Einkommensteuer) dient ursprünglich der Aufbaufinanzierung in den neuen Bundesländern. Aktuell (Stand 2019) wird über seine komplette Abschaffung diskutiert.

○ Die Mitglieder der einzelnen Religionsgemeinschaften unterliegen der **Kirchensteuer** (Bayern, Baden-Württemberg, Bremen und Hamburg 8 % von der Lohn- oder Einkommensteuer, in den übrigen Bundesländern 9 %).

○ Die **Sozialversicherungsbeiträge** werden anteilig von Arbeitgebern und Arbeitnehmern aufgebracht, entsprechend der im jeweiligen Jahr geltenden Sozialversicherungssätze. Der Arbeitgeber führt die Beiträge an die Krankenkasse des Arbeitnehmers direkt ab, welche sie an die übrigen Versicherungsträger weiterleitet.

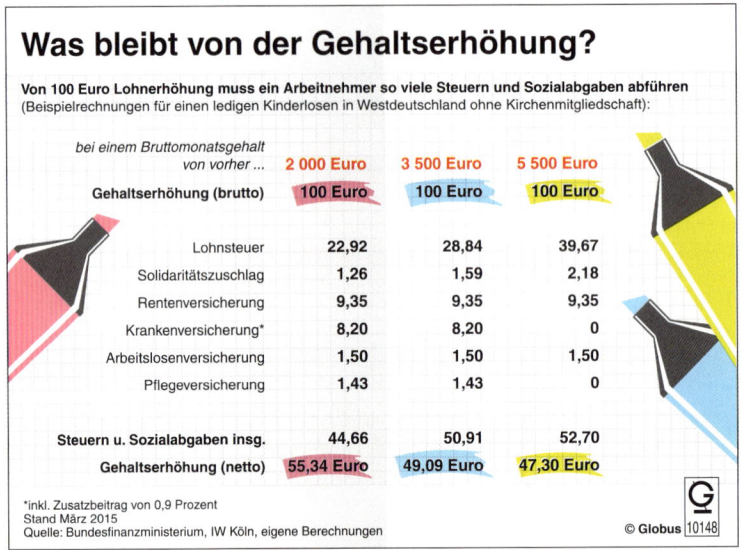

Was bleibt von der Gehaltserhöhung?

Von 100 Euro Lohnerhöhung muss ein Arbeitnehmer so viele Steuern und Sozialabgaben abführen
(Beispielrechnungen für einen ledigen Kinderlosen in Westdeutschland ohne Kirchenmitgliedschaft):

bei einem Bruttomonatsgehalt von vorher …	2 000 Euro	3 500 Euro	5 500 Euro
Gehaltserhöhung (brutto)	100 Euro	100 Euro	100 Euro
Lohnsteuer	22,92	28,84	39,67
Solidaritätszuschlag	1,26	1,59	2,18
Rentenversicherung	9,35	9,35	9,35
Krankenversicherung*	8,20	8,20	0
Arbeitslosenversicherung	1,50	1,50	1,50
Pflegeversicherung	1,43	1,43	0
Steuern u. Sozialabgaben insg.	44,66	50,91	52,70
Gehaltserhöhung (netto)	55,34 Euro	49,09 Euro	47,30 Euro

*inkl. Zusatzbeitrag von 0,9 Prozent
Stand März 2015
Quelle: Bundesfinanzministerium, IW Köln, eigene Berechnungen

© Globus 10148

(!) Die zwei großen Bereiche der **Lohnabzüge** sind

1. Einkommensteuer (Lohnsteuer), Solidaritätszuschlag und Kirchensteuer
2. Beiträge zu den vier Zweigen der Sozialversicherung (ohne GUV)

Sonstige Lohnabzüge können aufgrund von Vereinbarungen zwischen Arbeitnehmer und Arbeitgeber einbehalten und weitergeleitet werden:

○ **Gehaltsabtretung**: Der nach dem Vermögensbildungsgesetz vertraglich vereinbarte Sparbetrag (**vermögenswirksame Leistungen**) wird beispielsweise direkt vom Arbeitgeber an die Spar- oder Bausparkasse bzw. Investmentgesellschaft abgeführt; Gewerkschaftsbeiträge, Tilgungsraten für ausgezahlte Vorschüsse sind im Bereich des pfändbaren Lohnanteils möglich.

○ **Forderungen Dritter:** Der Arbeitgeber kann aufgrund eines Pfändungsbeschlusses oder eines vollstreckbaren Urteils verpflichtet werden, Lohnanteile bis zur Höhe des pfändbaren Lohns einzubehalten und an den Gläubiger des Arbeitnehmers weiterzuleiten.

Lohnabrechnung

Um eine **Lohnabrechnung** durchführen zu können, werden benötigt:

- der Bruttolohn,
- eine aktuelle Lohnsteuertabelle,
- die aktuellen Beitragssätze zur Sozialversicherung,
- die Besteuerungsmerkmale (Lohnsteuerklasse, Kinderfreibeträge).

Eine Lohnsteuertabelle lesen

1. Bruttomonatslohn heraussuchen
2. Bei diesem Bruttomonatslohn die Zeile der Lohnsteuerklasse wählen
3. Lohnsteuer ablesen
4. Bei der betreffenden Zahl der Kinderfreibeträge den Solidaritätszuschlag und die Kirchensteuer ablesen

Für jedes Kind gibt es einen Kinderfreibetrag von 1,0, der aber auch von Ehepaaren aufgeteilt werden kann. So kann es zu „0,5 Kindern" kommen.

Auszug aus der Monats-Lohnsteuertabelle 2016											
ab €	StK	Lohn-steuer	Zahl der Kinderfreibeträge								
			0		0,5		1		1,5		
			SolZ	KiStr	SolZ	KiStr	SolZ	KiStr	SolZ	KiStr	
2 373,00 €	1	266,58	14,66	21,32	9,96	14,50	4,01	8,08	–	2,49	
	2	223,16	–	–	7,72	11,23	–	5,07	–	0,37	
	3	55,00	–	4,40	–	0,29	–	–	–	–	
	4	266,58	14,66	21,32	12,27	17,86	9,96	14,50	7,72	11,24	
	5	528,66	29,07	42,29	–	–	–	–	–	–	
	6	561,66	30,89	44,93	–	–	–	–	–	–	
2 376,00 €	1	267,33	14,70	21,38	10,00	14,55	4,15	8,14	–	2,52	
	2	223,91	–	–	7,75	11,28	–	5,12	–	0,40	
	3	55,50	–	4,44	–	0,32	–	–	–	–	
	4	267,33	14,70	21,38	12,31	17,91	10,00	14,55	7,76	11,29	
	5	529,66	29,13	42,37	–	–	–	–	–	–	
	6	562,66	30,94	45,01	–	–	–	–	–	–	
2 379,00 €	1	268,00	14,74	21,44	10,04	14,60	4,26	8,18	–	2,56	
	2	224,58	–	–	7,79	11,34	–	5,16	–	0,43	
	3	56,00	–	4,48	–	0,34	–	–	–	–	
	4	268,00	14,74	21,44	12,35	17,97	10,04	14,60	7,80	11,34	
	5	530,66	29,18	42,45	–	–	–	–	–	–	
	6	563,50	30,99	45,08	–	–	–	–	–	–	

StK = Steuerklasse, SolZ = Solidaritätszuschlag, KiStr = Kirchensteuer

Beispiel: Monatliche Lohnabrechnung

Alina Hoffmann erhält für Oktober 2019 einen Bruttolohn von 2 376,00 €, sie ist 25 Jahre, alleinstehend, hat Steuerklasse 1, ist römisch-katholisch, kinderlos und wohnhaft in Baden-Württemberg. Ihre Krankenkasse verlangt 1,1 % Zusatzbeitrag. Von ihrer vermögenswirksamen Leistung von 39,00 € übernimmt Alinas Arbeitgeber 13,00 €

Lohnabrechnung für Frau Alina Hoffmann für Oktober 2019		
Lohn		
Bruttolohn (lt. Arbeitsvertrag)		**2 376,00 €**
+ Arbeitgeberanteil zur vermögenswirksamen Leistung		13,00 €
= lohnsteuer- und sozialversicherungspflichtiger Bruttolohn		**2 389,00 €**
Lohnabzüge		
– Lohnsteuer lt. Lohnsteuertabelle	267,33 €	
– Kirchensteuer (BW) 8 % v. Lohnsteuer	21,38 €	
– Solidaritätszuschlag 5,5 % v. Lohnsteuer	14,70 €	**303,41 €**
Sozialversicherungsbeiträge (in % von brutto)		
– Krankenversicherung 15,7 % 7,85 % AG; 7,3 % + 0,55 % = 7,85 % AN	187,54 €	
– Pflegeversicherung 3,3 % 1,525 % AG; 1,525 % + 0,25 % = 1,775 % AN	42,40 €	
– Rentenversicherung 18,6 % 9,3 % AG; 9,3 % AN	222,18 €	
– Arbeitslosenversicherung 2,5 % 1,25 % AG; 1,25% AN	29,86 €	**481,98 €**
= Nettolohn		1 603,61 €
– Sparrate vermögenswirksame Leistung (AN)		39,00 €
Zu überweisender Lohn		1 564,61 €

Personalzusatzkosten

Zu den Personalzusatzkosten zählen alle Aufwendungen der Arbeitgeber, die für die Mitarbeiter neben dem reinen Arbeitsentgelt anfallen. Deshalb werden sie auch als Lohnzusatz- oder Lohnnebenkosten bezeichnet.

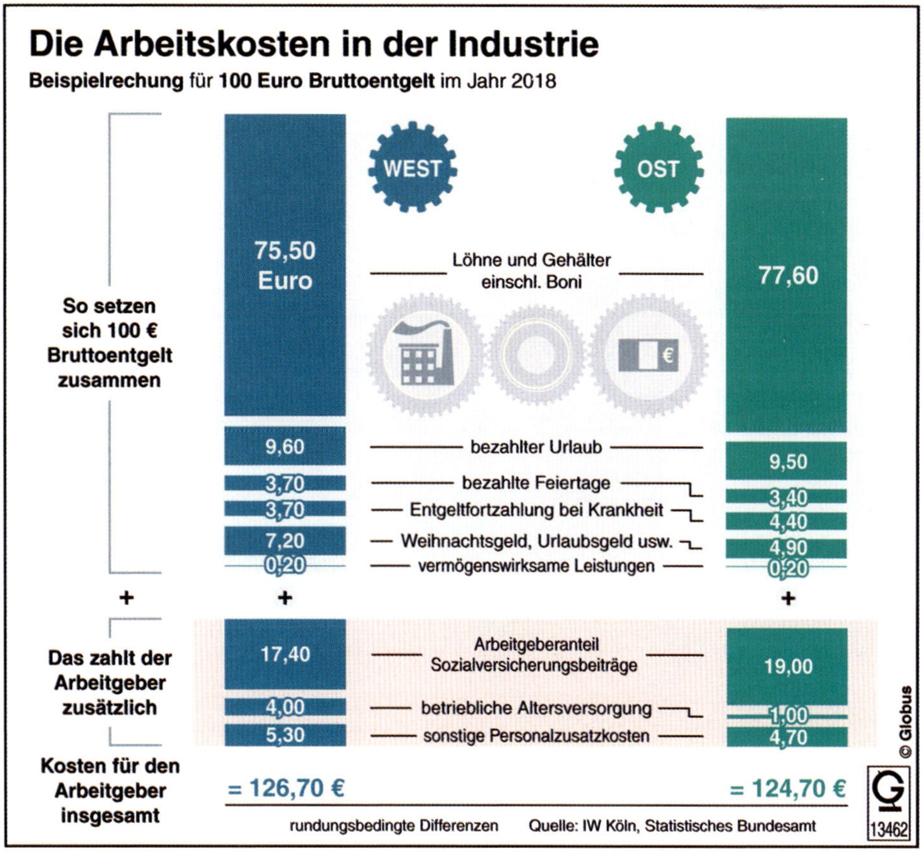

Die Arbeitskosten in der Industrie
Beispielrechnung für **100 Euro Bruttoentgelt** im Jahr 2018

	WEST		OST
So setzen sich 100 € Bruttoentgelt zusammen	75,50 Euro	Löhne und Gehälter einschl. Boni	77,60
	9,60	bezahlter Urlaub	9,50
	3,70	bezahlte Feiertage	3,40
	3,70	Entgeltfortzahlung bei Krankheit	4,40
	7,20	Weihnachtsgeld, Urlaubsgeld usw.	4,90
	0,20	vermögenswirksame Leistungen	0,20
Das zahlt der Arbeitgeber zusätzlich	17,40	Arbeitgeberanteil Sozialversicherungsbeiträge	19,00
	4,00	betriebliche Altersversorgung	1,00
	5,30	sonstige Personalzusatzkosten	4,70
Kosten für den Arbeitgeber insgesamt	**= 126,70 €**		**= 124,70 €**

rundungsbedingte Differenzen   Quelle: IW Köln, Statistisches Bundesamt

© Globus   13462

Personalzusatzkosten setzen sich zusammen aus:

○ **gesetzlichen Zusatzkosten**, zum Beispiel Arbeitgeberanteil der Sozialversicherungsbeiträge

○ **tariflichen Zusatzkosten**, zum Beispiel tarifliches Urlaubsgeld

○ **freiwilligen Sonderzahlungen**, zum Beispiel Weihnachtsgeld

Aus der Zusammensetzung der Personalzusatzkosten ist ersichtlich, welchen Einfluss Gesetzgeber und Gewerkschaften auf diese Kosten haben.

7.4   Projekt: Eine Lohnabrechnung durchführen

Führen Sie selbst eine Lohnabrechnung durch!

Sie sitzen mit einem befreundeten Ehepaar, Leonie und Julian Koch, im Biergarten. Die beiden grübeln laut über ihre berufliche Zukunft nach, denn nachdem ihr einziges Kind Philipp mittlerweile zwei Jahre alt ist, sind sie unschlüssig, ob beide wieder ihre volle Stelle antreten wollen oder einer von beiden zu Hause bleibt.

Beide haben eine sichere Stelle in Aussicht, Leonie bekäme 2 526,00 € brutto, Julian 2 817,00 € brutto. Da sich Leonie und Julian beim Thema „Lohnabrechnung" aber nur bruchstückhaft auskennen, sind sie etwas ratlos. Sie wissen zwar, dass sie als Ehepaar die Wahl bei den Lohnsteuerklassen III und V oder IV und IV haben, aber was ist besser für sie? Sie wissen auch, dass sie mit Philipp den Kinderfreibetrag „1" auf sich aufteilen dürfen, 1 und 0, 0 und 1 oder doch 0,5 und 0,5, aber was tun? Beide sind evangelisch und leben in Bayern.

Zum Glück sind Sie dabei! Sie laden schnell die aktuelle Lohnsteuertabelle auf Ihr Smartphone (Material 1), dazu die aktuellen Sozialversicherungssätze (Material 2) und rechnen Leonie und Julian direkt im Biergarten auf einer Serviette alles aus, was zur Entscheidungsfindung bezüglich ihrer Finanzen wichtig ist (Material 3).

1. Sie machen eine Lohnsteuerabrechnung für beide, wenn beide voll arbeiten gehen, wählen die Steuerklassen IV und IV und bei jedem einen Kinderfreibetrag von 0,5.
2. Sie machen eine Lohnsteuerabrechnung für beide, wenn nur Julian die Stelle antritt und Leonie vorläufig zu Hause bleibt, wählen für Julian Steuerklasse III und für Leonie Steuerklasse V und nehmen den Kinderfreibetrag von 1,0 bei Julian.
3. Sie begründen, warum Sie gerade diese beiden Varianten durchgerechnet haben.
4. Sie vergleichen das gemeinsame Nettoeinkommen beider Varianten.

Material 1 – Lohnsteuertabelle für 2019

Auszug aus der Monats-Lohnsteuertabelle 2019										
			Zahl der Kinderfreibeträge							
ab €	StK	Lohn-steuer	0		0,5		1		1,5	
			SolZ	KiStr	SolZ	KiStr	SolZ	KiStr	SolZ	KiStr
2 523,00 €	1	301,91	16,60	24,15	11,79	17,16	7,27	10,58	–	4,50
	2	257,50	–	–	9,49	13,81	2,41	7,44	–	2,01
	3	81,33	–	6,50	–	1,97	–	–	–	–
	4	301,91	16,60	24,15	14,16	20,60	11,79	17,16	9,50	13,82
	5	576,83	31,72	46,14	–	–	–	–	–	–
	6	610,83	33,59	48,86	–	–	–	–	–	–
2 526,00 €	1	302,66	16,64	24,21	11,83	17,21	7,31	10,63	–	4,54
	2	258,16	–	–	9,53	13,86	2,53	7,49	–	2,04
	3	81,83	–	6,54	–	2,01	–	–	–	–
	4	302,66	16,64	24,21	14,20	20,66	11,83	17,21	9,53	13,87
	5	578,00	31,79	46,24	–	–	–	–	–	–
	6	611,83	33,65	48,94	–	–	–	–	–	–
2 529,00 €	1	303,33	16,68	24,26	11,87	17,26	7,34	10,68	–	4,59
	2	258,83	–	–	9,57	13,92	2,66	7,54	–	2,08
	3	82,33	–	6,58	–	2,05	–	–	–	–
	4	303,33	16,68	24,26	14,24	20,71	11,87	17,26	9,57	13,92
	5	579,00	31,84	46,32	–	–	–	–	–	–
	6	612,83	33,70	49,02	–	–	–	–	–	–
2 532,00 €	1	304,08	16,72	24,32	11,90	17,32	7,37	10,73	–	4,63
	2	259,58	–	–	9,60	13,96	2,78	7,59	–	2,12
	3	82,83	–	6,62	–	2,08	–	–	–	–
	4	304,08	16,72	24,32	14,27	20,76	11,90	17,32	9,60	13,97
	5	579,83	31,89	46,38	–	–	–	–	–	–
	6	614,00	33,77	49,12	–	–	–	–	–	–

Fortsetzung dieser Tabelle siehe nächste Seite.

Brutto	StK									
2 808,00 €	1	371,25	20,41	29,70	15,39	22,39	10,65	15,50	6,20	9,02
	2	324,83	–	–	12,98	18,88	8,39	12,20	–	5,94
	3	137,00	–	10,96	–	5,65	–	1,29	–	–
	4	371,25	20,41	29,70	17,87	25,99	15,39	22,39	12,98	18,89
	5	673,00	37,01	53,84	–	–	–	–	–	–
	6	709,16	39,00	56,73	–	–	–	–	–	–
2 811,00 €	1	372,00	20,46	29,76	15,43	22,44	10,69	15,55	6,23	9,07
	2	325,58	–	–	13,02	18,94	8,42	12,25	–	5,99
	3	137,50	–	11,00	–	5,69	–	1,32	–	–
	4	372,00	20,46	29,76	17,91	26,05	15,43	22,44	13,02	18,94
	5	674,00	37,07	53,92	–	–	–	–	–	–
	6	710,16	39,05	56,81	–	–	–	–	–	–
2 814,00 €	1	372,75	20,50	29,82	15,46	22,50	10,72	15,60	6,27	9,12
	2	326,25	–	–	13,05	18,99	8,46	12,30	–	6,04
	3	138,16	–	11,05	–	5,72	–	1,34	–	–
	4	372,75	20,50	29,82	17,94	26,10	15,46	22,50	13,06	19,00
	5	675,00	37,12	54,00	–	–	–	–	–	–
	6	711,25	39,11	56,90	–	–	–	–	–	–
2 817,00 €	1	373,50	20,54	29,88	15,51	22,56	10,76	15,66	6,30	9,17
	2	327,00	–	–	13,09	19,05	8,49	12,36	–	6,08
	3	138,66	–	11,09	–	5,76	–	1,38	–	–
	4	373,50	20,54	29,88	17,98	26,16	15,51	22,56	13,10	19,05
	5	676,16	37,18	54,09	–	–	–	–	–	–
	6	712,33	39,17	56,98	–	–	–	–	–	–

StK = Steuerklasse, SolZ = Solidaritätszuschlag, KiStr = Kirchensteuer

Material 2 – Sozialversicherungssätze für 2019

Sozialversicherungssätze 2019 (in % von brutto)			
Krankenversicherung	14,6 % + 1,1 %	▶ ½ AG; ½ AN	= 7,85 % AN
Pflegeversicherung	3,05 % (+ 0,25 %)	▶ 1,525 % AG, 1,525 % (+ 0,25 %) AN	= 1,525 % AN
Rentenversicherung	18,6 %	▶ ½ AG; ½ AN	= 9,3 % AN
Arbeitslosenversicherung	2,5 %	▶ ½ AG; ½ AN	= 1,25 % AN

Material 3 – Formular Lohnabrechnung

Lohnabrechnung für:	
Bruttolohn	
abzüglich Lohnsteuer lt. Lohnsteuertabelle	
abzüglich Kirchensteuer lt. Lohnsteuertabelle	
abzüglich Solidaritätszuschlag lt. Lohnsteuertabelle	
abzüglich gesetzliche Krankenversicherung	
abzüglich gesetzliche Pflegeversicherung	
abzüglich gesetzliche Rentenversicherung	
abzüglich gesetzliche Arbeitslosenversicherung	
Nettolohn	

7.5   Lohnsteuer und Einkommensteuer

Worin liegt der Unterschied zwischen der Lohnsteuer und der Einkommensteuer?

Die Einkommensteuer ist eine Jahressteuer, sie wird also auf alle Einkommen eines Jahres, wie beispielsweise auf „Löhne und Gehälter aus nichtselbstständiger Arbeit", erhoben.

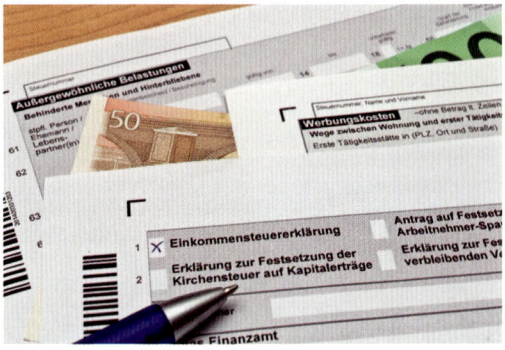

Die Lohnsteuer wird hingegen monatlich einbehalten. Der Arbeitgeber ist dazu verpflichtet. Er kann aber bei der monatlichen Lohnabrechnung nicht wissen, wie viel sein Mitarbeiter im Laufe des Jahres noch verdienen wird, welche sonstigen Einnahmen dieser hat und wie viel Einkommensteuer er an das Finanzamt abführen muss. Deshalb wird er die Lohnsteuer gemäß Lohnsteuertabelle, bezogen auf den Bruttolohn des Monats Oktober, einbehalten und sie an das Finanzamt weiterleiten. Er wird dabei die Lohnsteuerabzugsmerkmale aus der Datenbank beim Bundeszentralamt für Steuern für den betreffenden Arbeitnehmer verwenden, die elektronisch hinterlegt sind.

Beispiel:
Tim Müller ärgert sich beim Blick auf seine Lohnabrechung des Monats Oktober über die hohen Abzüge, die von seinem Bruttolohn für Lohnsteuer und Sozialversicherung abgegangen sind. Dabei hat er doch bis August noch als Auszubildender viel weniger verdient. Wieso bekommt er dafür bei der Lohnsteuer keinen Ausgleich? Außerdem hatte er ja auch hohe Ausgaben für Fahrtkosten zur Arbeit und auch die Fortbildung, die er für die frei werdende Stelle im Betrieb gemacht hat, war nicht gerade günstig.

Das Beispiel zeigt, dass es beruflich verursachte Ausgaben gibt, die nicht in der Lohnabrechnung des Monats berücksichtigt werden können. Zudem gibt es auch Einkünfte des Steuerpflichtigen, über die das Finanzamt nicht – wie etwa über das Arbeitsentgelt – automatisch informiert wird. Für solche Fälle gibt es die **Einkommensteuererklärung**. Sie gibt allen Steuerpflichtigen die Möglichkeit,

○ alle Unstimmigkeiten für das abgelaufene Jahr zu korrigieren,

○ Kosten geltend zu machen, die die Steuerschuld verringern, o zu viel bezahlte Lohnsteuer vom Finanzamt zurückzufordern,

o alle Einkommensarten anzugeben, auch die, über die das Finanzamt nicht automatisch informiert wird, zum Beispiel Mieteinnahmen.

Einkommensteuer

Einkommensteuerpflichtig sind natürliche Personen (= Menschen), die im Inland ihren Wohnsitz haben und in einem Jahr Einkommen aus einer der sieben Einkommensarten nach dem Einkommensteuergesetz erzielt haben.

§ 2 (1) Einkommensteuergesetz

Der Einkommensteuer unterliegen
1. Einkünfte aus Land- und Forstwirtschaft
2. Einkünfte aus Gewerbebetrieb
3. Einkünfte aus selbstständiger Arbeit
4. Einkünfte aus nichtselbstständiger Arbeit (= Lohn, Gehalt, Entgelt)
5. Einkünfte aus Kapitalvermögen
6. Einkünfte aus Vermietung und Verpachtung
7. sonstige Einkünfte

Für Renten wird seit 2005 schrittweise eine Besteuerung verwirklicht.

Einkommensteuerfrei sind unter anderem:

o Leistungen der gesetzlichen Kranken- und Unfallversicherung

o Zahlungen der Arbeitslosenversicherung, zum Beispiel Arbeitslosen- und Kurzarbeitergeld, Mutterschafts-, Erziehungs- und Kindergeld

o Heirats- und Geburtsbeihilfen durch den Arbeitgeber bis zu einer bestimmten Höhe

o Ersatz von Reise- und Umzugskosten

o Trinkgelder bis zu einem gewissen Höchstbetrag

o Zuschläge für Sonntags-, Feiertags- und Nachtarbeit, soweit sie einen bestimmten Prozentsatz des Grundlohnes nicht übersteigen

o Erlöse aus privaten Verkäufen

o Lotteriegewinne

o Zinsen und Kapitalerträge bis zu 801,00 € pro Person (bei Ehepaaren / Verpartnerten 1 602,00 €)

Für die **Steuererhebung auf Einkommen** gibt es zwei Verfahren:

1. Löhne und Gehälter (Einkünfte aus nichtselbstständiger Arbeit) unterliegen der **Lohnsteuer**. Der Arbeitgeber ist verpflichtet, die Lohnsteuer einzubehalten und an das Finanzamt weiterzuleiten.

2. Alle übrigen Einkünfte unterliegen der **Einkommensteuer**. Die Steuerschuld wird durch Veranlagung ermittelt, das heißt, der Steuerpflichtige gibt jährlich eine Einkommensteuererklärung ab, nach der das Finanzamt den Steuerbescheid erstellt.

ELStAM

Mit dem neuen **ELStAM** (Verfahren der elektronischen Lohnsteuerabzugsmerkmale) fällt die klassische Papier-Lohnsteuerkarte endgültig weg. Das Finanzamt löst damit die Gemeinden bei der Verwaltung aller Steuerdaten ab. ELStAM ist eine **Datenbank beim Bundeszentralamt für Steuern** in Bonn, in der alle deutschen Arbeitnehmer mit allen für die Lohnsteuererhebung wichtigen Daten, zum Beispiel Familienstand, Konfessionszugehörigkeit, Steuerklasse, Anzahl der Kinder und Kinderfreibeträge zentral gespeichert werden. Arbeitgeber können sich die nötigen Informationen zur Berechnung der Lohnsteuer direkt dort abrufen. Da für die Pflege der Daten und alle Änderungen ausschließlich die Finanzämter zuständig sind, müssen die Bürger eventuelle Änderungen melden.

Zur Identifikation der einzelnen Person in der Datenbank dient die bereits seit 2008 an alle Bürger vergebene, lebenslang gültige **Steuer-Identifikationsnummer**. Tritt ein Arbeitnehmer eine neue Stelle an, gibt er seinem neuen Arbeitgeber diese Nummer und zusätzlich das Geburtsdatum. So kann er nach der Anmeldung durch den Arbeitgeber mithilfe dieser beiden Angaben im ELStAM-System gefunden werden. Auch können Bürger auf Antrag Auskünfte über die gebildeten ELStAM sowie über die durch den Arbeitgeber in den letzten 24 Monaten erfolgten Abrufe erhalten. Zudem besteht die Möglichkeit, einen oder mehrere zum Abruf der Daten berechtigte Arbeitgeber zu benennen (Positivliste).

Jeder Steuerpflichtige wird einer **Steuerklasse** zugeordnet. Änderungen müssen selbst dem Finanzamt gemeldet werden, bei Ehepaaren und eingetragenen Lebenspartnern besteht Wahlfreiheit zwischen der Steuerklassenkombination III und V oder IV und IV.

o **Steuerklasse I**: für ledige, geschiedene, verwitwete sowie verheiratete oder verpartnerte Arbeitnehmer, die dauernd getrennt leben oder deren Ehegatte oder Lebenspartner im Ausland wohnt.

o **Steuerklasse II**: für Arbeitnehmer, bei denen ein Entlastungsbetrag für Alleinerziehende zu berücksichtigen ist.

○ **Steuerklasse III**: für verheiratete oder verpartnerte Arbeitnehmer, wenn ein Ehegatte oder Lebenspartner keinen Arbeitslohn bezieht oder wenn er in Steuerklasse V eingeordnet ist.

○ **Steuerklasse IV**: für verheiratete oder verpartnerte Arbeitnehmer, wenn beide Ehegatten oder Lebenspartner Arbeitslohn beziehen.

○ **Steuerklasse V**: für verheiratete oder verpartnerte Arbeitnehmer, wenn der Ehegatte oder Lebenspartner Steuerklasse III gewählt hat.

○ **Steuerklasse VI**: für das zweite und jedes weitere Arbeitsverhältnis von Arbeitnehmern, die in mehreren Dienstverhältnissen stehen.

Berechnung der Lohnsteuer
Die Berechnung der Lohnsteuer wäre für den einzelnen Arbeitgeber sehr aufwendig. Deshalb gibt es für jedes Jahr **Lohnsteuertabellen**. In diesen kann für alle Lohnhöhen die Lohnsteuer für die unterschiedlichen Lohnsteuerklassen abgelesen werden.

Zu versteuernder Arbeitslohn
Grundlage der Besteuerung ist nicht das gesamte Brutto-Arbeitsentgelt. Das Einkommensteuergesetz (EStG) sieht vor, dass bestimmte Einkommensteile steuerfrei bleiben. Dafür sind in den Lohnsteuertabellen bereits feste Pauschbeträge (Freibeträge) berücksichtigt.

○ **Grundfreibetrag:** Der Teil des Einkommens bleibt komplett steuerfrei, der zur Sicherung des existenznotwendigen Bedarfs erforderlich ist. Bis zu dieser Einkommenshöhe pro Jahr muss also gar keine Einkommensteuer bezahlt werden. Der Grundfreibetrag beträgt 9 168,00 € bzw. bei zusammen veranlagten Ehepaaren 18 336,00 €.

○ **Arbeitnehmerpauschbetrag:** Er berücksichtigt, dass der Arbeitnehmer im Zusammenhang mit seiner Erwerbstätigkeit verschiedene unausweichliche Ausgaben hat (sogenannte Werbungskosten). Er beträgt 1 000,00 € im Jahr.

○ **Sonderausgabenpauschbetrag:** Für im § 10 EStG beschriebene Ausgaben wie Aufwendungen für die Altersvorsorge, Kirchensteuer, Spenden oder Steuerberatungskosten; er beträgt bei Alleinstehenden 36,00 €, bei Ehepaaren 72,00 € im Jahr.

○ **Vorsorgepauschale:** Sie berücksichtigt, dass Arbeitnehmer hohe Aufwendungen für die soziale Sicherung und andere Vorsorgemaßnahmen, zum Beispiel Personen- und Haftpflichtversicherungen, zu erbringen haben. Ihre Höhe richtet sich nach dem „maßgeblichen" Arbeitslohn, allerdings nur bis zu einer bestimmten Einkommensgrenze.

○ **Kinderfreibetrag:** Er beträgt pro Kind 4 980,00 € pro Elternteil, bei Zusammenveranlagung 7 620,00 €.

Brutto-Arbeitsentgelt (zum Beispiel Arbeitslohn)

– Werbungskosten
= **Einkünfte**
– Sonderausgaben
– außergewöhnliche Belastungen
= **Einkommen**
– sonstige Freibeträge
= **zu versteuerndes Einkommen**

Steuertarif

Auf das zu versteuernde Einkommen werden unterschiedliche Steuersätze angewendet, die in drei Bereiche je nach Einkommenshöhe eingeteilt sind:

○ **Grundfreibetrag:** Einkommen bis zur Höhe des Grundfreibetrags von 9 168 € pro Jahr bleiben einkommensteuerfrei.

○ **Progressionszone:** Über dem Grundfreibetrag liegende Einkommen werden mit linear steigenden Steuersätzen von 14 % bis 42 % belastet.

○ **Proportionalzone:** Alle Teile des Einkommens, die über einem Jahreseinkommen von 55 960 € liegen, werden mit dem gleichbleibenden Steuersatz von 42 % besteuert. Für Einkommen über 265 327 € im Jahr gilt der Spitzensteuersatz von 45 %. Dieser Sprung in der Proportionalzone wird auch als **„Reichensteuer"** bezeichnet.

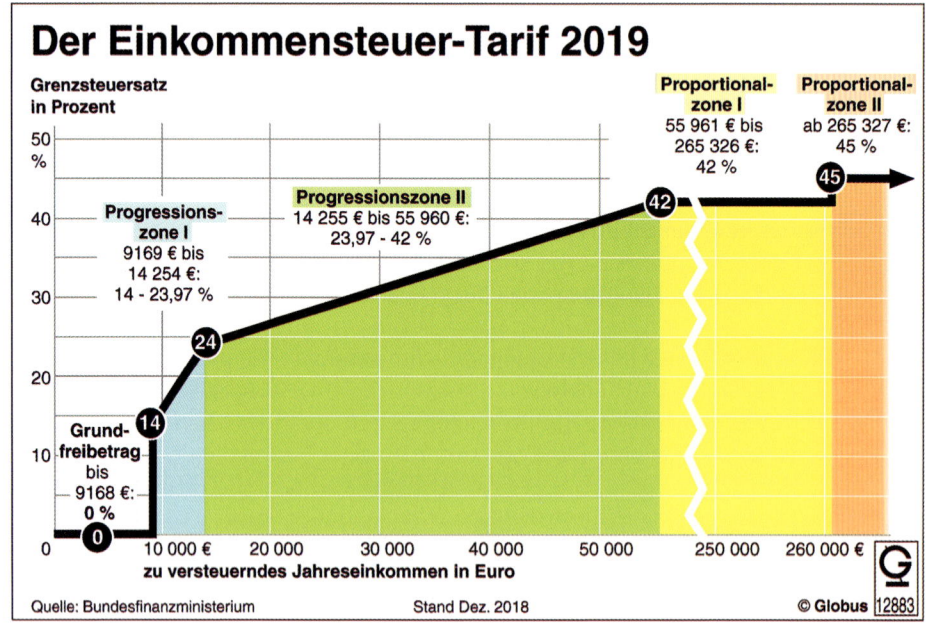

Der Einkommensteuer-Tarif 2019

Grenzsteuersatz in Prozent

Proportional-zone I
55 961 € bis 265 326 €: 42 %

Proportional-zone II
ab 265 327 €: 45 %

Progressions-zone I
9169 € bis 14 254 €: 14 - 23,97 %

Progressionszone II
14 255 € bis 55 960 €: 23,97 - 42 %

Grund-freibetrag bis 9168 €: 0 %

zu versteuerndes Jahreseinkommen in Euro

Quelle: Bundesfinanzministerium   Stand Dez. 2018   © Globus 12883

Zu beachten ist, dass die im Einkommensteuer-Tarif angegebenen Prozentsätze immer für den nächsten zusätzlich verdienten Euro gelten, es wird also der **Grenzsteuersatz** angegeben. Eine weitaus flachere Kurve zeigt der **Durchschnittssteuersatz** für das gesamte Einkommen.

> *Bespiel:*
> Marie Schäfer hat 9 169,00 € zu versteuerndes Einkommen im Jahr 2019.
>
> Grenzsteuersatz: bei 9 169,00 € Einkommen = 14 %
>
> Einkommensteuerschuld: 9 168,00 € steuerfrei, 1,00 € mit 14 % zu versteuern = 0,14 € für das gesamte Jahr 2019

Ehegattensplitting
Mit dem Ehegattensplitting können Ehepaare und Lebenspartner zur Berechnung der Einkommensteuer zusammen veranlagt werden. Ihre Einkommen werden zusammengerechnet, die Steuer wird aus der Hälfte des Gesamteinkommens ermittelt und anschließend verdoppelt. Das Ehegattensplitting wurde im Jahr 1958 eingeführt, seit 2013 gilt die steuerliche Regelung auch für gleichgeschlechtliche Paare.

Einkommensteuererklärung

Übersteigen die tatsächlichen Aufwendungen für Werbungskosten den Arbeitnehmerpauschbetrag, fallen erhöhte Sonderausgaben an oder muss der Steuerpflichtige sonstige anerkannte Aufwendungen (außergewöhnliche Belastungen) auf sich nehmen, so kann er durch spezielle **Anträge auf Lohnsteuerermäßigung** beim Finanzamt Überzahlungen vermeiden bzw. zu viel bezahlte Lohn- oder Einkommensteuer zurückverlangen. Antragsformulare gibt es beim Finanzamt oder online beim Bundesfinanzministerium. Auch die Eintragung eines **Freibetrages** in ELStAM ist möglich, um zu hohe Steuerabzüge zu vermeiden. Dabei ist zu beachten, dass nur Werbungskosten berücksichtigt werden können, die den Arbeitnehmerpauschbetrag in Höhe von 1 000,00 € übersteigen.

Erklärungspflicht zur Einkommensteuer
Zur Abgabe einer Einkommensteuererklärung sind Arbeitnehmer **verpflichtet**, wenn

- sie einen Freibetrag in ELStAM eintragen lassen,

- ihre Einkünfte, von denen keine Lohnsteuer einbehalten wurde, mehr als 410,00 € im Jahr betragen,

- mehrere Arbeitsverhältnisse vorlagen,

- beide Ehegatten oder Lebenspartner Arbeitslohn bezogen haben und einer nach Steuerklasse V oder VI besteuert wurde.

Die Frist zur Abgabe endet am 31. Juli des folgenden Jahres.

Arbeitnehmerveranlagung

Auch wenn keine Erklärungspflicht besteht, kann über eine Einkommensteuererklärung nachträglich **zu viel bezahlte Lohnsteuer** zurückgefordert werden. Die Erklärungsfrist dauert vier Jahre, die Steuererklärung muss dafür bis zum 31. Dezember, 0:00 Uhr im Hausbriefkasten des Finanzamts angekommen sein. Ein Antrag lohnt sich insbesondere in folgenden Fällen:

o Der Steuerpflichtige war nicht das ganze Jahr über beschäftigt, zum Beispiel wegen Arbeitslosigkeit, Bundesfreiwilligendienst oder Ferienjobben während der Schul- oder Studienzeit.

o Die Bezüge waren im Laufe des Jahres unterschiedlich hoch, zum Beispiel, wenn ein Auszubildender im August die Abschlussprüfung besteht und ab September als Geselle oder Facharbeiter arbeitet.

o Eintragungen in ELStAM ändern sich im Laufe des Jahres, zum Beispiel die Steuerklasse infolge Heirat oder die Anzahl der Kinderfreibeträge.

o Der Steuerpflichtige kann erhöhte **Werbungskosten** nachweisen.

Beispiele für Werbungskosten:
o Fahrtkosten von der Wohnung zum Arbeitsplatz (Kilometerpauschale 0,30 € einfach),
o Beiträge zu Berufsverbänden (Gewerkschaften),
o Ausgaben für Arbeitsmittel (Berufskleidung, Fachliteratur) und berufliche Weiterbildung,
o Mehraufwendungen für Verpflegung bei mehr als zehnstündiger Abwesenheit, bedingt durch wechselnde Einsatzstellen oder Fahrtätigkeit.

○ Erhöhte **Sonderausgaben** können geltend gemacht werden.

> **Beispiele: Sonderausgaben**
> o Steuerberatungskosten und gezahlte Kirchensteuer sind unbeschränkt abzugsfähig,
> o Aufwendungen für die eigene erstmalige Berufsausbildung können bis 6 000,00 € pro Jahr geltend gemacht werden.
> o Spenden und Mitgliedsbeiträge zur Förderung steuerbegünstigter (gemeinnütziger) Zwecke werden bis zu 20 % der Einkünfte anerkannt.

○ Außergewöhnliche Belastungen sind gegeben, wenn der Steuerpflichtige Aufwendungen hat, denen er sich nicht entziehen kann und die für die Mehrheit der Steuerpflichtigen nicht anfallen.

> **Beispiele: außergewöhnliche Belastungen**
> o Krankheitskosten, soweit sie nicht erstattet werden,
> o Mehraufwendungen bei einer Behinderung,
> o Wiederbeschaffungskosten für Hausrat und Kleidung, die durch ein unabwendbares Ereignis (Brand, Hochwasser) verloren gingen,
> o Unterhalt für bedürftige Angehörige,
> o Kinderbetreuungskosten bei Alleinstehenden,
> o Aufwendungen für die Heim- oder Pflegeunterbringung

Außergewöhnliche Belastungen wirken sich erst dann steuermindernd aus, wenn sie einen bestimmten Prozentsatz der Einkünfte – die zumutbare Belastung – überschreiten.

7.6   Projekt: Eine Steuererklärung erstellen

Erstellen Sie selbst eine Einkommensteuererklärung!

Bestimmt hätten auch Sie gerne „mehr netto vom brutto" am Ende des Monats. Wussten Sie aber, dass Sie zu viel gezahlte Lohnsteuer noch bis zu vier Jahre später vom Finanzamt zurückfordern können?

Dazu müssen Sie nach Ablauf des Jahres eine Einkommensteuererklärung abgeben!

Die Finanzverwaltung erfährt mittlerweile viele Informationen automatisch, z. B. Lohnsteuerbescheinigungen, Beiträge zur Kranken-/ Pflegeversicherung und Altersvorsorge, Lohnersatzleistungen und Renten. Ab dem Kalenderjahr 2019 verzichtet die Finanzverwaltung deshalb auf die Angabe dieser eDaten in der Einkommensteuererklärung. Der Hauptvordruck ESt 1 A ist in jedem Fall abzugeben, zusätzliche Anlagen nur, wenn noch weitere Informationen mitzuteilen sind.

Anlage-Formular	Inhalt
Haushaltsnahe Aufwendungen	Haushaltsnahe Beschäftigungsverhältnisse, Dienst- und Handwerkerleistungen
Kind	Steuerlich berücksichtigungsfähige Kinder
Sonderausgaben	Berücksichtigung von z. B. Kirchensteuer, Spenden und Mitgliedsbeiträgen, Berufsausbildungskosten
Vorsorgeaufwand	Berücksichtigung von Versicherungsbeiträgen

Erstellen Sie nun die Einkommensteuererklärung für Johannes Müller für das Jahr 2019. (ohne Anlage-Formulare)

> Johannes ist Chemielaborant, ledig, katholisch, hat keine Kinder, wohnt in Baden-Württemberg, seine Krankenkasse verlangt 1,0 % Zusatzbeitrag.

1. Verschaffen Sie sich einen Überblick über die Belege für 2019 (Material 1), indem Sie diese als Arbeitsvorbereitung nummeriert in das Sammelformular (Material 2) eintragen.
2. Füllen Sie nun das zweiseitige Formular „Hauptvordruck ESt1A 2019" (Material 3) für Johannes aus.

Wenn dies Ihre eigene Einkommensteuererklärung wäre, würden Sie nach Fertigstellung die unterschriebenen Formulare in ein Kuvert stecken und bis spätestens 31. Juli 2020 an das Finanzamt schicken. Natürlich können Sie Ihre Einkommensteuererklärung auch papierlos mithilfe einer **Software** und über die elektronische Steuererklärung **(ELSTER)** der Finanzverwaltung online an ihr zuständiges Finanzamt schicken, in manchen Fällen müssen Sie das auch.

Material 1 – Belege von Johannes Müller für das Jahr 2019

Arbeitswäsche für Beruf, selbst bezahlt: 300,00 €

Fahrtstrecke zur Arbeit: 50 km, an 220 Tagen

Johannes Müller, *17.08.1988

wohnhaft in Leibnizstr. 22, 81765 Hufstedt

Gewerkschaftsbeiträge zur IG BCF: 175,00 €

Steuer-Identifikationsnummer: 12 324 567 121

Beruflich benötigte Fachbücher, selbst bezahlt: 250,00 €

Pauschale für weitere Arbeitsmittel: 110,00 €

Fortbildung, selbst bezahlt: 470,00 €

Bruttojahreslohn 32 725,00 € IdNr. ABCDEFGH12K345

Pauschale für Kontoführungsgebühren: 16,00 €

Johannes Müller, geboren am 17.08.1988, wohnt in der Leipnizstr. 22 in 81765 Hufstedt, seine Telefonnummer ist 012345 6789. Das Finanzamt ist auch in Hufstedt. Die Steuernummer ist 65536/41430

Steuer-Software 40,00 €

Bewerbungskosten: 80,00 €

Spende für Hochwasseropfer an Missio: 100,00 €

Bankverbindung von Johannes Müller: Sparkasse Hufstedt, IBAN DE92 1423 2300 0012 5656 43 BIC SBCRDE23XXX

Arbeitsstelle: Chemie AG, Sommerweg 4, 72456 Rosenberg

Material 2 – Sammelformular Belege

Belege zur ESt-Erklärung 2019 für Herrn Johannes Müller		
Einkünfte		
Nr.	**Kategorie**	**Betrag**
01	*Land- und Forstwirtschaft*	
02	*Gewerbebetrieb*	
03	*Selbstständige Arbeit*	
04	**Nichtselbstständige Arbeit**	
	Bruttoarbeitslohn	
05	*Kapitalvermögen*	
06	*Vermietung und Verpachtung*	
07	*Sonstige Einkünfte*	
Ausgaben		
Nr.	**Kategorie**	**Betrag**
01	*Betriebsausgaben aus Land- und Forstwirtschaft*	
02	*Betriebsausgaben aus Gewerbebetrieb*	
03	*Betriebsausgaben aus selbstständiger Arbeit*	
04	**Werbungskosten aus nichtselbstständiger Arbeit**	
05	*Werbungskosten aus Kapitalvermögen*	
06	*Werbungskosten aus Vermietung und Verpachtung*	
07	*Ausgaben bzgl. sonstigen Einkünften*	
Sonderausgaben		**Betrag**
01	**Kirchensteuer**	
02	**Spenden und Mitgliedsbeiträge**	
03	*Vorsorgeaufwendungen und Altersvorsorgebeiträge*	
04	*Außergewöhnliche Belastungen*	
05	*Haushaltsnahe Beschäftigungsverhältnisse, Dienstleistungen und Handwerkerleistungen*	

Material 3 – Hautvordruck ESt1A zur Einkommensteuererklärung (Seite 1)

2019

1	☐ Einkommensteuererklärung ☐ Festsetzung der Arbeitnehmer-Sparzulage
2	☐ Erklärung zur Festsetzung der Kirchensteuer auf Kapitalerträge ☐ Erklärung zur Feststellung des verbleibenden Verlustvortrags

Eingangsstempel

3	**Steuernummer**

An das Finanzamt

Daten für die mit ⓔ gekennzeichneten Zeilen liegen im Regelfall vor und müssen, wenn sie zutreffend sind, nicht ausgefüllt werden. – Bitte Infoblatt eDaten / Anleitung beachten –

4	
5	Bei **Wohnsitzwechsel: bisheriges Finanzamt**

Allgemeine Angaben

6	Telefonische Rückfragen tagsüber unter Nr.

Steuerpflichtige Person (**stpfl. Person**), nur bei Zusammenveranlagung: **Ehemann** oder **Person A*** (Ehegatte A / Lebenspartner[in] A nach dem LPartG)

7	Identifikationsnummer (IdNr.) *) Bitte Anleitung beachten.
8	Name / Geburtsdatum
9	Vorname

Religionsschlüssel:
Evangelisch = EV
Römisch-Katholisch = RK
nicht kirchensteuerpflichtig = VD
Weitere siehe Anleitung

10	Titel, akademischer Grad / Religion
11	Straße (derzeitige Adresse)
12	Hausnummer / Hausnummerzusatz / Adressergänzung
13	Postleitzahl / Wohnort
14	Ausgeübter Beruf
15	Verheiratet / Lebenspartnerschaft begründet seit dem / Verwitwet seit dem / Geschieden / Lebenspartnerschaft aufgehoben seit dem / Dauernd getrennt lebend seit dem

Nur bei Zusammenveranlagung: **Ehefrau** oder **Person B** (Ehegatte B / Lebenspartner[in] B nach dem LPartG)

16	IdNr.
17	Name / Geburtsdatum
18	Vorname

Religionsschlüssel:
Evangelisch = EV
Römisch-Katholisch = RK
nicht kirchensteuerpflichtig = VD
Weitere siehe Anleitung

19	Titel, akademischer Grad / Religion
20	Straße (falls von Zeile 11 abweichend)
21	Hausnummer / Hausnummerzusatz / Adressergänzung
22	Postleitzahl / Wohnort (falls von Zeile 13 abweichend)
23	Ausgeübter Beruf

Nur von Ehegatten / Lebenspartnern auszufüllen

24	☐ Zusammenveranlagung ☐ Einzelveranlagung von Ehegatten / Lebenspartnern ☐ Wir haben Gütergemeinschaft vereinbart

Bankverbindung – Bitte stets angeben –

25	IBAN (inländisches Geldinstitut) **DE**
26	IBAN (ausländisches Geldinstitut)
27	BIC zu Zeile 26
28	**Kontoinhaber** lt. Zeile 8 und 9 / lt. Zeile 17 und 18 oder: Name (im Fall der Abtretung bitte amtlichen Abtretungsvordruck einreichen)

2019ESt1A011NET – Aug. 2019 – 2019ESt1A011NET

034037_19 - 20191216 (V2)

Material 3 – Hautvordruck ESt1A zur Einkommensteuererklärung (Seite 2)

Steuernummer, Name und Vorname

Der Steuerbescheid soll nicht mir / uns zugesandt werden, sondern:

– Nur ausfüllen, wenn dem Finanzamt keine entsprechende Bekanntgabevollmacht vorliegt –

31 Name

32 Vorname

33 Straße

34 Hausnummer | Hausnummernzusatz | Postfach

35 Postleitzahl | Wohnort

36 Staat (falls Anschrift im Ausland)

Antrag auf Festsetzung der Arbeitnehmer-Sparzulage | 15 |

	stpfl. Person / Ehemann / Person A	Ehefrau / Person B
37 Für alle vom Anbieter übermittelten elektronischen Vermögensbildungsbescheinigungen wird die Festsetzung der Arbeitnehmer-Sparzulage beantragt	17 [ ] 1 = Ja	18 [ ] 1 = Ja

Einkommensersatzleistungen | 18 |

– ohne Beträge lt. Zeile 28 der Anlage N –

	stpfl. Person / Ehemann / Person A EUR	Ehefrau / Person B EUR
38 – die dem Progressionsvorbehalt unterliegen, z. B. Arbeitslosengeld, Elterngeld, Insolvenzgeld, Krankengeld, Mutterschaftsgeld	120 [ ] ,—	121 [ ] ,—
39 – vergleichbare Leistungen i. S. d. Zeile 38 aus einem EU- / EWR-Staat oder der Schweiz	136 [ ] ,—	137 [ ] ,—

Ergänzende Angaben zur Steuererklärung

40 Über die Angaben in der Steuererklärung hinaus sind weitere oder abweichende Angaben oder Sachverhalte zu berücksichtigen. Diese ergeben sich aus der beigefügten Anlage, welche mit der Überschrift „**Ergänzende Angaben zur Steuererklärung**" gekennzeichnet ist.   175 [ ] 1 = Ja

Hinweis: Wenn über die Angaben in der Steuererklärung hinaus weitere oder abweichende Angaben oder Sachverhalte berücksichtigt werden sollen, tragen Sie bitte eine „1" ein. Gleiches gilt, wenn bei den in der Steuererklärung erfassten Angaben bewusst eine von der Verwaltungsauffassung abweichende Rechtsauffassung zugrunde gelegt wurde. Falls Sie mit Abgabe der Steuererklärung lediglich Belege und Aufstellungen einreichen, ist keine Eintragung vorzunehmen.

Unterschrift

Datenschutzhinweis:

Die mit der Steuererklärung / dem Antrag angeforderten Daten werden aufgrund der §§ 149, 150 und 181 Abs. 2 der Abgabenordnung, der §§ 25, 46 und 51a Abs. 2d des Einkommensteuergesetzes sowie des § 14 Abs. 4 des Fünften Vermögensbildungsgesetzes erhoben.
Informationen über die Verarbeitung personenbezogener Daten in der Steuerverwaltung und über Ihre Rechte nach der Datenschutz-Grundverordnung sowie über Ihre Ansprechpartner in Datenschutzfragen entnehmen Sie bitte dem allgemeinen Informationsschreiben der Finanzverwaltung. Dieses Informationsschreiben finden Sie unter www.finanzamt.de (unter der Rubrik „Datenschutz") oder erhalten Sie bei Ihrem Finanzamt.

41 Die Steuererklärung wurde unter Mitwirkung eines Angehörigen der steuerberatenden Berufe i. S. d. §§ 3 und 4 des Steuerberatungsgesetzes erstellt: [ ] 1 = Ja

Bei der Anfertigung dieser Steuererklärung hat mitgewirkt:

42 Datum, Unterschrift(en)   Steuererklärungen sind eigenhändig – bei Ehegatten / Lebenspartnern von beiden – zu unterschreiben.

2019ESt1A012NET   2019ESt1A012NET

Auf einen Blick

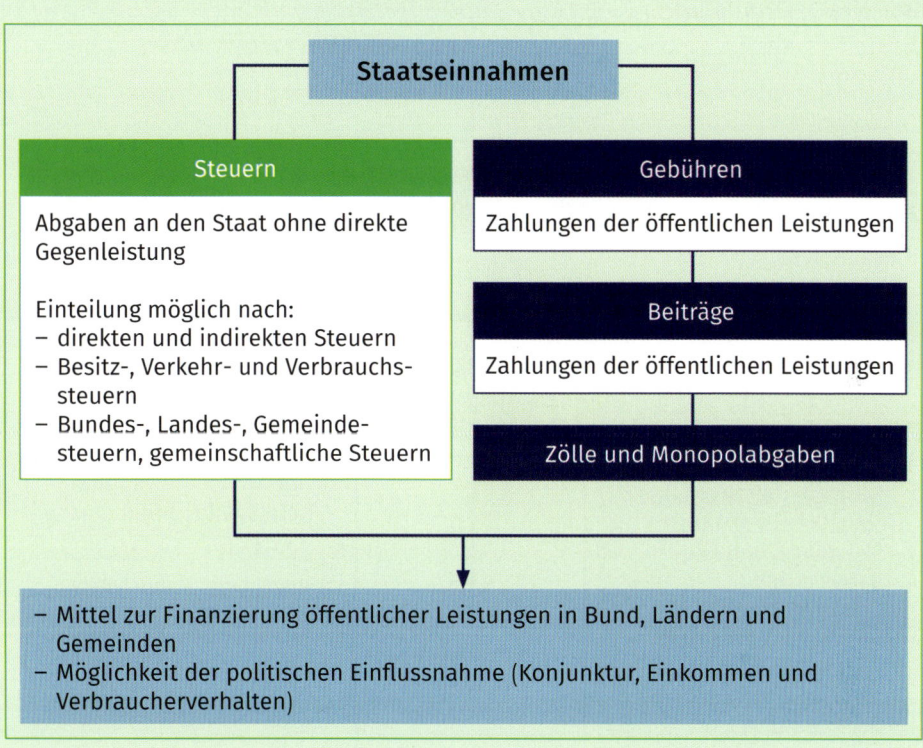

Staatseinnahmen

Steuern

Abgaben an den Staat ohne direkte
Gegenleistung

Einteilung möglich nach:
- direkten und indirekten Steuern
- Besitz-, Verkehr- und Verbrauchssteuern
- Bundes-, Landes-, Gemeindesteuern, gemeinschaftliche Steuern

Gebühren

Zahlungen der öffentlichen Leistungen

Beiträge

Zahlungen der öffentlichen Leistungen

Zölle und Monopolabgaben

- Mittel zur Finanzierung öffentlicher Leistungen in Bund, Ländern und
  Gemeinden
- Möglichkeit der politischen Einflussnahme (Konjunktur, Einkommen und
  Verbraucherverhalten)

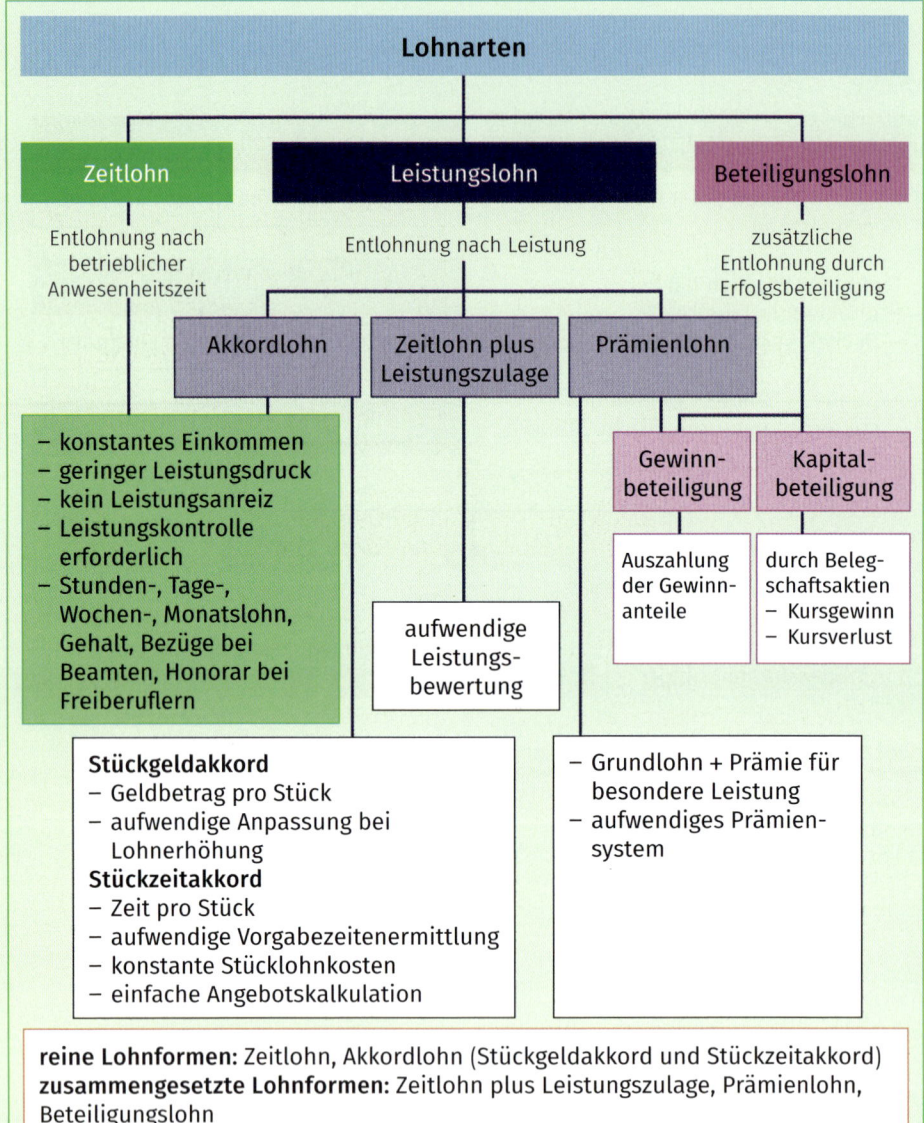

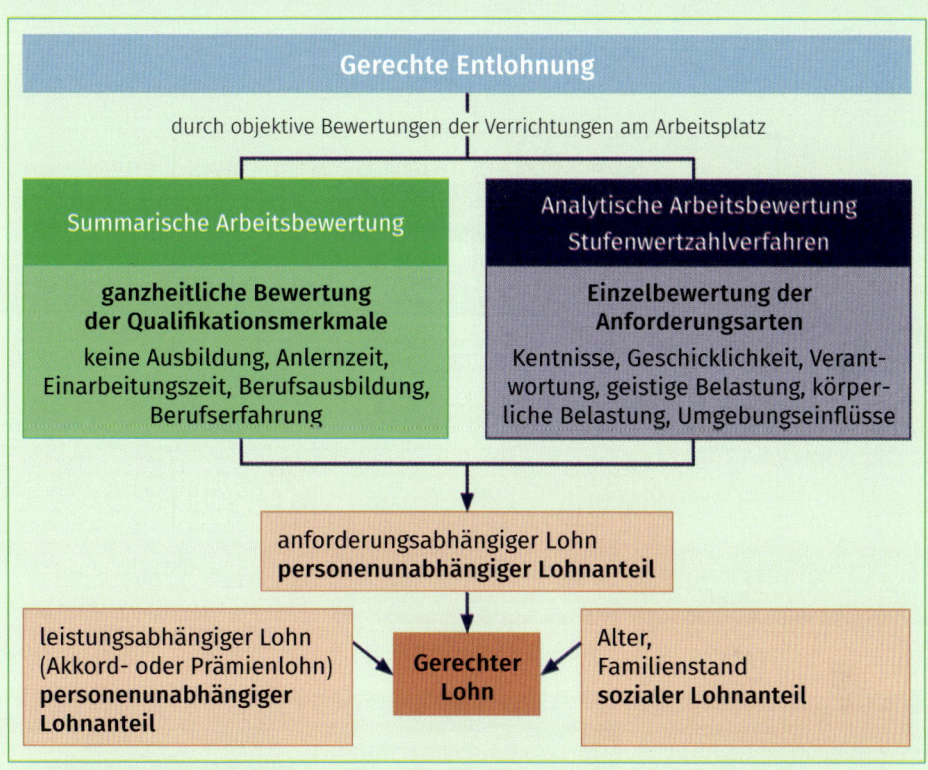

Gerechte Entlohnung

durch objektive Bewertungen der Verrichtungen am Arbeitsplatz

Summarische Arbeitsbewertung

**ganzheitliche Bewertung
der Qualifikationsmerkmale**

keine Ausbildung, Anlernzeit,
Einarbeitungszeit, Berufsausbildung,
Berufserfahrung

Analytische Arbeitsbewertung
Stufenwertzahlverfahren

**Einzelbewertung der
Anforderungsarten**

Kentnisse, Geschicklichkeit, Verantwortung, geistige Belastung, körperliche Belastung, Umgebungseinflüsse

anforderungsabhängiger Lohn
personenunabhängiger Lohnanteil

leistungsabhängiger Lohn
(Akkord- oder Prämienlohn)
**personenunabhängiger
Lohnanteil**

**Gerechter
Lohn**

Alter,
Familienstand
sozialer Lohnanteil

Lohnabrechnung

Bruttolohn (steuer- und sozialabgabenpflichtiges Entgelt)

abzüglich gesetzliche Lohnabzüge
- Lohnsteuer
- Kirchensteuer
- Solidaritätszuschlag
- Sozialversicherungsbeiträge (KV, PV, AV, RV)

= Nettolohn

abzüglich sonstige Abzüge
- vermögenswirksame Leistung
- Gehaltsabtretungen (Gewerkschaftsbeitrag)
- Lohnpfändung

= Ausbezahlter Lohn

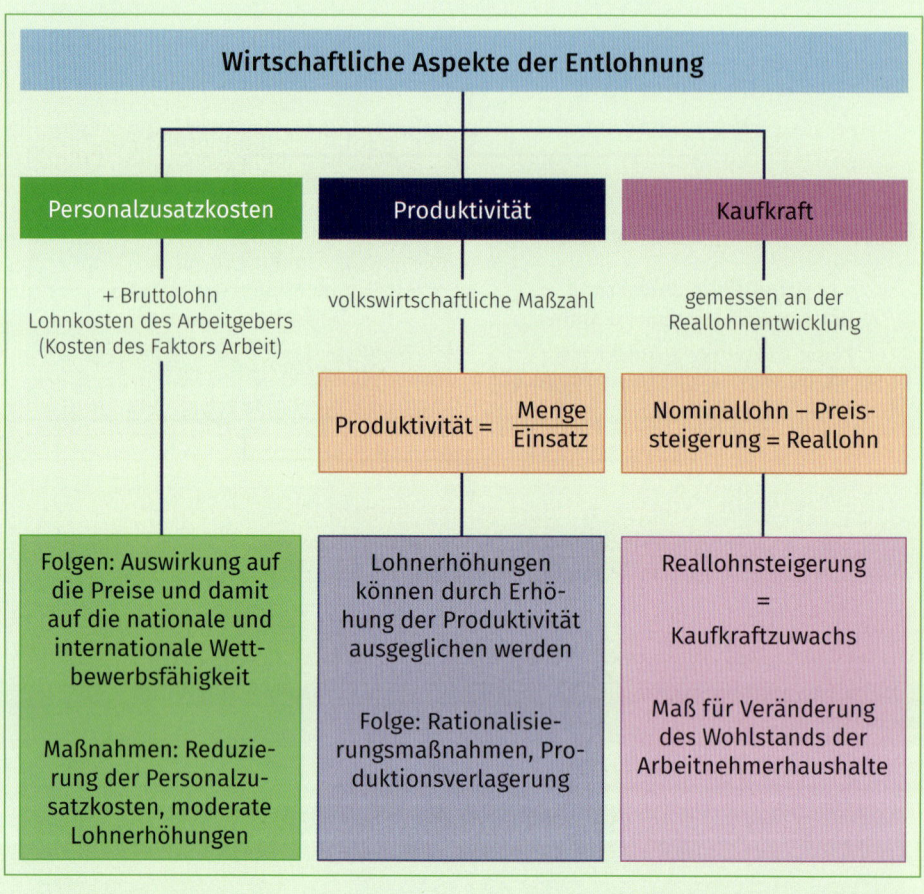

Wirtschaftliche Aspekte der Entlohnung

Personalzusatzkosten	Produktivität	Kaufkraft
+ Bruttolohn Lohnkosten des Arbeitgebers (Kosten des Faktors Arbeit)	volkswirtschaftliche Maßzahl	gemessen an der Reallohnentwicklung
	$\text{Produktivität} = \dfrac{\text{Menge}}{\text{Einsatz}}$	Nominallohn – Preissteigerung = Reallohn
Folgen: Auswirkung auf die Preise und damit auf die nationale und internationale Wettbewerbsfähigkeit Maßnahmen: Reduzierung der Personalzusatzkosten, moderate Lohnerhöhungen	Lohnerhöhungen können durch Erhöhung der Produktivität ausgeglichen werden Folge: Rationalisierungsmaßnahmen, Produktionsverlagerung	Reallohnsteigerung = Kaufkraftzuwachs Maß für Veränderung des Wohlstands der Arbeitnehmerhaushalte

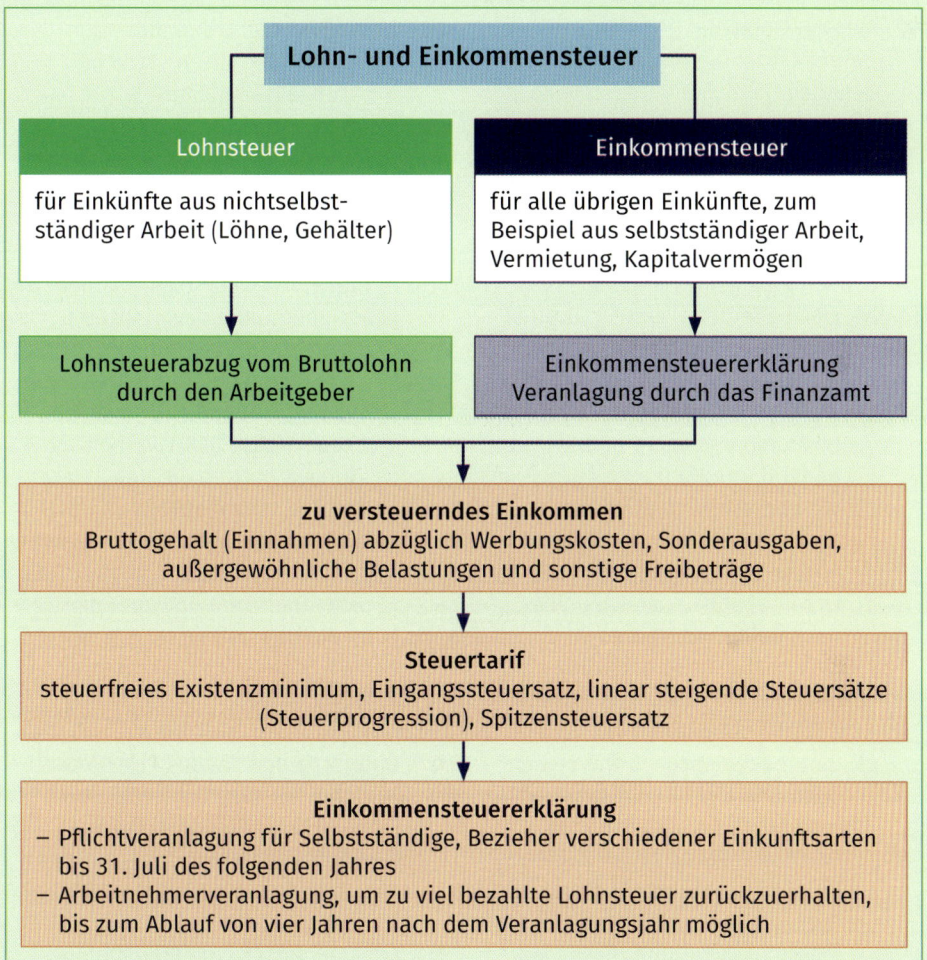

Lohn- und Einkommensteuer

Lohnsteuer	Einkommensteuer
für Einkünfte aus nichtselbstständiger Arbeit (Löhne, Gehälter)	für alle übrigen Einkünfte, zum Beispiel aus selbstständiger Arbeit, Vermietung, Kapitalvermögen
Lohnsteuerabzug vom Bruttolohn durch den Arbeitgeber	Einkommensteuererklärung Veranlagung durch das Finanzamt

zu versteuerndes Einkommen
Bruttogehalt (Einnahmen) abzüglich Werbungskosten, Sonderausgaben, außergewöhnliche Belastungen und sonstige Freibeträge

Steuertarif
steuerfreies Existenzminimum, Eingangssteuersatz, linear steigende Steuersätze (Steuerprogression), Spitzensteuersatz

Einkommensteuererklärung
- Pflichtveranlagung für Selbstständige, Bezieher verschiedener Einkunftsarten bis 31. Juli des folgenden Jahres
- Arbeitnehmerveranlagung, um zu viel bezahlte Lohnsteuer zurückzuerhalten, bis zum Ablauf von vier Jahren nach dem Veranlagungsjahr möglich

Kompetent handeln

1. Michael Oblak hat gerade die Berufsfachschule für Bauzeichner beendet. Da er nun in das zweite Lehrjahr im dualen System wechselt und ein Ausbildungsgehalt erhält, macht er sich grundsätzliche Gedanken zu seiner finanziellen Situation. Helfen Sie Michael dabei, Antworten auf seine Fragen zu finden:
   a) Was bedeutet eigentlich Bruttolohn, Nettolohn, Nominallohn und Reallohn?
   b) Welche Abzüge werden vom Bruttolohn gemacht und wovon hängt die Höhe dieser Abzüge ab?
   c) Wo und wie kann Michael nachschauen, wie hoch seine Abzüge sein werden?
   d) Er zahlt Lohnsteuer, kann aber nach Ablauf des Jahres eine Einkommensteuererklärung machen, wo ist da der logische Zusammenhang?
   e) Beraten Sie Michael, wie er sich über eine Einkommensteuererklärung möglichst viel Geld vom Finanzamt zurückholen kann.
   f) Erklären Sie Michael, welche Informationen er für eine Einkommensteuererklärung zusammentragen muss und wie die Erklärung ausgefüllt und abgegeben wird.

2. Ein Arbeitgeber ist verpflichtet, die gesetzlichen Abzüge vom Bruttolohn zu ermitteln und an die entsprechenden Stellen weiterzuleiten.
   a) Welche Informationen sind für die Ermittlung der gesetzlichen Abzüge erforderlich?
   b) An welche Stellen muss der Arbeitgeber die gesetzlichen Abzüge weiterleiten?

3. Der 24-jährige Industriemechaniker Anton Vogel verdient gemäß Arbeitsvertrag 2 560,00 €. Im Rahmen der vermögenswirksamen Leistung spart er monatlich 35,00 €. Sein Arbeitgeber übernimmt davon 28,00 €.
   a) Berechnen Sie Antons Bruttolohn.
   b) Berechnen Sie Antons Nettolohn, wenn die Lohnsteuer in seiner Steuerklasse 325,16 € beträgt. Berücksichtigen Sie den Solidaritätszuschlag mit 5,5 % von der Lohnsteuer und die Kirchensteuer mit 9 % von der Lohnsteuer. Der Arbeitnehmeranteil zur Sozialversicherung beträgt 20,675 %.
   c) Wie hoch ist der auszuzahlende Lohn?

4. Unterscheiden Sie das Prinzip von Zeitlohn, Leistungslohn und Soziallohn. Erklären Sie, warum eine gerechte Entlohnung Teile aus allen drei Bereichen beinhaltet.

5. Erklären Sie, wie die Entlohnung einer bestimmten Tätigkeit durch summarische oder alternativ durch analytische Bewertung ermittelt werden kann.

6. Viele Arbeitgeber in Deutschland beklagen, dass die Personalzusatzkosten extrem hoch seien.
   a) Was versteht man unter Personalzusatzkosten?

b) Nennen Sie Beispiele für gesetzliche und tarifliche Personalzusatzkosten.

c) Machen Sie Vorschläge, wie die Lohnnebenkosten gesenkt werden könnten.

7. Der Produktionsstandort Deutschland konkurriert mit den übrigen Produktionsstandorten der Welt (Globalisierung). Wodurch kann Deutschland trotz hoher Lohnkosten noch dagegenhalten?

8. „In unserer Gemeinde wird das Leben auch immer teurer", sagt Frau Schmidt zu ihrem Mann. „Die Müllabfuhr ist teurer geworden, der Wasserpreis und die Grundsteuer sind gestiegen." „Wenn demnächst die Gehwege in unserer Straße erneuert werden, dann kommt auch noch ein Anliegerbeitrag auf uns zu", antwortet Herr Schmidt, „und dann noch die Lohnsteuer und die höheren Sozialabgaben, da können wir wieder nicht auf eine Nettolohnerhöhung hoffen."

a) Unterscheiden Sie die genannten Abgaben in Steuern, Gebühren und Beiträge.

b) Grenzen Sie diese Abgabearten gegeneinander ab.

c) Nennen Sie wichtige Aufgaben der Gemeinden.

9. In der Steuerspirale (siehe S. 119) ist eine Übersicht der verschiedenen Steuerarten abgebildet.

a) Unterteilen Sie die sechs Steuern mit den höchsten Einnahmen in direkte und indirekte Steuern.

b) Nehmen Sie Stellung zu der Behauptung, indirekte Steuern seien in ihrer Wirkung unsozialer als direkte.

c) Ermitteln Sie den gemeinsamen prozentualen Anteil der Lohn-, Einkommen- und Umsatzsteuer am gesamten Steueraufkommen.

10. Die beiden Arbeitskollegen Tim, 31, verheiratet, drei Kinder (seine Ehefrau ist zurzeit nicht berufstätig), und Philipp, 23, unverheiratet, waren im letzten Jahr die meiste Zeit zusammen auf Montage, und jeder brachte es auf ein Jahreseinkommen von ca. 30 000,00 € brutto. Sie vergleichen ihre Abzüge und stellen fest, dass bei Tim 3 500,00 € Lohnsteuer einbehalten wurde, bei Philipp dagegen über 5 800,00 €. Philipp hält diese ungleiche Behandlung für ungerecht; Tim dagegen meint, dass er bei seinen hohen Belastungen eigentlich gar nicht besteuert werden dürfte.

a) Welche Steuerklassen gelten für die beiden Kollegen?

b) Was würde sich ändern, wenn Tims Ehefrau wieder berufstätig wäre?

c) Erläutern Sie die Gründe, die zu der unterschiedlichen Besteuerung führen.

d) Halten Sie die steuerliche Besserstellung von Tim für gerechtfertigt bzw. für ausreichend?

e) Vergleichen Sie Beitragszahlung und Leistungsanspruch der beiden Arbeitskollegen in der gesetzlichen Krankenversicherung.

II

Wir als Konsumenten im Alltag

1 Grundlagen von Rechtsgeschäften analysieren
2 Kaufverträge abschließen
3 Verbraucherschutz in Anspruch nehmen
4 Mit Geld umgehen können
5 Kredite aufnehmen ohne Überschuldung

1 Grundlagen von Rechtsgeschäften analysieren

Die beiden 17-jährigen Freunde Bob und Patrick treffen sich nach der Berufsschule. Bob ist völlig aufgedreht:

Bob: „Du glaubst es nicht!"
Patrick: „Was ist denn passiert?"
Bob: „Mein Großonkel ist gestorben."
Patrick: „Traurig sieht aber anders aus."
Bob: „Ich kannte ihn kaum. Er lebte im Ausland."
Patrick: „Und warum bist du dann so aus dem Häuschen?"
Bob: „Ich werde 5 000,00 € erben! Jetzt kann ich mir auch endlich den Motorroller kaufen, den ich schon so lange haben will. Meine Eltern rücken dafür kein Geld raus."
Patrick: „Wow! – Aber warte mal, du bist aber doch erst 17 Jahre alt! Ohne Zustimmung deiner Eltern wirst du das Teil gar nicht bekommen."
Bob: „Wieso? Ich habe doch jetzt das Geld."
Patrick: „Geld schon, aber nicht die Zustimmung deiner Eltern!"
Bob: „Ernsthaft? Brauche ich die wirklich?"
Patrick: „Ich glaube schon. Und bist du dir überhaupt sicher, dass du an die 5 000,00 € herankommst? Du bist doch noch keine 18!"

Darf Bob das Erbe antreten?

Warum braucht er die Erlaubnis seiner Eltern, um den Motorroller zu kaufen?

Egal, ob ein Schokoriegel gekauft, eine Wohnung gemietet oder ein Erbe angetreten wird, alle wirtschaftlichen Vereinbarungen zwischen Personen sind „Rechtsgeschäfte". Bei der Frage, wer was darf, wird zwischen Rechts- und Geschäftsfähigkeit unterschieden. Die erste Frage bezieht sich auf die **Rechtsfähigkeit** einer Person, beispielsweise darauf, ob ein 17-Jähriger einen größeren Geldbetrag erben kann. Die zweite Frage betrifft die **Geschäftsfähigkeit**, bezieht sich hier also darauf, ob Bob den Motorroller kaufen darf.

Wer Rechtsgeschäfte, also beispielsweise einen Kaufvertrag, abschließen will, muss **rechts- und geschäftsfähig** sein. Die gesetzliche Grundlage dafür ist das **Bürgerliche Gesetzbuch (BGB)**.

1.1   Rechts-und Geschäftsfähigkeit

Rechtsfähigkeit

> Die Rechtsfähigkeit gemäß § 1 BGB ist die Fähigkeit, **Träger von Rechten und Pflichten** zu sein.

Dazu gehört zum Beispiel das Recht, etwas zu kaufen, aber auch die Pflicht, Steuern zu bezahlen. Diese Fähigkeit besitzen **Personen**.

Menschen werden in diesem Zusammenhang als **natürliche Personen** bezeichnet. Ihre Rechtsfähigkeit beginnt mit der Geburt und endet mit dem Tod.

Neben natürlichen Personen können aber auch Organisationen rechtsfähig sein, zum Beispiel ein Sportverein oder ein Unternehmen. Sie werden **juristische Personen des privaten Rechts** genannt und erhalten die Rechtsfähigkeit durch die Eintragung in ein entsprechendes Register wie das Vereins- oder das Handelsregister. Von diesen juristischen Personen des privaten Rechts unterscheiden sich die **juristischen Personen des öffentlichen Rechts**, zum Beispiel die Bundesrepublik Deutschland oder die Stadt München. Sie erlangen die Rechtsfähigkeit durch ein Gesetz oder einen Verwaltungsakt. Die Rechte und Pflichten der juristischen Personen werden von ihren zuständigen Organen, zum Beispiel dem Vorstand des Sportvereins oder dem Bürgermeister der Stadt, wahrgenommen.

Geschäftsfähigkeit

> Wer Rechtsgeschäfte selbstständig und vollgültig abschließen will, muss rechtsfähig und geschäftsfähig sein. Juristische Personen erlangen die Geschäftsfähigkeit zusammen mit der Rechtsfähigkeit.

Die Geschäftsfähigkeit natürlicher Personen ist **nach dem Lebensalter** in drei Stufen unterteilt.

Geschäftsunfähig sind Kinder **unter sieben Jahren** und Personen, die an einer andauernden Störung ihrer Geistestätigkeit leiden. Rechtsgeschäfte, die von Geschäftsunfähigen abgeschlossen werden, sind **nichtig** und damit rechtlich gesehen ungültig (§ 104 BGB).

Beschränkt geschäftsfähig sind Minderjährige im Alter **zwischen sieben und 18 Jahren** (§ 106 BGB). Wenn ein 17-Jähriger ein Rechtsgeschäft abschließen will, benötigt er die **Zustimmung des gesetzlichen Vertreters** (§107 f. BGB). In der Regel sind das die Eltern. Stimmt der gesetzliche Vertreter einem Rechtsgeschäft vorab zu, kann beispielsweise der Kauf eines Motorrollers vollgültig abgeschlossen werden. Geht ein beschränkt Geschäftsfähiger dieses Rechtsgeschäft wie in Bobs Fall ohne vorherige Zustimmung ein, gibt es zwei Möglichkeiten:

o Der gesetzliche Vertreter **stimmt nachträglich zu**. Damit ist das Rechtsgeschäft **vollgültig** abgeschlossen (§ 108 BGB).

o Stimmt der gesetzliche Vertreter **nachträglich nicht zu**, wird es von Anfang an **ungültig**. Der gekaufte Gegenstand wird zurückgegeben und der Verkäufer muss ihn, auch wenn er bereits benutzt oder sogar beschädigt ist, zurücknehmen und das dafür gezahlte Geld zurückgeben.

Bestimmte Rechtsgeschäfte kann ein beschränkt Geschäftsfähiger auch ohne Zustimmung des gesetzlichen Vertreters rechtswirksam ausführen. Zu diesen **Ausnahmen** gehören:

o Geschäfte, die nur **rechtliche Vorteile** bringen, zum Beispiel ein Geschenk ohne Gegenverpflichtung (§ 107 BGB).

o Geschäfte, die mit dem **Taschengeld** getätigt werden können. Dabei darf nicht über zukünftiges Taschengeld verfügt werden. Ratenkäufe sind also ausgeschlossen (§ 110 BGB).

o Geschäfte, die ein vom gesetzlichen Vertreter **genehmigtes Arbeitsverhältnis** betreffen, zum Beispiel die Kündigung eines Ferienjobs (§ 113 BGB).

Voll geschäftsfähig sind alle Personen, die das **18. Lebensjahr vollendet** haben, also volljährig sind (§ 2 BGB). Rechtsgeschäfte, die von ihnen abgeschlossen werden sind **vollgültig**, egal ob Hauskauf oder Unternehmensgründung. Allerdings müssen sie nun auch die Verantwortung dafür tragen.

1.2   Zustandekommen von Rechtsgeschäften

Willenserklärungen

Wer ein Rechtsgeschäft abschließen möchte, hat den Willen, das zu tun. Damit ein Rechtsgeschäft auch wirklich zustande kommt, reicht es aber nicht aus, nur den Willen zu haben. Er muss auch „erklärt", also ausgedrückt werden.

> Rechtsgeschäfte entstehen durch die **Abgabe von Willenserklärungen**.

Solche Willenserklärungen können auf unterschiedliche Arten abgegeben werden:

- **ausdrückliche Äußerungen**, mündlich oder schriftlich, zum Beispiel die Bestellung im Restaurant oder die schriftliche Kündigung einer Mitgliedschaft im Fitnessstudio

- **schlüssiges Handeln**, zum Beispiel das Heranwinken eines Taxis oder das Betätigen eines Getränkeautomaten

- **Schweigen**, zum Beispiel die Verlängerung eines Zeitschriften-Abos um ein weiteres Jahr, weil man nicht gekündigt hat. Hier gilt das Schweigen als Zustimmung.

Schweigen gilt bei Privatleuten normalerweise als Ablehnung. Reagiert man nicht auf ein Angebot, heißt das, man hat kein Interesse. Erhält man beispielsweise eine CD per Post, die man nicht bestellt hat, braucht man sie nicht zurückzuschicken. Es reicht aus, sie zur Abholung bereitzuhalten. Allerdings darf sie nicht benutzt werden. Die Benutzung würde als Zustimmung gelten.

Unter Kaufleuten kann Schweigen als Zustimmung aufgefasst werden, zum Beispiel gilt das Schweigen auf eine geänderte **Auftragsbestätigung als Zustimmung**.

Einseitige Rechtsgeschäfte

Je nachdem, wie viele Willenserklärungen für das Zustandekommen eines Rechtsgeschäftes notwendig sind, unterscheidet man einseitige und mehrseitige Rechtsgeschäfte. Einseitige Rechtsgeschäfte entstehen durch die **Abgabe einer Willenserklärung**. Man unterscheidet zwei Arten:

- **Empfangsbedürftige Willenserklärung:** Das kann beispielsweise die Kündigung einer Mietwohnung sein. Sie wird erst dann rechtswirksam, wenn der Empfänger, in diesem Fall der Vermieter, die Willenserklärung erhalten hat.

- **Nicht empfangsbedürftige Willenserklärung:** Beispielsweise ein Testament ist bereits bei der Abgabe, also dem Verfassen, rechtlich wirksam. Dabei spielt es keine

Rolle, ob die vorgesehenen Erben vom letzten Willen des Erblassers wissen oder
nicht.

Mehrseitige Rechtsgeschäfte

Sie entstehen durch die **Abgabe von zwei oder mehreren inhaltlich übereinstimmenden Willenserklärungen**. Die Anzahl der Willenserklärungen hängt davon ab, wie viele
Personen am Rechtsgeschäft beteiligt sind. Die erste Willenserklärung nennt man **Antrag**,
die zweite **Annahme**. Mehrseitige Rechtsgeschäfte, die auf inhaltlich übereinstimmenden
Willenserklärungen basieren, heißen **Verträge**, wie beispielsweise der Kaufvertrag.

Mit dem Abschluss eines **mehrseitig verpflichtenden Vertrages** gehen die Vertragspartner einerseits bestimmte Pflichten ein, denn der Vertrag muss erfüllt werden. Andererseits haben die Vertragspartner Rechte. Grundsätzlich sind die Rechte des einen die
Pflichten des anderen und umgekehrt.

Beispiele:

o Der **Berufsausbildungsvertrag** verpflichtet den Auszubildenden, die
  Ausbildungsinhalte zu lernen, und den Ausbilder, die Ausbildungsmittel
  zur Verfügung zu stellen.

o Der **Arbeitsvertrag** verpflichtet den Arbeitnehmer, die vereinbarte Arbeit zu leisten und den Arbeitgeber, ihn dafür zu entlohnen.

o Der **Tarifvertrag** legt für die Gewerkschaftsmitglieder eine Lohnerhöhung für die kommenden zwölf Monate fest, welche die Arbeitgeber zahlen müssen. Die Arbeitnehmer dürfen während der Vertragslaufzeit nicht streiken.

o Der **Versicherungsvertrag** verpflichtet den Versicherungsnehmer, die vereinbarten Beiträge zu zahlen, dafür übernimmt die Versicherung die Kosten im Schadensfall.

Aber nicht bei allen Verträgen ergeben sich Pflichten für beide Seiten. Es gibt auch **einseitig verpflichtende Verträge**, bei denen nur ein Vertragspartner Verpflichtungen übernimmt, zum Beispiel bei der Schenkung oder der Bürgschaft.

1.3   Formen von Rechtsgeschäften

Rechtsgeschäfte können **grundsätzlich formfrei** abgeschlossen werden. So ist es zum Beispiel durchaus erlaubt, ein Auto per Handschlag zu kaufen, wenn auch nicht ratsam. Entscheidend ist die Übereinstimmung der Willenserklärungen der Vertragspartner. Dennoch kann es sinnvoll sein, einen Kaufvertrag nicht nur mündlich abzuschließen, sondern einen schriftlichen Vertrag aufzusetzen. Ein Vorteil des schriftlichen Vertrages ist die **Rechtssicherheit**, denn man hat alles schwarz auf weiß. Sollte es nach Abschluss des Vertrages Unstimmigkeiten zwischen den Vertragspartnern geben, dient der schriftliche Vertrag als Beweis.

Nur in bestimmten Fällen schreibt das Bürgerliche Gesetzbuch vor, in welcher Form eine Willenserklärung abzugeben ist. Man nennt diese Vorgaben **gesetzlichen Formzwang**. Wird die geforderte Form nicht eingehalten, ist das Rechtsgeschäft nicht gültig zustande gekommen.

Schriftform

Ist bei einem Rechtsgeschäft die Schriftform vorgeschrieben, muss ein **schriftlicher Vertrag** verfasst werden, den alle Vertragsparteien eigenhändig **unterschreiben**. Jeder Vertragspartner erhält eine Ausfertigung des Vertrages. Die Schriftform muss beispielsweise beim Berufsausbildungsvertrag, beim Ratenkaufvertrag, bei der Kündigung eines Arbeitsvertrages sowie bei Bürgschaftsversprechen eingehalten werden. Privattestamente müssen handschriftlich verfasst und unterzeichnet werden.

Öffentliche Beglaubigung

Die Erklärung wird schriftlich verfasst. Ein **Notar bestätigt** die Echtheit der eigenhändigen **Unterschrift**, nicht aber den Inhalt der schriftlichen Erklärung. Dies gilt beispielsweise für die Anmeldung zum Vereins- oder Handelsregister.

Notarielle Beurkundung

Ein Notar beurkundet die **Echtheit von Inhalt und Unterschrift** der Erklärung. Die notarielle Beurkundung ist die beweiskräftigste Form einer Willenserklärung. Sie ist zum Beispiel bei Eheverträgen, Grundstückskaufverträgen sowie bei Schenkungsversprechen gesetzlich vorgeschrieben.

1.4   Nichtige und anfechtbare Rechtsgeschäfte

Im Alltag sind die meisten abgeschlossenen Rechtsgeschäfte gültig. Es gibt aber auch besondere Situationen, in denen Rechtsgeschäfte nicht gültig sind bzw. bleiben. Manche Geschäfte sind **von Anfang an ungültig**, das heißt nichtig. Andere Geschäfte kommen zwar zustande, können aber nachträglich **durch Anfechtung rückgängig gemacht** werden. Diese Geschäfte hatten also bereits einen Mangel bei der Verpflichtung.

Nichtige Rechtsgeschäfte

Manche Rechtsgeschäfte kommen trotz abgegebener übereinstimmender Willenserklärungen überhaupt nicht zustande. Sie sind von Anfang an nichtig.

Nichtig sind Geschäfte bei einem Mangel in …

1. der Geschäftsfähigkeit, wenn sie
   - mit Geschäftsunfähigen bzw. mit beschränkt Geschäftsfähigen abgeschlossen werden, wenn der gesetzliche Vertreter nicht zustimmt, zum Beispiel wenn ein 14-Jähriger ohne Erlaubnis der Eltern ein Mountainbike kauft;
   - im Zustand der Bewusstlosigkeit oder vorübergehender Störung der Geistestätigkeit abgeschlossen werden, zum Beispiel in betrunkenem Zustand oder unter Schock;
2. dem Willen, wenn sie
   - als Scherz gemeint sind, zum Beispiel die Aussage „Für 1 000,00 € fress ich 'nen Besen!";
   - nur zum Schein abgeschlossen werden, zum Beispiel wenn eine Reparaturrechnung zu niedrig ausgestellt wird und der Rest „schwarz" gezahlt wird, um Steuern zu sparen;
3. dem Inhalt, wenn sie
   - gegen ein gesetzliches Verbot verstoßen, zum Beispiel die Beschäftigung illegaler Arbeitskräfte oder Drogenhandel;

- gegen die guten Sitten verstosen, zum Beispiel Wucher, also 25 % Zinsen für einen Kredit zu verlangen;
4. der Form, wenn sie
   - dem gesetzlichen Formzwang nicht entsprechen, zum Beispiel ein am PC verfasstes Testament oder ein mündlich abgeschlossener Berufsausbildungsvertrag.

Anfechtbare Rechtsgeschäfte

Im Gegensatz zu nichtigen Rechtsgeschäften sind anfechtbare Rechtsgeschäfte zunächst vollgültig. Durch eine fristgerechte Anfechtung werden sie jedoch rückwirkend nichtig.

Anfechtung ist möglich bei:

1. widerrechtlicher **Drohung**, zum Beispiel bei Erpressung oder Androhung von Gewalt;
2. **Irrtum**, dabei entspricht die abgegebene Willenserklärung nicht der eigentlichen Absicht. Man unterscheidet:

   - **Irrtum in der Erklärung**, wenn zum Beispiel eine Verkäuferin aus Versehen zwei Preisschilder vertauscht

   - **Irrtum in der Übermittlung**, wenn zum Beispiel ein Verkäufer als Liefertermin den 1. Juli nennt, der Käufer aber „1. Juni" versteht

   - **Irrtum in der Eigenschaft**, wenn zum Beispiel eine Kundin die ausgesuchten Schuhe in Größe 37 verlangt, der Verkäufer versehentlich aber Größe 39 einpackt;
3. arglistiger **Täuschung**, zum Beispiel wenn ein Autoverkäufer einen Unfallschaden verheimlicht.

Die Anfechtung von Rechtsgeschäften ist innerhalb festgelegter **Anfechtungsfristen** möglich. Liegt ein Irrtum vor, muss dieser unverzüglich angefochten werden, nachdem er bemerkt wird. Willenserklärungen, die aufgrund einer arglistigen Täuschung oder einer widerrechtlichen Drohung abgegeben wurden, können innerhalb eines Jahres angefochten werden. Entscheidend ist dabei der Zeitpunkt, zu dem die Täuschung entdeckt wird, bzw. im Fall der Drohung das Ende der Zwangslage.

Auf einen Blick

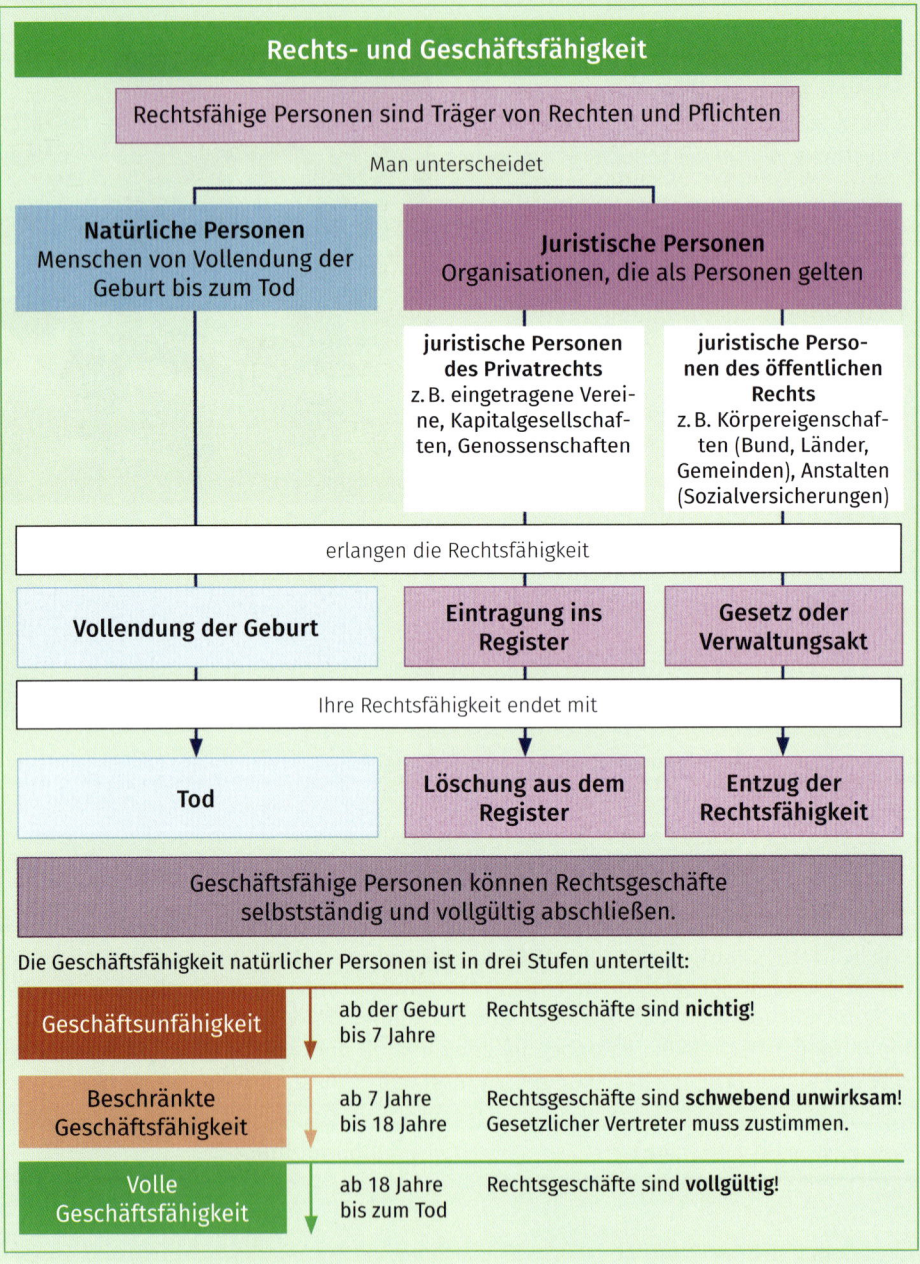

Zustandekommen von Rechtsgeschäften

Zustandekommen von Rechtsgeschäften		Zustandekommen von Rechtsgeschäften	
nur eine Willenserklärung erforderlich		zwei oder mehrere übereinstimmende Willenserklärungen erforderlich	
nicht empfangs-bedürftig	empfangs-bedürftig	einseitig verpflichtend	mehrseitig verpflichtend
gültig mit der Abgabe der Willenserklärung	gültig mit der Zustellung der Willenserklärung	nur ein Partner übernimmt Pflichten	alle Partner übernehmen Pflichten

Formen von Rechtsgeschäften

Grundsätzlich formfrei	Schriftform	Öffentliche Beglaubigung	Notarielle Beurkundung
ohne Formvorschrift, z. B. Kaufvertrag	Unterschrift, z. B. Ratenkauf	Echtheit der Un-terschrift, z. B. Anmeldung zum Handelsregister	Echtheit des Inhalts und der Unterschrift, z. B. Ehevertrag

Nichtige und anfechtbare Rechtsgeschäfte

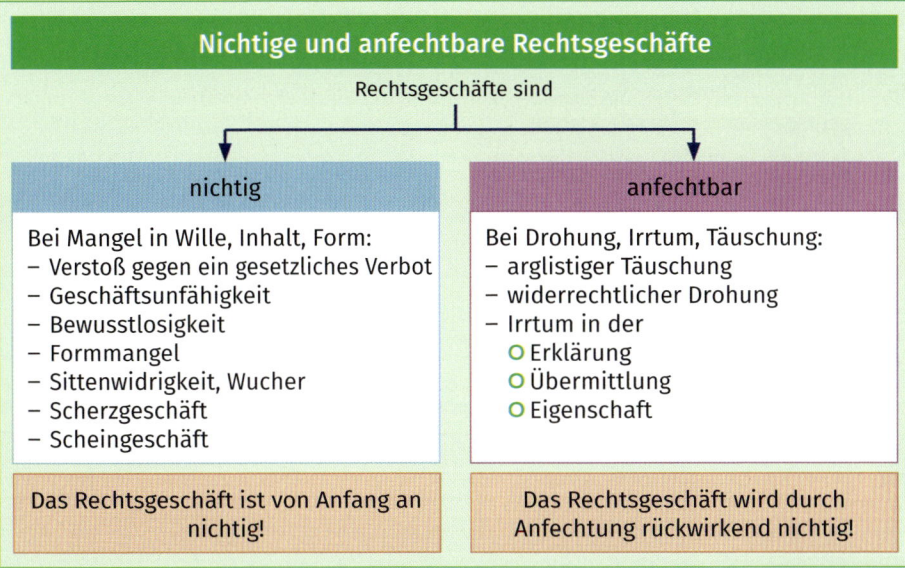

Rechtsgeschäfte sind

nichtig	anfechtbar
Bei Mangel in Wille, Inhalt, Form: – Verstoß gegen ein gesetzliches Verbot – Geschäftsunfähigkeit – Bewusstlosigkeit – Formmangel – Sittenwidrigkeit, Wucher – Scherzgeschäft – Scheingeschäft	Bei Drohung, Irrtum, Täuschung: – arglistiger Täuschung – widerrechtlicher Drohung – Irrtum in der ○ Erklärung ○ Übermittlung ○ Eigenschaft
Das Rechtsgeschäft ist von Anfang an nichtig!	Das Rechtsgeschäft wird durch Anfechtung rückwirkend nichtig!

Kompetent handeln

> **Fall A**
> Die 15-jährige Marie erbt von ihrer Oma 20 000,00 € mit der Auflage, das Grab zu pflegen. Marie möchte das Erbe annehmen.

> **Fall B**
> Cem, 18, kauft ein Motorrad, obwohl er das Geld nicht aufbringen kann. Seine Eltern lehnen die Bezahlung ab.

> **Fall C**
> Der 6-jährige Luis kauft sich im Supermarkt eine Star-Wars-Figur für 15,00 €.

4. Beurteilen Sie, ob die Rechtsgeschäfte in Fall A, B und C gültig sind.

5. Erläutern Sie, wie ein einseitiges Rechtsgeschäft zustande kommt. Formulieren Sie zwei Beispiele.

6. Erläutern Sie, wie ein zweiseitiges Rechtsgeschäft zustande kommt. Formulieren Sie zwei Beispiele.

7. Welche Form ist bei den folgenden Rechtsgeschäften einzuhalten? Begründen Sie.
   a) Kündigung einer Mietwohnung
   b) Kauf eines Fernsehers in bar
   c) Ehevertrag
   d) Ausschlagung einer Erbschaft

8. Rechtsgeschäfte kommen nicht immer gültig zustande.
   a) Wodurch unterscheiden sich nichtige und anfechtbare Rechtsgeschäfte?
   b) Weshalb wird im BGB zwischen diesen beiden Möglichkeiten unterschieden?

2 Kaufverträge abschließen

Melike braucht ein Auto, um zu ihrem Ausbildungsplatz zu kommen. Mit ihrem jetzigen Auto hatte sie schon mehrere Pannen und die Reparaturkosten haben sich im vergangenen Jahr gehäuft. Damit soll jetzt Schluss sein. Da ihr ein Neuwagen zu teuer ist, sucht sie im Internet nach einem Gebrauchtwagen und entdeckt eine interessante Anzeige.

Beschreiben Sie, welche Schritte Melike unternehmen muss, um dieses Auto zu kaufen.

In welcher Form sollte Melike den Kaufvertrag abschließen? Begründen Sie.

Das im Alltag am häufigsten vorkommende Rechtsgeschäft ist der Kaufvertrag. Fast täglich kauft man Lebensmittel, häufig Kleider oder Bücher, seltener macht man größere Anschaffungen wie eine Spielekonsole oder ein neues Smartphone. Es gibt auch Anschaffungen, die man vielleicht nur einmal in seinem Leben macht, wie eine Eigentumswohnung oder ein Haus. Diese Käufe sind auf den ersten Blick sehr verschieden. Rechtlich gesehen werden sie nahezu gleich behandelt.

Gegenstand von Kaufverträgen können **bewegliche Sachen**, zum Beispiel ein Auto, oder **unbewegliche Sachen** (Immobilien) sein, zum Beispiel ein Haus. Aber auch **Rechte**, zum Beispiel Aktien, können gekauft werden.

2.1   Abschluss und Inhalt eines Kaufvertrags

 Der Kaufvertrag wird auf der Grundlage von **zwei übereinstimmenden Willenserklärungen** abgeschlossen, dem **Antrag** und der **Annahme**.

 Beispiel:
In Melikes Fall macht sie mit der Bestellung des Autos den ersten Schritt. Ist der Verkäufer des Wagens damit einverstanden, wird er die Bestellung annehmen. Damit ist der Kaufvertrag zustande gekommen.

Bei einem Neuwagenkauf macht der Verkäufer den Antrag durch das Angebot. Dieses Angebot kann der Käufer durch die Bestellung annehmen.

Angebot

Mit dem Angebot erklärt sich der Verkäufer bereit, dem Käufer die Ware zu den angegebenen Bedingungen zu liefern. Es ist an den Käufer, also eine bestimmte Person, gerichtet und nicht an die Allgemeinheit. Deshalb sind Werbeprospekte, Anzeigen oder Kataloge keine Angebote, sondern Aufforderungen zum Kauf.

Angebote werden unter Anwesenden sofort wirksam. Angebote an Abwesende werden erst dann wirksam, wenn sie dem Empfänger beispielsweise per Post zugestellt werden. Hat der Verkäufer eine Annahmefrist festgelegt, kann der Käufer das Angebot nur innerhalb dieser Frist annehmen. Der Verkäufer ist grundsätzlich an sein Angebot gebunden. Diese Bestimmungen regelt § 145 ff. BGB.

Die Bindung an das Angebot wird in den folgenden Fällen aufgehoben:

§ 150 BGB

(1) Die verspätete Annahme eines Antrags gilt als neuer Antrag.

(2) Eine Annahme unter Erweiterungen, Einschränkungen oder sonstigen Änderungen gilt als Ablehnung verbunden mit einem neuen Antrag.

Eine **verspätete Annahme** des Käufers bindet den Verkäufer also nicht mehr an sein Angebot. Geht er dennoch auf die verspätete Annahme ein, gilt dies als neuer Antrag. Eine **veränderte Annahme** des Käufers gilt als Ablehnung des Angebots, verbunden mit einem neuen Antrag. Darüber hinaus kann der Verkäufer sein Angebot durch eine **Freizeichnungsklausel**, zum Beispiel „solange der Vorrat reicht", unverbindlich machen.

Bestellung

Mit der Bestellung ist der Käufer einverstanden, die Ware zu den angegebenen Bedingungen zu kaufen. Die Bestellung wird auch **Auftrag** genannt. Erfolgt sie auf das Angebot eines Verkäufers innerhalb der Annahmefrist, ist sie die **zweite Willenserklärung**, die den Kaufvertrag gültig zustande kommen lässt.

Eine verspätete oder veränderte Annahme gilt ebenso wie eine Bestellung aufgrund eines Werbeprospekts als Antrag, also als **erste Willenserklärung**. Der Verkäufer kann, muss aber nicht darauf eingehen.

Bestellungsannahme

Mit der Annahme der Bestellung erklärt sich der Verkäufer bereit, die vom Käufer bestellte Ware zu liefern, zum Beispiel durch

- eine mündliche Zusage,
- eine schriftliche Auftragsbestätigung,
- direkt durch die Lieferung,
- die Aushändigung der Ware.

Die Bestellungsannahme ist beim Kaufvertrag die **zweite Willenserklärung**, durch die der Kaufvertrag gültig wird.

Inhalt des Kaufvertrags

Zum Inhalt des Kaufvertrags gehören alle wichtigen Bedingungen, auf die sich die Vertragspartner geeinigt haben. Dazu zählen unter anderem:

Inhaltspunkte	Beispiele
Art und Qualität der Ware	Tafeltrauben, Handelsklasse I
Menge	10 kg, 5 Stück, 1 Liter, …
Preis	1,99 € pro kg inklusive Mehrwertsteuer
Lieferungsbedingungen	Lieferung frei Haus
Zahlungsbedingungen	zahlbar innerhalb von 14 Tagen

Beim Einkauf im Supermarkt wird kein Kunde die einzelnen Inhaltspunkte des Kaufvertrags über eine Tüte Chips mit der Verkäuferin an der Kasse aushandeln. Bei größeren Anschaffungen wie einem Gebrauchtwagen ist es aber sinnvoll, die Details des Vertrags zu besprechen und anschließend schriftlich festzuhalten, obwohl es hier keine Formvorschrift gibt. Ein Vorteil ist die sogenannte **Rechtssicherheit**. Falls es nach dem Abschluss des Kaufvertrags zwischen dem Käufer und dem Verkäufer zu Unstimmigkeiten kommt, haben beide Vertragspartner einen schriftlichen Beweis. Vorlagen für Kaufverträge findet man im Internet.

Beispiel: Kaufvertrag

Kaufvertrag
zwischen zwei Verbrauchern über den Verkauf eines gebrauchten Fahrzeuges

Verkäufer: **Käufer:**

Vorname, Name _____   Vorname, Name _____

Strasse _____   Strasse _____

PLZ _____ Ort _____   PLZ _____ Ort _____

Geburtsdatum _____ BPA _____   Geburtsdatum _____ BPA _____

Telefon _____ Fax _____   Telefon _____ Fax _____

Angaben zum Fahrzeug:

Hersteller _____ Modell _____ Erstzulassung _____

Amtliches Kennzeichen _____ Fahrgestell-Nr. _____

Hubraum lt. Fz.-Brief _____ kW lt. Fz.-Brief _____ Anzahl der Halter laut lt. Fz.-Brief _____

Stand des km-Zählers, Tachostand _____ Gesamtfahrleistung _____ HU _____ AU _____

Zubehör, Sonderausstattung _____

_____

Das Fahrzeug wurde als Taxi/Miet-/Fahrschulwagen benutzt ☐ nein ☐ ja, als _____

Das Fahrzeug ist unfallfrei ☐ ja ☐ nein, es hatte folgenden Unfallschaden _____

_____

vereinbarter Kaufpreis _____ EUR, in Worten _____ EUR

Zusicherung: Der Verkäufer sichert zu, dass er Eigentümer des Fahrzeugs und das Fahrzeug frei von Rechten Dritter ist.

Gewährleistungsausschluss: Der Verkauf erfolgt unter Ausschluss jeglicher Gewährleistung.

Eigentumsvorbehalt: Der Verkäufer behält sich das Eigentum an dem Kaufgegenstand bis zur vollständigen Kaufpreiszahlung vor.

Übergabe: Vereinbarter Übergabezeitpunkt, sofern nicht sofort: _____

Ort, Datum _____   _____   _____
                            Unterschrift Verkäufer   Unterschrift Käufer

....

Quittung

Der Verkäufer bestätigt den Erhalt von: Der Käufer bestätigt den Empfang:

EUR _____   ☐ des Kfz-Briefes   ☐ des Kfz mit ___ Schlüsseln

☐ in bar   ☐ der Abmeldebescheinigung   ☐ des Kfz-Scheins

                                          ☐ der AU- oder ASU-Bescheinigung ☐ der HU-Bescheinigung

Sofern das Fahrzeug bei der Übergabe noch angemeldet ist, versichert der Käufer, dass er das Fahrzeug umgehend, spätestens aber binnen drei Werktagen ab Übergabe, um- oder abmeldet und den Verkäufer von sämtlichen Schäden freihält, die durch die Nutzung des angemeldeten Fahrzeugs entstehen.

Datum und Uhrzeit der Übergabe _____

_____   _____
Datum und Unterschrift Verkäufer   Datum und Unterschrift Käufer

2.2 Rechte und Pflichten der Vertragspartner

Der Kaufvertrag ist ein **mehrseitig verpflichtender Vertrag**. Damit müssen die Vertragspartner bestimmte Pflichten erfüllen. Das BGB legt die **vertragstypischen Pflichten** beim
Kaufvertrag fest:

§ 433 BGB

(1) Durch den Kaufvertrag wird der **Verkäufer** einer Sache verpflichtet, dem Käufer die
Sache zu übergeben und das Eigentum an der Sache zu verschaffen. Der Verkäufer
hat dem Käufer die Sache frei von Sach- und Rechtsmängel zu verschaffen.

(2) Der **Käufer** ist verpflichtet, dem Verkäufer den vereinbarten Kaufpreis zu zahlen
und die gekaufte Sache abzunehmen.

Mit dem Abschluss des Kaufvertrags legen sich beide Vertragspartner auf den Vertragsinhalt fest. Beide sind jetzt verpflichtet, den Vertrag zu erfüllen. Jeder schuldet dem
anderen eine bestimmte Leistung, dabei sind **die Pflichten des einen die Rechte des
anderen** und umgekehrt. Man nennt den Kaufvertragsabschluss deshalb auch **Verpflichtungsgeschäft**.

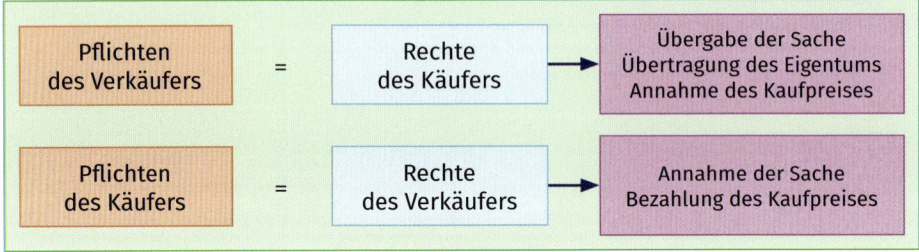

Das Schuldverhältnis endet mit der Erfüllung, also mit der Erbringung der Leistung der
Vertragspartner. Deshalb spricht man in diesem Zusammenhang von einem **Erfüllungsgeschäft**.

Beispiel:
Wenn Melike und der Verkäufer den Vertrag am 1. Juli unterschreiben, sind
beide zur Vertragserfüllung verpflichtet. Die Erfüllung selbst, also die Abholung des Autos und die Zahlung des Kaufpreises, können erst später, etwa am
15. Juli, erfolgen. Hier fallen Verpflichtungs- und Erfüllungsgeschäft zeitlich
auseinander. Bei vielen Kaufverträgen, zum Beispiel dem Einkauf beim Bäcker,
erfolgen sie gleichzeitig.

Leistungsort

Zu den Pflichten der Vertragspartner gehört auch, dass sie sich an den entsprechenden Leistungsort halten. Das ist der Ort, an dem der jeweilige Schuldner seine Leistung erbringen muss. Der Verkäufer schuldet die Lieferung der Ware, man sagt auch Warenschulden. Im Gegenzug schuldet der Käufer die Bezahlung des Kaufpreises, die Geldschulden.

Wurde im Vertrag nichts anderes vereinbart, muss der Verkäufer die Ware an seinem Wohn- bzw. Geschäftssitz bereithalten. Der Käufer muss sie dort abholen.

Warenschulden sind Holschulden.

Lässt er sich die Ware zuschicken, trägt er allein das Risiko, falls sie beim Transport beschädigt wird.

Geldschulden sind Schickschulden.

Der Käufer muss den fälligen Betrag dem Verkäufer auf seine Kosten zukommen lassen. Der Käufer trägt das Risiko, bis die Zahlung beim Verkäufer eingegangen ist.

Schuldhafte Vertragsverletzungen

Beim Kaufvertrag ist der Verkäufer verpflichtet, die Ware rechtzeitig und mängelfrei zu liefern und zu übereignen. Der Käufer muss die Ware abnehmen und bezahlen. Wer schuldhaft, also vorsätzlich oder fahrlässig, seine Verpflichtungen aus dem Vertrag nicht erfüllt, ist verpflichtet, dem Vertragspartner **Schadensersatz** zu zahlen. **Vorsätzlich** handelt, wer etwas absichtlich tut. **Fahrlässig** handelt, wer nicht die erforderliche Sorgfalt aufbringt, also beispielsweise unachtsam ist.

Kann eine Leistung aufgrund **höherer Gewalt** wie eines Streiks, eines Unfalls oder einer Naturkatastrophe nicht erbracht werden, ist der Schuldner nicht zum Schadensersatz verpflichtet.

2.3   Besitz und Eigentum

Wer eine Sache besitzt, ist nicht automatisch deren Eigentümer. Der Eigentümer einer Sache hat sie nicht unbedingt in seinem Besitz. Auch Besitz und Eigentum regelt das BGB.

Beispiel:

Melike hat den Kaufvertrag mit dem Autohändler abgeschlossen. Die Übergabe soll in 14 Tagen sein. Dann ist auch der Kaufpreis fällig. Da sie nur einen Teil des Geldes gespart hat, nimmt sie bei einer Bank ein Darlehen über 6 000,00 € auf. Als Sicherheit verlangt die Bank die Aushändigung der Zulassungsbescheinigung Teil 2. Dadurch wird die Bank zur Eigentümerin des Autos, bis das Darlehen vollständig zurückgezahlt ist.

Mit der Übergabe geht das Auto in Melikes Besitz über. Sie kann es bei der Zulassungsstelle anmelden und damit fahren.

§ 854 (1) BGB

Der Besitz einer Sache wird durch die Erlangung der tatsächlichen Gewalt über die Sache erworben.

Der Eigentümer besitzt die rechtliche Verfügungsgewalt über eine Sache.

§ 903 BGB

Der Eigentümer einer Sache kann [...] mit der Sache nach Belieben verfahren und andere von jeder Einwirkung ausschließen.

Dem Eigentümer gehört die Sache. Er kann bestimmen, was mit ihr passiert und wer sie nutzen darf.

Beispiel:

Die Bank hat als rechtmäßige Eigentümerin Melike die Nutzung des Pkws überlassen. Kommt sie aber ihrer Pflicht, das Darlehen zu tilgen, nicht nach, kann die Bank die Herausgabe des Autos verlangen und es beispielsweise verkaufen.

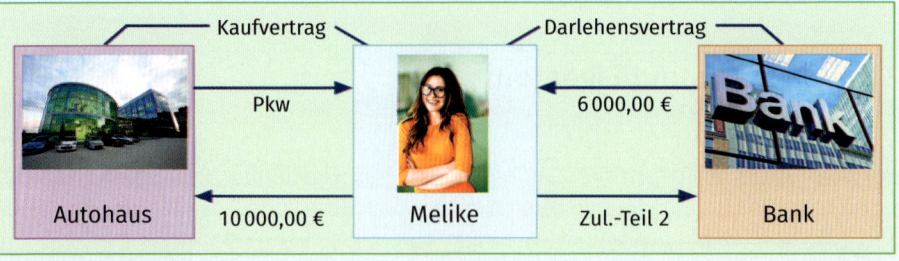

Übertragung des Eigentums

Bei der Erfüllung eines Kaufvertrags ist der Verkäufer verpflichtet, das Eigentum an den Käufer zu übertragen. Dabei unterscheidet man zwischen der Übereignung von beweglichen Sachen, unbeweglichen Sachen und Rechten.

○ Bei Käufen im Alltag handelt es sich normalerweise um **bewegliche Sachen**. Die Übertragung des Eigentums erfolgt durch die Einigung der Vertragspartner und die **Übergabe der Sache**. Zum Beispiel bestellt ein Kunde im Laden einen Fernseher, bezahlt ihn an der Kasse und holt ihn an der Warenausgabe ab.

○ Häuser oder Grundstücke sind **unbewegliche Sachen**. Außer dem Kaufvertrag ist noch die Eintragung ins Grundbuch notwendig. Die sogenannte **Auflassung** wird notariell beurkundet. Das Grundbuch ist ein Verzeichnis der Grundstücke eines Amtsbezirks. Die entstehenden Kosten muss der Käufer übernehmen.

○ Auch **Rechte** wie beispielsweise Wertpapiere können gekauft, getauscht oder verschenkt werden. Die Übereignung erfolgt durch die **Abtretung des Rechts** an den Erwerber.

Eigentumsvorbehalt

Möchte der Verkäufer sicherstellen, dass der Käufer den Kaufpreis auch wirklich zahlt, hat er die Möglichkeit, im Kaufvertrag einen Eigentumsvorbehalt zu vereinbaren. In diesem Fall wird der Käufer **erst nach der Zahlung** des vollständigen Kaufpreises auch **Eigentümer** der Sache. Bis zu diesem Zeitpunkt ist der Käufer nur der Besitzer. Sollte der Käufer nicht bezahlen, kann der Verkäufer vom Kaufvertrag zurücktreten und die Sache zurückverlangen.

2.4   Störungen des Kaufvertrags durch Mängel

Die meisten Kaufverträge werden problemlos abgeschlossen und erfüllt. Manchmal geht dabei aber auch etwas schief. Falls der Kaufvertrag im Verpflichtungsgeschäft bereits Mängel hatte, also im Abschluss des Vertrags, wird er dadurch anfechtbar oder nichtig. Was ist aber bei Mängeln im Erfüllungsgeschäft zu tun, wenn also die Pflichten aus dem Kaufvertrag nur mangelhaft erfüllt werden? Der gekaufte Gegenstand funktioniert nicht oder der Kunde zahlt nicht zum vereinbarten Zeitpunkt den Kaufpreis? Erfüllt einer der Vertragspartner seine vertraglichen Pflichten nicht, kann der andere Vertragspartner seine Rechte einfordern. Diese Rechte sind im BGB geregelt.

Viele Käufer glauben, sie können gekaufte Gegenstände ohne Angabe von Gründen innerhalb eines bestimmten Zeitraums dem Händler zurückgeben oder umtauschen. Ein solches Umtauschrecht ist jedoch nicht gesetzlich verankert. Bereut ein Käufer seine Kaufentscheidung, geht das zu seinen Lasten, es sei denn, der Verkäufer ist so kulant und nimmt das Produkt freiwillig zurück. Verlangen kann der Käufer das aber nicht.

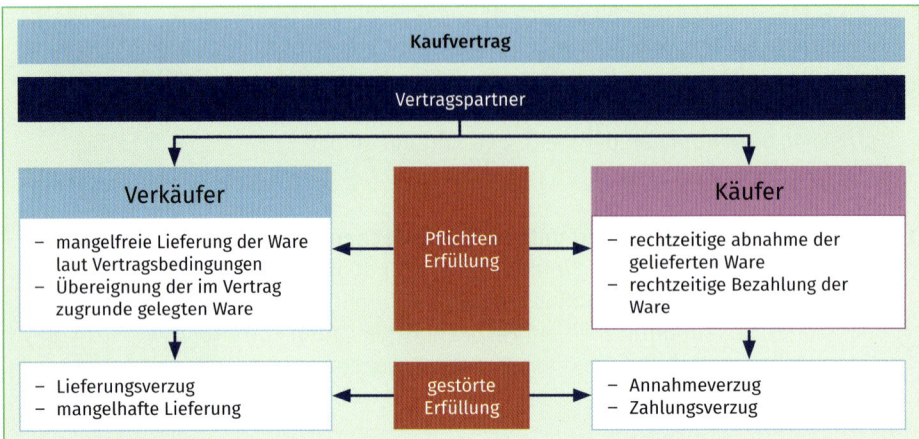

Mangelhafte Lieferung

Beispiel:
Tom und seine Freundin planen kurzfristig einen Outdoor-Trip am kommenden Wochenende. Da ihnen die notwendige Ausrüstung fehlt, bestellen sie sonntags bei einem Onlineshop ein Zelt und ein Schlauchboot. In der Auftragsbestätigung wird ihnen die Lieferung innerhalb von zwei bis vier Werktagen zugesichert. Am darauffolgenden Samstag wird das Boot geliefert, allerdings ohne das Zelt. Als Tom versucht, das Boot aufzupumpen, stellt sich heraus, dass es keine Luft hält. „Auch das noch!", schimpft er. „Jetzt beschwere ich mich aber, und zwar schriftlich!" Das geplante Wochenende ist damit leider geplatzt.

Der Verkäufer ist verpflichtet, dem Käufer die Ware in einem fehlerfreien Zustand, also mängelfrei zu liefern. Das Gesetz unterscheidet in § 434 BGB folgende **Sachmängelarten**:

Mängelart	Erklärung	Beispiel
Mangel in der Beschaffenheit	Ware ist beschädigt.	Das Schlauchboot hält die Luft nicht.
Mangel in der Güte	Zugesicherte Eigenschaften fehlen.	Das Boot besteht aus minderwertigem Kunststoff.

Mängelart	Erklärung	Beispiel
Mangel in der Art	Etwas Falsches wurde geliefert.	Es wurde ein Vier-Personen-Boot statt des bestellten Zwei-Personen-Boots geliefert.
Mangel in der Menge	Es wurde zu viel oder zu wenig geliefert.	Es wurden zwei statt einem Boot geliefert.
Mangel in der Montage	fehlerhafte Montage oder mangelhafte Montage-anleitung	Die Montageanleitung fehlt.

Rechte des Käufers

Liegt ein Sachmangel vor, hat der Käufer zunächst das Recht auf **Nacherfül-lung**. Deshalb wird die Nacherfüllung auch als **vorrangiges Recht** bezeichnet.

Der Käufer hat die Wahl zwischen:

o der **Beseitigung des Mangels**, also der Reparatur oder
o der **Lieferung einer mangelfreien Sache**, also der Ersatzlieferung.

Zusätzlich muss der Verkäufer für die **entstandenen Kosten des Käufers** wie Material-, Wege-, Arbeits- und Transportkosten aufkommen.

Falls der Mangel nach zwei Reparaturversuchen nicht behoben ist, eine angemessene Frist nicht eingehalten wurde oder der Verkäufer nicht nachbessern kann oder will, kann der Käufer seine **nachrangigen Rechte** geltend machen.

Nachrangige Rechte sind:

o der **Rücktritt vom Kaufvertrag** oder
o die **Minderung des Kaufpreises** und
o die **Forderung nach Schadensersatz** und
o der **Ersatz vergeblicher Aufwendungen**.

Der Käufer kann sich zwischen Rücktritt und Minderung entscheiden. Ist ihm durch die mangelhafte Ware ein Schaden entstanden und hat der Verkäufer seine Pflicht vorsätz-lich oder fahrlässig verletzt, kann er zusätzlich Schadensersatz verlangen. Falls der Käufer bereits Ausgaben hatte, kann er auch den Ersatz vergeblicher Aufwendungen verlangen.

In Toms Fall liegt ein Sachmangel vor. Deshalb sollte er als Käufer des Schlauchboots eine **schriftliche Mängelrüge** verfassen, um seine Rechte gegenüber der Firma als Verkäufer geltend zu machen. Diese beinhaltet im Wesentlichen folgende Inhalte:

o   die mangelhafte Lieferung mit der Angabe über die Art des Mangels,
o   das geforderte vorrangige Recht,
o   die angemessene Frist, in der der Sachmangel behoben werden soll.

   Beispiel: Mängelrüge

Tom Weber   70195 Stuttgart

Parkweg 9
Tel.: 0711 253707

An die
out & fun GmbH
Industriestraße 11
76149 Karlsruhe

11.06.2019

Mängelrüge

Sehr geehrte Damen und Herren,

das von Ihnen am 10. Juni gelieferte Schlauchboot weist einen erheblichen Mangel in der Beschaffenheit auf. Zwei der insgesamt vier Luftkammern sind undicht.

Ich gebe Ihnen die Gelegenheit, mir bis spätestens 24. Juni ein mangelfreies Schlauchboot zuzusenden. Allerdings möchte ich Sie bereits jetzt darauf hinweisen, dass ich nach Ablauf dieser Frist von einem anderen mir nach BGB zustehenden Recht Gebrauch machen werde.

Mit freundlichen Grüßen
Tom Weber

Gesetzliche Gewährleistungsfrist

Als Käufer ist man verpflichtet, die Mängelfreiheit der Ware zu prüfen. Kaufleute müssen das sofort tun. Je nach rechtlichem Bereich sieht das BGB verschiedene Gewährleistungsfristen vor, während denen ein Mangel, der bei Übergabe der Ware bereits bestand, noch gerügt werden kann. Privatleute haben die Möglichkeit beim Kauf von beweglichen Sachen, innerhalb der gesetzlichen Gewährleistungsfrist von **zwei Jahren** Mängel festzustellen und diese beim Verkäufer zu reklamieren. Diese Frist beginnt mit der Lieferung bzw. mit der Übergabe der Sache.

Stellt der Käufer innerhalb von sechs Monaten nach der Übergabe einen Sachmangel fest, wird davon ausgegangen, dass dieser Mangel bereits bei der Übergabe bestand. Der Verkäufer müsste demnach beweisen, dass es nicht so war. Wird ein Mangel erst nach den sechs Monaten entdeckt, muss der Käufer beweisen, dass der Mangel von Anfang an vorlag (Beweislastumkehr).

Die Gewährleistung hat aber auch Grenzen, zum Beispiel natürlicher Verschleiß oder normale Abnutzung. Beim Kauf gebrauchter Waren kann die gesetzliche Gewährleistungsfrist auf ein Jahr verkürzt werden.

Garantie

Häufig werden die Begriffe „Gewährleistung" und „Garantie" verwechselt:

- Gewährleistung ist die **gesetzliche Regelung**, die dem Käufer gegenüber dem Händler ein zwei Jahre langes Recht auf mangelfrei gelieferte Ware zusichert.

- Häufig übernehmen Verkäufer oder Hersteller auch eine Garantie. Dabei handelt es sich aber um eine **freiwillige Zusage** des Lieferers, innerhalb des Garantiezeitraumes in der Garantie beschriebene Mängel zu beheben.

Eine Garantie kann auch an Bedingungen geknüpft sein, zum Beispiel die regelmäßige Wartung eines Autos beim Vertragshändler. Außerdem kann die Garantie auf bestimmte Mängel eingeschränkt sein. Allerdings führt die unsachgemäße Behandlung der Ware, etwa durch vorsätzliche Beschädigung, zum Verlust des Garantieanspruchs.

Als Garantienachweis gilt oftmals der Kassenbeleg, oder es werden separate Garantieunterlagen ausgestellt. Diese sollten für die Dauer der Garantie sorgfältig aufgehoben werden.

Lieferungsverzug

Von Lieferungsverzug spricht man, wenn der Verkäufer die fällige Ware **nicht rechtzeitig oder gar nicht** liefert. Dabei sind zwei Dinge zu klären:

- ○ War die Lieferung überhaupt fällig?
- ○ Ist der Verkäufer schuld am Lieferverzug?

Voraussetzungen
Die Lieferung muss fällig sein. Wurde ein Datum oder eine Frist vereinbart, gerät der Verkäufer mit **Ablauf des Liefertermins** in Verzug. Ist der Zeitpunkt nicht eindeutig festgelegt, muss der Käufer den Verkäufer mahnen. Die **Mahnung** ist eine empfangsbedürftige Willenserklärung, für die keine Form vorgeschrieben ist. Aus Beweisgründen ist es aber sinnvoll, sie schriftlich zu verfassen.

Den Verkäufer trifft ein Verschulden, wenn der Grund für den Lieferverzug Vorsatz oder Fahrlässigkeit ist. Einen Verzug aufgrund höherer Gewalt hat der Verkäufer nicht zu vertreten.

Rechte des Käufers
Liegt nach den oben genannten Voraussetzungen ein Lieferungsverzug vor, kann der Käufer folgende Rechte in Anspruch nehmen:

- ○ Er kann **sofort auf Lieferung bestehen** und eventuell Schadensersatz, zum Beispiel wegen Nutzungsausfall, verlangen.

- ○ Er kann dem Verkäufer eine **angemessene Nachfrist** setzen. Liefert dieser dann immer noch nicht, kann der Käufer vom Vertrag zurücktreten und Schadensersatz statt der Leistung verlangen.

Zahlungsverzug

Zahlt ein Kunde eine Rechnung nicht rechtzeitig, versucht der Verkäufer, ihn zur Zahlung zu bewegen. Schließlich hat er eine Vertragsleistung vorfinanziert und damit auch laufende Kosten wie Lohnzahlungen für Mitarbeiter, Ladenmiete usw.

Bevor der Verkäufer, den man **Gläubiger** nennt, gerichtliche Schritte gegen den Kunden, man sagt auch **Schuldner**, einleitet, wird er ihn zuerst selbst mahnen.

Ein Schuldner gerät in Zahlungsverzug, wenn er eine fällige Zahlung nicht rechtzeitig leistet.

Voraussetzungen
Für den Verzug gelten folgende Voraussetzungen:

- ○ Die Zahlung muss fällig sein,

○ der Gläubiger muss den Schuldner mahnen, wenn kein fester Termin für die Zahlung vereinbart wurde,

○ der Schuldner zahlt nicht innerhalb von 30 Tagen nach Fälligkeit und Zugang der Rechnung.

Rechte des Gläubigers

Zahlt der Schuldner nicht, besteht der erste Schritt des **außergerichtlichen Mahnverfahrens** darin, ihm eine schriftliche **Zahlungserinnerung** zu schicken. Der Schuldner wird in einem freundlichen Ton, aber dennoch bestimmt darauf hingewiesen, dass er die Rechnung noch nicht bezahlt hat. In der Regel wird eine neue Frist gesetzt, die meistens 14 Tage beträgt. Der

Gläubiger verzichtet normalerweise auf eine Bearbeitungsgebühr.

Die **zweite Mahnung** wird versendet, wenn der Schuldner nicht auf die Zahlungserinnerung reagiert. Sie muss eine Frist enthalten, die meist zwischen 10 und 14 Tagen liegt. Die Formulierung ist zwar noch freundlich, aber deutlich bestimmter. Mahngebühren werden meistens fällig.

Der Unterschied der **dritten und letzten Mahnung** zur zweiten Mahnung ist, dass der Ton des Schreibens deutlich schärfer wird. Eine letzte Zahlungsfrist wird eingeräumt. Die letzte Mahnung enthält die Androhung rechtlicher Schritte bei Nichtzahlung der Forderung.

Bleiben alle außergerichtlichen Schritte erfolglos, wird der Gläubiger ein **gerichtliches Mahnverfahren** einleiten, um seine Ansprüche gegen den Schuldner durchzusetzen. Es ermöglicht die Vollstreckung einer Geldforderung ohne Klageerhebung und erspart dem Gläubiger einen langen und teuren Zivilprozess. Das Verfahren soll den Schuldner zur Zahlung bewegen. Am Ende des Mahnverfahrens steht der **Vollstreckungsbescheid**. Mit diesem Titel kann der Gläubiger seine Geldforderung letztlich vollstrecken.

Zeigt auch das gerichtliche Mahnverfahren keinen Erfolg, bleibt noch die Möglichkeit des **gerichtlichen Klageverfahrens**, also eines Zivilprozesses. Dieser läuft wie folgt ab:

1. Der Kläger reicht den **Klageantrag** beim zuständigen Gericht ein. Dieses prüft den Antrag, stellt dem Beklagten die Klageschrift zu.

2. Bei der mündlichen **Verhandlung** wird der Sachverhalt mithilfe von Beweismitteln geklärt. Beide Parteien bekommen die Möglichkeit, ihren Standpunkt vorzutragen.

3. Das Gericht versucht, die Parteien zu einem **Vergleich** zu bewegen. Wenn das nicht gelingt, endet das Verfahren mit der **Verkündung des Urteils**.

Nun besitzt der Gläubiger einen **vollstreckbaren Titel**, und er kann einen Gerichtsvollzieher, wenn der Schuldner nicht zahlt, mit der **Zwangsvollstreckung durch Pfändung**
beauftragen.

○ Bei **beweglichem Vermögen** nimmt der Gerichtsvollzieher wertvolle Gegenstände
mit. Schwer transportierbare Sachen erhalten ein Pfandsiegel. Unpfändbar sind
Sachen, die lebensnotwendig oder zur Berufsausübung notwendig sind. Die gepfän-
deten Sachen werden versteigert.

○ **Unbewegliches Vermögen**, wie Grundstücke oder Gebäude, wird zwangsversteigert,
oder es erfolgt die Eintragung einer Sicherungshypothek in das Grundbuch zugunsten des Gläubigers.

○ Bei **Forderungen und Rechten** kann durch Gerichtsbeschluss angeordnet werden,
dass der Arbeitgeber des Schuldners nur einen für den Lebensunterhalt notwendigen Betrag an den Arbeitnehmer auszahlen darf. Der gepfändete Betrag wird an den
Gläubiger überwiesen.

Reicht der Versteigerungserlös nicht aus, kann vom Schuldner eine Aufstellung seines
Vermögens verlangt werden, über dessen Vollständigkeit er eine **eidesstattliche Versicherung** abgeben muss. Erscheint der Schuldner nicht vor Gericht oder weigert er sich,
die eidesstattliche Versicherung zu leisten, kann er zur Erzwingung in Haft genommen
werden.

2.5   Verjährung

Beim Abschluss eines Kaufvertrags gehen
die Vertragspartner Pflichten ein. So entsteht aus einem Kaufvertrag für den Käufer
die Pflicht, den vereinbarten Kaufpreis zu
zahlen. Will der Verkäufer sein Recht auf
Zahlung des Kaufpreises einfordern, muss
er eine zeitliche Grenze beachten: die Verjährung seiner Forderungen.

 Verjährung bedeutet, dass nach einer bestimmten Zeit, nämlich der Verjährungsfrist, ein Schuldner die Erfüllung eines Anspruchs verweigern kann. Er
muss eine Rechnung nach Ablauf der Verjährungsfrist nicht mehr bezahlen.
Der Gläubiger hat keine Möglichkeit mehr, seine Forderungen vor Gericht ein-
zuklagen. Sein Recht ist verjährt.

Verjährungsfristen

Im BGB gibt es je nach Art des Rechtsgeschäfts verschiedene Verjährungsfristen. Für den Kaufvertrag sind zwei Verjährungsfristen von besonderer Bedeutung.

1. Die **regelmäßige Verjährungsfrist** beträgt drei Jahre. Ihr unterliegen beispielsweise Rechte aus Rechnungen, aber auch Gehaltszahlungen oder Miete.
   Die regelmäßige Verjährung beginnt am Ende des Jahres, in dem der Anspruch entstanden ist.

2. Die **zweijährige Gewährleistungsfrist** bei Mängelansprüchen aus Kauf- und Werkverträgen.
   Die Verjährungsfrist beginnt an dem Tag, an dem der Anspruch entstanden ist, also mit der Lieferung bzw. der Übergabe der Sache.

Hemmung der Verjährung

In bestimmten Fällen verschiebt sich die laufende Verjährungsfrist nach hinten. Sie verlängert sich um den Zeitraum der Hemmung, also so lange, wie der Hemmungsgrund dauert. Wichtige **Hemmungsgründe** sind:

○ **Verhandlungen** über den Anspruch zwischen Schuldner und Gläubiger,

○ **Rechtsverfolgung**, zum Beispiel die Erhebung einer Klage vor Gericht oder die Zustellung eines gerichtlichen Mahnbescheids; dabei endet die Hemmung sechs Monate nach Abschluss des Verfahrens,

○ **höhere Gewalt** innerhalb der letzten sechs Monate der Verjährungsfrist, durch die der Gläubiger an der Durchsetzung seines Anspruchs gehindert ist.

Neubeginn der Verjährung

Unter bestimmten Voraussetzungen endet die laufende Verjährungsfrist und beginnt dann von Neuem. Die bis zum Neubeginn vergangene Verjährungszeit wird nicht mehr berücksichtigt. Einen Neubeginn sieht das BGB vor, wenn

○ der Schuldner den **Anspruch** des Gläubigers **anerkennt**, indem er zum Beispiel einen Abschlag zahlt,

○ eine gerichtliche oder behördliche **Vollstreckungsmaßnahme** vorgenommen oder beantragt wird.

Auf einen Blick

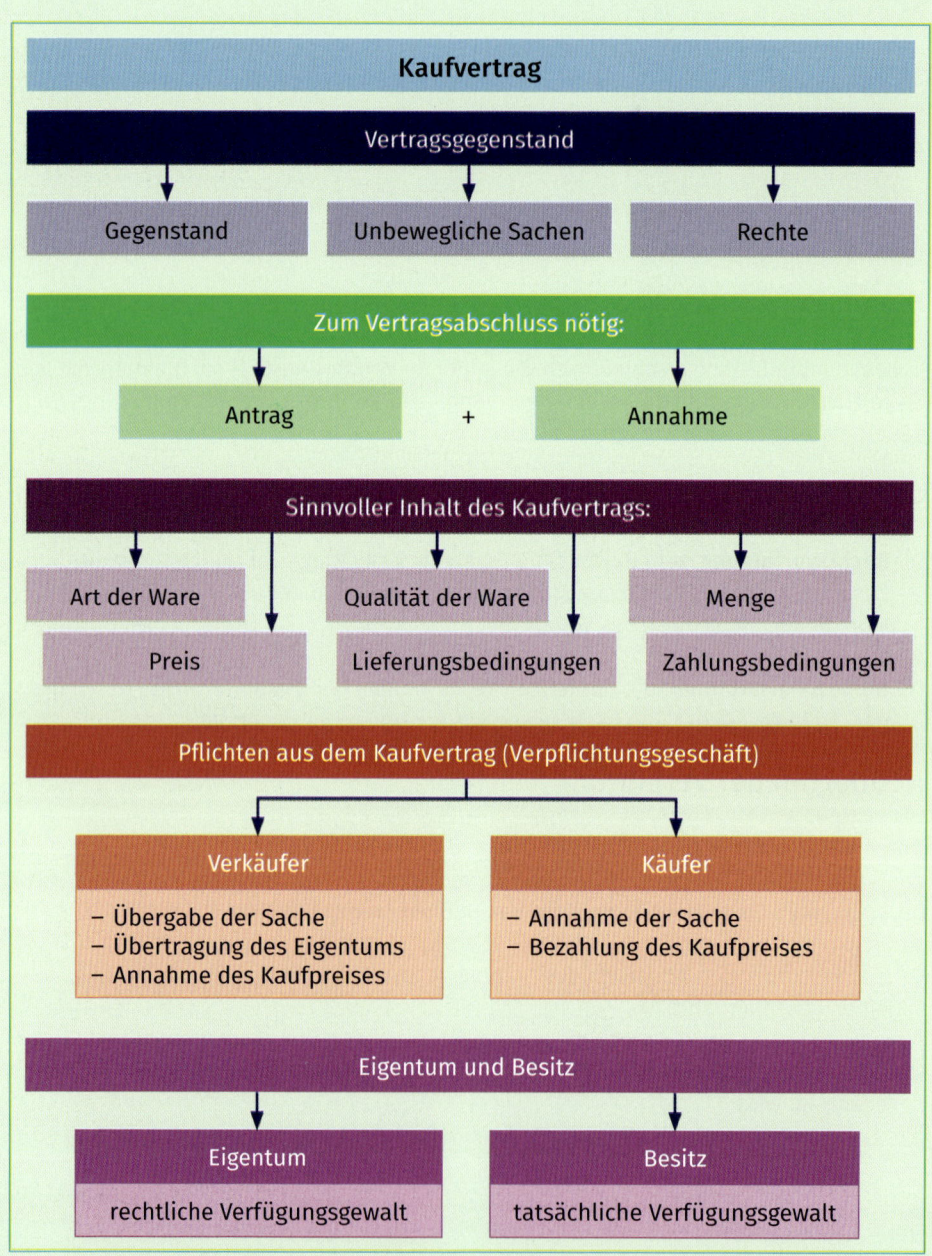

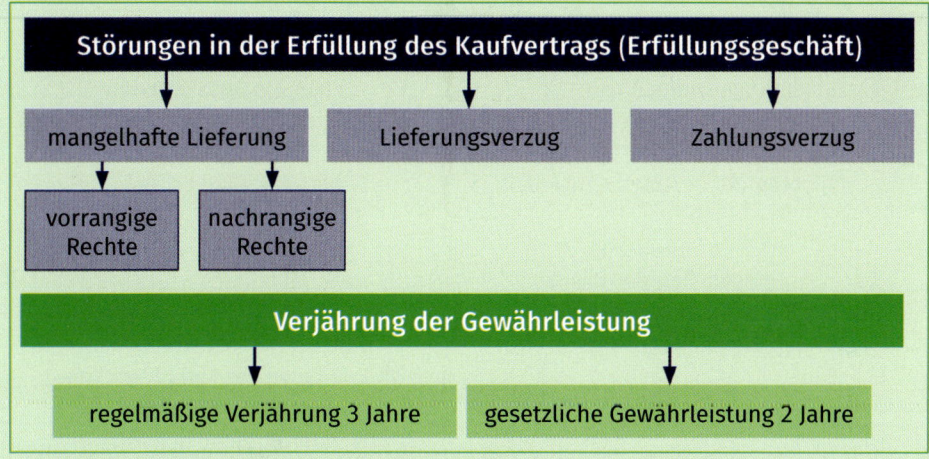

Störungen in der Erfüllung des Kaufvertrags (Erfüllungsgeschäft)

mangelhafte Lieferung	Lieferungsverzug	Zahlungsverzug

vorrangige Rechte	nachrangige Rechte

Verjährung der Gewährleistung

regelmäßige Verjährung 3 Jahre	gesetzliche Gewährleistung 2 Jahre

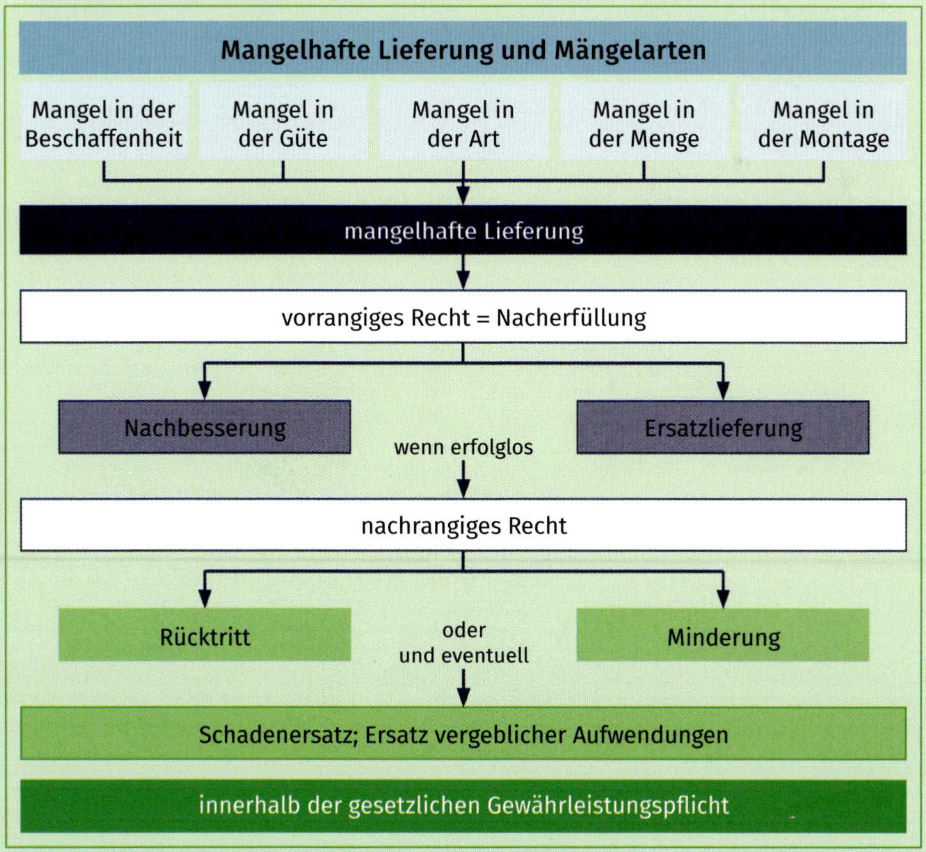

Mangelhafte Lieferung und Mängelarten

Mangel in der Beschaffenheit	Mangel in der Güte	Mangel in der Art	Mangel in der Menge	Mangel in der Montage

mangelhafte Lieferung

vorrangiges Recht = Nacherfüllung

Nachbesserung	wenn erfolglos	Ersatzlieferung

nachrangiges Recht

Rücktritt	oder und eventuell	Minderung

Schadenersatz; Ersatz vergeblicher Aufwendungen

innerhalb der gesetzlichen Gewährleistungspflicht

Kompetent handeln

1. a) Beschreiben Sie, wie in Melikes
Fall ein gültiger Kaufvertrag
zustande gekommen ist
(siehe Seite 180).
   b) Zeigen Sie die Rechte und
Pflichten der Vertragspartner auf.

2. Melike leiht ihrem Bruder ihr Auto.
Wer ist in diesem Fall der Besitzer,
wer der Eigentümer des Autos?
Begründen Sie (siehe S. 182).

3. a) Formulieren Sie konkrete Beispiele für drei Mängelarten, die
an Melikes Auto vorkommen
könnten.
   b) Welches vorrangige Recht würden
Sie jeweils wählen? Begründen
Sie.
   c) Stellen Sie sich vor, das Autohaus
kann nicht nacherfüllen. Zu
welchen nachrangigen Rechten
würden Sie Melike jeweils raten?
   d) Wie lange hat Melike Zeit, die
Mängel zu beanstanden und
worauf muss sie achten?

3 Verbraucherschutz in Anspruch nehmen

Teures und „schickes" Superfood – was bringt das dem Verbraucher?

Allheilmittel oder überteuertes Gift – was ist dran am Mythos **Superfood**? lautete eines der Themen am 29.8.2018 in der Sendung stern TV. Die Oecotrophologin Dr. Brigitte Bäuerlein äußert, dass sich an Menschen kaum nachweisen ließe, dass die Superfoods ihre Versprechen auch hielten. Von „Überschätzung" und (am Beispiel Kokosöl) „reinem Gift" spricht Präventionsmedizinerin Prof. Karin Michels. Eine Millionen Klicks auf das Video schon nach kurzer Zeit zeigen das Interesse der Öffentlichkeit an dieser Thematik. Verbraucher werden offenbar belogen, wenn es darum geht, dass sie sich mit zumeist überteuerten Produkten (welche oft unmittelbar im Kassenbereich der Supermärkte platziert sind) eine „super" Gesundheit erkaufen können. Egal, ob spezielle Samen, Beeren, Öle u. Ä., die enthaltenen Vitamine, Mineralstoffe und Antioxidantien finden sich auch in vielen unserer regionalen Lebensmittel. Es ist durch nichts zu rechtfertigen, dass dieses Superfood aus teilweise entlegenen Erdteilen importiert wird und es dabei oft zu Schäden für die Umwelt und negativen Auswirkungen auf die sozialen Verhältnisse in den Anbauregionen kommt. Hinzu kommt, dass diese Lebensmittel kaum halten, was sie versprechen, wie Ernährungswissenschaftler kritisieren. Regionale Lebensmittel decken durchaus den Bedarf an den notwendigen Stoffen, die der menschliche Körper braucht. Durch eine ausgewogene Ernährung kann man sich als Verbraucher die Kosten für solche teuren Produkte sparen.

Quelle: vgl. Heide, Sebastian: stern TV: Die Themen und Gäste heute Abend bei RTL (29.08.2018). In: https://www.starsontv.com/stern-tv-die-themen-und-gaeste-heute-abend-bei-rtl-29-08-2018/ [30.09.19].

Wie beurteilen Sie Ihr eigenes alltägliches Kaufverhalten?

 Kann der Staat uns Verbraucher schützen?

Unternehmen verfolgen ihre wirtschaftlichen Interessen. Dabei handeln sie nicht immer zum Wohl der Verbraucher. Ein Beispiel dafür ist der Abgasskandal in der Automobilbranche. Deshalb ist es wichtig, dass sich Verbraucherorganisationen für den Verbraucherschutz einsetzen. Letztlich ist es die Aufgabe des Staates, durch verschiedenste Gesetze den Verbraucher vor den Interessen der Wirtschaftsunternehmen zu schützen.

3.1   Verbraucherrechte

Die Rechte von Verbrauchern werden in ganz **unterschiedlichen Gesetzen und Vorschriften** geschützt. Einige davon werden im Folgenden kurz dargestellt.

Bürgerliches Gesetzbuch (BGB)

Einen **grundlegenden Schutz** der Rechte von Verbrauchern gegenüber den Anbietern hat der Gesetzgeber im **Bürgerlichen Gesetzbuch (BGB)** vorgesehen. Ein Verkäufer hat beispielsweise die Pflicht, eine Ware frei von Mängeln zu liefern. Auftretende Sachmängel können innerhalb der Gewährleistungsfrist von zwei Jahren reklamiert werden (vgl. § 438 BGB – Verjährung der Mängelansprüche).

Gesetz gegen den unlauteren Wettbewerb (UWG)

 § 1 UWG

Dieses Gesetz dient dem Schutz der Mitbewerber, der Verbraucherinnen und Verbraucher sowie der sonstigen Marktteilnehmer vor unlauteren geschäftlichen Handlungen. Es schützt zugleich das Interesse der Allgemeinheit an einem unverfälschten Wettbewerb.

§ 3 UWG

Unlautere geschäftliche Handlungen sind unzulässig, wenn sie geeignet sind, die Interessen von Mitbewerbern, Verbrauchern oder sonstigen Marktteilnehmern spürbar zu beeinträchtigen.

Ziel des **UWG** ist es, unlauteres und damit unzulässiges Verhalten im Wettbewerb zu verbieten:

o **Irreführende Angaben** über Beschaffenheit und Preis der Ware sind unzulässig.

o Die **Verwendung fremder Namen, Waren- und Firmenzeichen**, um sich daraus geschäftliche Vorteile zu verschaffen, ist verboten.

o **Unzumutbar belästigende Werbung** wie das Direktmarketing von Unternehmen, zum Beispiel Anrufe oder E-Mails. Sie sind nur bei ausdrücklicher Einwilligung zulässig. Für den Verbraucher muss ersichtlich sein, wer der Absender der Werbung ist. Das Unterdrücken der Rufnummer bei Werbeanrufen ist damit verboten.

o **Irreführende Werbung**, zum Beispiel in Form von Lockvogelangeboten, ist verboten.

Stellt man als Verbraucher einen Verstoß gegen das UWG fest, kann man über die Verbraucherschutz- oder Wettbewerbszentrale dagegen vorgehen. Es kann eine Beseitigung und Unterlassung verlangt werden. Unter Umständen ist Schadensersatz zu zahlen.

Produkthaftungsgesetz (ProdHaftG)

Der Hersteller muss für die Sicherheit seines Produkts haften.

§ 1 (1) ProdHaftG

Wird durch den Fehler eines Produkts jemand getötet, sein Körper oder seine Gesundheit verletzt oder eine Sache beschädigt, so ist der Hersteller des Produkts verpflichtet, dem Geschädigten den daraus entstehenden Schaden zu ersetzen.

§ 3 (1) ProdHaftG

Das Produkt hat einen Fehler, wenn es nicht die Sicherheit bietet, die […] berechtigterweise erwartet werden kann.

Wird jemand wegen eines Produktfehlers getötet, verletzt oder wird eine Sache beschädigt, ist der Hersteller dem Geschädigten zum **Schadensersatz** verpflichtet. Die Nachweispflicht für den Fehler liegt nach § 1 (4) ProdHaftG allerdings beim Geschädigten.

Lebensmittelinformationsverordnung (LMIV)

Die EU verlangt von den Lebensmittelherstellern bestimmte **Pflichtangaben auf Fertigverpackungen**. Das sind die Bezeichnung des Lebensmittels, die Zutaten des Lebensmittels einschließlich der Bestandteile, die Allergien oder Unverträglichkeiten auslösen können, das Mindesthaltbarkeitsdatum oder das Verbrauchsdatum, die Nettofüllmenge, Name und Anschrift des Herstellers sowie die Nährwertkennzeichnung.

Durchschnittliche Nährwerte	pro 100 g	1 Stück (6,5 g)
	2149 kJ/514 kcal	178 kJ/43 kcal
Energiewert	5,9 g	0,5 g
Eiweiß	58,5 g	4,9 g
	48,6 g	4,0 g
Kohlenhydrate	28,6 g	2,4 g
davon Zucker		1,1 g
Fett	12,7 g	0,2 g
davon gesättigte	2,2 g	0,01 g
Fettsäuren		
Ballaststoffe	0,10 g	

Freiwillige Angaben sind unter anderem nährwertbezogene Angaben, die positive Nährwerteigenschaften von Lebensmitteln ausdrücken, zum Beispiel „enthält Vitamin C" oder „fettarm". Voraussetzung dafür ist, dass diese Aussagen auch wahr sein müssen.

Darüber hinaus ist der Hersteller verpflichtet, Kalorien- und Nährwertangaben in einer Tabelle darzustellen. Alle verpflichtenden Informationen müssen gut lesbar sein (Schriftgröße von mindestens 1,2 mm).

Preisangabenverordnung (PAngV)

Bei einer Kaufentscheidung spielt der Preis eine wichtige Rolle. Der Verbraucher soll schnell und einfach vergleichen können. Um den Preisvergleich zu erleichtern, gelten unter anderem folgende Bestimmungen:

○ Alle angebotenen Waren müssen für den Endverbraucher mit einem Preis ausgezeichnet werden. Dieser Preis ist der **Endpreis** einschließlich der enthaltenen Mehrwertsteuer.

○ Der **Grundpreis** pro Kilogramm oder Liter muss angegeben werden. Er steht meist auf einem Preisschild am Regal.

○ **Preise für Dienstleistungen**, zum Beispiel beim Friseur, sind im Schaufenster oder in einem Schaukasten auszuhängen. Dies gilt auch für Gaststätten und Hotels.

3.2 Verbraucherberatung

Wer als Verbraucher Informationen oder Beratung braucht, hat verschiedene Möglichkeiten. **Verbraucherschutzorganisationen** setzen sich für die Interessen von Verbrauchern ein. Sie beraten und informieren in verschiedenen Bereichen und vertreten Verbraucherinteressen gegenüber den Unternehmen und auch dem Staat. Man kann sich in den **Medien** informieren oder die Informationsangebote der **zuständigen Ministerien** nutzen.

Verbraucherzentralen

Wer sich als Verbraucher falsch oder zu Unrecht behandelt fühlt und sich mit den gesetzlichen Bestimmungen nicht gut genug auskennt, kann die Hilfe einer Verbraucherzentrale in Anspruch nehmen. Die Verbraucherzentralen der Bundesländer verstehen sich als zentrale **Interessenvertretungen der Verbraucher** auf Landesebene. Sie unterhalten in größeren Städten Beratungsstellen, in denen man sich informieren kann. Die Verbraucherzentralen werden vom jeweiligen Land finanziell unterstützt. Darüber hinaus tragen auch die Verbraucher zum Erhalt der Verbraucherzentralen bei, indem sie sich gegen Gebühr beraten lassen, Ratgeber kaufen oder die Verbraucherzentralen als Fördermitglieder unterstützen.

Die Verbraucherzentralen sehen ihre Aufgaben in der **Verbraucheraufklärung** und im **Verbraucherschutz**. Sie

○ verschaffen einen Überblick bei unübersichtlichen Angebotsmärkten,

○ geben qualifizierten Rat in Beratungsstellen, über Service-Telefon, per E-Mail oder Post,

○ verfolgen Rechtsverstöße (zum Beispiel gegen das Gesetz gegen unlauteren Wettbewerb) durch Abmahnungen und Klagen,

○ vertreten Verbraucherinteressen auf politischer Ebene,

○ informieren Medien und Öffentlichkeit über wichtige Verbraucherthemen.

Eine der **wichtigsten Aufgaben** von Verbraucherzentralen in den Bundesländern ist die Fachberatung von Verbrauchern in den Bereichen Bauen und Wohnen, Energie,  Ernährung, Baufinanzierung, Geldanlagen und Versicherungen, Gesundheitsdienstleistungen, Haushalt, Freizeit und Telekommunikation sowie Beratung zur Altersvorsorge, zu Banken und Krediten.

Stiftung Warentest

Wer eine Neuanschaffung plant, möchte ein Produkt kaufen, das ein möglichst gutes Preis-Leistungs-Verhältnis hat. Egal, ob eine Digitalkamera, eine Waschmaschine oder eine Zahnpasta. Die Stiftung Warentest testet, vergleicht und bewertet die verschiedensten Produkte auf dem Markt.

Über uns: Die Stiftung Warentest stellt sich vor

Die Stiftung Warentest wurde 1964 auf Beschluss des Deutschen Bundestages gegründet, um dem Verbraucher durch die vergleichenden Tests von Waren und Dienstleistungen eine unabhängige und objektive Unterstützung zu bieten.

- o **Wir kaufen** – anonym im Handel, nehmen Dienstleistungen verdeckt in Anspruch.
- o **Wir testen** – mit wissenschaftlichen Methoden in unabhängigen Instituten nach unseren Vorgaben.
- o **Wir bewerten** – von „sehr gut" bis „mangelhaft", ausschließlich auf Basis der objektivierten Untersuchungsergebnisse.
- o **Wir veröffentlichen** – anzeigenfrei in unseren Zeitschriften test und Finanztest und im Internet unter www.test.de.

Quelle: Stiftung Warentest (Hrsg.): Über uns: Die Stiftung Warentest stellt sich vor. In: www.test.de/unternehmen [30.09.2019].

96 Prozent aller Deutschen kennen die Stiftung Warentest. 80 Prozent davon vertrauen ihr stark oder sehr stark. 1964 wurde sie vom Deutschen Bundestag gegründet. Jedes Jahr müssen sich mehr als 25 000 Produkte dem kritischen Urteil der Warentester unterziehen. [...]

Oberstes Gebot ist die **Neutralität**. Die Stiftung darf laut Satzung keine Einnahmen durch Werbeanzeigen erzielen. Deshalb bekommt sie eine jährliche Ausgleichszahlung vom Staat, die im Jahr 2018 10 Prozent ihres Etats ausmacht. Zum größten Teil finanziert sie sich aber durch den Verkauf ihrer Publikationen. [...]

Quelle: Stiftung Warentest (Hrsg.): Überblick: Die Stiftung Warentest stellt sich vor. In: www.test.de/ unternehmen/ueberblick-5017075-0/ [30.09.2019].

Die Ergebnisse der Untersuchungen veröffentlicht die Stiftung Warentest auf verschiedenen Wegen:

o Die Zeitschrift **„test"** erscheint monatlich und kann im Zeitschriftenhandel erworben werden. Die Ergebnisse der Einzelhefte werden zusätzlich in einem Jahrbuch veröffentlicht.

o Die Zeitschrift **„Finanztest"** befasst sich jeden Monat vor allem mit Dienstleistungen in den Bereichen Geldanlagen, Baufinanzierung, Versicherungen und Steuern.

o Zu einzelnen Themen erscheinen **Bücher und Spezial-Ausgaben** der beiden Zeitschriften, aber auch Software.

o Im **Internet** werden ebenfalls alle Testergebnisse veröffentlicht. Kurzversionen wie der „Testkompass" sind kostenlos abrufbar, die vollständigen Ergebnisse eines Tests können gegen eine Gebühr heruntergeladen werden.

Reparaturservices für Smartphones 4/2015

Produkt	Durchschnittliche Kosten (Euro, gerundet)/ Defekte beseitigt	Durchschnittliche Dauer in Werktagen	Reparatur	Kundenorientierung	Mängel in den AGB[1]	✚ test - QUALITÄTSURTEIL
			60%	40%	0%	100%
Reparaturdienste der Hersteller						
Apple	207/■	3	++	+	deutlich[*]	**GUT (2,0)**
Huawei	176/■	16	+	○	gering	**BEFRIEDIGEND (2,6)**
Samsung	166/◪	10	○	+	deutlich[*2]	**BEFRIEDIGEND (3,1)**
LG	127/◪	10	○	○	deutlich[*2]	**AUSREICHEND (3,9)**
Sony	131/◪	8	⊖	○	deutlich[*2]	**AUSREICHEND (4,3)**
HTC[3]	469[4]/◪[4]	25[4]	−	−	keine	**MANGELHAFT (5,4)**
Unabhängige Online-Reparaturdienste						
Handyreparatur123	180[5]/◪	7	○	○	gering	**BEFRIEDIGEND (2,7)**
Letsfix	143[5]/◪	8	⊖	○	gering	**AUSREICHEND (3,6)**
Phonecare	185[5]/◪	14	○	⊖	sehr gering	**AUSREICHEND (3,6)**

Bewertungsschlüssel der Prüfergebnisse: ++ = Sehr gut (0,5–1,5). + = Gut (1,6–2,5). ○ = Befriedigend (2,6–3,5).
⊖ = Ausreichend (3,6–4,5). − = Mangelhaft (4,6–5,5). **Bei gleichem Qualitätsurteil Reihenfolge nach Alphabet.**
*) Führt zur Abwertung.
Mängel in den AGB (allgemeine Geschäftsbedingungen): keine, sehr gering, deutlich, sehr deutlich.
■ = Ja. □ = Nein. ◪ = Eingeschränkt.
1) In der Regel beauftragen die Hersteller Servicedienstleister mit der Reparaturdurchführung. In diesen Fällen prüften
   wir die allgemeinen Geschäftsbedingungen der jeweiligen Servicedienstleister.
2) AGB nicht bei allen geprüften Servicedienstleistern einheitlich, teilweise gibt es auch besser bewertete AGB.
3) Laut HTC wurde die Reparaturabwicklung inzwischen einem anderen Servicedienstleister übertragen. Umgestellt wurde
   im Februar 2015 von Arvato Services Solutions auf die Firma Regenersis. Unsere drei HTC-Testfälle bearbeitete Arvato.
4) Da bei HTC zwei Reparaturen abgelehnt wurden, bezieht sich diese Angabe auf die eine durchgeführte Reparatur.
5) Durchschnittspreis aus den Reparaturkosten für drei verschiedene Smartphone-Modelle (Apple, Samsung, Sony).
Erhebungszeitraum: Juli 2014 bis Februar 2015.
© Stiftung Warentest

Foodwatch

Viele Verbraucher legen großen Wert auf gesunde Ernährung. Dabei kann man als Verbraucher nur begrenzt entscheiden, was tatsächlich auf den eigenen Teller kommt. Die Lebensmittelskandale der vergangenen Jahre haben gezeigt, dass die Lebensmittelindustrie in erster Linie eigene Interessen verfolgt und nicht die der Verbraucher. Dafür setzt sich **foodwatch** ein. Ziele des Vereins sind:

o   Gesetze, die den Verbraucher schützen sollen, zu veranlassen,

o   Transparenz über die Herstellung und Zusammensetzung der Lebensmittel zu schaffen,

o   irreführende Werbung der Industrie aufzudecken,

o   Einsatz für eine ausgewogene und ausreichende Ernährung,

o   die Interessen der Verbraucher zu stärken.

Mietvereine

Bei Problemen mit dem Vermieter kann man sich u.a. an den Deutschen Mieterbund mit seinen über 300 örtlichen Mieter-  vereinen wenden. Diese führen in mehr als 500 Beratungsstellen rund 1,15 Millionen Rechtsberatungen im Jahr durch. Der Mieterverein setzt berechtigte Ansprüche gegenüber Vermietern, Verwaltungen und Behörden durch und wehrt unberechtigte Forderungen von Vermietern ab. In allen Auseinandersetzungen versucht der Mieterverein eine gütliche Einigung herbeizuführen und sie wissen, dass Mietern am besten durch eine außergerichtliche Einigung geholfen wird. Mietervereine begreifen sich deshalb auch als Streitschlichter.

Medien

Verbraucherrechte sind in allen Medien präsent. **Printmedien** schreiben über verbraucherrelevante Themen, veröffentlichen Testkurzfassungen und geben Verbrauchertipps. Das **Fernsehen** bietet auf vielen Sendern Verbrauchersendungen mit aktuellen Informationen an.

Im **Internet** kann man gezielt in unterschiedlichen Foren recherchieren. Die Beiträge sollte man allerdings kritisch betrachten, da es sich um die subjektive Wahrnehmung einer Person handelt.

Zuständige Ministerien

Wer sich **aus erster Hand** informieren möchte, kann dafür die Angebote der zuständigen Ministerien nutzen. Für den Verbraucherschutz sind im Wesentlichen zwei Bundesministerien zuständig:

○ das **Bundesministerium der Justiz und für Verbraucherschutz** und

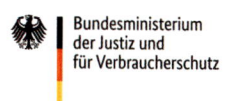

○ das **Bundesministerium für Ernährung, Landwirtschaft und Verbraucher**.

Über das **Verbraucherportal** des Bundesministeriums der Justiz und für Verbraucherschutz erhält man in den Bereichen Verbraucherinformationen, Konsum im Alltag, Finanzen und Versicherungen, Urlaub und Reisen, Digitales und Telekommunikation sowie Wohnen und Energie eine Vielzahl von verständlich aufbereiteten Informationen.

Zu den Aufgaben des Bundesministeriums für Ernährung, Landwirtschaft und Verbraucher gehören die Bereiche gesunde Ernährung und sichere Lebensmittel sowie artgerechte Tierhandlung. Auf der Homepage des Ministeriums kann man sich über gesetzliche Grundlagen, neue Regelungen und Initiativen informieren.

3.3 Fernabsatzgeschäfte

Dinge im Internet zu bestellen ist bequem. Man muss nicht ins Geschäft fahren und sich an keine Öffnungszeiten halten. Auf der Couch können in Ruhe Produkte und Preise verglichen werden. Ist die Bestellung erst einmal bestätigt, wird sie wenige Tage später bequem nach Hause geliefert. Welche Möglichkeiten man als Verbraucher hat, wenn das Produkt doch nicht so toll ist, wie man aufgrund des Bildes vermutet hat, wird im Folgenden zusammengefasst.

Juristisch gesehen handelt es sich bei einem **Fernabsatzvertrag** um einen Vertrag über die Lieferung einer bestellten Ware oder die Erbringung einer Dienstleistung, der **ausschließlich unter der Verwendung von Fernkommunikationsmitteln** abgeschlossen wurde. Sowohl die Vertragsverhandlungen als auch der Vertragsabschluss wurden über das Internet, Telefon, per E-Mail oder per Brief abgewickelt.

Informationspflicht des Unternehmers

Da der Kunde das Produkt nicht sehen und testen kann wie im Geschäft, ist der Verkäufer verpflichtet, den Käufer gut zu informieren. Zu diesen **Informationspflichten** zählen:

- die wesentlichen Eigenschaften der Waren oder Dienstleistungen,

- die Identität und Kontaktdaten des Verkäufers,

- der Gesamtpreis der Waren und Dienstleistungen einschließlich Steuern und eventueller Zusatzkosten wie Versandkosten,

- Zahlungs- und Lieferbedingungen.

Die Informationen müssen so zur Verfügung stehen, dass sie zur Art der Bestellung passen. Bei der Onlinebestellung sollten die Informationen auf der Webseite verfügbar, bei einer Katalogbestellung sollten sie darin abgedruckt sein.

Widerrufsrecht des Verbrauchers

Da der Verbraucher beim Fernabsatzvertrag die gekaufte Sache nicht begutachten und testen kann, wie es im Geschäft möglich wäre, gesteht ihm der Gesetzgeber umfangreichere Rechte zu, um den geschlossenen Vertrag wieder zu lösen. Genauer gesagt gilt hier das Widerrufs- bzw. Rückgaberecht nach §§ 355 und 356 BGB. Der Widerruf ist innerhalb einer Frist von 14 Tagen möglich. Wann diese Frist beginnt, hängt vom Vertragsgegenstand ab:

- bei einem Kaufvertrag beginnt die Frist am Tag der Warenlieferung,
- bei Teillieferung an dem Tag, an dem die letzte Lieferung ankommt,
- bei einem Abonnement am Tag der ersten Lieferung.

Der Verkäufer ist verpflichtet, den Verbraucher auf sein Widerrufsrecht hinzuweisen.

 Um einen Fernabsatzvertrag zu widerrufen, muss der Verbraucher dem Verkäufer dies mitteilen. Dabei ist zwar keine Form vorgeschrieben, wegen der Beweissicherheit ist aber die Schriftform zu empfehlen.

Viele Onlineshops sind sehr kundenfreundlich und verlangen keine schriftliche Widerrufserklärung. Oftmals reicht das Zurücksenden der bestellten Ware innerhalb der Widerrufsfrist aus.

Bei bestimmten Waren ist das Widerrufsrecht ausgeschlossen, etwa bei

o   individuell angefertigten Waren, zum Beispiel Maßhemden,

o   schnell verderblichen Waren, zum Beispiel Lebensmitteln,

o   versiegelten Waren, deren Versiegelung bereits entfernt wurde, zum Beispiel CDs
    oder DVDs,

o   versiegelten Waren, die aus Hygienegründen nicht zur Rückgabe geeignet sind, wenn
    die Versiegelung entfernt wurde, zum Beispiel Kosmetik.

Grundsätzlich muss der Verbraucher beim Prüfen der Versandware vorsichtig sein, denn
prüft er die Ware intensiver, als es im Laden üblich gewesen wäre, muss er dem Verkäufer
Wertersatz leisten.

Seit 2002 ist das sogenannte Fernabsatzgesetz im BGB enthalten.

3.4   Allgemeine Geschäftsbedingungen (AGB)

Aufgrund der in Deutschland geltenden
Vertragsfreiheit können die Vertragspartner den Inhalt eines Vertrags beliebig gestalten. Im Alltag werden bei Vertragsverhandlungen die einzelnen Bedingungen
selten individuell ausgehandelt, sondern
meistens einseitig vom Unternehmen
vorgegeben. Diese vorformulierten Vertragsbedingungen heißen **Allgemeine Geschäftsbedingungen (AGB)**. Häufig findet

man das „**Kleingedruckte**" auf der Rückseite des schriftlichen Vertrags oder es wird se-
parat beigelegt. Beim Einkauf im Laden hängen die AGB oftmals für den Kunden zugänglich im Eingangsbereich.

Der Verbraucher muss auf die Allgemeinen Geschäftsbedingungen hingewiesen werden und die Möglichkeit haben, von ihnen Kenntnis zu nehmen, bevor
ein Vertrag abgeschlossen wird. Akzeptiert er die AGB, werden sie Vertragsbestandteil.

Die Allgemeinen Geschäftsbedingungen beinhalten häufig die Lieferungs- und Zah-
lungsbedingungen, den Gerichtsstand und den Eigentumsvorbehalt. In manchen Fällen

beschränken sie die Gewährleistungsansprüche des Käufers zugunsten des Verkäufers. Deshalb ist es empfehlenswert, das Kleingedruckte sorgfältig zu lesen.

Beispiel: Auszug aus den Allgemeinen Geschäftsbedingungen eines Verkäufers

---

Allgemeinen Geschäftsbedingungen

1 Zustandekommen des Vertrages

1.1   Der Käufer ist an seine Bestellung gebunden, wenn er sie nicht innerhalb von zwei Wochen widerruft. [...]

1.2   Dem Käufer ist bekannt, dass der Verkäufer ausschließlich an Endverbraucher verkauft; es ist ihm nicht gestattet, die Ware gewerblich weiterzuveräußern.

[...]

4 Zahlung

4.1   Bis zur vollständigen Bezahlung bleibt der Verkäufer Eigentümer der gelieferten Ware.

[...]

4.4   Solange die vom Verkäufer gelieferte Ware noch nicht bezahlt ist, muss der Käufer eventuelle Namens- oder Anschriftenänderungen dem Verkäufer unverzüglich bekannt geben. Unterlässt der Käufer dies und ist der Verkäufer gezwungen, die Änderungen zu ermitteln, kann der Verkäufer vom Käufer verlangen, dass er die dadurch entstandenen Kosten ersetzt.

Gesetzliche Bestimmungen des BGB regeln Inhalte der AGB.

Damit der Unternehmer seine Interessen nicht ausnutzt und damit Kunden ungerechtfertigt behandelt, gelten für die Allgemeinen Geschäftsbedingungen die gesetzlichen Bestimmungen des BGB. Es enthält unter anderem folgende Bestimmungen zum Schutz des Verbrauchers:

o Nach § 305 BGB: Die AGB werden nur dann Vertragsbestandteil, wenn der Käufer zuvor auf sie hingewiesen wird und er sie in angemessener Weise **zur Kenntnis nehmen** kann. Der Käufer muss mit den AGB einverstanden sein.

o Nach § 305 b BGB: **Individuelle Vertragsabsprachen** zwischen dem Verkäufer und dem Käufer haben Vorrang vor den AGB.

o Nach § 305 c BGB: Klauseln, mit denen der Verbraucher nicht rechnen kann, sogenannte **Überraschungsklauseln**, werden kein Vertragsbestandteil, wenn beispielsweise in den AGB eines Kaufvertrags ein zusätzlicher Wartungsvertrag vorgesehen ist.

o Nach § 307 BGB: Sie müssen **klar und verständlich formuliert** sein.

o Nach §§ 308, 309 BGB sind in den AGB unter anderem folgende Bestimmungen **verboten**:

- unangemessen lange Fristen für Vertragsannahme und Lieferung,
- Preiserhöhungen innerhalb von vier Monaten nach Vertragsschluss,
- Beschränkungen der Ansprüche auf Nacherfüllung bei mangelhafter Lieferung und
- das Vereinbaren von Vertragsstrafen, zum Beispiel bei Zahlungsverzug.

Auf einen Blick

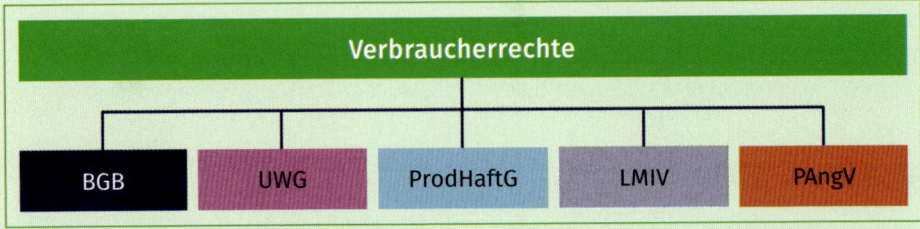

Verbraucherrechte

- BGB
- UWG
- ProdHaftG
- LMIV
- PAngV

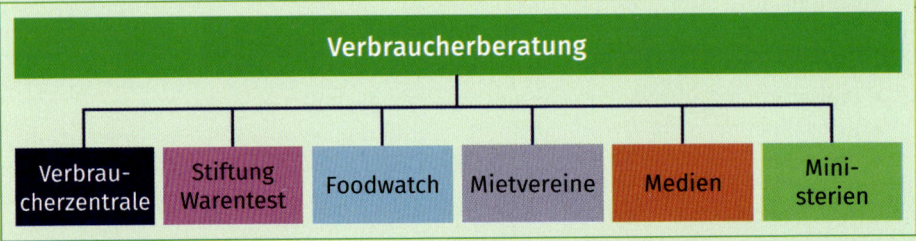

Verbraucherberatung

- Verbraucherzentrale
- Stiftung Warentest
- Foodwatch
- Mietvereine
- Medien
- Ministerien

Fernabsatzgeschäfte

- Verträge, die ausschließlich unter der Verwendung von Fernkommunikationsmitteln abgeschlossen wurden
- Informationspflicht des Unternehmens
- 14-tägiges schriftliches Widerrufsrecht des Kunden
- Ausschluss bestimmter Waren beachten

Allgemeine Geschäftsbedingungen

- einseitig vorformulierte Vertragsbedingungen des Unternehmens
- Hinweispflicht des Unternehmens
- Kenntnisnahme und Bestätigung durch den Kunden
- BGB schützt den Kunden vor ungerechtfertigter Behandlung

Kompetent handeln

1. Sie stellen fest, dass die Gewichts-
   angabe auf der Verpackung Ihrer
   Lieblingschips nicht der Wahrheit
   entspricht. Es sind nur 200 g statt
   der angegebenen 250 g. Welche
   Möglichkeiten haben Sie, Ihre Rechte
   als Verbraucher durchzusetzen?

2. Sie möchten sich einen neuen
   Fernseher kaufen. Wie informieren
   Sie sich und auf welcher Grundlage
   treffen Sie letztendlich Ihre Entscheidung?

3. Finden Sie auf der Homepage des
   Bundesministeriums der Justiz und
   für Verbraucherschutz heraus, welche
   Rechte Sie als Verbraucher bei
   Kostenfallen im Internet haben.

4. Diskutieren Sie in einer Gruppe Ihre
   bisherigen Erfahrungen mit Bestel-
   lungen im Internet, also Fernabsatz-
   geschäften.

5. Besorgen Sie sich die Allgemeinen
   Geschäftsbedingungen eines Auto-
   hauses und überprüfen Sie, ob die
   gesetzlichen Bestimmungen des BGB
   eingehalten wurden.

4   Mit Geld umgehen können

Bargeldlose Zukunft?

Bargeld bleibt beliebtestes Zahlungsmittel

In diesem Sinne äußerte sich der Bundesbankvorstand Carl-Ludwig Thiele auf einem Symposium zum Thema Bargeld Anfang 2018. Trotz des Zuwachses am bargeldlosen Zahlungsverkehr ist Bargeld aus unserem Alltag nicht wegzudenken. Ein Verzicht berge hohe Risiken, bei denen die Nachteile die Vorteile bei weitem überwögen.

Auch digitales Geld wird zukünftig keine ernsthafte Konkurrenz für Bargeld oder Bankguthaben sein, wie der Bundesbankpräsident Jens Weidmann feststellte. Virtuelle Währungen wie Bitcoin seien eher Spekulationsobjekt als Zahlungs- und Wertaufbewahrungsmittel im Sinne der Verbraucher. Noch deutlicher wurde das EZB-Direktoriumsmitglied Yves Mersch. Er verbindet Bargeld u. a. mit der Möglichkeit zur Wahrnehmung von Grundrechten wie dem der Handlungsfreiheit."

Quelle: vgl. Thiele, Carl-Ludwig: Forderung nach kompletter Bargeldabschaffung ist unangemessen, Bargeldsymposium 2018. (14.02.2018). Hrsg.: Deutsche Bundesbank Eurosystem. In: https://www.bundesbank.de/de/aufgaben/themen/thiele-forderung-nach-kompletter-bargeldabschaffung-ist-unangemessen-665618 [30.09.2019].

Wie beurteilen Sie die Entwicklung weg vom Bargeld?

Tagtäglich benutzen wir Geld. Wir vergleichen Preise im Laden und bezahlen einen Einkauf an der Kasse in bar oder bargeldlos. Unser Geldsystem, wie wir es heute kennen, hat sich im Lauf der Geschichte entwickelt. Am Anfang stand der **Naturaltausch**. Allerdings war es schwierig, einen passenden Tauschpartner zu finden, und oft hatten die Waren nicht den gleichen Wert. Da der Naturaltausch umständlich war, haben dann bestimmte Waren die Aufgabe von Geld übernommen. Dabei war es wichtig, dass die Waren leicht, unverderblich und teilbar waren, so zum Beispiel Kakaobohnen bei der mittelamerikanischen Hochkultur der Azteken. Im Europa des Mittelalters konnte man zum Beispiel mit dem begehrten Pfeffer seine Pacht und Schulden bezahlen. **Metallgeld** hat die Probleme der Tauschwaren reduziert. Allerdings war es aufwendig, die Echtheit und das genaue

Gewicht des Metalls zu prüfen. Schließlich wurde Metallgeld geprägt. Damit erhielt jede **Münze** eine Wertangabe. Große Summen waren mit Münzen aber schwer zu bezahlen, weshalb das **Papiergeld** erfunden wurde. Heute ist Geld häufig nur noch eine Buchung von einem Konto auf das andere. Man nennt es deshalb auch **Buch- oder Giralgeld**. Der Trend zu **elektronischen Zahlungssystemen** verstärkt sich.

4.1   Geld

Der Umgang mit Geld ist für uns ganz selbstverständlich. Wir bekommen es und geben es wieder aus. Manche sparen das Geld, das am Monatsende übrig ist. Andere machen Schulden, indem sie einen Kredit aufnehmen. Dabei übernimmt Geld verschiedene Aufgaben und wir nutzen es in unterschiedlichen Formen.

Aufgaben des Geldes

Neben dem Bezahlen von Waren oder Dienstleistungen erfüllt Geld in einer Volkswirtschaft weitere Aufgaben. Damit es diese erfüllen kann, muss es **allgemein anerkanntes Zahlungsmittel** sein.

o Geld ist ein **Tauschmittel**. Im Laden kann Geld gegen eine Ware getauscht werden.

o Geld ist ein **Zahlungsmittel**. Mit Geld kann man etwas bezahlen. Es ermöglicht damit Tauschgeschäfte, der Arbeitgeber kann den Arbeitnehmer für die geleistete Arbeit entlohnen, die Aufnahme und Tilgung von Schulden ist möglich.

o Geld ist ein **Wertaufbewahrungsmittel**, wenn man es spart.

o Geld ist ein Wertmaßstab und damit eine **Recheneinheit**. Produkte werden durch die Preise vergleichbar.

o Geld ist ein **Wertübertragungsmittel**, das heißt, Vermögen kann beispielsweise durch eine Schenkung weitergegeben werden.

Geldarten

Obwohl die bargeldlose Zahlung zunimmt, benutzen wir doch bei vielen Geschäften im Alltag **Bargeld**. Wenn wir eine Rechnung überweisen, fließt **Giralgeld**. Geld benutzen wir also in **materieller und immaterieller Form**.

Bargeld

Bargeld benutzen wir als Münzen oder Scheine. Man sagt auch Münzgeld und Banknoten dazu. Ungefähr die Hälfte aller Beträge vor Ort werden von Privatpersonen bar bezahlt. Bei Beträgen bis 50,00 € wird die Barzahlung am häufigsten genutzt.

Die **Euro-Münzen** machen im Vergleich zu den Euro-Banknoten nur rund 3 % des Werts des sich im Umlauf befindenden Bargelds aus. Geldbeträge können mit ihrer Hilfe beliebig gestückelt werden. Es gibt sie im Wert von 1, 2, 5, 10, 20 und 50 Euro-Cent sowie 1 und 2 Euro. Die Vorderseiten der Münzen sind einheitlich gestaltet. Auf den Rückseiten findet man nationale Symbole der Euro-Länder. Die deutschen 1-, 2- und 5-Euro-Cent-Münzen zeigen einen Eichenzweig. Auf den 10-, 20- und 50-Euro-Cent-Münzen ist das Brandenburger Tor als Symbol für die Teilung und Wiedervereinigung Deutschlands abgebildet. Die 1- und 2-Euro-Münzen tragen das Staatswappen der Bundesrepublik Deutschland, den Bundesadler. Für das Prägen der Münzen sind die jeweiligen Euro-Länder selbst zuständig. Der Nennwert von Euro-Münzen ist höher als ihr Metallwert. Solche Münzen heißen Scheidemünzen. Seit April 2016 gibt es auch eine 5-Euro-Münze. Sie ist aber als Sammlerstück gedacht und besteht aus einer neuartigen Metall-Kunststoff-Kombination.

> (!) Münzen eignen sich für kleine Zahlungen. Sie sind nur in **beschränktem Umfang gesetzliches Zahlungsmittel**. Ein Gläubiger ist nicht verpflichtet, mehr als 50 Münzen pro Zahlung anzunehmen.

Neben den Geldmünzen zählen zum Bargeld auch die Geldscheine. Sie werden Papiergeld oder Banknoten genannt. Die **Euro-Banknoten** werden in sieben Werten ausgegeben: 5 Euro, 10 Euro, 20 Euro, 50 Euro, 100 Euro, 200 Euro und – noch bis 2018 – 500 Euro. Sie sind in allen Euro-Ländern einheitlich gestaltet. Die Motive sind auf den Vorderseiten Fenster oder Portale aus verschiedenen Baustilen Europas
von der Antike bis zur Gegenwart. Die Rückseite zeigt eine Brücke des jeweiligen Baustils. Um die Banknoten vor Fälschungen zu schützen, sind sie mit mehreren Sicherheitsmerkmalen ausgestattet.

Bei den täglichen Zahlungen werden meistens Banknoten mit niedrigem und mittlerem Nennwert benutzt. 200- und 500-Euro-Scheine dienen vor allem als Wertaufbewahrungsmittel und 200-Euro-Scheine für das Bezahlen teurer Waren. Am Geldautomat erhält man normalerweise 20- und 50-Euro-Scheine, seltener 100-Euro-Scheine. Die Eurobanknoten werden von der Europäischen Zentralbank (EZB) in Frankfurt hergestellt und in Umlauf gebracht.

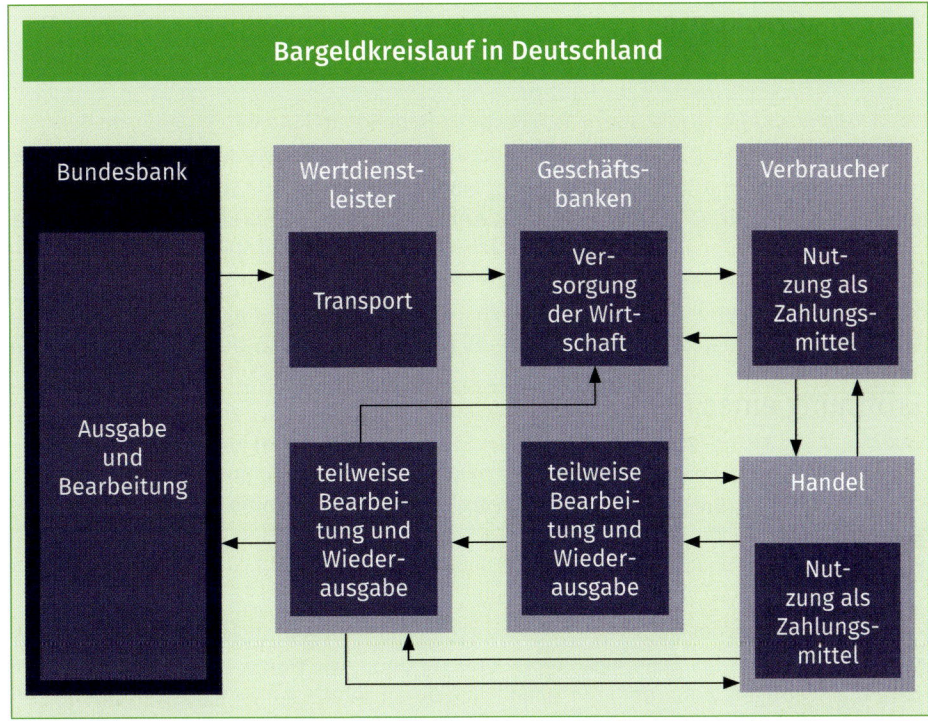

Euro-Banknoten sind im Euro-Währungsgebiet das **einzige unbeschränkte gesetzliche Zahlungsmittel**. Jeder Gläubiger muss grundsätzlich vom Schuldner Euro-Banknoten in vollem Umfang als Erfüllung seiner Geldforderung annehmen. Eine Einschränkung gibt es allerdings: Die Vertragspartner können sich darauf einigen, dass der Gläubiger bestimmte Banknoten nicht annehmen muss. Der verwendete Geldschein sollte in einem angemessenen Verhältnis zur gekauften Ware oder Dienstleistung stehen.

Giralgeld
Die monatliche Ausbildungsvergütung erhalten Auszubildende nicht bar auf die Hand. Sie wird auf das Girokonto überwiesen. Sie findet sich dort als Gutschrift. Damit ist Giralgeld, das auch Buchgeld genannt wird, die Voraussetzung für den bargeldlosen Zahlungsverkehr. Es ist aber, anders als das Bargeld, **kein gesetzliches Zahlungsmittel**. Es muss also nicht angenommen werden, wird aber im Wirtschaftsleben allgemein akzeptiert.

Giralgeld gibt es als **Guthaben**, zum Beispiel, wenn die Gehaltszahlung eingegangen ist, und als **Kredit**, zum Beispiel, wenn das Girokonto überzogen ist.

4.2   Girokonto

Viele Geldgeschäfte laufen über das Girokonto: Bargeld am Automaten holen, im Geschäft mit Girocard bezahlen oder eine Rechnung überweisen. Die verschiedenen Banken und Sparkassen bieten ihren Kunden unterschiedliche Girokonto-Produkte an. Gerade für Auszubildende gibt es oft günstige **Konditionen**, um sie als Kunden zu gewinnen. Der Vergleich verschiedener Banken lohnt sich. Es gibt Unterschiede bei Gebühren und Überziehungszinsen. Die Banken gehen mit den Produktvarianten auf die unterschiedlichen Bedürfnisse der Kunden ein. Grundsätzlich sollte man sich überlegen, ob einem Service vor Ort wichtig ist oder die meist niedrigeren Kosten bei Onlineanbietern attraktiver sind.

Eröffnung eines Girokontos

Ein Girokonto kann man bei einer Bankfiliale vor Ort oder bei einer Onlinebank im Internet eröffnen. Um das allein zu tun, muss man allerdings **volljährig** sein. Beschränkt geschäftsfähige Jugendliche brauchen die Zustimmung des gesetzlichen Vertreters. Das sind in der Regel die Eltern.

In der Bankfiliale oder auf der Homepage erhält man ein Antragsformular für die Eröffnung eines Girokontos. Dort werden persönliche Daten wie Name, Adresse und Geburtsdatum eingetragen. Außerdem muss man sich durch seinen Personalausweis ausweisen. Letztlich muss der zukünftige Kontoinhaber zur Probe unterschreiben, damit später kontrolliert werden kann, ob eine geleistete Unterschrift auch tatsächlich die Echte ist. Ist der Antragsteller noch nicht 18 Jahre alt, müssen auch die Eltern unterschreiben. Seit dem 1. Januar 2016 ist zusätzlich die Angabe der steuerlichen Ansässigkeit zur Kontoeröffnung notwendig.

Kontoführung

Über das Girokonto laufen die täglichen Geldgeschäfte. Ein Vorteil des Girokontos ist, dass das **Guthaben jederzeit verfügbar** ist. Dafür bekommt man allerdings meistens gar keine Zinsen. Deshalb sollte man Geld, das man nicht benötigt, nicht auf dem Girokonto „liegen" lassen, sondern es zu besseren Konditionen in einer anderen Sparform anlegen (siehe Geldanlagen, Seite 225 ff.).

Gibt man mehr Geld aus, als auf dem Girokonto gutgeschrieben ist, überzieht man es. Die Bank gewährt einen sogenannten **Dispositionskredit**. Dieser Überziehungsrahmen ist für den Bankkunden festgelegt. Seine Höhe ist meist von den regelmäßigen Zahlungseingängen, also dem monatlichen Einkommen abhängig. Die zwei- bis dreifache Höhe wird häufig dabei als Grenze angenommen. Der Dispositionskredit wird automatisch durch den nächsten Zahlungseingang zurückgezahlt.

Der wesentliche Vorteil des Dispositionskredits ist, dass der Bankkunde liquide, also „flüssig" bleibt. Allerdings sind die dafür zu zahlenden Zinsen im Vergleich zu anderen Kreditarten sehr hoch. Nutzt man den Dispositionskredit voll aus, läuft man Gefahr, in die Schuldenfalle zu tappen, wenn man durch die Zahlungseingänge nicht mehr aus der Schuldenzone herauskommt. Deshalb sollte der Dispositionskredit nur in Anspruch genommen werden, wenn es unbedingt notwendig ist.

Für die Dienstleistungen der Bank oder Sparkasse, wie das Ausführen einer Überweisung, das Ändern eines Dauerauftrags oder das Zusenden der Kontoauszüge, muss der Bankkunde bei vielen Banken und Sparkassen **Kontoführungsgebühren** bezahlen. Es gibt Pauschalen oder die Berechnung der Gebühren jedes einzelnen Buchungspostens. Welche Gebühren in welcher Höhe eine Bank von ihren Kunden verlangt, steht in den Allgemeinen Geschäftsbedingungen (AGB).

Einige Banken bieten auch kostenlose Girokonten an. Als Kunde sollte man vergleichen und abwägen. Es kann sinnvoll sein, bei einer Bank vor Ort Kontoführungsgebühren zu zahlen und dafür kostenlos deren Geldautomaten um die Ecke nutzen zu können. Als Kunde einer anderen Bank werden am selben Automat häufig hohe Gebühren fällig. Momentan geht der Trend allerdings weg von den kostenlosen Girokonten. Die Banken und Sparkassen verlangen zunehmend höhere Gebühren für ihre Dienstleistungen. Das hängt mit den derzeit niedrigen Zinsen zusammen.

Kontoauszug

Der Kontoauszug ist ein schriftlicher Nachweis über alle Veränderungen auf dem Girokonto und deren Ergebnis, der sogenannte Saldo. Man kann ihn mit seiner Karte am Kontoauszugsdrucker der Bank holen oder als elektronischen Kontoauszug online abrufen oder per E-Mail bekommen.

Abbuchungen sind **Belastungen** des Girokontos, die im **Soll (S)** gebucht werden. **Gutschriften** sind Einnahmen, die im **Haben (H)** gebucht werden. Befindet sich der Kontostand im Soll, ist das Konto überzogen.

Auf dem Kontoauszug steht der Name des Kontoinhabers, seine IBAN (International Bank Account Number) sowie der Name des Kreditinstituts, das Ausstellungsdatum des Kontoauszugs, die Auszugs- und Blattnummer, der alte Saldo am Anfang und der neue Saldo am Ende des Auszugs für den entsprechenden Zeitraum, dazwischen die einzelnen Buchungsposten mit Verwendungszweck, der Tag der Wertstellung und die Buchungsbeträge mit der Angabe von Soll oder Haben.

Beispiel: Kontoauszug

Kontoauszug					SB-Bank

Kontonummer	Inhaberin	Vortrag vom	Auszug Nr.	Blatt Nr.
1299 3002 00	Laura Kurz	15.02.	18	1/2

	Saldovortrag	245,32 €

Buchungstag	Wertstellung	Erläuterungen	Belastungen/Gutschriften
15.02.	15.02.	Teile-Technik GmbH, -- Ausbildungsvergü-tung – Februar 20.. --	1 088,00 € H
15.02.	15.02.	Überweisung Mobilfunk AG Re. Nr. 1587 v. 15.02.20.. Betrag 24,56 €	24,56 € S
16.02.	16.02.	Lastschrift Lebensmit-tel GmbH 16.02.20.. Betrag 42,17 €	42,17 € S
16.02.	16.02.	Einzahlung 16.02.20.. --- Geburtstagsgeld ---	100,00 € H

IBAN DE90 2001 0017 1216 4578 00	Auszug vom:	17.02.	**Neuer Saldo**
BIC HNBKDEHHXXX	Ihr Dispo:	2000,00 €	**1 366,59 €**

Als Inhaber eines Girokontos sollte man den Kontoauszug überprüfen. Erhebt man kei-nen Einwand gegen ihn, ist man mit den Buchungen einverstanden. Wie lange diese Frist dauert, hängt davon ab, ob eine Einzugsermächtigung vorliegt oder nicht. Wurde vom Konto ein falscher Betrag mit Einzugsermächtigung abgebucht, hat der Bankkunde nur sechs Wochen nach Zugang des Rechnungsschlusses Zeit, schriftlich zu widersprechen, ohne Einzugsermächtigung beträgt die Frist 13 Monate. Gesetzliche Regelungen zum so-genannten **SEPA-Zahlungsverkehr** finden sich im BGB.

Privatpersonen sind nicht verpflichtet, Kontoauszüge aufzubewahren. Sinnvoll ist es aber trotzdem, da sie als Zahlungsnachweise dienen. Hat beispielsweise ein mit Karte gekauf-ter Fernseher einen Mangel, kann man den Kauf anhand des Kontoauszugs beweisen, auch wenn die Quittung dafür verloren ging. Behauptet ein Versandhandel, es sei noch keine Zahlung für eine Rechnung eingegangen, hilft auch in diesem Fall der Kontoaus-zug als Beweismittel. Auch für die Steuererklärung reicht häufig ein Nachweis durch den Kontoauszug.

4.3 Zahlungsmöglichkeiten

In Geschäften und Restaurants hat man immer die Möglichkeit, bar zu zahlen, da Bargeld gesetzlich anerkanntes Zahlungsmittel ist. Häufig hat man die Wahl zwischen **Barzahlung und bargeldloser Zahlung**. Oft wird die Möglichkeit, bargeldlos zu zahlen, von der Höhe des Betrags abhängig gemacht.

Auch der Zeitraum, bis wann man etwas bezahlen muss, ist ein Kriterium für die Wahl der Zahlungsmöglichkeit. Muss ein höherer Betrag sofort gezahlt werden, eignet sich die Kartenzahlung, ist das Zahlungsziel ein späterer Zeitpunkt, kann das Geld überwiesen werden.

Überweisung

Überweisungen gehören zum **bargeldlosen Zahlungsverkehr**. Es wird nur Giralgeld gebucht, kein Bargeld übergeben. Voraussetzung für diese Zahlungsart ist, dass sowohl der Zahler als auch der Empfänger des Geldes über ein Girokonto verfügt.

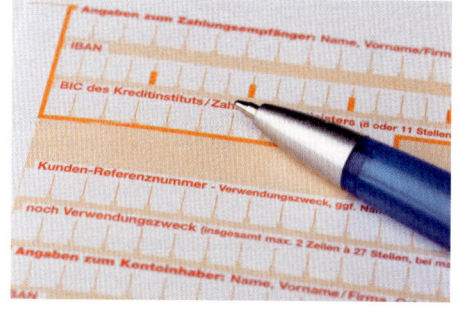

Um **Einzelbeträge** zu bezahlen, ist die Überweisung ein bequemes Zahlungsmittel. Will man beispielsweise die Rechnung einer Reparatur begleichen, muss man als Auftraggeber sein Kreditinstitut anweisen, den Rechnungsbetrag vom eigenen Girokonto abzubuchen und dem Konto des Empfängers gutzuschreiben.

Es gibt verschiedene Möglichkeiten, eine Überweisung auszuführen:

- durch das Ausfüllen eines Überweisungsformulars, das bei der Bank eingeworfen oder am Schalter abgegeben werden kann,

- durch die Eingabe am Bankterminal oder

- durch die Überweisungsfunktion beim Onlinebanking.

Um eine Überweisung anzuweisen, müssen auf dem Formular folgende Angaben gemacht werden.

Notwendige Angabe für eine Überweisung

o Angaben zum Zahlungsempfänger, wie Name oder Firma

o IBAN des Zahlungsempfängers,

o BIC (Business Identifier Code) der Bank oder Sparkasse des Zahlungsempfängers bei internationalen Überweisungen

o Überweisungsbetrag in Euro

o Kunden-Referenznummer bzw. Verwendungszweck

o Angaben zum Kontoinhaber wie Name, Ort usw.

o IBAN des Kontoinhabers

o Datum

o Unterschrift

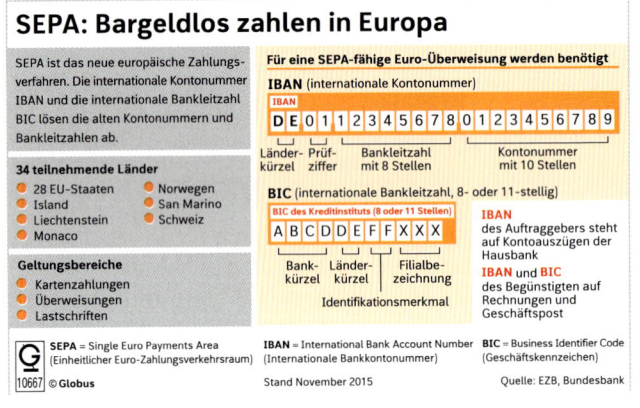

Seit dem 1. Februar 2016 gilt auch für Verbraucher die **SEPA-Überweisung** (Single Euro Payments Area). SEPA ermöglicht einen einheitlichen Euro-Zahlungsverkehrsraum, der über die Grenzen der Euro-Zone und der EU hinausgeht. Dieses neue System verzichtet auf Kontonummer und Bankleitzahl. Es muss einheitlich die **IBAN** angegeben werden. Dabei handelt es sich um die internationale Bankkontonummer, die sich aus Länderkürzel, 2-stelliger Prüfziffer, 8-stelliger Bankleitzahl und 10-stelliger Kontonummer zusammensetzt. Die IBAN besteht somit aus 22 Ziffern. Man findet die IBAN auf dem Kontoauszug, der Rückseite der Bankkarte (Girocard) und beim Onlinebanking.

Durch die Einführung der SEPA-Überweisung wurden grenzüberschreitende Überweisungen innerhalb der SEPA-Teilnehmerländer so günstig und schnell wie Inlandsüberweisungen. Die vereinheitlichte Angabe der IBAN erleichtert den internationalen Zahlungsverkehr.

Dauerauftrag

Im Gegensatz zu einer Rechnung sind manche **Beträge regelmäßig zu bezahlen**, zum Beispiel der Monatsbeitrag im Fitnessstudio, die Miete oder die GEZ-Gebühr. Will man diese Überweisungen nicht ständig ausfüllen müssen oder aus Versehen in Zahlungsverzug kommen, weil man eine Überweisung vergessen hat, kann ein Dauerauftrag eingerichtet werden. Die Beträge werden pünktlich abgebucht und es werden keine Mahngebühren dafür fällig.

Beim Dauerauftrag beauftragt der Zahlungspflichtige seine Bank, von seinem Konto zu bestimmten Terminen einen bestimmten Betrag auf das Konto des Empfängers zu überweisen. Der Auftrag an die Bank kann über einen Zeitraum oder bis auf Widerruf festgelegt werden.

Ein Dauerauftrag ist nur dann sinnvoll, wenn der zu überweisende Betrag über einen längeren Zeitraum **in gleicher Höhe** wiederkehrt. Das ist beispielsweise bei einem Vereinsbeitrag jährlich auf unbestimmte Zeit oder beim Abzahlen eines Ratenkreditvertrags über 24 Monatsraten der Fall.

Lastschrift

Das Lastschriftverfahren ist für den Schuldner eine sehr bequeme Zahlungsmöglichkeit, weil er nicht daran denken muss, eine Rechnung zu einem bestimmten Zeitpunkt überweisen zu müssen. Für den Gläubiger hat es den Vorteil, dass er sich der Zahlung des ausstehenden Betrages recht sicher sein kann. Deshalb ist dieses Verfahren bei beiden Seiten beliebt.

Die Lastschrift ist das **Gegenstück zur Überweisung**, denn der Zahlungsvorgang wird vom Zahlungsempfänger, dem Gläubiger, eingeleitet. Er füllt ein Lastschriftformular aus, übergibt es seinem Kreditinstitut und lässt dadurch den fälligen Betrag vom Konto des Zahlungspflichtigen, nämlich des Schulders, einziehen.

Unter bestimmten Voraussetzungen wird eine Lastschrift nicht eingelöst, beispielsweise wenn das zu belastende Konto des Schuldners nicht gedeckt ist oder wenn er der **Einzugsermächtigung** widersprochen hat.

Das Lastschriftverfahren bietet sich bei **regelmäßigen Zahlungen in unterschiedlichen Höhen** an, zum Beispiel bei der Telefonrechnung, sofern man keinen Vertrag mit Flatrate-Tarif abgeschlossen hat.

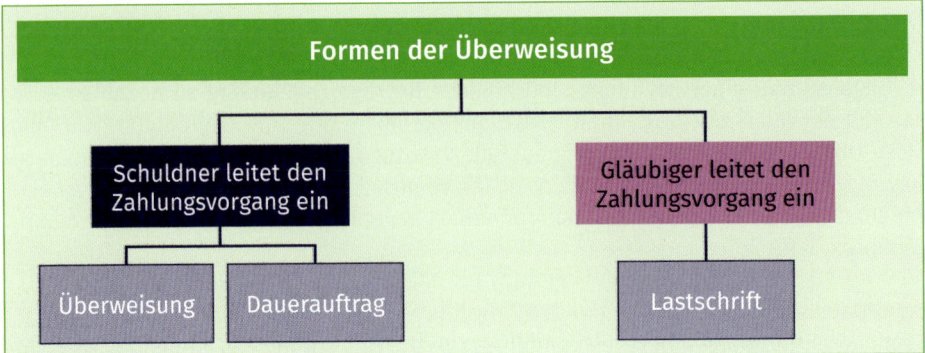

Bankkarte

Die Bezahlung mit Karten nimmt stetig zu. Laut einer Befragung der Deutschen Bundesbank verfügen 97 % der Befragten über mindestens eine Karte. Fast 50 % der Beträge werden vor Ort bargeldlos mit Karte bezahlt, vor allem Beträge über 50,00 €.

Als Inhaber eines Girokontos stellt die Hausbank oder Sparkasse eine Bankkarte (Debitkarte) aus, die auch **girocard** (ehemals EC-Karte) genannt wird. Damit kann der Kunde außerhalb der Banköffnungszeiten die Tür zum Kundenterminal öffnen, um dort Kontoauszüge und Bargeld vom Geldautomaten zu holen oder eine Überweisung am Kundenterminal zu veranlassen. Die Bankkarte besitzt auf der Rückseite einen Magnetstreifen und zusätzlich auf der Vorderseite einen Chip, worauf die zur Ausübung der Funktionen nötigen Kundendaten gespeichert sind. Bankkarten werden auch als Servicekarten bezeichnet, da sie über **verschiedene Funktionen** verfügen. Diese sind u. a. an den Symbolen auf der Rückseite der Bankkarte zu erkennen.

Mit den meisten Bankkarten kann der Bankkunde auch in Geschäften **bargeldlos bezahlen**.

girocard-System

Bankkarten, die das girocard-Symbol tragen, berechtigen den Inhaber, mithilfe seiner Geheimzahl (PIN) an einem POS-Terminal (Point of Sale) bargeldlos zu bezahlen.

Dabei handelt es sich um eine sichere Zahlungsmöglichkeit. Möchte ein Kunde an einer POS-Kasse bezahlen, muss der zu zahlende Betrag eingegeben werden und die für die Zahlungsabwicklung notwendigen Informationen werden ausgelesen. Die PIN wird nur bei kontaktbehafteten Zahlungen abgefragt bzw. bei kontaktlosen Zahlungen ab 25,00 € und unregelmäßig bei kontaktlosen Zahlungen unter 25,00 €.

Sofern die Zahlung nicht offline zwischen Kartenchip und Terminal abgeschlossen werden kann, wird eine Verbindung zur Autorisierungszentrale des kartenausgebenden Kreditinstitutes aufgebaut, über die geprüft wird, ob die Karte gültig ist, die richtige PIN eingegeben wurde, ob gegen die Karte ein Sperrvermerk vorliegt und ob der Betrag zur Verfügung steht. Ist eines der Kriterien nicht erfüllt, wird der Zahlungsvorgang abgebrochen. Bei positiver Prüfung wird die Verbindung beendet, ein schriftlicher Beleg über die **erfolgte Zahlung** ausgedruckt und gleichzeitig am Display der Kasse angezeigt.

Der Verkäufer hat die **Zahlungsgarantie**. Der fällige Betrag wird direkt auf sein Konto gebucht.

Elektronisches Lastschriftverfahren

Beim elektronischen Lastschriftverfahren (ELV) wird der fällige Betrag nicht direkt vom Konto abgebucht, sondern der Verkäufer muss das Geld aufgrund der Unterschrift auf dem Kassenbeleg vom Konto des Kunden per Lastschrift einziehen.

Der Zahlungsvorgang verläuft folgendermaßen: Der zu zahlende Betrag wird am Kassenterminal eingegeben, danach wird die girocard mithilfe des Kartenlesers ausgelesen, allerdings nur die Bankverbindung des Kunden und die Gültigkeit der Karte. Es wird nicht überprüft, ob das Konto gedeckt ist. Das Terminal druckt daraufhin zwei Belege aus. Einen für den Kunden und einen für den Verkäufer, auf dem der Kunde **per Unterschrift die Einzugsermächtigung** erteilt. Zu einem späteren Zeitpunkt leitet der Verkäufer den Zahlungsvorgang ein und bucht das Geld vom Kundenkonto ab.

Dieses Verfahren ist für den Verkäufer zwar kostengünstiger als das POS-Verfahren, birgt aber das Risiko in sich, dass er **keine Zahlungsgarantie** hat. Außerdem ist der Missbrauch einer Karte durch Unterschriftenfälschung deutlich einfacher.

Zusatzfunktionen der Bankkarte: GeldKarte-Funktion und girogo

Ist die Girocard mit einem **Logo „GeldKarte"** auf der Rückseite ausgestattet, können über den Chip kleine Beträge bargeldlos bezahlt werden. Voraussetzung dafür ist eine Akzeptanzstelle. Ebenso muss vorab Geld auf die GeldKarte-Funktion des Chips geladen worden sein. Das funktioniert beispielsweise am Geldautomaten oder über das Internet. Der Kartenbesitzer wird dabei nicht identifiziert, wie bei den beiden vorhergegangenen Zahlungsmöglichkeiten.

Auf den Chip kann man maximal 200,00 € laden. Der Betrag wird vom Girokonto abgebucht. Zum Bezahlen eines Parktickets im Parkhaus mit der GeldKarte-Funktion steckt der Kunde die Karte in den Parkautomaten und bestätigt den zu zahlenden Betrag. Der Automat bucht das Geld vom Guthaben der GeldKarte-Funktion ab. Der Kasseninhaber übermittelt die zuvor auf der sogenannten Händlerkarte gespeicherten Daten an ein Rechenzentrum. Dieses schreibt den Betrag auf seinem Konto gut. Manche Parkhäuser bieten mittlerweile auch die moderne Möglichkeit Check-In-/Check-Out-Methode an. Das bedeutet, dass der fällige Betrag direkt an der Schranke minutengenau vom Guthaben der GeldKarte abgezogen wird.

 Die GeldKarte-Funktion hat für den Kunden den Vorteil, dass er, um kleine Beträge zu bezahlen, nicht das passende Kleingeld bei sich haben muss. Auch die Kassen der Händler werden dadurch entlastet. Verliert man allerdings seine Geldkarte, kann das Guthaben wie Bargeld verloren sein.

Das **kontaktlose Zahlen** mit der GeldKarte heißt **„girogo"**. Die aufgeladene Karte wird kurz in wenigen Zentimetern Abstand an das Terminal gehalten, anstatt wie bisher die Karte komplett in den Automat einzuführen. So kann ein Betrag bis 25,00 € bezahlt werden. Es ist keine Bestätigung, keine PIN oder Unterschrift nötig.

Kreditkarte

Auch eine Kreditkarte kann zur bargeldlosen Zahlung im In- und Ausland genutzt werden. Mit ihr kann man Geld vom Automaten holen, sie ist meist auf der ganzen Welt sowie beim Onlineshopping einsetzbar. Für Internet-Buchungen von Hotels oder Flügen ist sie häufig eine Voraussetzung.

Kreditkarten können von Banken und Sparkassen, die mit einer Kreditkartenorganisation zusammenarbeiten, ausgegeben werden. Beispiele dafür sind MasterCard und Visa.

Andere Kreditkarten erhält man direkt von der Kreditkartengesellschaft, beispielsweise American Express.

Mit einer Kreditkarte kann man innerhalb eines festgelegten Kreditrahmens Geld bei Akzeptanzstellen ausgeben. Drei Arten von Kreditkarten sind zu unterscheiden: Charge Card, Debit Card und die „echte" Credit Card. Sie unterscheiden sich vor allem darin, wann wirklich zu zahlen ist.

Der Name der Kreditkarte kommt daher, dass zwischen dem Bezahlen und der Abrechnung eine Zeitspanne liegt, in der die Bank bzw. die Kreditkartenorganisation dem Kunden einen Kredit gewährt. Die gängigste Kreditkarte ist sicherlich die **Charge Card**, bei der am Ende eines Abrechnungsmonats alle mit der Karte getätigten Zahlungen vom vereinbaren Konto abgebucht werden. Bei einer **Debit Card** werden Zahlungen sofort abgebucht. Hier ist die Gefahr einer Schuldenfalle am geringsten. Die sogenannte „echte" **Credit Card** ist eine Charge Card mit der Möglichkeit, den Zeitpunkt und die Höhe der Zahlungen weitgehend selbst zu bestimmen, das allerdings mit erheblichem Zinsaufwand.

Um manche Kreditkarten zu erhalten, muss man bestimmte Voraussetzungen erfüllen, zum Beispiel ein Mindestjahreseinkommen haben. Inzwischen gibt es ein großes Angebot an Kreditkarten zu unterschiedlichen Bedingungen. Wer eine Kreditkarte möchte, sollte sich gut informieren und vergleichen.

Kreditkarten	
Vorteile	**Nachteile**
weltweites bargeldloses Bezahlen	verzögerte Kreditkartenabrechnung, und damit der Verlust der Übersicht der getätigten Ausgaben
schnelles Ersetzen und relativ geringes Risiko – außer bei Fahrlässigkeit oder betrügerischem Handeln	häufig hohe Gebühren
Ausgaben werden nicht sofort abgebucht, sondern zu einem späteren Zeitpunkt	Haftung bei Missbrauch (gemäß § 675v BGB aber auf 50,00 € begrenzt)

Sperren von Karten
Um den Missbrauch von verlorenen oder gestohlenen Karten zu minimieren, sollte man die girocard oder Kreditkarte sperren lassen, sobald man den Verlust bemerkt. In Deutschland ist das jederzeit kostenfrei über den zentralen **Sperrnotruf 116 116** möglich.

Onlinebanking

Ob zu Hause, am Arbeitsplatz oder unterwegs, es gibt verschiedene Möglichkeiten, durch die man rund um die Uhr direkten Zugriff auf sein Konto hat. Onlinebanking ist ein Teil des **Electronic Banking**. Darunter versteht man alle Möglichkeiten, Bankgeschäfte bequem und zeitsparend über Datenleitungen zu erledigen.

Wer seine Bankgeschäfte über das Internet abwickeln möchte, muss direkt auf den Bankrechner zugreifen. Für das **Onlinebanking** ist eine Freischaltung nötig, die bei der entsprechenden Bank oder Sparkasse beantragt werden kann. Man geht entweder auf die jeweilige Homepage und loggt sich mit seinen Zugangsdaten ein oder man verwendet ein entsprechendes Programm. Häufig werden die Vorbereitungen, beispielweise einer Überweisung, auch offline vorbereitet und es wird erst am Ende eine Internetverbindung zur Bank hergestellt. Dies kann sich von Bank zu Bank unterscheiden. Um die Vorgänge zu sichern, gibt es verschiedene Möglichkeiten: unter anderem das PIN/TAN-Verfahren und das HBCI-Verfahren.

Beim **PIN/TAN-Verfahren** erhält der Kunde eine PIN. Mit dieser kann er sich als Bankkunde identifizieren. Pro Bankgeschäft braucht er eine sogenannte TAN, die Transaktionsnummer. Diese Nummern werden dem Kunden zur Verfügung gestellt. Die TAN ersetzt die sonst notwendige Unterschrift. Die TAN kann der Bankkunde auf unterschiedlichen Wegen erhalten. Die Papierform per Post wurde noch vor wenigen Jahren überwiegend verwendet. Inzwischen hat die mobile Übermittlung per SMS, App oder mittels TAN-Generator der Bank zugenommen. Wichtig ist dabei, dass die Zustellung der TAN aus Sicherheitsgründen getrennt vom Onlinezugang für den Überweisungsvorgang erfolgt.

Beim **HBCI-Verfahren** wird eine Chipkarte zur Legitimation verwendet. Dieses Verfahren ist wegen der mobilen Nutzung von Smartphones allerdings nicht mehr so populär. Sein Vorteil ist die höhere Sicherheit.

Zu den **Leistungen** des Onlinebanking zählen die alltäglichen Bankgeschäfte, wie:

○ Anzeige des Kontostands und der Umsätze,
○ Benachrichtigungsservice bei Kontostandsbewegungen,
○ elektronische Kontoauszüge,
○ Anzeige, Einrichtung, Änderung oder Löschung von Daueraufträgen und
○ Überweisungen bzw. Terminüberweisungen.

Das Onlinebanking ist unabhängig von den Öffnungszeiten der Filialen und darüber hinaus sehr komfortabel und schnell. Das lästige Ausfüllen von Überweisungsträgern entfällt. Rechnungen können per App eingescannt und direkt in die Formulare übernommen werden.

Bei allem Komfort ist aber die **Sicherheit** von gro-ßer Bedeutung. Auf dem eigenen Rechner empfeh-len sich aktuelle Viren-schutzprogramme und die Nutzung eines guten Pass-worts. PIN und TAN sollten nie an Dritte (zum Beispiel durch Phishing-Mail-Versu-che) weitergegeben werden.

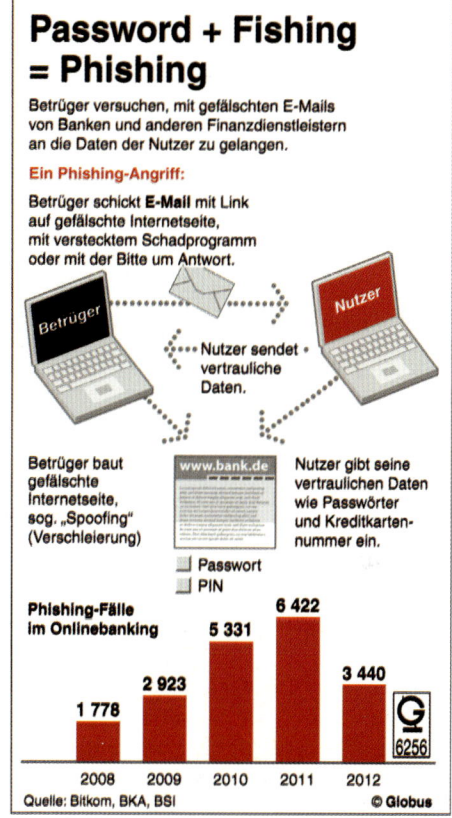

Password + Fishing = Phishing

Betrüger versuchen, mit gefälschten E-Mails von Banken und anderen Finanzdienstleistern an die Daten der Nutzer zu gelangen.

Ein Phishing-Angriff:

Betrüger schickt **E-Mail** mit Link auf gefälschte Internetseite, mit verstecktem Schadprogramm oder mit der Bitte um Antwort.

Betrüger · · · · · · · · · · · · · · · · · · · Nutzer

Nutzer sendet vertrauliche Daten.

Betrüger baut gefälschte Internetseite, sog. „Spoofing" (Verschleierung)

www.bank.de

Nutzer gibt seine vertraulichen Daten wie Passwörter und Kreditkarten-nummer ein.

Passwort
PIN

Phishing-Fälle im Onlinebanking

1 778 (2008) · 2 923 (2009) · 5 331 (2010) · 6 422 (2011) · 3 440 (2012)

6256

Quelle: Bitkom, BKA, BSI   © Globus

4.4   Geldanlagen

Es gibt unterschiedliche Gründe zu sparen. Diese sind für jeden von uns individuell verschieden. Sparen ist aber nicht nur für eine einzelne Person von Bedeutung, son-dern auch für eine ganze Volkswirtschaft, da die Banken und Sparkassen mit den Ein-lagen ihrer Sparer/-innen arbeiten.

Sparziele

Wofür man das gesparte Geld ausgeben möchte, kann drei Gruppen zugeordnet werden.

Man unterscheidet:

○ **Zwecksparen:** Man möchte sich zu einem späteren Zeitpunkt etwas leisten können, zum Beispiel einen tollen Urlaub oder ein neues Auto.

○ **Vorsorgesparen:** Kommt man in eine unvorhergesehene Notsituation, zum Beispiel durch Krankheit oder weil man seinen Job verliert, hat man ein finan-zielles Polster. Aber auch die private Altersvorsorge zählt dazu.

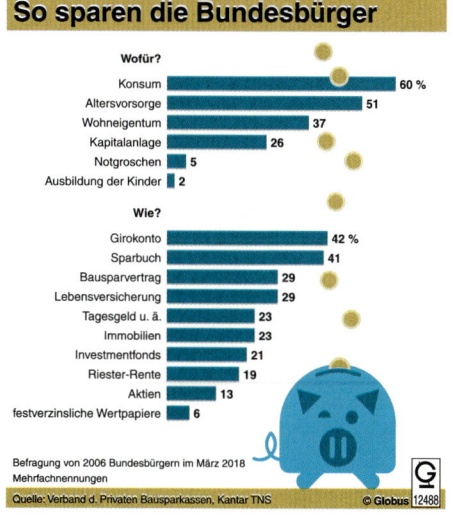

So sparen die Bundesbürger

Wofür?
Konsum 60 %
Altersvorsorge 51
Wohneigentum 37
Kapitalanlage 26
Notgroschen 5
Ausbildung der Kinder 2

Wie?
Girokonto 42 %
Sparbuch 41
Bausparvertrag 29
Lebensversicherung 29
Tagesgeld u. ä. 23
Immobilien 23
Investmentfonds 21
Riester-Rente 19
Aktien 13
festverzinsliche Wertpapiere 6

Befragung von 2006 Bundesbürgern im März 2018
Mehrfachnennungen
Quelle: Verband d. Privaten Bausparkassen, Kantar TNS   © Globus 12488

○ **Vermögensbildung:** Wer regelmäßig spart, kann mit der Zeit ein bestimmtes Vermö-gen ansammeln. Zinserträge können so zu einem zusätzlichen Einkommen werden.

Sparziele können zudem **zeitlich voneinander abgegrenzt** werden:
- Auf **kurzfristige Ziele** wie einen Urlaub spart man ein bis drei Jahre.
- Ein **mittelfristiges Ziel** wie ein Auto erspart man sich in drei bis acht Jahren.
- Spart man länger als acht Jahre, beispielsweise für eine eigene Wohnung, spricht man von einem **langfristigen Ziel**. Dazu zählt auch die private Altersvorsorge.

Wenn man Geld sparen möchte, sollte man es nicht unter das Kopfkissen legen. Man hat es dann zwar stets zur Verfügung, aber es ist weder sicher noch trägt es Zinsen.

Gründe für das Sparen		
Sicherheit	Liquidität	Rentabilität
zum Schutz des Geldes vor Diebstahl oder Wertverlust	um immer „flüssig" zu sein	damit sich das Geld durch Zinserträge vermehren kann

Wer langfristig ein **Vermögen aufbauen** möchte, kann dieses Ziel auch mit kleinen Sparbeiträgen erreichen. Je früher man damit beginnt, desto größer kann die Summe am Ende werden. Für das angesparte Geld erhält man am Ende des Jahres Zinsen. Spart man weiter, werden im kommenden Jahr auch die Zinsen verzinst. Dieses Schneeballsystem nennt man **Zinseszins-Effekt**.

Optimal wäre es, monatlich 5 % bis 10 % des Nettoeinkommens zu sparen. Es ist für die Vermögensentwicklung günstig, regelmäßig gleichbleibende Beträge zu sparen. Lässt man per Dauerauftrag monatlich einen bestimmten Betrag auf eine Sparanlage buchen, ist dieses Geld bereits „ausgegeben" und wird nicht für andere spontane Käufe verwendet.

Strategie zum Vermögensaufbau

Wie viel Geld man sparen kann, hängt einerseits vom Einkommen und andererseits von den Ausgaben ab. Jeder fängt beim Sparen klein an. Deshalb sollte eine **Strategie** zum Vermögensaufbau verschiedene Töpfe bedienen:

- **Erster Spartopf:** Ziel ist es, am Anfang den laufenden Zahlungsverkehr zu decken. Da das Geld ständig zur Verfügung stehen muss, ist es bei minimaler Verzinsung auf dem Girokonto gut aufgehoben. Die Summe sollte ein Monatsgehalt aber nicht überschreiten.

- **Zweiter Spartopf:** Hat man mehr als ein Monatsgehalt gespart, sollte man Reserven für kurzfristige Ausgaben, wie den Jahresurlaub, ansparen. Das Geld sollte sicher und liquide angelegt werden. Die dort angesparte Summe sollte höchstens drei Monatsgehälter betragen.

- **Dritter Spartopf:** Sind die ersten beiden Töpfe voll, kann in den dritten gespart werden. Er bedient größere Ausgaben, die mittelfristig geplant werden, zum Beispiel ein neues Auto. Die Größe dieses Topfs hängt von der Summe ab, die ausgegeben werden soll.

- **Vierter Spartopf:** In den letzten Topf fließt Geld für den langfristigen Vermögensaufbau und die private Altersvorsorge. Die Summe, die hier monatlich eingezahlt werden sollte, hängt zum einen von der gewünschten Endsumme und zum anderen von der Laufzeit der Anlage ab.

Die vier Spartöpfe müssen nicht zwangsläufig nacheinander bedient werden. Es ist sinnvoll, möglichst früh für das Alter vorzusorgen, auch wenn man das Geld für das neue Auto noch nicht gespart hat. Grundsätzlich sollte man aus der Vielzahl der Anlagemöglichkeiten die passende für sich auswählen. Dabei ist es empfehlenswert, die Angebote der Banken und Sparkassen untereinander kritisch zu vergleichen, bevor man sich für ein bestimmtes Produkt entscheidet.

Anlageformen

Banken und Sparkassen bieten ihren Kunden eine Vielzahl von Anlageprodukten an. Welches das beste Anlageprodukt ist, kann nicht pauschal beantwortet werden.

> Bevor man sich mit den konkreten Angeboten auseinandersetzt, sollte man sich vorab überlegen, ob einem die **Sicherheit**, die **Liquidität** oder die **Rentabilität** wichtig ist. Keine Geldanlage kann alle Kriterien gleich gut erfüllen. Man spricht auch vom **magischen Dreieck der Geldanlage**.

Ist dem Sparer die Verfügbarkeit und die Sicherheit seines Geldes wichtig, kann er keine hohe Rendite erwarten. Soll das Geld möglichst viel Rendite erzielen und trotzdem sicher sein, muss er es langfristig anlegen.

Spareinlagen
Die häufigste Form des Sparens ist das Einzahlen von Geld auf Sparkonten. Dazu zählen Sparbücher und Tagesgeldkonten.

Bei einem **Sparbuch** kann der Sparer Geld einzahlen und abheben, wann er will. Beim Abheben gibt es allerdings eine Grenze von 2 000,00 € pro Kalendermonat. Die Spareinlage wird von der Bank zwar nur gering verzinst, ist dafür aber sehr sicher angelegt. Will man das gesparte Geld komplett abheben, muss man die in der Regel dreimonatige Kündigungsfrist beachten.

Tagesgeldkonten werden immer beliebter, weil sie wie beim Sparbuch eine ständige Verfügbarkeit bieten, aber dabei besser verzinst werden. Ein Zugriff ist per Onlinebanking möglich.

Sowohl beim Sparbuch als auch beim Tagesgeldkonto können die Zinsen variieren. Sie sind allerdings wegen der hohen Liquidität und Sicherheit eher niedrig.

Bausparvertrag

Ein Bausparvertrag eignet sich für Leute, die sich langfristig eine Immobilie kaufen oder diese modernisieren wollen. Der Bausparvertrag wird über eine bestimmte Bausparsumme abgeschlossen. In der Regel muss der Bausparer 40 % der Bausparsumme ansparen, um den Rest als zinsgünstiges Darlehen ausgezahlt zu bekommen. Das monatlich eingezahlte Geld wird von der Bausparkasse verzinst.

Der Bausparvertrag wird erst dann zugeteilt, wenn das erforderliche Bauspargutaben angespart ist. Das ist frühestens nach 18 Monaten möglich. Am Ende der Ansparphase muss der Vertrag aber nicht zugeteilt werden. Man kann sich die angesparte Summe mit Zinsen einfach nur auszahlen lassen, womit der Vertrag endet.

Versicherungen

Die private Altersvorsorge wird für die junge Generation immer wichtiger. Schließlich kann im Moment niemand voraussagen, welche Rentenzahlungen in 40 oder 50 Jahren aus dem sozialen Sicherungssystem geleistet werden.

Eine Möglichkeit, den Lebensstandard im Alter zu erhalten, ist der Abschluss einer **kapitalbildenden Lebensversicherung**. Der Versicherungsvertrag wird über eine bestimmte Laufzeit abgeschlossen. Häufig ist das Ende das Rentenalter. Bis zu diesem Datum werden monatliche Beiträge an die Versicherung gezahlt. Am Ende der Vertragslaufzeit wird die Vertragssumme einschließlich Zinsen und Überschussanteilen ausgezahlt. Aufgrund des Zinseszins-Effekts kann sich bei einer solch langen Laufzeit auch mit relativ kleinen monatlichen Raten ein beachtliches Vermögen ansammeln.

Die kapitalbildende Lebensversicherung bietet doppelte Sicherheit:

- **Im Todesfall:** Stirbt der Versicherte vor Ablauf der Vertragsdauer, sind seine Hinterbliebenen abgesichert. Ihnen wird die Versicherungssumme einschließlich der bis dahin erwirtschafteten Überschussanteile ausgezahlt.

- **Im Erlebensfall:** Der Versicherte erhält selbst die Versicherungssumme und die Überschussanteile. Es gibt auch Vertragsvarianten, die eine monatliche Rente bis ans Lebensende auszahlen.

Während der langen Vertragslaufzeit kann es immer zu finanziellen Engpässen des Versicherten, zum Beispiel durch Arbeitslosigkeit oder Erziehungszeit, kommen. Deshalb bieten viele Versicherungen die Möglichkeit an, beitragsfreie Zeiten zu nehmen. Der Vertrag läuft weiter, obwohl kein monatlicher Beitrag gezahlt wird. Lediglich die Versicherungssumme wird angepasst. Wird ein solcher Vertrag vorzeitig gekündigt, ist mit enormen Zinseinbußen zu rechnen.

Termingeld

Termingeld wie beispielsweise **Festgeldkonten** sind ebenfalls eine sehr sichere Anlage. Allerdings ist das Geld für einen vertraglich festgelegten Zeitraum zu einem festen Zinssatz angelegt und in dieser Zeit nicht verfügbar. Häufig ist ein bestimmter Mindestbetrag

Voraussetzung für diese Geldanlage. Aufgrund der Planungssicherheit für die Banken zahlen sie den Sparern eine höhere Rendite als beispielsweise auf Spareinlagen.

Aktienfonds
Fondsanleger beteiligen sich mit ihren An-
teilen an den Aktienmärkten. Dabei kau-
fen und verkaufen sie nicht selbst Aktien.
Durch ihre Beteiligung an einem Fonds
übernehmen das **Banken oder Invest-**
mentunternehmen für die Kunden, deren
Experten sich an den Börsen auskennen
und strategisch handeln können. Der Anle-
ger selbst muss sich selbst kein Aktienwis-
sen aneignen.

Aktienfonds setzen sich aus einer Vielzahl von Aktien verschiedener Aktiengesellschaften zusammen. Es gibt Aktienfonds, die in Unternehmen in aller Welt investieren. Andere in-vestieren in Unternehmen einer bestimmten Branche, zum Beispiel der Pharmaindustrie. Gemeinsam ist ihnen, dass durch die Vielzahl der beteiligten Unternehmen das Risiko hoher Kursschwankungen reduziert wird. Durch diese Mischung besteht die Chance, eine gute Rendite bei relativ hoher Sicherheit zu erreichen. Kursschwankungen einzelner Ak-tien fallen kaum ins Gewicht. Meistens sind Fonds eine Mischung von Aktien wachstums-orientierter Unternehmen und stabiler Aktiengesellschaften.

> Fonds eignen sich als **langfristige Geldanlage**. Je länger man sich beteiligt, desto geringer wird das Verlustrisiko. Grundsätzlich kann die Anlagedauer aber individuell nach den Kundenwünschen bestimmt werden.

Für Anleger gibt es grundsätzlich zwei Möglichkeiten, sich an Aktienfonds zu beteiligen:

○ Eine größere Summe kann langfristig auf einmal angelegt werden.

○ Das Geld kann in Form eines Sparplans angelegt werden. Dabei wird ein monatlich festgelegter Betrag in einen Fonds investiert. Die Rate kann jederzeit angepasst oder auch ganz ausgesetzt werden.

Depotauszüge informieren über bisher angesparte Vermögen. Fonds können jederzeit aufgelöst werden. Dabei hat man die Wahl, ob man sich die Summe auf einmal auszahlen lassen möchte oder in Teilbeträgen über einen bestimmten Zeitraum.

Der größte Vorteil von Aktienfonds ist, dass gleichzeitig Chancen auf dem Aktienmarkt ge-nutzt werden können und die Risiken dabei minimiert werden. Allerdings sollte man sich als Anleger über die entstehenden **Kosten und Gebühren** informieren. Diese können von Bank zu Bank extrem schwanken.

Auf einen Blick

Geld und Girokonto

Geld = allgemein anerkanntes Zahlungsmittel

Aufgaben
– Tauschmittel
– Zahlungsmittel
– Wertaufbewahrungsmittel
– Wertmaßstab und Recheneinheit
– Wertübertragungsmittel

Bargeld
– Münzen
– Banknoten

gesetzliches Zahlungsmittel

Giralgeld
Guthaben oder Kredite
auf Girokonten

kein gesetzliches Zahlungsmittel

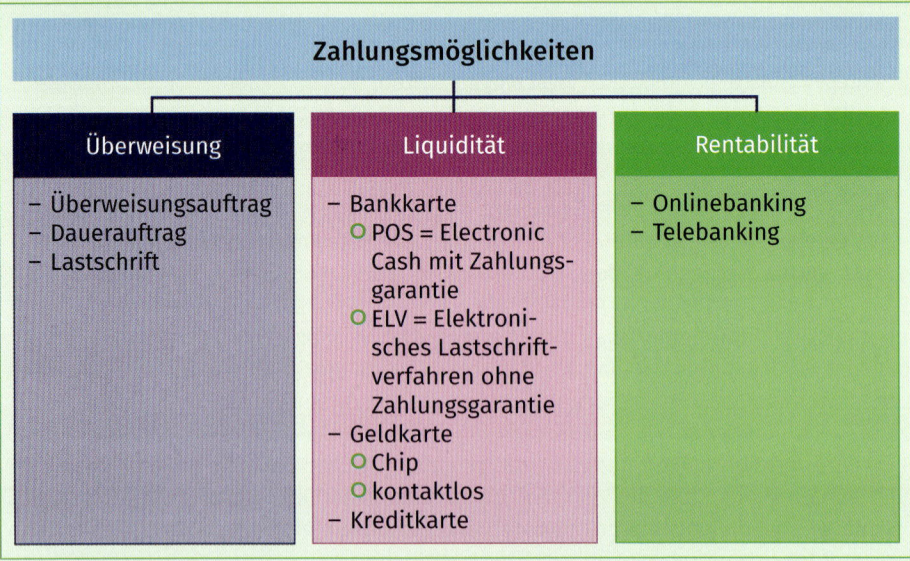

Zahlungsmöglichkeiten

Überweisung
– Überweisungsauftrag
– Dauerauftrag
– Lastschrift

Liquidität
– Bankkarte
  ○ POS = Electronic
    Cash mit Zahlungs-
    garantie
  ○ ELV = Elektroni-
    sches Lastschrift-
    verfahren ohne
    Zahlungsgarantie
– Geldkarte
  ○ Chip
  ○ kontaktlos
– Kreditkarte

Rentabilität
– Onlinebanking
– Telebanking

Kompetent handeln

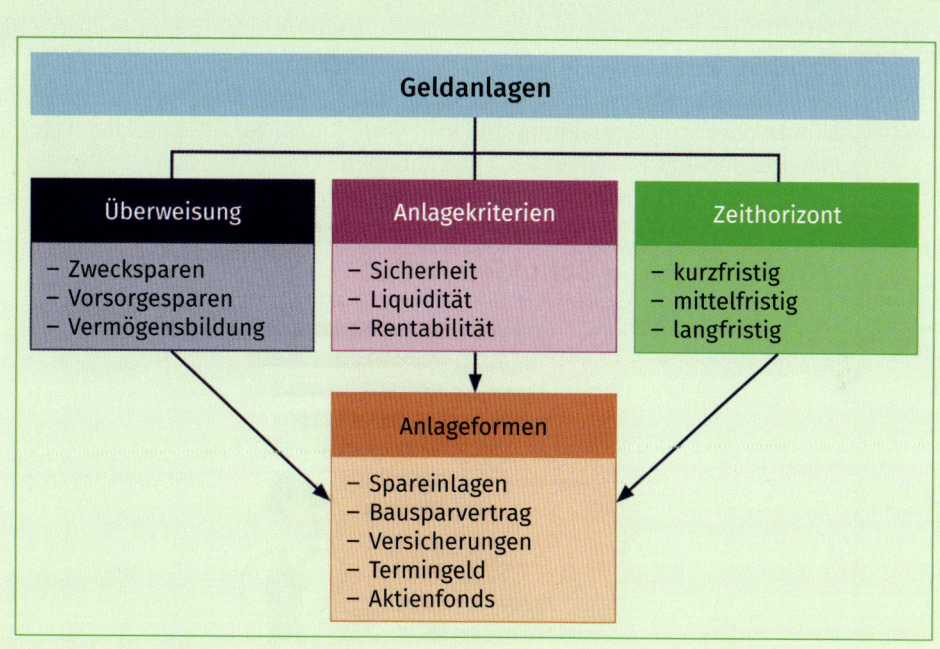

1. Erstellen Sie eine Mindmap zum Thema „Geld".

2. Besorgen Sie sich Informationen über Girokontoprodukte verschiedener Banken.
   a) Vergleichen Sie mithilfe einer Tabelle die Konditionen der Girokonto-Modelle.
   b) Für welches Girokonto würden Sie sich entscheiden? Begründen Sie.

3. Für welche Zahlungsmöglichkeit entscheiden Sie sich in den folgenden Situationen? Begründen Sie.
   a) Rechnung über eine Autoreparatur
   b) Zahlen eines Parktickets im Parkhaus

c) Monatliche Kosten für die Mobilfunk-Flatrate
d) Monatliche Abrechnung der Betriebskantine

4. Suchen Sie sich drei Geldanlagen aus.
   a) Beurteilen Sie die Geldanlagen hinsichtlich ihrer Liquidität, Rentabilität und Sicherheit.
   b) Für welche Sparziele eignen sich die Geldanlagen?

5. Formulieren Sie Ihre persönlichen Sparziele und überlegen Sie, mit welcher Anlagestrategie Sie diese Ziele erreichen können.

5   Kredite aufnehmen ohne Überschuldung

Für diese Dinge verschulden sich Jugendliche

Jugendliche und junge Erwachsene leihen sich öfter und mehr Geld. Doch das erste Auto oder schicke Kleidung sind kein Grund mehr für die Schulden. Die Top-Plätze haben inzwischen andere eingenommen.

Wenn junge Erwachsene Schulden haben
Gläubiger von 18- bis 24-Jährigen in Deutschland in Prozent

Onlinehändler	81 %
Telekommunikations-unternehmen	76
Fitnessstudios	67
Versandhändler	59
Internet-Serviceanbieter	41
Banken/Kreditinstitute	33
Vermieter	25
Energieversorger	21
Verwandte und Freunde	16
Arzt/Gesundheit	13
sonst. Dienstleistungen	10
Einzelhandel/Warenhäuser	5
Handwerker	2
Behörden	2

Befragung von 560 Inkasso-Unternehmen im November 2017
Quelle: Bundesverband Deutscher Inkasso-Unternehmen

© Globus 12511

„Erfüllung von Konsumwünschen führt oft zur Verschuldung bei jungen Erwachsenen. Zu hohe Konsumausgaben sind der Hauptgrund, warum junge Erwachsene verschuldet sind.

Das geht aus einer Umfrage des Bundesverbandes Deutscher Inkasso-Unternehmen von Anfang 2018 hervor. Hauptgläubiger junger Schuldner sind Onlinehändler und Telekommunikationsunternehmen, was 81 % bzw. 76 % der befragten Inkasso-Unternehmen bestätigten. Als Grund für die Verschuldung junger Betroffener beobachten die Unternehmen zu hohe Ausgaben für den Konsum. Ein nicht unerheblicher Teil verfügt aber auch über unzureichendes finanzielles Hintergrundwissen. So teilten 64 % der Unternehmen mit, dass 18- bis 24-jährige Schuldner zu wenig Kenntnisse über vertragliche Verpflichtungen, z. B. bei Internetgeschäften, hätten.“

Quelle: Text und Infografik von dpa

Wofür haben Sie schon Schulden gemacht? Bei wem haben Sie das Geld geliehen?

Diskutieren Sie in einer Gruppe Ihre Erfahrungen mit Schulden.

5.1 Verbraucherkredite

Nicht immer reicht das vorhandene Geld aus, um sich seine Wünsche zu erfüllen. In manchen Situationen kann eine Anschaffung nicht länger warten, beispielsweise wenn die Waschmaschine oder das Auto plötzlich kaputtgeht.

In diesen Fällen kann man sich Geld bei einer Bank leihen. Man nimmt einen Kredit auf. Das geliehene Geld wird in einer vereinbarten Zeit, der **Laufzeit**, zurückgezahlt. Der Kredit wird durch **monatliche Raten** zurückbezahlt. Dafür verlangt das Kreditinstitut als Preis vom Kreditnehmer **Zinsen**. Der Anteil, mit dem die Schuld selbst zurückgezahlt wird, heißt **Tilgung**. Die Kosten für einen Kredit hängen in erster Linie von seiner Höhe ab. Aber auch die Laufzeit wirkt sich auf die Kreditkosten aus. Wählt man für eine bestimmte Kreditsumme eine längere Laufzeit, dann ist die monatliche Belastung zwar niedriger, die Gesamtkosten sind aber höher.

Die Banken greifen dabei auf die Sparguthaben ihrer Kunden zurück. Von den erwirtschafteten Kreditzinsen geben sie einen Teil des Gewinns als Guthabenzinsen an die Sparer weiter. Ein Kreislauf schließt sich.

Die **Vertragspartner** beim Verbraucherkredit sind laut BGB ein beruflich handelnder **Kreditgeber**, das kann eine Bank oder ein Unternehmen sein, und ein privater **Kreditnehmer**, der Verbraucher.

Keine Verbraucherkredite sind im rechtlichen Sinn Kredite mit einem Nettodarlehensbetrag von unter 200,00 € und Kredite, die für berufliche Zwecke verwendet werden sollen, wie Existenzgründungsdarlehen.

Voraussetzungen

Das Kreditinstitut hat ein großes Interesse daran, das verliehene Geld inklusive Zinsen wieder zurückzubekommen. Deshalb müssen Kunden, die einen Kredit in Anspruch nehmen wollen, bestimmte Voraussetzungen erfüllen:

○ Sie müssen **voll geschäftsfähig** sein, um einen Kreditvertrag vollgültig abzuschließen.

○ Sie müssen **kreditwürdig** sein.

○ Sie müssen die zusätzlichen monatlichen Ausgaben für den Kredit **bezahlen kön-nen.**

○ Sie müssen **Sicherheiten** nachweisen können.

Kreditwürdigkeit
Kreditinstitute prüfen vor Abschluss eines Kreditvertrags, ob der Kreditnehmer in der Lage ist, die monatlichen Raten zu zahlen. Deshalb verlangen Banken und Sparkassen in der Regel einen **Gehaltsnachweis**.

Darüber hinaus kann der Kreditgeber Auskünfte über den Kreditnehmer bei der **Schufa** (Schutzgemeinschaft für allgemeine Kreditsicherung) einholen. Sie stellt ihren Kunden kreditrelevante Informationen zur Verfügung. Diese basieren auf Datensätzen von fast 70 Millionen Bürgern. Mehr als 90 % der Personen verfügen ausschließlich über Positivmerkmale. Sie sind kreditwür- dig. Als Negativmerkmale werden beispielsweise unbezahlte Rechnungen oder eidesstattliche Versicherungen vermerkt.

Form und Inhalt
Ein Kreditvertrag muss **schriftlich** abgeschlossen werden, sonst entspricht er nicht der gesetzlich vorgeschriebenen Form des BGB und ist damit nichtig. Der Kreditgeber muss dem Verbraucher als Kreditnehmer den schriftlichen Vertrag aushändigen. Der Vertrag muss **bestimmte Angaben** enthalten:

○ Name und Anschrift des Darlehensgebers und des Darlehensnehmers
○ Art des Darlehens
○ effektiver Jahreszins
○ Nettodarlehensbetrag
○ Vertragslaufzeit
○ Betrag, Zahl und Fälligkeit der einzelnen Teilzahlungen
○ Gesamtbetrag

Beispiel: Auszug aus einem Kreditvertrag

PRIVATER DARLEHENSVERTRAG

Zwischen

_____
VORNAME UND NAME

_____
STRASSE UND HAUSNUMMER

_____
PLZ UND STADT

– nachfolgend _Darlehensgeber_ genannt – und

_____
VORNAME UND NAME

_____
STRASSE UND HAUSNUMMER

_____
PLZ UND STADT

– nachfolgend _Darlehensnehmer_ genannt – wird folgende Vereinbarung getroffen.

§1 Darlehensbetrag und Darlehenszweck

Der Darlehensnehmer erhält vom Darlehensgeber ein Darlehen in Höhe von _____ EUR zu folgendem

Darlehenszweck: _____ .

§2 Auszahlung

2.1 ☐ Der Darlehensbetrag ist am _____ auf folgendes Konto des Darlehensnehmers zu überweisen:

_____
KONTOINHABER

_____
IBAN / KONTONUMMER

_____
GELDINSTITUT

_____
BIC / BANKLEITZAHL

☐ Der Darlehensbetrag ist am _____ bar zu übergeben.

2.2 Die Auszahlungsfälligkeit tritt jedoch nicht ein, bevor nicht die in § 5 genannten Sicherheiten vom Darlehensnehmer vollständig gestellt sind.

Seite 1/3

Sicherheiten

Das Kreditinstitut kann zur Absicherung des Kredits unterschiedliche Sicherheiten verlangen:

○ Sicherungsübereignung
○ Bürgschaft
○ Lohn- und Gehaltsabtretung

Bei der **Sicherungsübereignung** überträgt der Kreditnehmer dem Kreditinstitut das **Eigentum** an der gekauften Sache, zum Beispiel einen Neuwagen. Die Bank erhält als Eigentümerin in diesem Fall den Fahrzeugbrief. Besitzer ist der Kreditnehmer. Er darf das Auto fahren. Zahlt der Kreditnehmer seine monatlichen Raten nicht, kann das Kreditinstitut die Herausgabe des Autos verlangen, es verkaufen und damit seine Forderungen decken. Im Fall eines Neuwagenkaufs ist an die Sicherungsübereignung in der Regel die Verpflichtung, eine Vollkaskoversicherung abzuschließen, gekoppelt.

Bei der **Bürgschaft** verpflichtet sich ein Bürge, für die Forderungen des Kreditinstituts aufzukommen, wenn der Kreditnehmer seine Raten nicht bezahlt. Die Bürgschaft ist ein **einseitig verpflichtender Vertrag**, der schriftlich abgeschlossen werden muss.

§ 765 BGB

Durch den Bürgschaftsvertrag verpflichtet sich der Bürge gegenüber dem Gläubiger eines Dritten, für die Erfüllung der Verbindlichkeiten des Dritten einzustehen.

Das BGB unterscheidet verschiedene **Arten von Bürgschaften**:

○ Bei der **Ausfallbürgschaft** haftet der Bürge nach dem Kreditnehmer, das heißt, er haftet nur für den Teil der Schuld, der beim Kreditnehmer nicht eingetrieben werden kann.

○ Bei der **selbstschuldnerischen Bürgschaft** haftet der Bürge neben dem Kreditnehmer. Das Kreditinstitut kann die Schuld vom Bürgen einfordern, ohne dass es sich zuvor an den Kreditnehmer halten muss. Somit haftet der Bürge wie der Kreditnehmer.

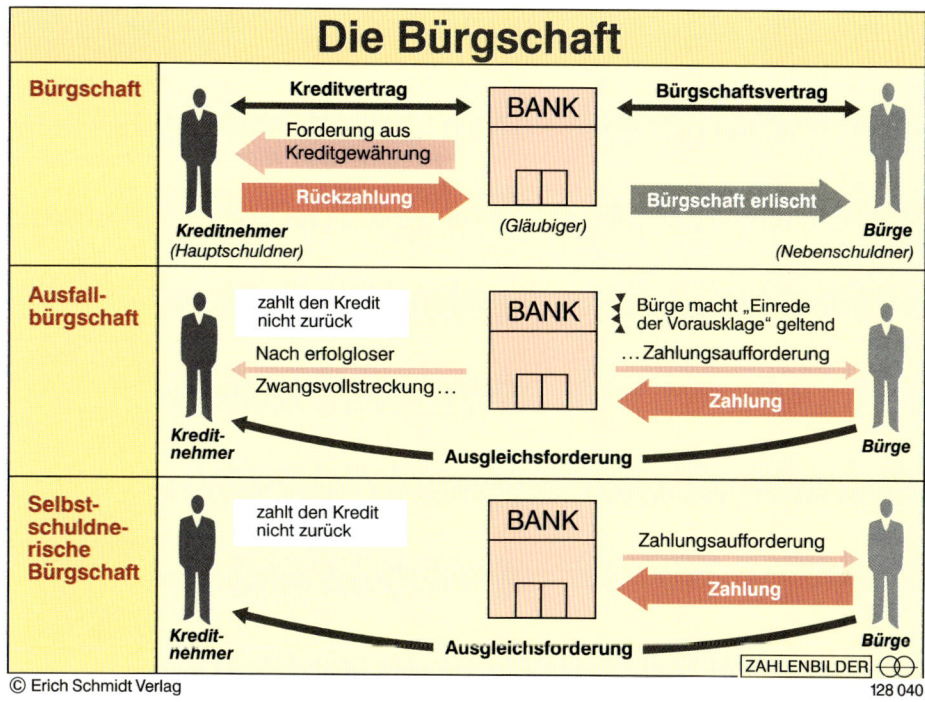

Grundsätzlich sollte man sich darüber im Klaren sein, dass eine Bürgschaft **für den Bürgen weitreichende Konsequenzen** haben kann. Deshalb sollte man sich genau überlegen, ob man für jemanden als Freundschaftsdienst bürgen möchte.

Zur Absicherung des Kredits können Kreditinstitute außerdem eine **Lohn- und Gehaltsabtretung** verlangen. Kommt der Kreditnehmer seinen Zahlungsverpflichtungen nicht nach, benachrichtigt das Kreditinstitut seinen Arbeitgeber. Aufgrund der **Abtretung** hat das Kreditinstitut das Recht, die fälligen Raten direkt vom Arbeitgeber einzufordern. Der Kredit- bzw. Arbeitnehmer erhält nur noch den verbleibenden Teil seines Gehalts. Das Gehalt darf allerdings nur bis zu einer bestimmten Grenze gepfändet werden.

Kreditkosten

Für das Verleihen von Geld verlangt das Kreditinstitut Zinsen. Der **Nominalzins** ist dabei der Zinssatz, zu dem ein Kredit verzinst wird, sozusagen die Leihgebühr. Beim Abschluss eines Kreditvertrags sollte man aber nicht nur den Nominalzins vergleichen. Er sagt nämlich noch nicht aus, was ein Kredit tatsächlich kostet.

Kredite werden erst durch den **effektiven Jahreszins** miteinander vergleichbar. Er drückt prozentual die jährlichen Kosten eines Kredits aus, indem er neben dem Nominalzins beispielsweise auch den Tilgungsverlauf und die Bearbeitungsgebühren mit berücksichtigt. Kreditinstitute sind verpflichtet, den effektiven Jahreszins und damit die tatsächlichen Kosten für einen Kredit anzugeben.

Der Gesetzgeber bietet durch das BGB einen gewissen Schutz vor unseriösen Kreditgebern. Der Verbraucher hat in jedem Fall ein **zweiwöchiges Widerrufsrecht**. Außerdem kann ein Kreditvertrag mit deutlich überhöhten Zinsen sittenwidrig und damit nichtig sein.

Kreditarten

Es gibt unterschiedliche Situationen, in denen man sich Geld leihen kann oder muss.

> ***Beispiele:***
>
> o Manchmal ist am Ende des Geldes noch Monat übrig.
>
> o Um ein Auto zu kaufen, reichen die Ersparnisse nicht.
>
> o Die Couch für die erste eigene Wohnung kann beim Möbelhaus in 36 Monatsraten bezahlt werden.

Aus diesem Grund gibt es auch verschiedene Arten von Verbraucherkrediten.

Dispositionskredit
Das Kreditinstitut erlaubt dem Inhaber eines Girokontos, sein Konto durch Überweisungen oder das Abheben von Geld zu überziehen. Die Höhe des Überziehungskredits hängt in der Regel vom regelmäßigen Einkommen ab, zum Beispiel zwei Monatsgehälter. Zinsen fallen nur dann an, wenn das Konto auch tatsächlich überzogen wird. Der Kredit wird durch das Ausgleichen des Kontos mit dem nächsten Monatsgehalt wieder zurückgezahlt.

Der Vorteil des Dispositionskredits ist, dass der Kontoinhaber zahlungsfähig bleibt. Der große Nachteil besteht in den verhältnismäßig hohen Zinsen von durchschnittlich 11 %, die bei Überziehung fällig werden. Bevor man den Dispositionskredit dauerhaft nutzt, ist es ratsam, in einen Ratenkredit umzuschulden.

Ratenkredit
Den Ratenkredit erhält man als Kunde einer Bank. Das Darlehen eignet sich für eine größere Anschaffung, denn die Darlehenshöhe liegt häufig zwischen 1 000,00 € und 50 000,00 €. Es wird in festen monatlichen Raten über einen bestimmten Zeitraum zurückgezahlt. Die Raten enthalten neben der Tilgung die Zinsen und anfallende Bearbeitungsgebühren. Die Zinsen hängen vom Kreditvolumen und der Laufzeit ab. Momentan sind die Zinsen für Ratenkredite günstig, können sich aber von Bank zu Bank deutlich unterscheiden. Die Laufzeit liegt meist zwischen sechs und 72 Monaten.

Ratenkauf

Auch der Ratenkauf ist rechtlich gesehen ein Verbraucherdarlehensvertrag. Ihn bieten inzwischen viele Geschäfte an, egal ob Möbelhaus oder Elektrofachmarkt. Der Kaufpreis wird meist über einen festgelegten Zeitraum in Raten zurückgezahlt. Dabei setzt sich eine Rate aus der Tilgung und den vereinbarten Zinsen zusammen. Der Verkäufer ist verpflichtet, die Höhe der einzelnen Monatsrate inklusive Zinsen und sonstiger Kosten anzugeben. Weitere Pflichtangaben sind der effektive Jahreszins, der Eigentumsvorbehalt oder eine andere Sicherheit, die Vertragslaufzeit, die Anzahl und die Fälligkeit der Teilzahlungen sowie der Endpreis.

5.2 Projekt: Wege aus der Schuldenfalle aufzeigen

Konsumieren gehört zu unserem Alltag. Wir gehen shoppen und gönnen uns Dinge oder Dienstleistungen, um unsere **Bedürfnisse** zu befriedigen. Dabei geht es häufig nicht nur um lebensnotwendige Dinge wie Essen oder Trinken, sondern um Gegenstände, die unseren persönlichen Lebensstil ausdrücken.

Dabei geben Jugendliche und junge Erwachsene Geld für ganz unterschiedliche Dinge aus. Manchmal machen sie dafür auch Schulden, indem sie sich Geld leihen.

Schulden

Das **BGB schützt Minderjährige** davor, sich durch teure Käufe zu verschulden. Erst mit der Volljährigkeit ist man voll geschäftsfähig und kann selbst bestimmen, welche Verträge man abschließen möchte. Diese Freiheit hat aber auch eine Kehrseite: Man ist selbst für sein Konsumverhalten verantwortlich.

Dabei sind Schulden nicht grundsätzlich etwas Schlimmes:

Beispiele:

o Der Kauf einer Waschmaschine auf Raten kann günstiger sein, als die Wäsche regelmäßig in einem Waschsalon zu waschen oder in die Reinigung zu bringen.

o Ein Notfall, wie ein selbstverschuldeter Autounfall, zwingt einen dazu, sich ungeplant ein anderes Fahrzeug kaufen zu müssen, damit man täglich zur Arbeit kommt.

Vorsichtig sollte man allerdings mit Krediten sein, mit denen man sich kurzfristig Luxus leistet, zum Beispiel eine teure Reise, für die noch Jahre später jeden Monat gezahlt werden muss. Deshalb ist es für Verbraucher wichtig, sich zu überlegen, ob es eine Anschaffung wert ist, auch in Zukunft noch monatlich dafür zahlen zu müssen. Dabei hilft die Unterscheidung in Investitionen und Konsumgüter:

o Durch eine **Investition** kann man Kosten sparen oder sie bringt sogar Einkünfte. Das kann eine eigene Immobilie sein oder eine Aus- bzw. Weiterbildung, durch die später ein höheres Gehalt erreicht werden kann.

o Durch die Anschaffung eines **Konsumguts**, zum Beispiel eine neue Spielekonsole, ist zwar das Bedürfnis danach befriedigt. Aber schon nach kurzer Zeit ist das Gerät veraltet, der Wunsch nach der neuen Version ist groß, und man stottert immer noch die Raten für die alte ab. Konsumentscheidungen sollten gut überlegt sein.

Bevor man einen Kredit in Anspruch nimmt, sollte man überprüfen, ob man sich die zusätzliche monatliche Belastung leisten kann. Dazu zählt man mithilfe der letzten Kontoauszüge alle monatlichen Ausgaben zusammen. Auch jährlich anfallende Posten, beispielsweise Versicherungsbeiträge, werden anteilig berücksichtigt. Die Gesamtsumme wird vom monatlichen Nettoeinkommen abgezogen. Das Ergebnis ist das **frei verfügbare Einkommen**. Nun wird die zukünftig anfallende Kreditrate vom frei verfügbaren Einkommen abgezogen.

Bevor man einen Kredit in Anspruch nimmt, sollte man folgende Faustregel beachten:

o Bleibt **weniger als ein Drittel** vom frei verfügbaren Einkommen übrig, sollte der Kredit nicht in Anspruch genommen werden, um eine Überschuldung zu vermeiden.

o Bleiben **zwischen einem und zwei Drittel** des frei verfügbaren Einkommens übrig, sollte der Kredit nur in Anspruch genommen werden, wenn er unbedingt notwendig ist.

o Bleiben **mehr als zwei Drittel** des frei verfügbaren Einkommens übrig, kann der Kredit problemlos finanziert werden.

Das Risiko der Überschuldung

Nicht jeder, der Schulden macht, rutscht automatisch in die Überschuldung und damit in die Schuldenfalle. Meistens fängt es ja auch ganz harmlos an: der neue Mobilfunk-Vertrag, der Ratenkauf für den neuen Computer, die spontan gekaufte Markenjacke im Onlineshop auf Rechnung, das geliehene Geld vom besten Freund, um am Wochenende mit Skifahren gehen zu können, die Unterhaltskosten für das Auto, der Ratenkredit, um den Dispo im Dauer-Soll umzuschulden.

Was am Anfang kein Problem ist, kann sich aber nach und nach zu einem entwickeln. Damit das nicht passiert, sollte man den **Überblick über die eigenen Ausgaben** behalten. Dazu kann man einige Tipps beachten:

Überblick über die eigenen Ausgaben behalten

o Einnahmen und Ausgaben **überwachen**, zum Beispiel mit einer Haushalts-buch-App,

o Anschaffungen **planen**,

o Preise **vergleichen**,

o durch **Sparen** ein finanzielles Polster schaffen,

o **Spontankäufe vermeiden**,

o **Ratenkäufe** auf ein notwendiges und überschaubares Maß **beschränken**,

- o bei Anschaffungen an die **Folgekosten** denken,

- o **Unterlagen** wie Verträge, Rechnungen usw. **ordnen**,

- o **keine Luxuskäufe durch Kredite** finanzieren,

- o einen **angemessenen Lebensstil** führen.

Und grundsätzlich gilt, **weniger auszugeben als einzunehmen**!

Schuldnerberatung

Wenn sich die Schulden erst einmal häufen und der Überblick verloren geht, kommen Betroffene aus dieser Situation allein meist nicht mehr heraus. Die Schuldenspirale dreht sich immer schneller. Dann ist es allerhöchste Zeit, um sich Hilfe zu suchen, damit man nicht noch tiefer in den Schuldensumpf abrutscht.

Die **Schuldnerberatung** hilft Betroffenen, eine Strategie zu entwickeln, um aus dieser Situation herauszukommen. Betroffene bekommen von einem persönlichen Ansprech-partner viele Tipps und Informationen. Man wird rechtlich beraten und erhält Hilfe beim Umgang mit den eigenen Finanzen, dazu zählen:

- o die **Gründe** herauszufinden, die zur Überschuldung führen konnten,
- o einen **Überblick** über die eigenen Schulden bekommen,
- o lernen, wie man einen **Haushaltsplan** erstellt.

Darüber hinaus bietet die Schuldnerberatung auch **Unterstützung** bei Verhandlungen mit Banken, Gläubigern und Behörden an.

Haushaltsplan

Bei einem **Haushaltsplan** stellt man die Einnahmen den Ausgaben gegenüber. Da-bei helfen die Vertragsunterlagen, Konto-auszüge sowie Rechnungen und Mahnun-gen. Im nächsten Schritt kann man sich überlegen, wo einerseits konkret gespart werden kann und andererseits, wie man die Einnahmen erhöhen kann.

Verbraucherinsolvenz

Oft ist die Verbraucherinsolvenz der letzte Ausweg für zahlungsunfähige Privatpersonen oder solche, bei denen die Zahlungsunfähigkeit kurz bevorsteht. Durch das Verbraucherinsolvenzverfahren kann der Schuldner von **seiner Schuldenlast befreit** werden und damit einen **wirtschaftlichen Neuanfang** machen. Es muss beim zuständigen Insolvenzgericht beantragt werden. Das Verfahren ist in folgende Schritte gegliedert:

Schritte im Insolvenzverfahren der Verbraucherinsolvenz

1. außergerichtlicher Einigungsversuch

2. gerichtliches Schuldenbereinigungsverfahren

3. vereinfachte Insolvenzverfahren mit der sechsjährigen Wohlverhaltensphase

Ablauf einer Verbraucherinsolvenz

In einem ersten Schritt (**außergerichtlicher Einigungsversuch**) versucht der Schuldner, sich mithilfe eines Schuldenbereinigungsplans mit den Gläubigern zu einigen. Scheitern diese Verhandlungen, kommt es zum **gerichtlichen Schuldenbereinigungsverfahren**. Der Schuldner bescheinigt dem Insolvenzgericht den außergerichtlichen Einigungsversuch, legt Einkommen und Vermögen offen, weist einen Schuldenbereinigungsplan nach und beantragt Restschuldbefreiung. Dieser Schuldenbereinigungsplan wird den Gläubigern zugestellt. Lehnen diese ab, folgt das **vereinfachte Insolvenzverfahren mit der sechsjährigen Wohlverhaltensphase**. Den pfändbaren Teil seines Einkommens muss der Schuldner an einen vom Gericht bestellten Treuhänder abführen. Er ist verpflichtet, über Wohnsitz- oder Arbeitsplatzwechsel und Veränderungen der finanziellen Situation zu informieren. Er ist außerdem verpflichtet, jede zumutbare Arbeit anzunehmen. Wenn all diese Bedingungen vom Schuldner erfüllt werden, wird er nach Ablauf der **sechs Jahre** von der Restschuld befreit.

Verfahren

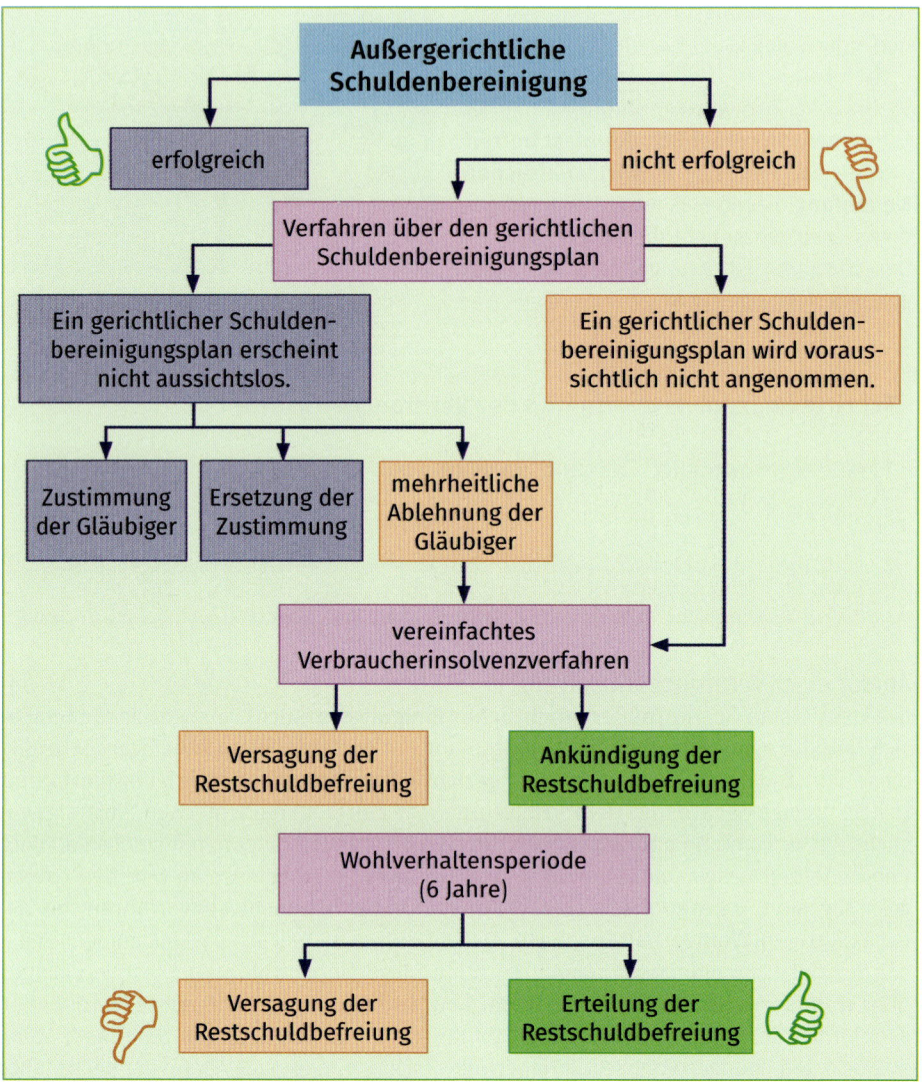

Das Insolvenzverfahren ist zwar einerseits eine große Chance für überschuldete Privatpersonen. Allerdings verlangt es ein hohes Maß an Disziplin, denn das eigene Verhalten muss radikal geändert werden und das Verfahren ist mit vielen Einschränkungen über Jahre hinweg verbunden.

Helfen Sie Philip aus der Schuldenfalle

Meistens entwickelt es sich schleichend: Aus der Verschuldung ist eine Überschuldung geworden und man sitzt in der Schuldenfalle. – So ging es auch Philip.

Philip wurde im zweiten Lehrjahr volljährig. Endlich konnten ihm seine Eltern in nichts mehr hineinreden. Von den 650,00 € seiner monatlichen Ausbildungsvergütung zahlte er die Dinge, für die er von seinen Eltern kein Geld bekommen hatte:

Endlich konnte er sich im Fitnessstudio anmelden und den monatlichen Beitrag für Auszubildende von 19,99 € ausnutzen. Das Auto, von dem er schon lange träumte, hat er mit einem Kredit über 8 000,00 € endlich finanziert, wenn auch als Gebrauchtwagen. Auch der All-Inclusive-Urlaub auf Mallorca im Vier-Sterne-Hotel, den sich seine Freundin gewünscht hatte, ließ nichts zu wünschen übrig. Darüber hinaus ging er regelmäßig abends mit seinen Freunden in die Stadt und kaufte sich in Onlineshops die Markenklamotten, die er sich als Schüler nicht leisten konnte. Schließlich gönnte er sich den Zwei-Jahres-Vertrag, mit dem das neueste Smartphone für 1,00 € zu haben war.

Dass er sein Girokonto regelmäßig überziehen musste, war ja kein Problem. Doch schon nach einigen Monaten reichte die Ausbildungsvergütung nicht mehr, um in den Haben-Bereich zu kommen. Dann ging die Lichtmaschine an seinem Auto kaputt und die Reparaturrechnung von 500,00 € flatterte ins Haus.

In seiner Panik machte Philip gar nichts mehr. Er zahlte die Rechnungen nicht mehr. Zahlungsaufforderungen und Mahnungen ließ er ungeöffnet liegen. Er zog sich immer mehr aus seinem Freundeskreis zurück, denn auch einigen Freunden schuldete er Geld.

Nachdem zum ersten Mal ein Gerichtsvollzieher vor Philips Tür stand, ist er aus seiner Schockstarre aufgewacht. So kann es nicht weiter gehen. Er muss sich Hilfe suchen.

1. Überlegen Sie in einer Gruppe, was Philip nun tun kann, um aus seinen Schulden herauszukommen.
2. Informieren Sie sich im Internet, welche Einrichtungen junge Erwachsene in einer solchen Situation unterstützen.
3. Erstellen Sie für Philip einen Haushaltsplan für seine aktuelle Situation. Nutzen Sie dabei eine geeignete Vorlage aus dem Internet. Ergänzen Sie sinnvoll fehlende Angaben.
4. Welche Sparmöglichkeiten hat Philip?
5. Wie könnte Philip seine Einnahmen konkret erhöhen?

Philip hat Glück. Mit der konsequenten Umsetzung der Sparmöglichkeiten und den Zusatzeinnahmen aus seinem Nebenjob schafft er es aus der Überschuldung heraus, auch wenn er noch Jahre dafür zahlen muss.

Damit er nicht noch einmal in eine solche Situation kommt, hält er sich an die Tipps der Schuldnerberatung:

○ er vermeidet Ratenkäufe, indem er für eine Anschaffung spart und sie sich erst dann kauft, wenn er sie sich auch tatsächlich leisten kann,

○ er ist vorsichtig beim Abschluss langfristiger Verträge und liest sich alle Vertragsbedingungen genau durch,

○ bei einer Anschaffung plant er die Folgekosten ein,

○ er legt Rechnungen, Kontoauszüge und Verträge in übersichtlichen Ordnern ab und

○ führt ein Haushaltsbuch, um nicht mehr den Überblick zu verlieren.

Hätte sich Philip keine Hilfe gesucht und die Tipps nicht konsequent umgesetzt, wäre er vielleicht nicht mehr aus eigener Kraft aus der Schuldenfalle herausgekommen und eine Verbraucherinsolvenz wäre der letzte Ausweg gewesen.

6. Beschreiben Sie die Konsequenzen, die eine Verbraucherinsolvenz für Philip gehabt hätte.

Auf einen Blick

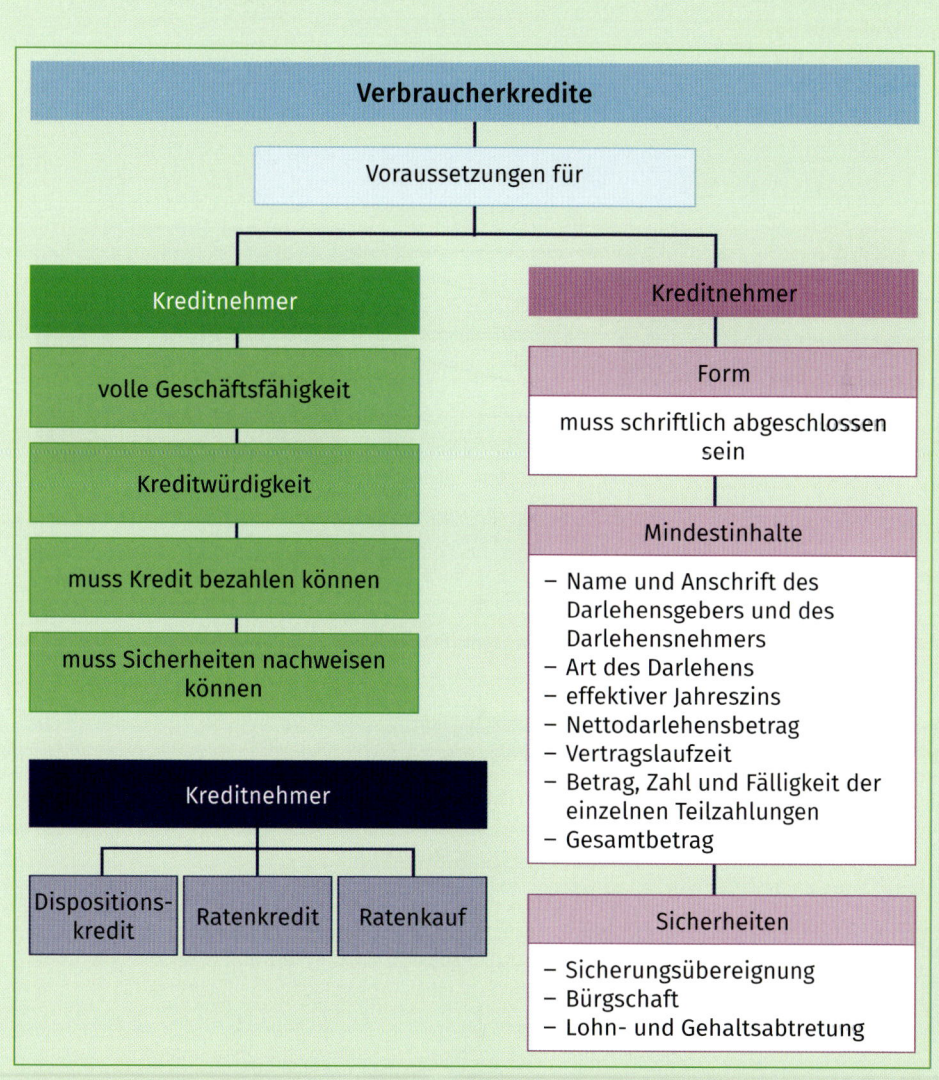

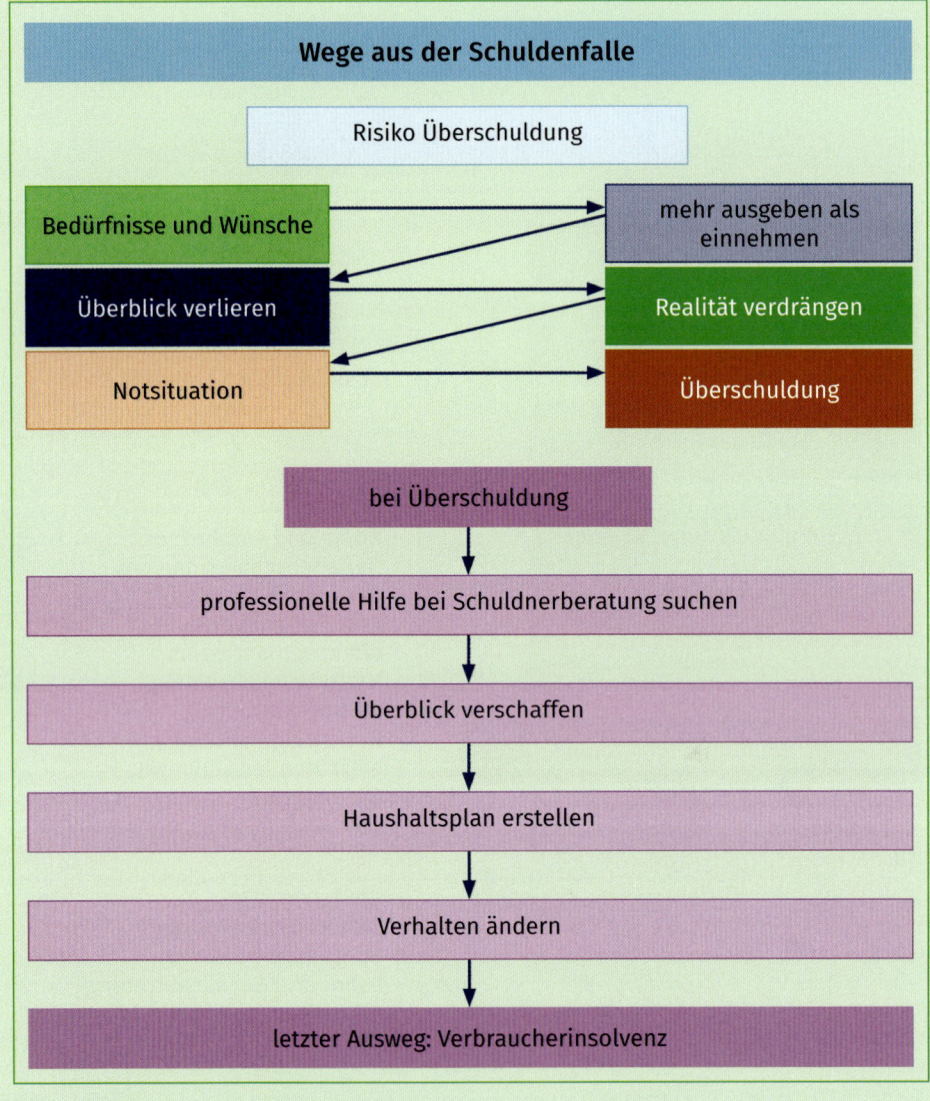

Kompetent handeln

Fall Harun

Harun ist ausgelernter Mechatroniker. Er möchte mit seiner Freundin zusammenziehen. Sie brauchen eine Küche, Wohn- und Schlafzimmermöbel.

Fall Jasmin

Jasmin kauft sich gerne die neueste Markenkleidung. Sie ist im dritten Ausbildungsjahr als Bauzeichnerin.

Fall Luis

Luis arbeitet seit einem Jahr als Schreiner und wohnt seitdem in einer Single-Wohnung. Am Monatsende geht seine Waschmaschine kaputt.

1. Welche Empfehlungen können Sie Harun, Jasmin und Luis in den oben beschriebenen Fällen geben:
   a) Sollen sie sparen oder einen Kredit aufnehmen?
   b) Zu welcher Geldanlage bzw. Kreditart würden Sie jeweils raten? Begründen Sie.

2. Überlegen und formulieren Sie ein Szenario, wie Sie selbst in die Schuldenfalle geraten könnten. Vergleichen Sie Ihre Geschichten im Plenum.

3. Analysieren Sie Ihr eigenes Konsumverhalten.
   a) Erstellen Sie eine Liste mit allen Einnahmen und Ausgaben im letzten Monat.
   b) Wie beurteilen Sie Ihr eigenes Konsumverhalten und damit die Gefahr der Überschuldung?
   c) Wodurch vermeiden Sie Ihre eigene Überschuldung?

III Wir in der sozialen Marktwirtschaft

1   **Marktmechanismen verstehen**
2   **Die soziale Marktwirtschaft als Wirtschaftssystem erfassen**
3   **Volkswirtschaftliche Messgrößen kennenlernen**

1   Marktmechanismen verstehen

Wochenmarkt, Weihnachtsmarkt, Flohmarkt, ...
Händler bieten ihre Waren an, Kunden gehen von Stand zu Stand, informieren sich über das Angebot, vergleichen es, verhandeln eventuell den Preis, einigen sich mit dem Verkäufer oder gehen zur Konkurrenz.

? Was geschieht auf einem Markt?

Welche Aufgaben (Funktionen) haben Märkte?

! Als **Markt** bezeichnet man den Ort, an dem sich Anbieter und Nachfrager treffen.

1.1 Marktarten und Marktformen

Marktarten

Märkte finden meist gut organisiert an festen Orten und zu bestimmten Zeiten statt, zum Beispiel in Einzelhandelsgeschäften, auf Marktplätzen oder an Börsen. Anbieter und Nachfrager können aber auch jederzeit an jeder beliebigen Stelle zusammenkommen, beispielsweise über das Internet. Demnach gibt es verschiedene Möglichkeiten, Märkte einzuteilen.

Sachliche Gliederung
Die verschiedenen Märkte können nach der Art der gehandelten Güter unterteilt werden.

Warenmarkt	Gehandelt werden Sachgüter. Diese werden unterteilt in • **Konsumgüter** für den Endverbraucher (zum Beispiel Lebensmittel, Möbel, Haushaltsgeräte) und in • **Produktionsgüter**, die zur Herstellung anderer Güter eingesetzt werden (zum Beispiel Maschinen, Werkzeuge, Anlagen).
Dienstleistungsmarkt	Gehandelt werden immaterielle Güter, die entweder an Personen oder an Sachen erbracht werden. Beispiele dafür sind der Arzt- und Friseurbesuch, Reparatur und Wartung.
Arbeitsmarkt	Arbeitgeber stellen als Anbieter Arbeitsplätze zur Verfügung. Arbeitnehmer fragen diese nach.
Geld- und Kapitalmarkt	Banken, Sparkassen und private Geldvermittler stellen kurz- und langfristige Kredite bereit. Privatkunden und Unternehmen fragen diese nach.
Immobilienmarkt	Gehandelt werden Grundstücke und Gebäude.

Räumliche Ausdehnung

Märkte lassen sich nach der Art ihrer räumlichen Ausdehnung unterteilen.

Lokal	Kleine Märkte umfassen das Angebot und die Nachfrage nach bestimmten Gütern innerhalb eines Ortes, zum Beispiel der Stuttgarter Immobilienmarkt.
Regional	Auf dem Wochenmarkt einer Stadt bieten Landwirte aus der Region ihre Produkte an.
National	Nationale Märkte, die nur auf ein Land beschränkt sind, verlieren aufgrund der Globalisierung immer mehr an Bedeutung.
Europaweit	Innerhalb der EU besteht freier Waren-, Dienstleistungs-, Kapital- und Personenverkehr (Europäischer Binnenmarkt).
Weltweit	Der Welthandel umfasst den Güteraustausch zwischen den Staaten aller Kontinente und gewinnt ständig an Bedeutung. Er wird beherrscht von großen Wirtschaftsblöcken in Europa, Nordamerika sowie Ost- und Südostasien. Um den Güteraustausch zu fördern und Handelshemmnisse abzubauen, schließen sich immer mehr Länder zu Freihandelszonen zusammen. Internationale Organisationen, die den Welthandel fördern, sind beispielsweise die Organisation für wirtschaftliche Zusammenarbeit (OECD) und die Welthandelsorganisation (WTO).

Marktformen

Beispiele:
Wenn wir den Wasserhahn aufdrehen oder das Spülwasser abfließen lassen, sind wir auf die Dienste eines kommunalen Versorgungs- bzw. Entsorgungsunternehmens angewiesen. Benzin und Dieselkraftstoffe werden von wenigen Mineralölgesellschaften angeboten. Bei den meisten Lebensmitteln hat der Verbraucher dagegen die Auswahl zwischen vielen Lebensmitteleinzelhändlern.

Auf den im Beispiel genannten Märkten gibt es viele Nachfrager, auf der Angebotsseite gibt es jedoch Unterschiede: Das kommunale Wasserwerk ist der *einziger* Anbieter, auf dem Mineralölmarkt konkurrieren einige *wenige* Anbieter und bei Lebensmitteln stehen sich *viele* Anbieter gegenüber.

Nach der **Anzahl der Marktteilnehmer** auf der Angebots- und auf der Nachfrageseite unterscheidet man verschiedene **Marktformen**:

Polypol (griech. *poly*: viele)
Das Polypol bezeichnet eine Marktform, bei der sich eine Vielzahl von Anbietern und Nachfragern im Wettbewerb gegenüberstehen. Der einzelne Marktteilnehmer hat keinen wesentlichen Einfluss auf das Marktgeschehen; er passt sein Angebot bzw. seine Nachfrage den Marktverhältnissen an. Auf diese Marktform trifft der Verbraucher verhältnismäßig selten, am ehesten noch im Einzelhandel.

Polypolistische Märkte wie der Handel mit internationalen Zahlungsmitteln, Wertpapieren oder Rohstoffen an den internationalen Börsen bezeichnet man auch als Märkte mit **vollständiger Konkurrenz** oder Wettbewerbsmärkte.

Unvollständige (eingeschränkte) Konkurrenz herrscht dann, wenn auf einem Markt nur ein oder wenige Anbieter bzw. Nachfrager auftreten:

Oligopol (griech. *oligo*: wenige)
Das Angebotsoligopol bezeichnet eine Marktform, bei der es zwar viele Nachfrager, aber nur wenige Anbieter gibt. Dies trifft bei zahlreichen Wirtschaftszweigen zu, zum Beispiel Mineralölhandel, Unterhaltungselektronik, Arzneimittel, Tabakwaren.

Monopol (griech. *monos:* einer allein)
Ein Angebotsmonopol nennt man eine Marktsituation, in der für ein bestimmtes Gut nur ein Anbieter existiert. Es ist durch eine marktbeherrschende Machtstellung und durch Ausschaltung des Wettbewerbs, zum Beispiel bei der Grundversorgung der Bevölkerung durch öffentliche Anbieter (Wasserversorgung), gekennzeichnet.

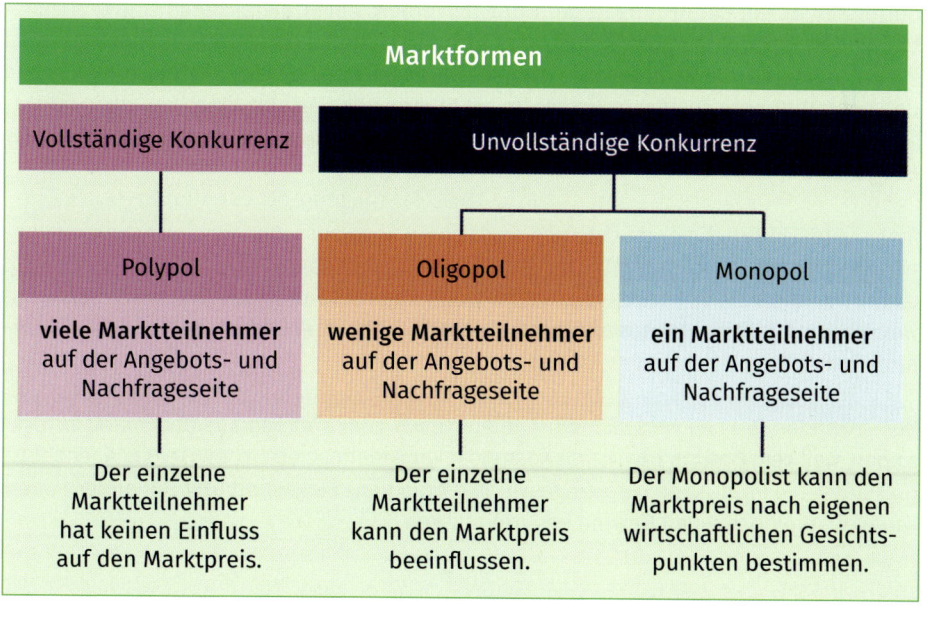

Dem Verbraucher begegnen im Alltag in der Regel folgende drei Marktformen:

	Anbieter	Nachfrager
Angebotsmonopol	🏭	🧍🧍🧍🧍🧍🧍🧍
Angebotsoligopol	🏭🏭🏭	🧍🧍🧍🧍🧍
Polypol	🏭🏭🏭🏭🏭🏭	🧍🧍🧍🧍🧍

1.2   Verhalten der Marktteilnehmer

In einer marktwirtschaftlichen Ordnung entscheiden die Anbieter, welche Waren und Dienstleistungen zu welchen Bedingungen auf den Markt kommen. Es herrscht **Gewerbefreiheit**. Letztendlich bestimmen aber die Verbraucher durch ihre Nachfrage, welche Güter tatsächlich abgesetzt werden können. Sie lenken die Produktion nach ihren Bedürfnissen. Es gilt der Grundsatz der **Konsumfreiheit**. Am erfolgreichsten sind die Anbieter, die die Erwartungen der Kunden am besten erfüllen, etwa durch Qualität, günstige Preise, aufmerksame Beratung oder umfassenden Service. Je mehr Wettbewerb zwischen den Anbietern herrscht, desto besser ist die Stellung der Verbraucher.

Angebot

Ein privater Unternehmer möchte und muss einen angemessenen Gewinn erzielen. Je höher der Preis für ein bestimmtes Gut steigt, desto lohnender – gewinnbringender – wird es für ihn, dieses Gut anzubieten. Selbst wenn kein Gewinn angestrebt wird, beispielsweise bei öffentlichen Versorgungsunternehmen, ist doch ein kostendeckender Preis erforderlich.

Bei sinkenden Preisen wird sich ein Anbieter nach dem anderen aus dem Markt zurückziehen, weil kein Gewinn bzw. keine Kostendeckung mehr zu erreichen ist. Das Angebot ist rückläufig. Die Produktion wird eingeschränkt oder ganz eingestellt bzw. auf andere Güter verlagert, die noch einen Gewinn erwarten lassen.

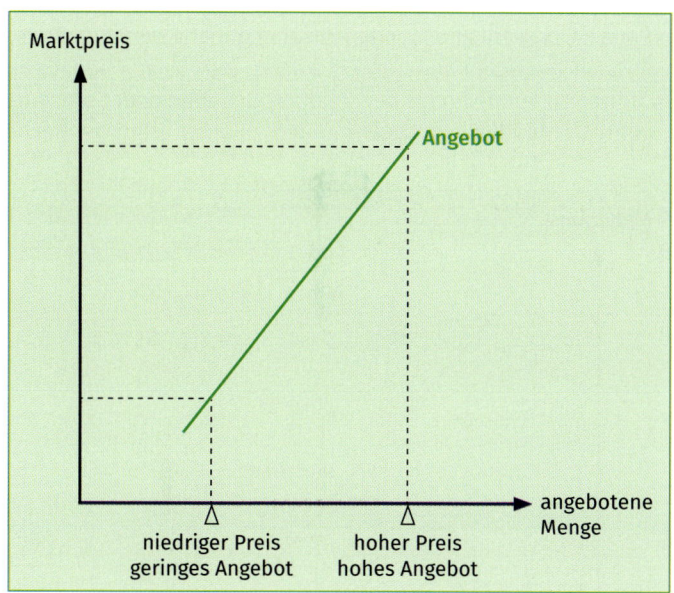

Bei einem niedrigen Marktpreis ist das Angebot gering, mit steigendem Marktpreis steigt auch das Angebot.

Es gibt aber auch **Ausnahmen**. Nicht jeder Anbieter ist so flexibel und in seinen Entscheidungen so frei, dass er auf Preisänderungen in der angegebenen Weise reagieren kann.

Beispiele:
Ein Landwirt, der Milchkühe hält, wird bei sinkendem Milchpreis nicht einfach
auf Getreideanbau umsteigen können. Er wird eventuell versuchen, den Preis-
rückgang durch eine höhere Milchproduktion auszugleichen.

Ähnlich könnte ein Entwicklungsland, das dringend auf die Einnahmen aus
dem Export seiner Rohstoffe oder Agrarprodukte angewiesen ist, auf einen
Rückgang der Weltmarktpreise mit einer höheren Förderung reagieren.

Ein Handwerker wird bei einer vorübergehenden Flaute im Wohnungsbau
auch bei sinkenden Preisen seine Leistungen weiter anbieten.

Der erzielbare Preis ist der wichtigste Gesichtspunkt, von dem sich die Anbieter bei ihren
Entscheidungen leiten lassen, aber nicht der einzige.

Nachfrage

Obst wird das ganze Jahr über aus den verschiedensten Regionen der Welt angeboten.
Am günstigsten ist es jedoch zur Zeit der Ernte aus den heimischen Anbaugebieten, wenn
das Angebot steigt. Die Nachfrage nach Obst wird dann größer, die Verbraucher nutzen

die günstigen Preise. Einen entsprechenden Zusammenhang zwischen Preisen und Nachfrage kann man auch bei vielen anderen Produkten, zum Beispiel bei Gebrauchsgütern, feststellen. So führen sinkende Preise bei Kleidung, Schuhen oder Sportartikeln am Ende einer Saison, wenn die Händler ihre Lager räumen, zu einer erhöhten Nachfrage.

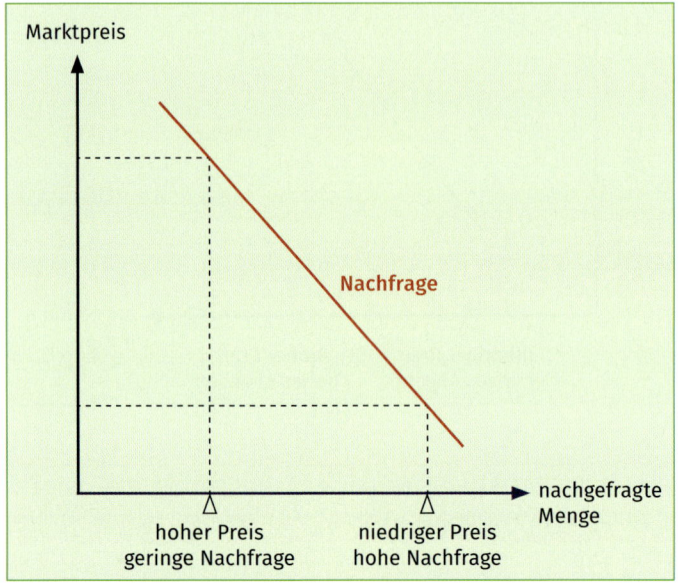

 Bei einem hohen Marktpreis ist die Nachfrage gering, bei sinkendem Marktpreis steigt die Nachfrage.

Dies gilt so eindeutig aber nur für Güter, die nicht unbedingt benötigt werden oder die sich durch andere ersetzen lassen. Eine Ausnahme bilden außerdem lebenswichtige Güter wie Grundnahrungs- und Arzneimittel. Die Nachfrage ist hier relativ gleichbleibend, das heißt, eine bestimmte Menge wird unabhängig von der Höhe des Preises nachgefragt; mit sinkendem Preis nimmt die Nachfrage nur unwesentlich zu. Eine zweite Ausnahme sind Verbraucher, die sich besonders teure Güter (Luxusgüter) leisten wollen und können.

1.3   Preisbildung

Preisbildung auf dem vollkommenen Markt beim Polypol (vollständige Konkurrenz)

Anbieter und Nachfrager treffen auf Märkten zusammen. Die Anbieter möchten ihre Waren zu möglichst hohen Preisen verkaufen, die Nachfrager wollen möglichst günstig einkaufen.

Funktion des Marktes: Der Markt ermöglicht den Güteraustausch.
Aus Angebot und Nachfrage ergibt sich der **Marktpreis**.

Beispiel:
Auf dem Wochenmarkt einer Stadt bieten zahlreiche Erzeuger und Händler Äpfel an. Eine große Zahl von Verbrauchern versorgt sich dort regelmäßig mit frischer Ware. Nebenstehende Tabelle zeigt eine Zusammensetzung der Preis- und Mengenvorstellungen aller Anbieter und Nachfrager und der dabei möglichen Verkaufsmengen.

Preis je kg	Angebot in kg	Nachfrage in kg	Verkaufte Menge
1,20 €	2 000	9 500	2 000
1,40 €	3 000	8 000	3 000
1,60 €	4 000	6 500	4 000
1,80 €	5 000	5 000	5 000
2,00 €	6 000	3 500	3 500
2,20 €	7 000	2 000	2 000
2,40 €	8 000	500	500
2,60 €	9 000	–	–

Überträgt man die Tabellenwerte in das nachstehende Koordinatensystem, so ergibt sich für den Apfelmarkt folgendes Bild.

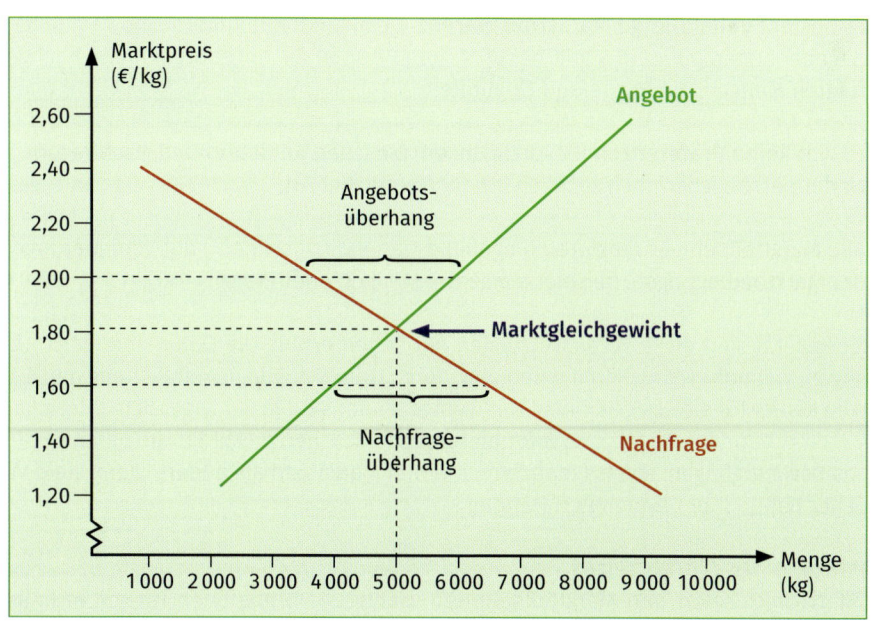

Tabelle und grafische Darstellung zeigen, dass die angebotenen und nachgefragten Mengen sowohl bei sehr niedrigen als auch bei sehr hohen Preisen weit auseinanderliegen. Bei einem Preis von 1,80 € pro Kilogramm ist der Markt aber *im Gleichgewicht* – die Vorstellungen von Anbietern und Nachfragern stimmen genau überein.

 Der Markt ist im Gleichgewicht, wenn angebotene und nachgefragte Mengen übereinstimmen. Dabei bildet sich der Gleichgewichtspreis.

Angebot und Nachfrage sorgen dafür, dass sich stets das Marktgleichgewicht einstellt.

- Übersteigt bei einem bestimmten Preis das Angebot die Nachfrage (Angebotsüberhang), so sinkt der Marktpreis.

- Übersteigt dagegen die Nachfrage das Angebot (Nachfrageüberhang), so steigt der Marktpreis.

Vollkommener Markt
Dieses Beispiel der Preisbildung ist ein Modell, das den komplizierten Vorgang der Marktpreisbildung unter vereinfachenden Annahmen darstellt. Es geht von einem vollkommenen Markt aus, bei dem folgende Bedingungen erfüllt sein müssen:

- Es herrscht **vollständige Konkurrenz**. Vielen Anbietern stehen auf dem Markt viele Nachfrager gegenüber.

- Die angebotenen Güter sind **homogen**, das heißt von gleicher Art und Qualität.

- Es besteht **vollständige Markttransparenz**. Den Marktteilnehmern sind sämtliche Gegebenheiten auf dem Markt bekannt, zum Beispiel die angebotenen und nachgefragten Mengen, die Preise und Qualitäten.

- Es gibt **keine Präferenzen** (Bevorzugungen) zwischen Anbietern und Nachfragern, weder persönlicher noch sachlicher oder räumlicher Art.

- Alle Marktteilnehmer reagieren umgehend („unendlich schnell") auf Veränderungen der Marktbedingungen, beispielsweise der Mengen oder Preise.

In der Realität sind diese Voraussetzungen nur selten erfüllt. Die Güter sind meist nicht homogen. Vielmehr versuchen die Anbieter, durch Unterschiede in Aufmachung und Qualität die Käufer für sich zu gewinnen. Nur wenige Käufer sind in der Lage, sich ausreichend über das vorhandene Angebot zu informieren; es fehlt ihnen an Markttransparenz. Häufig gibt es Bevorzugungen, sodass manche näher am Markt sind als andere, denn viele Verbraucher haben ihre bevorzugten Händler.

Funktionen des Marktpreises
Der Marktpreis liefert den Marktteilnehmern wichtige Informationen für ihr Verhalten. Anbieter und Nachfrager richten ihre Entscheidungen nach ihm aus. Außerdem wirken

sich Preisänderungen auf einem Markt oft auch auf andere Märkte aus. So beeinflussen Rohölpreise beispielsweise die Benzin- und Heizölpreise. Der Marktpreis hat unter anderem folgende Aufgaben oder Funktionen:

Ausgleichsfunktion	Er bringt Angebot und Nachfrage zum Ausgleich. Verkaufsvorstellungen der Anbieter und Kaufwünsche der Nachfrager stimmen bei diesem Preis überein.
Signalfunktion	Der Marktpreis ist ein Maßstab für den Wert eines Gutes. Steigende Preise zeigen an, dass das Gut knapp bzw. besonders begehrt ist.
Lenkungsfunktion	Der Marktpreis beeinflusst das Verhalten von Anbietern und Nachfragern. Ein sinkender Preis führt zu Produktionseinschränkungen und einer Verlagerung des Angebots auf andere Güter. Gleichzeitig führen sinkende Preise zu einer zusätzlichen Nachfrage auf dem Markt, bis die Nachfrage gesättigt ist.
Erziehungsfunktion	Der Marktpreis ist für den Käufer und oft auch für den Verkäufer vorgegeben bzw. nicht veränderbar. Er zwingt den Anbieter zu Einsparungen (Kostensenkungen) und den Nachfrager wegen seiner beschränkten Mittel zu preisbewusstem Einkauf.

Preisbildung bei unvollständiger Konkurrenz

Auf zahlreichen Märkten herrscht keine vollständige Konkurrenz: Einer großen Zahl von Nachfragern stehen oft nur wenige oder nur ein Anbieter gegenüber – es herrscht **unvollständige Konkurrenz**.

Oligopole

> Beim **Angebotsoligopol** stehen sich wenige Anbieter und viele Nachfrager gegenüber.

Der einzelne Anbieter spielt somit eine bedeutende Rolle auf dem Markt. Er muss bei seinen Entscheidungen jedoch Rücksicht nehmen auf

- das Verhalten der Nachfrager und
- mögliche Reaktionen seiner Konkurrenten.

Beispiel:
Die Preise auf dem Lebensmittelmarkt werden im Wesentlichen von wenigen Discountmärkten bestimmt.

Kennzeichen der Preisentstehung bei einem Angebotsoligopol	
Preiskampf	Ein oder mehrere Anbieter versuchen, durch Preissenkungen die Konkurrenten vom Markt zu verdrängen. Für den Verbraucher ergeben sich Vorteile, aber nur solange der Preiskampf andauert. Durch das Ausscheiden von Wettbewerbern kann es zu monopolähnlichen Verhältnissen kommen.
Qualitätswettbewerb	Die Anbieter verzichten auf Preisunterbietungen, sie verlagern den Wettbewerb auf Qualität und Aufmachung der Produkte bzw. auf Werbe- und Servicemaßnahmen.
Preisführerschaft	Ein Oligopolist – in der Regel der mit dem größten Marktanteil – übernimmt die Rolle des Preisführers. Er bestimmt bzw. ändert den Preis, die anderen passen sich an.
Preisabsprachen	Anstatt miteinander zu konkurrieren, sprechen die Anbieter ihre Preise untereinander ab. Solche Preiskartelle sind nach dem Gesetz gegen Wettbewerbsbeschränkungen verboten.

Monopole

Der **Monopolist** ist alleiniger Anbieter, der auf Konkurrenten keine Rücksicht zu nehmen braucht. Er beachtet das Verhalten der Nachfrager und verlangt dann den Preis, der seinen Vorstellungen entspricht.

Beispiel:
Das Unternehmen Deutsche Bahn AG beherrscht fast ausschließlich den Personenverkehr auf der Schiene in Deutschland.

Kennzeichen der Preisentstehung bei einem Monopol	
Öffentliche Monopole	Unternehmen mit öffentlichen Monopolen wie Verkehrsbetriebe und Wasserwerke versorgen die Bevölkerung mit wichtigen Gütern und Leistungen (Prinzip der Marktversorgung). Die Preise werden in der Regel so festgesetzt, dass die anfallenden Kosten gedeckt werden können (Kostendeckungsprinzip) bzw. dass durch Überschüsse in einem Leistungsbereich Defizite in einem anderen ausgeglichen werden können.
Privatwirtschaftliche Monopole	Privatwirtschaftliche Monopole sind gewinnorientiert. Der Monopolist wird den Preis fordern, bei dem er den höchsten Gewinn erzielen kann. Er muss dabei allerdings berücksichtigen, dass bei überhöhten Preisen die Nachfrager eventuell auf preisgünstigere Ersatzprodukte ausweichen oder der Staat ihm dieses Preisverhalten untersagen kann (Missbrauchsaufsicht durch das Bundeskartellamt). Eine marktwirtschaftliche Ordnung funktioniert nur, wenn Anbieter und Nachfrager untereinander im Wettbewerb stehen. Deshalb versucht der Staat die Entstehung von privatwirtschaftlichen Monopolen zu verhindern.
Staatliche Preisbeeinflussung	Der Markt bestimmt den Preis. Der Staat greift in der Marktwirtschaft nicht in einzelne Märkte ein; seine Aufgabe ist es vielmehr, allgemeingültige Rahmenbedingungen für die wirtschaftliche Betätigung der Bürger vorzugeben. Dabei strebt er die Verwirklichung bestimmter Ziele an, zum Beispiel Standortsicherung, soziale Gerechtigkeit, Umwelt- oder Gesundheitsschutz. Durch die Erhebung von Verbrauchsteuern und Umsatz- bzw. Mehrwertsteuer kann der Staat Einfluss auf die Endverkaufspreise bestimmter Produkte nehmen. Mit der Tabak- und Branntweinsteuer belastet er beispielsweise den Verbrauch gesundheitsgefährdender Genussmittel; durch Mineralölsteuer und Ökosteuer sollen die Verbraucher zum sparsamen Umgang mit Energie angeregt werden.

1.4   Unternehmenskooperation und -konzentration

 Beschreiben Sie die Karikatur.

Erläutern Sie die Aussage der Karikatur.

Welche Thematik wird angesprochen und welche Probleme ergeben sich daraus für den Staat und die Bevölkerung?

Auf die wachsende Konkurrenz, vor allem infolge der Globalisierung der Märkte und dem daraus entstehenden immer härteren Wettbewerb, reagieren viele Unternehmen durch Unternehmensabsprachen und -zusammenschlüsse. Dadurch wird der Wettbewerb eingeschränkt bzw. gestört.

Nach dem Grad oder der Intensität des Zusammenschlusses unterscheidet man

- **Kooperation** (Zusammenarbeit) – wenn die beteiligten Unternehmungen in ihrer Selbstständigkeit nur unwesentlich eingeschränkt werden, zum Beispiel Verbände, Kartelle.

- **Konzentration** (Zusammenschluss) – wenn durch Kapitalbeteiligung oder Übernahme einzelne Unternehmungen ihre Selbstständigkeit ganz oder teilweise verlieren, zum Beispiel Konzerne, Trusts.

Unternehmenskooperation

Bei der Unternehmenskooperation arbeiten Unternehmen auf einem begrenzten Aufgabengebiet zusammen. Dabei geben sie ihre wirtschaftliche Unabhängigkeit teilweise bzw. vorübergehend auf.

Verbände
Unternehmen schließen sich zu Verbänden zusammen, um ihre gemeinsamen Interessen besser wahrnehmen zu können. Dabei bleibt ihre rechtliche und wirtschaftliche Selbstständigkeit erhalten.

Fachverbände vereinigen Unternehmungen des gleichen Wirtschaftszweiges. Es gibt beispielsweise in der Bundesrepublik Deutschland zahlreiche Industrieverbände, die wiederum im Bundesverband der Deutschen Industrie e.V. (BDI) zusammengeschlossen sind. Sie vertreten die Interessen ihrer Mitglieder gegenüber Staat und Öffentlichkeit.

Beispiel:
Bundesverband der Deutschen Industrie e.V.

Arbeitgeberverbände verfolgen in erster Linie sozialpolitische Ziele. Sie handeln mit den Gewerkschaften Tarifverträge aus.

Beispiel:
Die Arbeitgeberverbände der Metall- und Elektroindustrie

Arbeitsgemeinschaften
Arbeitsgemeinschaften sind Zusammenschlüsse mehrerer Unternehmen zur gemeinsamen Durchführung eines Auftrages. Wir finden sie vor allem in der Bauwirtschaft, zum Beispiel beim Bau einer Autobahn oder eines Berufsschulzentrums. In einem Vertrag werden Name, Sitz und Zweck der Arbeitsgemeinschaft sowie Rechte und Pflichten der beteiligten Unternehmungen geregelt. Die Arbeitsgemeinschaft ist ein Zusammenschluss auf Zeit. Sie endet mit der Fertigstellung des gemeinsamen Auftrages.

Beispiel:
Arbeitsgemeinschaft Tunnel Cannstatt S21

Kartelle

Kartelle sind vertragliche Absprachen von Unternehmen des gleichen Wirtschaftszweigs (horizontaler Zusammenschluss) zur Erreichung bestimmter wirtschaftlicher Ziele wie Existenzsicherung, Gewinnerhöhung, Kostensenkungen, Beschränkung oder Ausschaltung des Wettbewerbs, Sicherung der Absatzmärkte und gemeinsame Finanzierung großer Aufträge. Dabei behalten die beteiligten Unternehmen ihre rechtliche Selbstständigkeit, geben jedoch ihre wirtschaftliche Unabhängigkeit teilweise auf. Durch den Kartellvertrag wollen die Mitglieder den Markt in ihrem Sinne bestimmen. Abweichler werden mit Vertragsstrafen, Außenstehende mit wirtschaftlichem Druck zu einem angepassten Verhalten gedrängt.

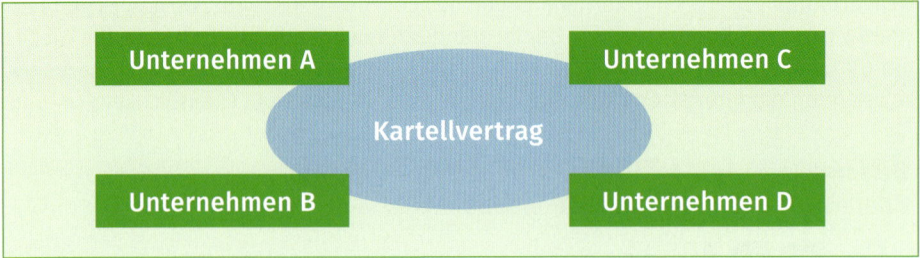

Je nachdem, worauf sich die Unternehmensabsprachen beziehen und welche Ziele angestrebt werden, unterscheidet man zum Beispiel folgende Kartellarten:

Preiskartelle	Hersteller oder Händler vereinbaren gleiche (einheitliche) Preise	*verboten*
Mengen- und Quotenkartelle	Produzenten verknappen das Angebot auf dem Markt bzw. einigen sich auf bestimmte Marktanteile	*verboten*
Gebietskartelle	Anbieter teilen den Absatzmarkt so auf, dass keiner dem anderen in seinem Bereich Konkurrenz macht	*verboten*
Submissionskartelle	Unternehmen sprechen sich ab bei öffentlichen Ausschreibungen	*verboten*
Strukturkrisenkartelle	Abbau von nicht ausgelasteten Kapazitäten, um bei anhaltendem Nachfragerückgang das Überleben gefährdeter Unternehmen einer Branche zu sichern	*genehmigungspflichtig*
Kalkulationskartelle	Beteiligte einigen sich auf einheitliche Kalkulationssätze	*verboten*
Konditionenkartelle	einheitliche Anwendung von allgemeinen Geschäfts-, Lieferungs- und Zahlungsbedingungen	*anmeldepflichtig*

| Rabattkartelle | einheitliche Preisnachlässe gegenüber Abnehmern | *verboten* |
| Normen- und Typenkartelle | einheitliche Anwendung von Normen (Abmessungen, Qualitätsstandards) und Typen | *anmelde-pflichtig* |

Das **Gesetz gegen Wettbewerbsbeschränkungen (GWB, Kartellgesetz)** untersagt grundsätzlich die Bildung von Kartellen, wenn die Unternehmen im Wettbewerb miteinander stehen oder die Kartellbildung den Wettbewerb einschränken oder verhindern würde. Damit soll eine marktbeherrschende Stellung dieser Unternehmen verhindert werden.

Unter gewissen Voraussetzungen sind Ausnahmen möglich. Das ist zum Beispiel der Fall, wenn der Wettbewerb auf dem Markt nicht beeinträchtigt wird, die Warenerzeugung oder Warenverteilung verbessert wird oder die Verbraucher an daraus entstehenden Gewinnen angemessen beteiligt werden. Diese Kartelle sind jedoch meist beim Bundeskartellamt in Bonn anmeldepflichtig oder sogar genehmigungspflichtig. Bei europaweiten Unternehmensabsprachen ist die Europäische Kommission in Brüssel zuständig. Bei wettbewerbswidrigen oder marktbeherrschenden Zusammenschlüssen können Verbote ausgesprochen oder Bußgelder verhängt werden.

Unternehmenskonzentration

Arten von Unternehmenszusammenschlüssen nach Wirtschaftsstufen
Unternehmenszusammenschlüsse können erfolgen
- auf der gleichen Produktionsstufe (**horizontaler Zusammenschluss**),
- auf vor- bzw. nachgelagerten Produktionsstufen (**vertikaler Zusammenschluss**),
- über unterschiedliche, nicht zusammenhängende Branchen hinweg (**diagonaler Zusammenschluss**).

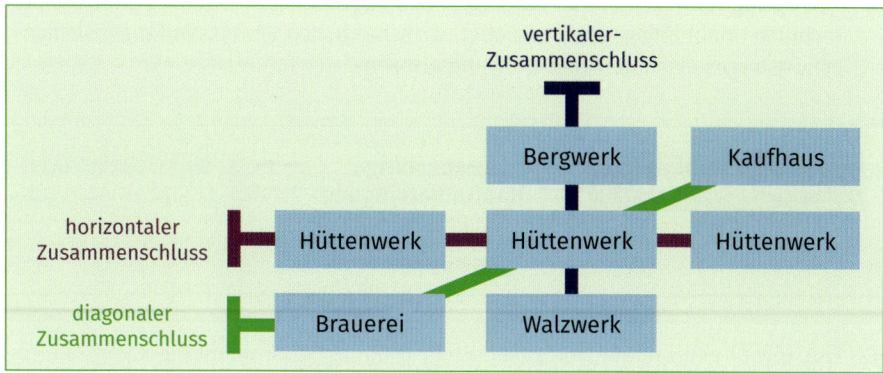

Bei der Konzentration kommt es zum Zusammenschluss von zwei oder mehreren Unternehmen durch **Kapitalbeteiligung**. Entsteht ein Konzern, so verliert das abhängige Unternehmen seine wirtschaftliche Selbstständigkeit, beim Trust geht darüber hinaus auch die rechtliche Selbstständigkeit verloren.

Konzern

Man nennt einen Zusammenschluss Konzern, wenn die beteiligten Unternehmen rechtlich selbstständig bleiben, wirtschaftlich dagegen in ein Abhängigkeitsverhältnis geraten.
Der Zusammenschluss kann horizontal, vertikal oder diagonal erfolgen. Konzerne können
auf verschiedene Weise gebildet werden.

Beispiele:
Daimler, Apple, McDonald's

○ Ein Unternehmen erwirbt die Mehrheit der Kapitalanteile von einem oder mehreren
anderen Unternehmen (Unterordnungskonzern).

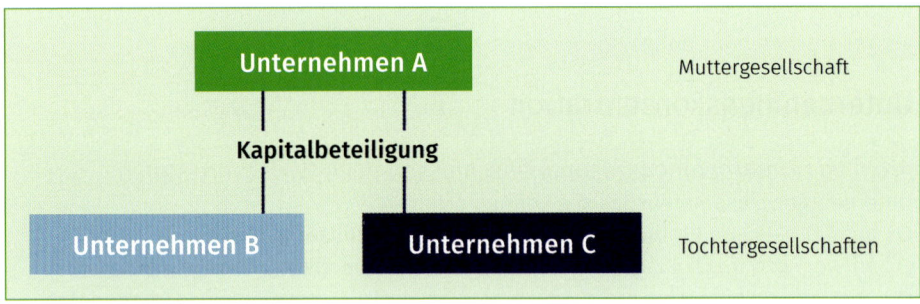

○ Verschiedene Unternehmen beteiligen sich gegenseitig an ihrem Kapital. Sie bleiben
rechtlich unabhängig, gewinnen aber wirtschaftlichen Einfluss auf die jeweilige
Schwestergesellschaft (Gleichordnungskonzern).

○ Eine eigens gegründete Dachgesellschaft (Holding) übernimmt die Kapitalanteile
anderer Unternehmen. Diese Dachgesellschaft hat selbst keine Produktionsstätten,
sie beschränkt sich auf die Kapitalverwaltung und Leitung der abhängigen Unternehmen. Diese sind rechtlich selbstständig und untereinander unabhängig.

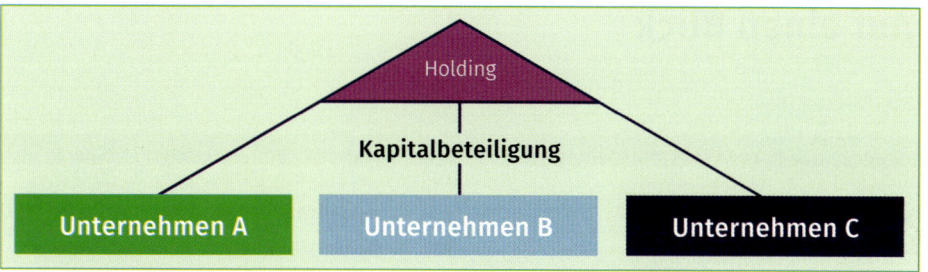

Trust (Verschmelzung)

Bei dieser engsten Form des Unternehmenszusammenschlusses geben die beteiligten Unternehmen ihre wirtschaftliche und rechtliche Selbstständigkeit auf. Aus ursprünglich zwei oder mehreren Unternehmen wird ein Unternehmen gebildet. Man spricht von Verschmelzung oder Fusion. Diese kann erfolgen durch Aufnahme, wenn ein Unternehmen von einem anderen übernommen wird, oder durch Neugründung, wenn zwei oder mehrere bisher selbstständige Unternehmen sich zusammenschließen und ein neues Unternehmen gründen.

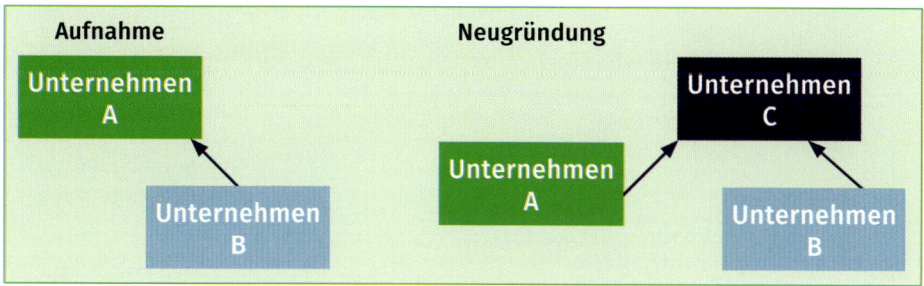

Auswirkungen von Unternehmenszusammenschlüssen

Vorteile

Durch die Bildung von Großunternehmen kann das erforderliche Kapital für wichtige Investitionen, zum Beispiel neue Technologien sowie für Forschung und Entwicklung, leichter aufgebracht werden. Vorhandene Einrichtungen können gemeinsam genutzt werden. Zukunftsprobleme wie Marktanpassung, Überwindung von Branchenkrisen, Energiesicherung und Lösung von Umweltproblemen können gemeistert werden. Die Wettbewerbsfähigkeit auf nationalen und internationalen Märkten wird gestärkt. Gefährdete Unternehmen und damit zahlreiche Arbeitsplätze können erhalten werden.

Nachteile

Durch Konzern- und Trustbildung können aber auch marktbeherrschende Unternehmungen oder gar Monopole entstehen. Dadurch wird der Wettbewerb zum Nachteil der Verbraucher beeinträchtigt bzw. ausgeschaltet. Die Vielfalt des Angebots geht allmählich verloren. Überhöhte Preise, unangemessene Geschäftsbedingungen für Geschäftspartner, Fehlentscheidungen, die die gesamte Wirtschaft betreffen können, und fehlende Anpassungen an Marktveränderungen können die Folge sein.

Auf einen Blick

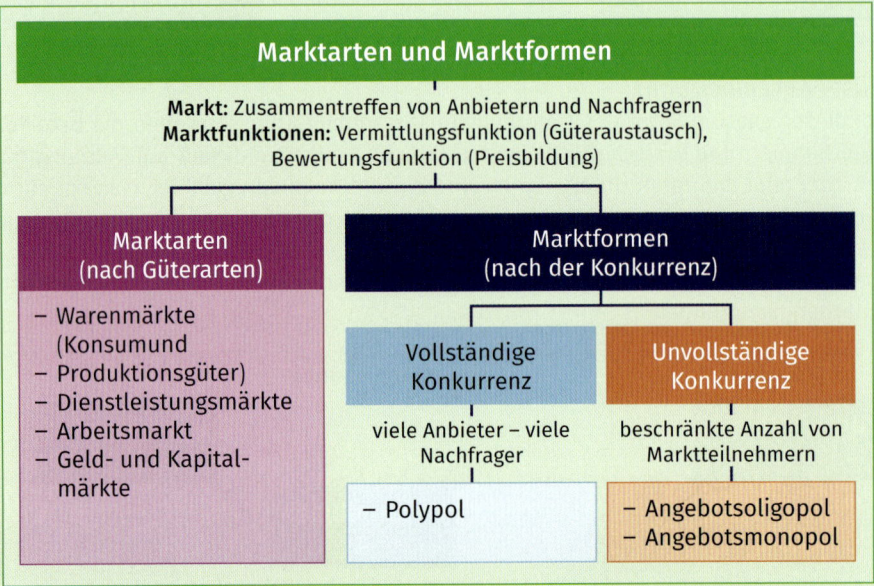

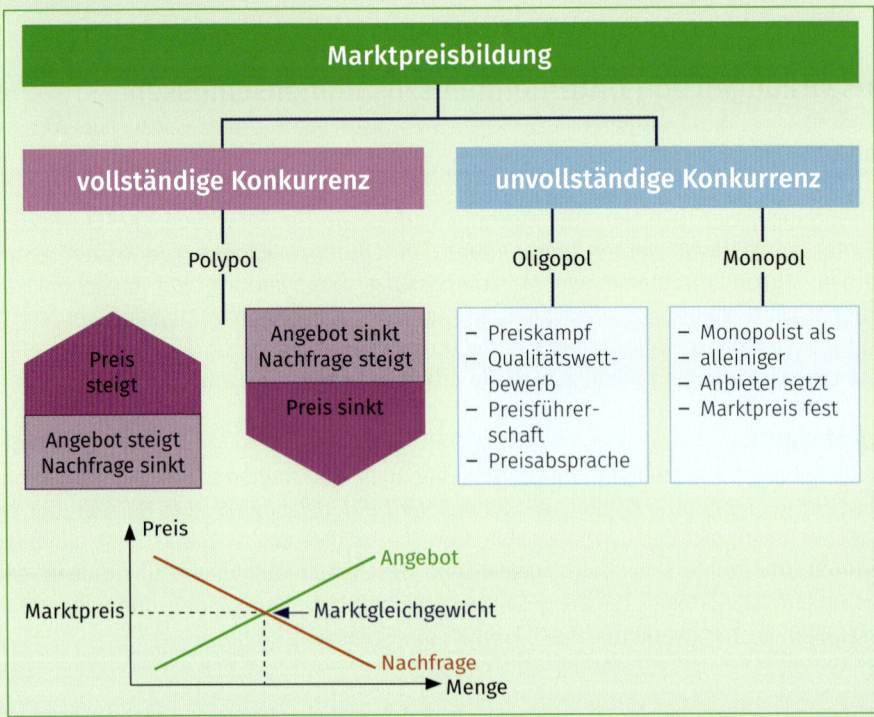

Wettbewerbsstörungen durch Unternehmenszusammenschlüsse

Unternehmenskooperation (Zusammenarbeit)	Unternehmenskonzentration (Kapitalverflechtung)	
Rechtliche Selbstständigkeit bleibt erhalten, wirtschaftliche Selbstständigkeit wird teilweise aufgegeben; vertragliche Regelungen – Verbände – Arbeitsgemeinschaften – Kartelle	Rechtliche Selbstständigkeit bleibt erhalten, wirtschaftliche Selbstständigkeit wird aufgegeben – Konzerne – Holding	Rechtliche und wirtschaftliche Selbstständigkeit werden aufgegeben – Trusts

Überwachung bzw. Verbot oder Genehmigung von Zusammenschlüssen durch das Bundeskartellamt und die Europäische Kommission zur Sicherung des Wettbewerbs

Auswirkungen

– Synergieeffekte (Kosteneinsparungen durch gemeinsame Forschung und Entwicklung, Nutzung gemeinsamer Einrichtungen) – Stärkung der Wettbewerbsfähigkeit – Erhalt von Arbeitsplätzen – Preisvorteile	– Entstehung marktbeherrschender Unternehmen – Beeinträchtigung oder Ausschaltung des Wettbewerbs – Preiserhöhungen – Angebotsvielfalt geht zurück

Kompetent handeln

Trockenheit sorgt für steigende Preise
Nach einem trockenen und heißen Jahrhundertsommer sind in diesem Jahr doppelt so hohe Kartoffelpreise wie nach der Rekordernte im Vorjahr zu erwarten. Die Erntemenge wird um ein Viertel niedriger ausfallen, die Anbauflächen sind um 6 % gesunken.

Die Konzentration hat sich beschleunigt – große Marktmacht in vielen Branchen
In der deutschen Wirtschaft hat die Konzentration in den vergangenen Jahren stark zugenommen. Der Vorsitzende der Monopolkommission erklärte, nicht nur im produzierenden Gewerbe und im Handel, sondern auch in der Telekommunikation oder in der Entsorgung bestimmten nur wenige Unternehmen die Märkte.

1. Bei uns gibt es zahlreiche Oligopole und vereinzelt auch Monopole.
   a) Erklären Sie, ob Oligopole für die Verbraucher nur Nachteile haben.
   b) Weshalb existieren auch weiterhin für bestimmte Leistungen öffentliche Monopole?

2. Erläutern Sie die folgende Behauptung: „Der Marktpreis hat für Anbieter und Nachfrager eine Lenkungs- und eine Erziehungsfunktion."

3. Bearbeiten Sie mithilfe der Meldung „Trockenheit sorgt für steigende Preise" die folgenden Aufgaben.
   a) Erläutern Sie die Preisentwicklung bei Speisekartoffeln im aktuellen und im vorangegangenen Jahr.
   b) Welche Reaktionen der Verbraucher auf die jeweiligen Preisänderungen wären normalerweise zu erwarten?

   c) Wie werden sich die Verbraucher tatsächlich verhalten? Begründen Sie Ihre Meinung.

4. Die bisherigen Konkurrenzunternehmen HITEC AG und Meinhard GmbH haben sich zusammengeschlossen. Zum 1. Januar übernahm die HITEC AG 80 % des Grundkapitals der Meinhard GmbH.
   a) Erläutern Sie die Form des Zusammenschlusses.
   b) Welche Vorteile haben solche Zusammenschlüsse für die beteiligten Unternehmen, welche Nachteile für die Allgemeinheit?

5. Immer wieder werden Unternehmen wegen verbotener Preis-, Mengen- oder Gebietsabsprachen durch die Kartellbehörden mit Bußgeldern belegt.

Nennen Sie Gründe für diese Strafgelder und die Voraussetzungen für die Zulassung von Kartellen.

6. Bearbeiten Sie mithilfe der Meldung „Die Konzentration hat sich beschleunigt" die folgenden Aufgaben.

a) Welche Branchen sind von Zusammenschlüssen besonders betroffen?

b) Welche Marktform herrscht in diesen Branchen vor?

c) Welche Folgen können sich aus der Zunahme der Konzentration ergeben?

2 Die soziale Marktwirtschaft als Wirtschaftssystem erfassen

Welche Grundprinzipien der sozialen Marktwirtschaft werden durch die Abbildungen verdeutlicht?

Jeder Einzelne versucht seine eigenen Wünsche und Interessen zu verwirklichen. Deshalb greift in jeder Gesellschaftsordnung der Staat ordnend oder gar lenkend in das Wirtschaftsgeschehen ein. Er bestimmt durch die Rechtsordnung den Rahmen für die wirtschaftliche Betätigung. Dabei besteht ein enger Zusammenhang zwischen politischer Grundordnung und Wirtschaftsordnung.

Die Verfechter der **freien Marktwirtschaft** stellen nach den Ideen von Adam Smith die persönliche Freiheit und den Nutzen des Einzelnen in den Vordergrund. Der Staat soll sich danach aus dem Wirtschaftsgeschehen ganz heraushalten und nur für Recht und Ordnung sowie den Schutz der Bürger sorgen. In dieser Form kommt diese Wirtschaftsordnung in der Realität jedoch nicht vor.

Adam Smith (1723–1790)

Der größte Kritiker der freien Marktwirtschaft, Karl Marx, legte im 19. Jahrhundert die Grundlagen der **Zentralverwaltungswirtschaft**. Er forderte aufgrund der damals herrschenden Not unter den Arbeitnehmern eine gerechtere Verteilung der Güter und einen sozialen Ausgleich in der Gesellschaft. Er stellte eine staatliche Planung und Kontrolle der Wirtschaft durch den Staat in den Vordergrund. Private Interessen müssen sich dem unterordnen. Dies galt beispielsweise in der zentralen Planwirtschaft der sozialistischen Länder, in der Privateigentum

Karl Marx (1818–1883)

von Staatseigentum weitgehend abgelöst wurde. Fehlende Anreize für die Arbeitnehmer und Planungsfehler, die zu einer Fehl- oder Mangelversorgung der Bevölkerung führten, waren hier die Folge. Heute haben sich in fast allen Ländern marktwirtschaftliche Systeme durchgesetzt, in denen der Staat zumindest ordnend, meist auch mehr oder weniger gestaltend in die Wirtschaft eingreift.

2.1   Grundwerte der sozialen Marktwirtschaft

Wirtschaftsordnung und Grundgesetz

Die Wirtschaftsordnung der Bundesrepublik Deutschland wird als **soziale Marktwirtschaft** bezeichnet. Hinter diesem Begriff verbirgt sich die Idee einer marktwirtschaftlichen Ordnung, in der soziale Sicherheit und soziale Gerechtigkeit verwirklicht werden sollen. Triebfeder dieser Ordnung soll ein gut funktionierender Wettbewerb sein, dessen Einhaltung der Staat zu garantieren hat.

Ein erster Schritt in die reale Wirtschaftsordnung der Nachkriegszeit waren die Beschlüsse des Frankfurter Wirtschaftsrates unter dem Vorsitz von Ludwig Erhard, dem späteren Wirtschaftsminister und Bundeskanzler. Unter maßgeblichem Einfluss der westlichen Siegermächte wurden dort die Weichen

Ludwig Erhard (1897–1977)

für eine marktwirtschaftliche Ordnung gestellt. Die gegensätzlichen Standpunkte der Befürworter der Marktwirtschaft und der Verfechter einer staatlich gelenkten Wirtschaft führten dazu, dass im Grundgesetz der Bundesrepublik Deutschland keine eindeutige Festlegung zugunsten einer bestimmten Wirtschaftsordnung zustande kam.

Artikel 20 (1) des **Grundgesetzes (GG)** verpflichtet den Staat, eine sozial gerechte Wirtschafts- und Sozialordnung zu verwirklichen.

Art. 20 (1) Grundgesetz

Die Bundesrepublik Deutschland ist ein demokratischer und sozialer Bundesstaat.

Im Übrigen enthält das Grundgesetz eine Reihe von wirtschaftlich bedeutsamen Freiheitsrechten, die allerdings zum Teil auch mit Verpflichtungen und Einschränkungen verbunden sind.

Rechtsstaats- und Sozialstaatsprinzip

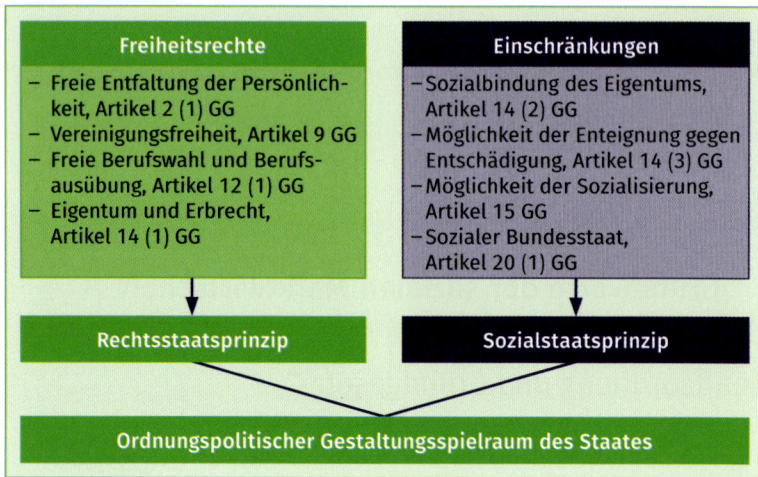

Diese Grundgesetzartikel binden den Staat einerseits, sie gewähren aber auch einen beachtlichen Freiraum für gesetzgeberische Maßnahmen zur Gestaltung der Wirtschaftsordnung und Anpassung an die jeweiligen Verhältnisse. Die soziale Marktwirtschaft der Bundesrepublik Deutschland ist demnach kein fertiges, starres System. Sie wird fortwährend durch wirtschafts- und sozialpolitische Maßnahmen von Legislative (Gesetzgeber) und Exekutive (ausführende Organe) gestaltet und weiterentwickelt.

System der sozialen Marktwirtschaft

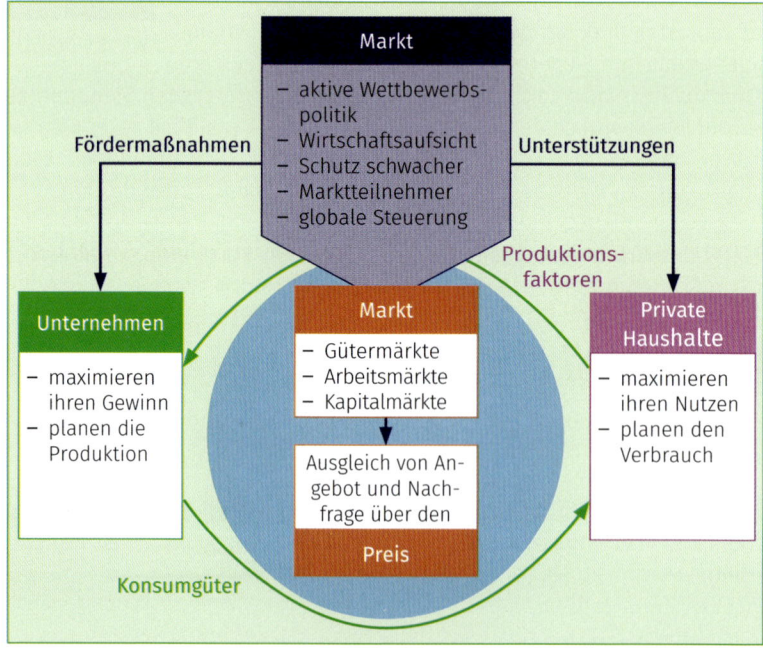

Im Gegensatz zu den Vorstellungen der freien Marktwirtschaft mit der Betonung der Interessen des Einzelnen spielt der Staat in der sozialen Marktwirtschaft eine aktive Rolle. Zwar garantiert er die allgemeinen marktwirtschaftlichen Grundsätze wie

o Privateigentum an den Produktionsmitteln,
o Vertrags-, Gewerbe- und Berufsfreiheit,
o Marktpreisbildung und Tarifautonomie,
o Konsumfreiheit und Marktsteuerung der Wirtschaft,
o Leistungs- bzw. Erfolgsprinzip.

Er greift jedoch immer dann ein, wenn Fehlentwicklungen oder Benachteiligungen drohen, und er versucht, diese mit geeigneten Maßnahmen (Instrumenten) zu verhindern, zu korrigieren bzw. zu beseitigen.

2.2   Instrumente der sozialen Marktwirtschaft

Wettbewerbspolitik

Nur wo Wettbewerb herrscht, funktioniert die Marktpreisbildung von Angebot und Nachfrage. Der Wettbewerb führt zu ständigen Leistungssteigerungen. Vertrags- und Gewerbefreiheit begünstigen jedoch Unternehmensabsprachen und -zusammenschlüsse und führen zur Gefährdung oder Ausschaltung des Wettbewerbs. Deshalb überwachen, kontrollieren und verbieten gegebenenfalls die Europäische Kommission und das Bundeskartellamt Absprachen (Kartelle) und Zusammenschlüsse (Konzern- und Trustbildung) von Unternehmen und beaufsichtigen die Preisgestaltung marktbeherrschender Unternehmen durch die sogenannte Missbrauchsaufsicht.

Konjunkturpolitik

Starke Schwankungen in der allgemeinen Wirtschaftstätigkeit (Konjunktur) sind aus der Sicht des Staates unerwünscht. Ein Abschwung ist verbunden mit Produktionseinschränkungen und Arbeitslosigkeit, eine anhaltende Hochkonjunktur führt zur Inflation. Um solche Ausschläge zu verhindern oder abzumildern, greift der Staat mit umfassend wirkenden Maßnahmen in den Wirtschaftsablauf ein. Droht beispielsweise eine Krise, so können Bund und Länder durch **Steuersenkungen** und **zusätzliche Ausgaben** der Wirtschaft günstigere Bedingungen und neue Aufträge verschaffen, damit Produktion und Beschäftigung wieder steigen.

Strukturpolitik

Der Staat fördert wirtschaftlich schwache oder benachteiligte Regionen, um für alle Bürger/-innen ähnlich günstige Lebens- und Beschäftigungsbedingungen zu schaffen. Dies geschieht durch **Subventionen** (Zuschüsse, Steuervergünstigungen und Zinsverbilligungen) für Investitionen. So werden der Wohnungsbau, die Modernisierung des

Wohnungsbestandes, der Ausbau von Verkehrswegen, Verwaltungseinrichtungen und anderer Infrastrukturmaßnahmen, die Energieversorgung, der Umweltschutz und die Gewerbeansiedlung besonders gefördert. Gefördert werden ferner neue Technologien und Wirtschaftszweige, die für die Zukunft Wachstum und sichere Arbeitsplätze erwarten lassen (beispielsweise durch Begünstigung von Forschung und Entwicklung). Auch schwache, aber für die Gesamtwirtschaft wichtige Branchen wie die Landwirtschaft, der Bergbau, die Stahlindustrie und die Werften werden durch staatliche Unterstützungsmaßnahmen in die Lage versetzt, sich im internationalen Wettbewerb zu behaupten und sich den veränderten Marktverhältnissen anzupassen.

Sozialpolitik

Der Staat sichert seine Bürger gegen verschiedene Lebensrisiken durch das System der **Sozialversicherungen** und andere Sozialleistungen ab. Er strebt einen sozialen Ausgleich zwischen wirtschaftlich Stärkeren und Schwächeren an, zum Beispiel durch Besteuerung nach der Leistungsfähigkeit bei der Lohn- und Einkommensteuer (steuerfreier Grundfreibetrag, Steuerprogression), durch Kindergeld, Wohngeld, Ausbildungsförderung, Sparförderung sowie durch Begünstigung des privaten und sozialen Wohnungsbaus. Er sorgt für die Sicherheit der Arbeitnehmer am Arbeitsplatz durch **Vorschriften** zur Unfallverhütung und zum Gesundheitsschutz, deren Einhaltung durch die Gewerbeaufsichtsämter und Berufsgenossenschaften überwacht wird. Ferner sichert der Staat die soziale Stellung der Arbeitnehmer/-innen durch **gesetzliche Regelungen** der Mitbestimmungs- und Mitwirkungsrechte in den Betrieben und in den Aufsichtsräten von Kapitalgesellschaften.

Umweltpolitik

Umweltbelastungen wie Luft- und Wasserverschmutzung, Müllablagerungen, Bodenverbrauch und Lärmbelästigung beeinträchtigen die Lebensqualität und bedrohen die Zukunft unserer Gesellschaft. Ein Sozialstaat muss sich auch diesen Herausforderungen stellen und wirksame Maßnahmen ergreifen, zum Beispiel in den Bereichen:

○ **Gewässer- und Bodenschutz**, um die Verschmutzung der Oberflächengewässer, des Grundwassers und des Bodens zu verringern und durch Wiederverwertung (Recycling) wertvolle Rohstoffe zu sparen

○ **Energiepolitik**, um den Energieverbrauch zu senken, und damit vor allem die Luft zu entlasten, sowie die Verwendung umweltfreundlicher Energien zu fördern

○ **Verkehrspolitik**, um den Mineralölverbrauch zu senken, den Abgasausstoß und die Lärmbelästigung zu verringern, den Flächenverbrauch für Verkehrswege zu beschränken und die Menschen zur Nutzung umweltschonender öffentlicher Verkehrsmittel zu veranlassen

2.3 Probleme der sozialen Marktwirtschaft

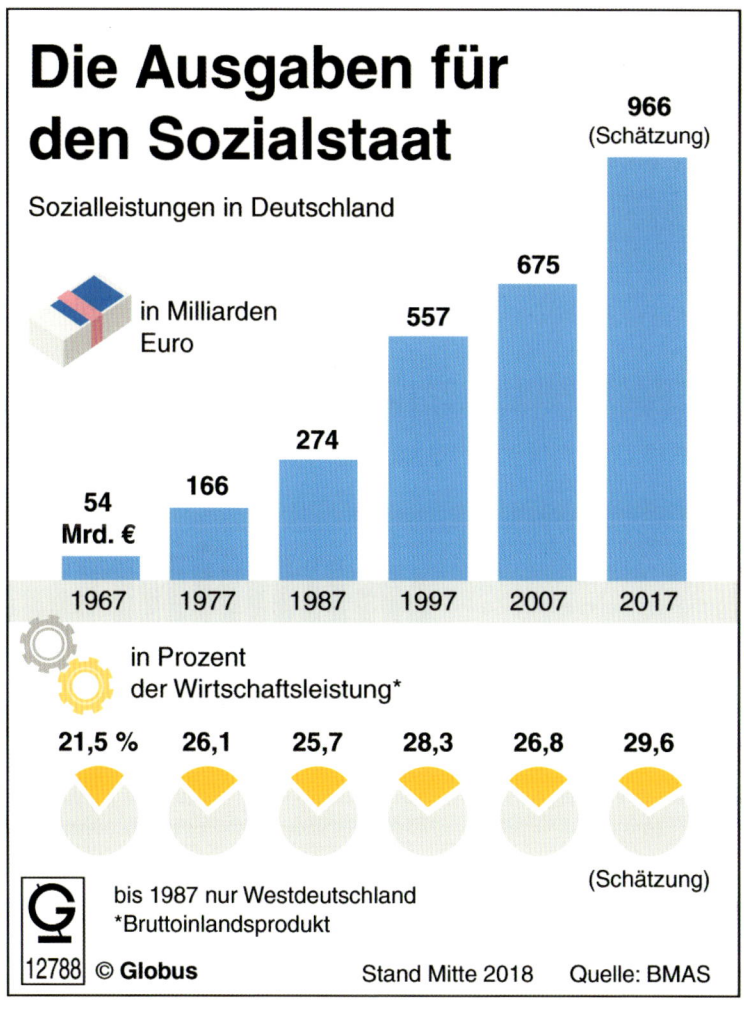

Die Ausgaben für den Sozialstaat

Sozialleistungen in Deutschland

in Milliarden Euro

1967	1977	1987	1997	2007	2017
54 Mrd. €	166	274	557	675	966 (Schätzung)

in Prozent der Wirtschaftsleistung*

| 21,5 % | 26,1 | 25,7 | 28,3 | 26,8 | 29,6 |

(Schätzung)

bis 1987 nur Westdeutschland
*Bruttoinlandsprodukt

12788 © **Globus**   Stand Mitte 2018   Quelle: BMAS

Welche Probleme der sozialen Marktwirtschaft werden in der Grafik angesprochen?

Grenzen des Sozialstaats

Ein immer größerer Teil der Staatsausgaben ist erforderlich, um die soziale Sicherung in der Bundesrepublik Deutschland zu finanzieren. Bei den Leistungen entfallen die höchsten Anteile auf die Renten- und Krankenversicherung.

Die staatlichen Sozialleistungen belasten die öffentlichen Haushalte und beanspruchen zunehmend Mittel, die für andere Aufgaben nicht mehr zur Verfügung stehen. Der politische Entscheidungsspielraum wird geringer. Steigende Sozialversicherungsbeiträge vermindern einerseits die Nettoeinkünfte und damit die Kaufkraft der Arbeitnehmer, andererseits belasten sie auch die Unternehmer mit hohen Lohnnebenkosten, die wiederum die Wettbewerbsfähigkeit auf den internationalen Märkten beeinträchtigen.

Rentenversicherung

Die gesetzliche Rentenversicherung beruht auf dem Prinzip des Generationenvertrags, das heißt, die jeweils aktive Generation bezahlt mit ihren Beiträgen die gegenwärtigen Renten.

Angesichts steigender Lebenserwartung und rückläufiger Geburtenzahlen müssen immer mehr Renten von immer weniger Beitragszahlern aufgebracht werden. Dies ist nicht möglich ohne spürbare Einschnitte bei den Leistungen. Dazu gehören beispielsweise die Anhebung der Altersgrenze auf 67 Jahre bzw. Rentenkürzungen bei vorzeitigem Renteneintritt.

Da die Beiträge wegen der Kostenbelastung für die Unternehmen

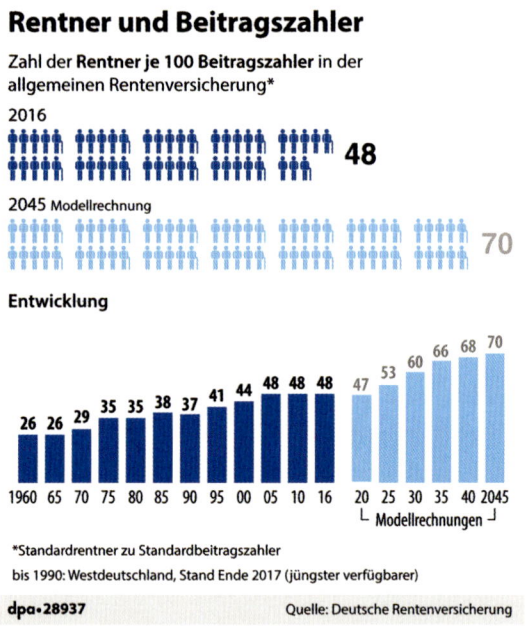

Rentner und Beitragszahler

Zahl der **Rentner je 100 Beitragszahler** in der allgemeinen Rentenversicherung*

2016

48

2045 Modellrechnung

70

Entwicklung

26 26 29 35 35 38 37 41 44 48 48 48 | 47 53 60 66 68 70

1960 65 70 75 80 85 90 95 00 05 10 16 | 20 25 30 35 40 2045
⌊ Modellrechnungen ⌋

*Standardrentner zu Standardbeitragszahler
bis 1990: Westdeutschland, Stand Ende 2017 (jüngster verfügbarer)

dpa•28937   Quelle: Deutsche Rentenversicherung

nicht weiter erhöht werden sollen, benötigen die Versicherungsträger vermehrt Zuschüsse aus Steuermitteln. Auch ist mit einer Absenkung des Rentenniveaus zu rechnen, deshalb wird eine Ergänzung des Versicherungsschutzes durch private Renten- oder Lebensversicherungen für die Arbeitnehmer immer dringender.

Krankenversicherung

In der gesetzlichen Krankenversicherung sind versicherungspflichtige Arbeitnehmer, deren Familienangehörige, Arbeitslose und Rentner erfasst. Infolge der Bevölkerungsentwicklung und der Probleme auf dem Arbeitsmarkt ergeben sich hier ähnliche Finanzierungsschwierigkeiten wie bei der Rentenversicherung. Dazu kommen noch ständig steigende Aufwendungen für medizinische Einrichtungen, Geräte, Arzneimittel und für die ambulante und stationäre Pflege.

Um der Kostenexplosion im Gesundheitswesen Einhalt zu gebieten, wurden verschiedene Reformen durchgeführt. Beispiele dafür sind der Abbau von Krankenhausbetten und die Verkürzung der Verweildauer, die Absenkung des Krankengeldes, die Streichung der Zuschüsse für Hilfsmittel sowie die Erhöhung der Zuzahlung bei Arzneimitteln.

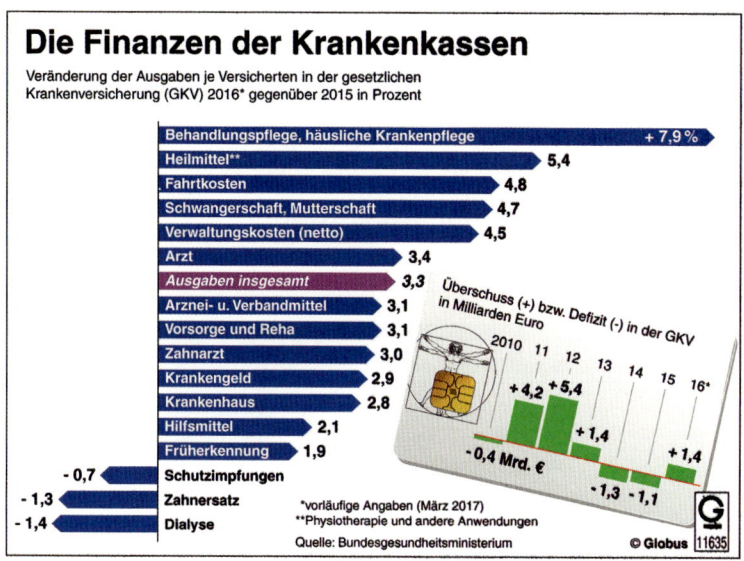

Arbeitslosenversicherung

Hohe Ausgaben belasten auch die Bundesagentur für Arbeit, die für Leistungen an Arbeitslose (**Arbeitslosengeld I**) zuständig ist. Langzeitarbeitslose erhalten **Arbeitslosengeld II** aus Steuermitteln. **Sozialhilfe** erhalten Personen, die in Not geraten und bei anderen Einrichtungen, etwa gegenüber den Trägern der Sozialversicherungen, keine Ansprüche geltend machen können, zum Beispiel Erwerbsunfähige.

Wachsende Staatverschuldung und Wirtschaftskrisen verschärfen die Probleme des Sozialstaats.

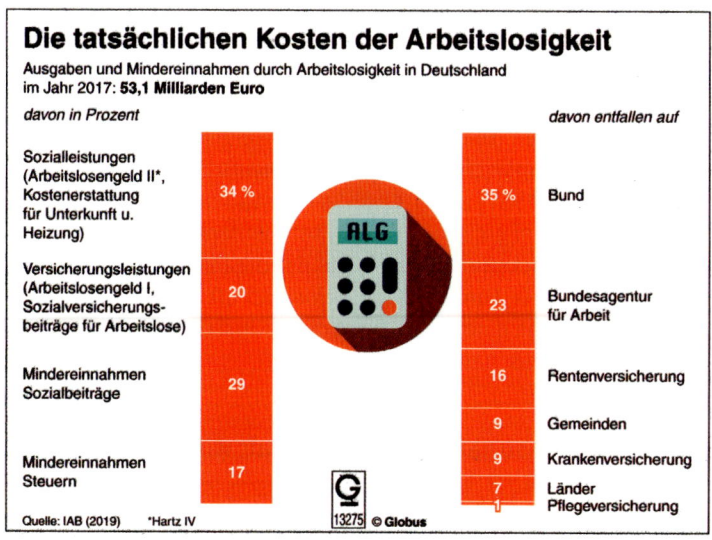

Ob unser „soziales Netz" zu eng- oder zu weitmaschig ist, darauf ist nur schwer eine allgemeingültige Antwort zu geben. Die Bewältigung der sozialen Zukunftsprobleme verlangt von den politisch Verantwortlichen und von den Sozialpartnern mutige und vorausschauende Entscheidungen, damit das Sozialsystem finanzierbar bleibt und verhindert wird, dass Menschen in Armut und soziales Elend abgleiten.

Probleme der europäischen Integration

Europäische Union

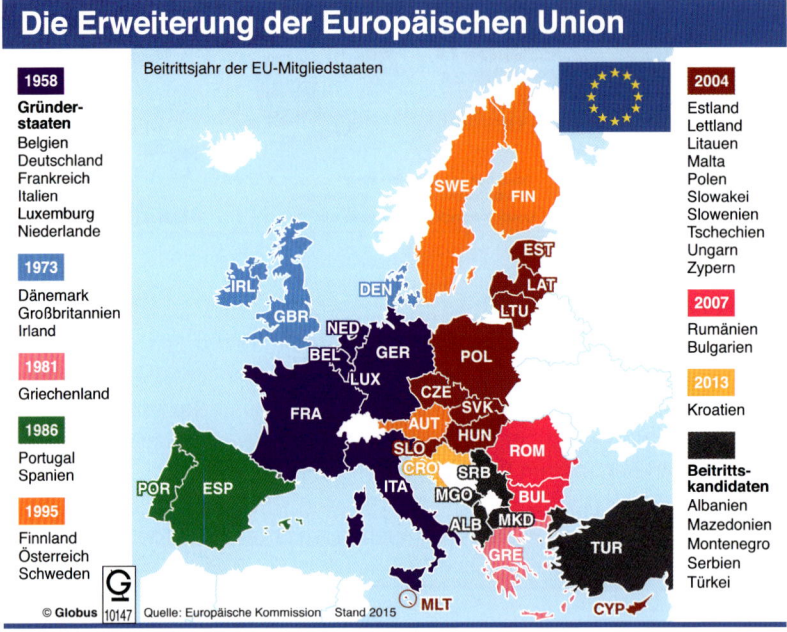

Bereits in den 1950er-Jahren wurden erste Schritte zur wirtschaftlichen Integration Europas vollzogen. Ziel war ein gemeinsamer Markt und somit die Abschaffung von Zöllen und Mengenbeschränkungen. Die Gründung der *Europäischen Gemeinschaft für Kohle und Stahl* (1951), der *Europäischen Wirtschaftsgemeinschaft* (1957) und der *Europäischen Atomgemeinschaft* (1957) schuf einen gemeinsamen Markt für alle Bereiche der Wirtschaft, der sich zu einem großen europäischen Binnenmarkt und schließlich zur politischen Union weiterentwickelte. 1967 erfolgte der organisatorische Zusammenschluss der drei Gemeinschaften zur *Europäischen Gemeinschaft (EG)*. Die Verträge von Maastricht im Jahre 1993 brachten eine Erweiterung der politischen Zusammenarbeit. Seitdem spricht man von der *Europäischen Union (EU)*.

Welche Instrumente der sozialen Marktwirtschaft wirken auf europäischer Ebene?

Europäischer Binnenmarkt

Artikel 9 EWG-Vertrag

Grundlage der Gemeinschaft ist eine Zollunion, die sich auf den gesamten Warenaustausch erstreckt; sie umfasst das Verbot, zwischen den Mitgliedstaaten Ein- und Ausfuhrzölle und Abgaben gleicher Wirkung zu erheben, sowie die Einführung eines gemeinsamen Zolltarifs gegenüber dritten Ländern.

Die Zollunion ist seit 1968 verwirklicht. Die Binnenzölle sind abgeschafft, gegenüber Drittländern werden einheitliche Außenzölle verlangt. Darüber hinaus sind mengenmäßige Einfuhrbeschränkungen jeder Art zwischen den Mitgliedsländern untersagt. Trotz aller Fortschritte muss die Europäische Union erst noch zu einem einheitlichen Markt mit absolut freiem Austausch von Waren, Dienstleistungen und Kapital weiterentwickelt werden.

Seit 1993 ist der europäische Binnenmarkt verwirklicht. Seine wesentlichen Kennzeichen sind:

○ Beseitigung von Handelshemmnissen wie unterschiedliche Industrie- und Sicherheitsnormen, Lebensmittel- und Gesundheitsvorschriften

○ Freizügigkeit für Arbeitnehmer und Niederlassungsfreiheit für Unternehmen in allen Mitgliedsländern

○ vollständige Liberalisierung des Geld- und Kapitalverkehrs; dazu gehören der Austausch von Devisen und Wertpapieren in unbeschränkter Höhe

○ Angleichung der Steuersysteme, insbesondere bei den indirekten Steuern (Verbrauch- und Umsatzsteuern); es gelten Mindest- und Höchstsätze, die von den Mitgliedsländern eingehalten werden müssen

○ Wegfall der Grenzkontrollen im Personen- und Güterverkehr

Europäischer Agrarmarkt

Art. 39 (1) EU-Vertrag

Ziel der gemeinsamen Agrarpolitik ist es,

a) die Produktivität der Landwirtschaft durch Förderung des technischen Fortschritts, Rationalisierung der landwirtschaftlichen Erzeugung und den bestmöglichen Einsatz der Produktionsfaktoren, insbesondere der Arbeitskräfte, zu steigern;

b) auf diese Weise der landwirtschaftlichen Bevölkerung, insbesondere durch Erhöhung des Pro-Kopf-Einkommens der in der Landwirtschaft tätigen Personen, eine angemessene Lebenshaltung zu gewährleisten;

c) die Märkte zu stabilisieren;

d) die Versorgung sicherzustellen;

e) für die Belieferung der Verbraucher zu angemessenen Preisen Sorge zu tragen.

Die gemeinsame Agrarpolitik soll also die Leistung und die Einkommen der Landwirte verbessern, gleichzeitig die Versorgung der Bevölkerung zu angemessenen Preisen sichern. Dafür wurden für die meisten Agrarprodukte sogenannte **Marktordnungen** erlassen. Durch diese soll der EU-Binnenmarkt vom Weltmarkt mit seinen zum Teil viel niedrigeren Preisen abgegrenzt werden. Um die Landwirte der Europäischen Union gegenüber der Konkurrenz aus Drittländern zu schützen, werden die Preise für eingeführte Agrarprodukte innerhalb der EU künstlich hoch gehalten. Dazu dienen Einfuhrabgaben (Abschöpfungen), Ausfuhrbeihilfen (Erstattungen) und Einfuhrkontingente.

Enorme Produktivitätsfortschritte, Garantiepreise und Interventionen sowie der Schutz gegenüber der Konkurrenz aus Drittländern führten zu einer gewaltigen Überschussproduktion bei zahlreichen Agrarprodukten, deren Beseitigung immer kostspieliger wurde und schließlich nicht mehr zu finanzieren war.

Ein anderer Ansatz der europäischen Agrarpolitik sieht vor, durch Senkung der Erzeugerpreise die Produktion zu drosseln. Die Landwirte beziehen dann ihr Einkommen nur noch zum Teil aus den Verkaufserlösen,

Milchbauernprotest

zum anderen Teil aus **direkten Einkommensbeihilfen**, die unabhängig von der produzierten Menge gewährt werden. Diese erhalten die Landwirte auch als Ausgleich dafür, dass die meisten Agrarpreise in die Nähe des Weltmarktpreises gesunken sind. Weitere Maßnahmen zur Angebotsverringerung sind Produktionsobergrenzen, beispielsweise Milchkontingente, und Stilllegungsprämien.

Wirtschafts- und Währungsunion

Der Europäische Binnenmarkt brachte die Aufhebung von Beschränkungen im Personen-, Waren-, Dienstleistungs- und Kapitalverkehr in Europa. Um das **Zusammenwachsen der nationalen Volkswirtschaften** zu ermöglichen, wurde im Vertrag von Maastricht eine Abstimmung der Wirtschafts- und Währungspolitik in den Mitgliedsländern beschlossen, die Schritt für Schritt in ein gemeinsames Handeln in einer Wirtschafts- und Währungsunion übergehen soll. Dazu gehören Maßnahmen in folgenden Entscheidungsbereichen:

○ **Wettbewerbspolitik:** Je größer der Markt, desto größer die Konkurrenz, aber auch der Drang zu Unternehmensabsprachen und -zusammenschlüssen. Notwendig ist eine europaweite Kontrolle, für die die Europäische Kommission zuständig ist.

○ **Finanz- und Haushaltspolitik:** Die Angleichung (Harmonisierung) der Steuersysteme muss weiterentwickelt werden. Dies gilt vor allem für die Verbrauchsteuern, damit alle Beschränkungen im Warenverkehr überwunden werden können.

○ **Sozialpolitik:** Die arbeits- und sozialrechtlichen Bestimmungen in allen Mitgliedsländern sind anzupassen, um die Freizügigkeit der Arbeitnehmer und die Wettbe-
werbsbedingungen der Unternehmer zu verbessern. Maßnahmen zur Überwindung
der Arbeitslosigkeit sollten abgestimmt werden.

○ **Stabilitätspolitik:** Voraussetzung für das Gelingen einer Währungsunion ist die
Bereitschaft der Mitgliedsländer zu einer Begrenzung der Staatsverschuldung und
die erfolgreiche Steuerung des Geldumlaufs durch die Europäische Zentralbank
(Erhöhung oder Senkung der Leitzinsen). Entscheidend ist, dass alle Länder der
Eurozone die strengen Auflagen nach dem Stabilitäts- und Wachstumspakt befolgen
und durch Begrenzung bzw. Abbau der Staatsverschuldung ihren Beitrag zur Stabilität des Euro leisten.

Neben der wirtschaftlichen Ausrichtung rückt eine politische Union immer mehr in den
Vordergrund. Wirtschaftskrisen, Bankenkrisen und enorme Staatsverschuldungen haben
in der jüngsten Zeit deutlich gemacht, dass eine Übertragung nationaler Souveränität
auf gemeinschaftliche Organe der europäischen Union immer notwendiger wird. Diesen
Prozess der **wirtschaftlichen und politischen Integration** gilt es voranzutreiben.

Auf einen Blick

Soziale Marktwirtschaft

Marktwirtschaftliche Grundsätze

- Privateigentum
- Vertrags- und Gewerbefreiheit
- Leistungs- und Erfolgsprinzip
- Marktsteuerung der Wirtschaft

Korrigierende Staatseingriffe

um Benachteiligungen und Fehlentwicklungen zu vermeiden:
- Sozialbindung des Eigentums
- Sicherung des Wettbewerbs
- soziale Sicherung und sozialer Ausgleich
- Konjunktur-, Struktur- und Umweltpolitik

Die Bundesrepublik Deutschland ist ein demokratischer und sozialer Bundesstaat (Art. 20 (1) GG) Verwirklichung des Rechtsstaats- und des Sozialstaatsprinzips

Probleme der sozialen Marktwirtschaft

Soziale Sicherung

- demografischer Wandel (Überalterung der Bevölkerung)
- Arbeitslosigkeit
- Kostensteigerungen bei den Sozialversicherungen

Harmonisierung in der EU

- Abbau der Staatverschuldung
- Einhaltung des Stabilitäts- und Wachstumspakts
- Abstimmung der Wirtschafts-, Finanz- und Sozialpolitik

Kompetent handeln

Artikel 20 (1) Grundgesetz

Die Bundesrepublik Deutschland ist ein demokratischer und sozialer Bundesstaat.

Artikel 14 Grundgesetz

(1) Das Eigentum und das Erbrecht werden gewährleistet. Inhalt und Schranken werden durch die Gesetze bestimmt.

(2) Eigentum verpflichtet. Sein Gebrauch soll zugleich dem Wohle der Allgemeinheit dienen.

1. Bearbeiten Sie auf Grundlage von *Artikel 20 (1) Grundgesetz* die folgenden Aufgaben.
   a) Welche Verpflichtung für den Staat kann man daraus ableiten?
   b) Nennen Sie wichtige Bestandteile unseres Sozialsystems.
   c) Manche behaupten, unser „soziales Netz" sei zu eng-, andere meinen, es sei zu weitmaschig.

      Nehmen Sie dazu kritisch Stellung.

   d) Aus welchen Gründen sind auch der Arbeitsschutz und die Sicherung von Arbeitnehmerrechten wichtige Aufgaben eines Sozialstaates?

2. Bearbeiten Sie auf Grundlage von *Artikel 14 Grundgesetz* die folgenden Aufgaben.

   a) Welche Bedeutung hat das Privateigentum in der Marktwirtschaft?
   b) Erläutern Sie die Aussage des *Artikels 14 (2) Grundgesetz*.
   c) Welche Beschränkungen bei der Nutzung seines Eigentums muss ein Hausbesitzer hinnehmen?

3. Das Gesetz gegen Wettbewerbsbeschränkungen (Kartellgesetz) wird manchmal auch als „Grundgesetz der sozialen Marktwirtschaft" bezeichnet.
   a) Erläutern Sie die Bedeutung des Wettbewerbs für die marktwirtschaftliche Ordnung.
   b) Weshalb sind Unternehmensabsprachen (Kartelle) über Preise und Angebotsmengen grundsätzlich verboten, während andere Arten von Kartellen zugelassen werden?

c) Fusionskontrolle und Missbrauchsaufsicht sind unverzichtbare Elemente der sozialen
Marktwirtschaft.

Erläutern Sie ihre Bedeutung.

d) Häufig wird die „Ohnmacht der
Wettbewerbshüter" beklagt.
Welche Problematik soll damit
zum Ausdruck gebracht werden?

4. Ökologie kontra Ökonomie
Ökologische Steuerreform
Ökologisches Wachstum
a) Erklären Sie die Begriffe „Ökonomie" und „Ökologie".
b) Begründen Sie die Notwendigkeit
einer staatlichen Umweltpolitik.
c) Welche Überlegungen könnten
einen Unternehmer veranlassen,
freiwillig ökologische Maßnahmen
zu ergreifen?

5. Die Sozialversicherungen stehen vor
großen Zukunftsproblemen.
a) Welche Ursachen führen zu
Finanzierungslücken bei der
Renten-, Kranken- und Pflegeversicherung?
b) Erläutern Sie mögliche Maßnahmen zur Stabilisierung dieser
Versicherungszweige.

6. Die Europäische Währungsunion ist
einer der weltweit bedeutendsten
Währungsräume.
a) Welche Vorteile sind in einer
gemeinsamen europäischen
Währung für Produzenten und
Verbraucher zu sehen?
b) Welche Probleme müssen noch
gelöst werden, damit die EU eine
echte Wirtschafts- und Währungsunion wird?

3 Volkswirtschaftliche Messgrößen kennenlernen

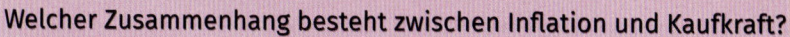

Wie lässt sich die gesamtwirtschaftliche Entwicklung eines Landes messen?

Welcher Zusammenhang besteht zwischen Inflation und Kaufkraft?

Ist das Bruttoinlandsprodukt eine ausreichende Messgröße für gesamtwirtschaftlichen Wohlstand?

Wie misst man den Erfolg oder Misserfolg einer Volkswirtschaft? Ausreichende Aussagen zur Zufriedenheit und zum Glück, zur Lebensqualität, Kaufkraft und zum Wohlstand oder zu berechtigten und unberechtigten Zukunftsängsten der Einwohner eines Landes gestalten sich schwierig und sind vielschichtig. Es ist nicht einfach, die Entwicklung und den Zustand eines Landes umfassend zu beschreiben. Insbesondere dann, wenn ausschließlich **wirtschaftliche Indikatoren** (lat. *indicare*: anzeigen) als **Messgrößen** zur Hilfe genommen werden. Es ist aber wichtig, anhand von konkreten Messgrößen wie dem **Bruttoinlandsprodukt** und der Analyse von **konjunkturellen Zusammenhängen** Erkenntnisse zu den volkswirtschaftlichen Gegebenheiten zu gewinnen, um auf diese gestalterisch einwirken zu können.

3.1   Kaufkraftmessung

Jahr	Preis/Karte
1960	0,80 €
1990	4,50 €
2000	5,50 €
2015	7,50 €
2020	8,50 €
20..	...... €

Wie haben sich die Preise für eine Kinokarte entwickelt?
Wie hat sich in diesem Zeitraum die Kaufkraft entwickelt?
Wie viel kostet zurzeit eine Kinokarte?

Ein 50-Euro-Schein an sich hat keinen nennenswerten Wert. Erst wenn man im Geschäft mit dem Geld bezahlen möchte, wird sein Wert sichtbar. Er hängt davon ab, wie viel man für die 50,00 € kaufen kann. Der Wert des Geldes liegt also in seiner **Kaufkraft**.

Wie viel man im Laden für 50,00 € bekommt, ist von den dortigen Preisen abhängig. Sind die Preise hoch, bekommt man wenig dafür, das heißt, die Kaufkraft der 50,00 € ist niedrig. Bekommt man für das gleiche Geld mehr Produkte, weil die Preise niedrig sind, ist die Kaufkraft hoch. Die Kaufkraft des Geldes hängt also von der **Preisentwicklung** in einer Volkswirtschaft ab. Dabei wirken sich die Preise einzelner Produkte und Dienstleistungen wenig auf die allgemeine Preisentwicklung aus. Ausschlaggebend ist die durchschnittliche Veränderung der Preise aller Güter und Dienstleistungen, die zur Lebenshaltung gehören. Man spricht auch vom **Preisniveau**. Daraus lässt sich folgender Zusammenhang ableiten:

$$\text{Kaufkraft} = \frac{1}{\text{Preisniveau}}$$

Kaufkraft und Preisniveau entwickeln sich also gegenläufig. Steigt das Preisniveau, sinkt die Kaufkraft und sinkt das Preisniveau, dann steigt die Kaufkraft.

Verbraucherpreisindex für Deutschland

Wie sich die Preise in Deutschland durchschnittlich verändern, kann man berechnen. Diese Berechnung wird vom Statistischen Bundesamt durchgeführt und veröffentlicht. Grundlage für die Berechnung ist der sogenannte **Warenkorb** eines Bezugsjahres. Er enthält die Waren und Dienstleistungen, die von einem durchschnittlichen Vier-Personen-Haushalt gekauft werden. Dazu zählen unter anderem Lebensmittel, Kleider, Miete, Möbel und Telefonkosten. Der Warenkorb wird etwa alle fünf Jahre aktualisiert, um die Konsumgewohnheiten der Verbraucher widerzuspiegeln. Für jedes Gut des Warenkorbes wird im Bezugsjahr ein bundesweiter Durchschnittspreis ermittelt. Die einzelnen Güter werden nach ihrer Bedeutung gewichtet. So wird beispielsweise Brot stärker berücksichtigt als Schokolade. Die Preise im Bezugsjahr werden gleich 100 gesetzt (Index 100). Damit hat man eine Bezugsgröße. Nun werden monatlich Preiserhebungen durchgeführt und der aktuelle **Verbraucherpreisindex** berechnet. Liegt dieser zum Beispiel bei 105, bedeutet dies, dass sich die Lebenshaltung um 5 % verteuert hat.

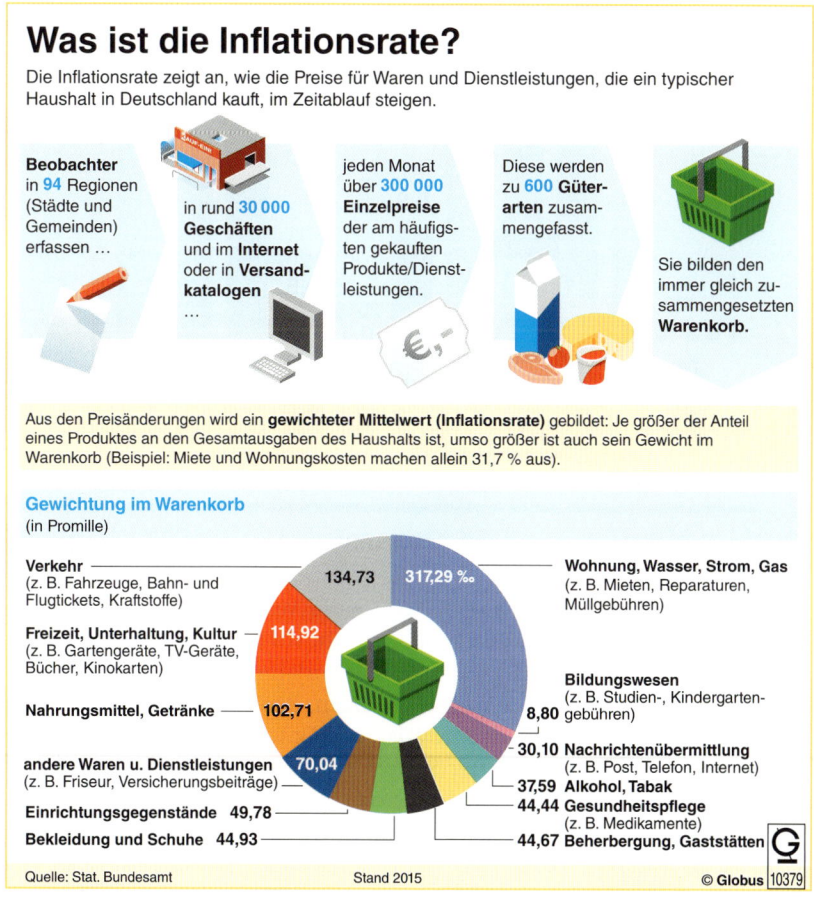

Das oben abgebildete **Wägungsschema** zeigt die Gewichtung der 12 Ausgabengruppen an den Gesamtausgaben der privaten Haushalte.

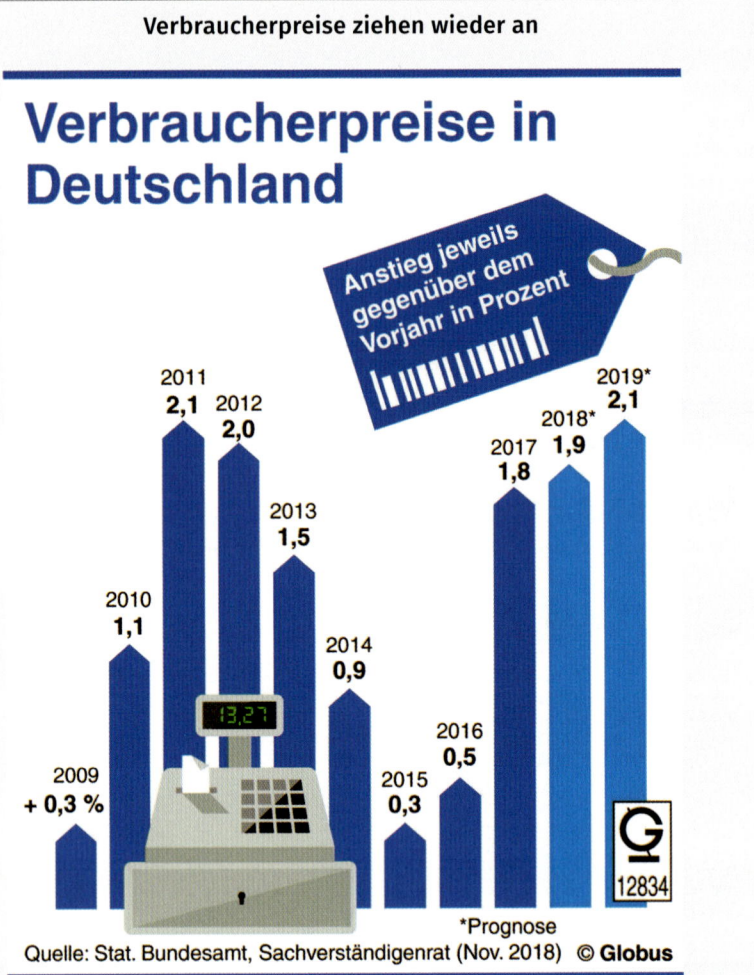

Verbraucherpreise ziehen wieder an

Verbraucherpreise in Deutschland

Anstieg jeweils gegenüber dem Vorjahr in Prozent

2009 + 0,3 %
2010 1,1
2011 2,1
2012 2,0
2013 1,5
2014 0,9
2015 0,3
2016 0,5
2017 1,8
2018* 1,9
2019* 2,1

*Prognose

Quelle: Stat. Bundesamt, Sachverständigenrat (Nov. 2018) © Globus

12834

„2018 mussten die Verbraucher in Deutschland tiefer in die Tasche greifen: Wirtschaftsexperten gehen davon aus, dass die Inflationsrate im Jahresdurchschnitt 1,9 Prozent betragen wird. Im Vorjahr waren die Verbraucherpreise bereits um 1,8 Prozent gestiegen. Zum aktuellen Anstieg trugen vor allem die Preise für Energie bei. Sie lagen im Oktober 8,9 Prozent über dem Vorjahresmonat, während die Verbraucherpreise insgesamt um 2,5 Prozent anzogen. Besonders leichtes Heizöl und Kraftstoffe verteuerten sich binnen Jahresfrist – und zwar um 39,9 und 14,8 Prozent. Für das kommende Jahr erwartet der Sachverständigenrat (die „fünf Wirtschaftsweisen"), dass die Infation weiter anzieht: Das Gremium geht davon aus, dass die Verbraucherpreise im Jahresdurchschnitt 2019 um 2,1 Prozent steigen werden. Der größte Unsicherheitsfaktor bei dieser Prognose dürfte die weitere Entwicklung der weltweiten Ölpreise sein."

Quelle: Text und Infografik von dpa

3.2 Inflation und Deflation

Aus Papier mach Geld...
So einfach ist das!

www.cartoonexpress.ch

MARTIN GUHL

Stimmen Sie der Aussage der Karikatur zu?

Welche Folgen hätte das Drucken von großen Geldmengen für eine Volkswirtschaft?

Preise bilden sich in einer Volkswirtschaft aufgrund von Angebot und Nachfrage. Sind Angebot und Nachfrage gleich groß, bleiben die Preise stabil. Das Preisniveau ändert sich –
beispielsweise im Vergleich zum Vorjahr – nicht oder nur minimal. Die **Preisstabilität** ist
ein wichtiges wirtschaftspolitisches Ziel, das zum Beispiel im *Stabilitätsgesetz von 1967*
beschrieben wird. Dieses zielt ebenfalls auf einen hohen Beschäftigungsgrad, außenwirt-
schaftliches Gleichgewicht sowie stetiges und angemessenes Wirtschaftswachstum ab.
Hinsichtlich des Preisniveaus ist es erfüllt, wenn die Steigerung unter 2 % liegt.

Inflation

Inflation (lat. *inflatio*: das Sich-Aufblasen, Aufschwellen) ist ein anhaltender Anstieg des Preisniveaus.
Steigen die Preise, bekommt man weniger für sein Geld. Die Kaufkraft des Geldes sinkt. Das Geld verliert zunehmend seinen Wert.

Inflationsursachen können sein:

- **Nachfrageinflation:** Die Nachfrage nach Gütern steigt schneller an, als das Angebot gedeckt werden kann. Wird das Angebot knapp und gleichzeitig stark nachgefragt, können die Anbieter höhere Preise verlangen. Das Preisniveau steigt. Eine Nachfrageinflation kann beispielsweise durch Lohnerhöhungen ausgelöst werden, da die Verbraucher dadurch mehr Geld ausgeben können.

- **Kosteninflation:** Haben die Unternehmen höhere Kosten, etwa durch Lohnerhöhungen, gestiegene Rohstoff- oder Energiepreise, müssen sie die Preise ihrer Produkte erhöhen, um weiterhin Gewinne zu erzielen. Für die Verbraucher führen diese steigenden Preise zum Verlust der Kaufkraft ihres Geldes.

Steigen die Preise beispielsweise aufgrund von Lohnerhöhungen, spricht man auch von einer **hausgemachten Inflation**. So spricht man zum Beispiel bei steigenden Rohölpreisen von einer **importierten Inflation**, da Rohöl aus dem Ausland importiert werden muss.

Für eine Inflation gibt es nie nur einen Grund. Sie ergibt sich aus der dynamischen Entwicklung einer Volkswirtschaft. Zum Beispiel lösen steigende Preise Lohnerhöhungen aus. Die Nachfrage der Verbraucher und die Kosten der Unternehmer steigen. Dies führt wieder zu Preissteigerungen, neue Lohnerhöhungen schließen sich an. Am Anfang einer inflationären Entwicklung sparen die Verbraucher, weil sich ihr Einkommen erhöht. Steigen die Preise aber weiter, haben die Sparer Angst um ihr Geld. Das Sparen geht nicht nur zurück, die Ersparnisse werden von der Bank abgehoben, um das Geld in materielle Werte anzulegen. Dadurch erhöht sich die Nachfrage und die Preise steigen weiter. Die **Lohn-Preis-Spirale** dreht sich immer schneller.

Je nachdem, wie schnell Geld seinen Wert verliert, unterscheidet man:

- **Schleichende Inflation**: 2 % bis 10 %
  Der jährliche Preisanstieg wird von den Verbrauchern kaum wahrgenommen. Die Zinsen für langfristige Geldanlagen liegen über dem Wertverlust des Geldes.

- **Trabende Inflation**: 10 % bis 20 %
  Der Wertverlust des Geldes steigt über die Renditen der Banken. Sparer versuchen ihr Geld in Sachwerten anzulegen. Sie geht über in die galoppierende Inflation.

- **Galoppierende Inflation**: 20 % bis 50 %
  Die Preise steigen immer schneller und das Vertrauen in die Währung geht verloren.

○ **Hyperinflation**: über 50 %
Das Geld ist völlig entwertet. Eine solche Entwicklung kann nur durch eine Wäh-
rungsreform gestoppt werden.

Beispiele für den Preisverfall im Jahr 1923:

	Am 9. Juni 1923	Am 2. Dezember 1923
	kostete in Berlin	
1 Ei	800 Reichsmark	320 Milliarden Reichsmark
1 Liter Milch	1 440 Reichsmark	360 Milliarden Reichsmark
1 Kilo Kartoffeln	5 000 Reichsmark	90 Milliarden Reichsmark
1 Straßenbahnfahrt	600 Reichsmark	50 Milliarden Reichsmark

*Quelle: vgl. Delvaux de Fenffe, Gregor: Die Hyperinflation von 1923, veröffentlicht am 22.10.2014, unter:
www.planet-wissen.de/geschichte/deutsche_geschichte/weimarer_republik/pwiediehyperinflationvon
100.html [30.09.2019]*

Bei einer Inflation gibt es Gewinner und Verlierer. Schuldner, die beispielsweise ein Haus
abbezahlen müssen, gewinnen, weil sich der Wert ihrer Schulden verkleinert. Sparer verlieren durch den Wertverlust des Geldes hingegen ihr Vermögen. Die Besitzer von Sachwerten, also beispielsweise Immobilien oder Gold, sind von einer Inflation kaum betroffen. In ihrer Wirkung ist eine Inflation unsozial.

Auswirkungen auf den Reallohn

Der **Nominallohn** ist der Geldlohn, das heißt die tatsächliche Summe des
Lohnes.

Mit **Reallohn** wird die Kaufkraft des Lohnes bezeichnet, das heißt der um die
Inflation bereinigte Nominallohn.
Die Kaufkraft wird dabei im Verhältnis zu früheren Werten angegeben.

Beispiel:
Im Jahr 2018 hat Paul einen Stundenlohn von 20,00 € brutto. Im darauffolgenden Jahr 2019 wird der Stundenlohn dann auf 21,00 € erhöht. Sein
Nominallohn beträgt somit 21,00 € pro Stunde. Das entspricht einer nomina-
len Lohnerhöhung von 5 %. Die Inflation beträgt im Jahr 2018 1,5 %, das heißt,
Paul muss im darauffolgenden Jahr 2019 1,5 % mehr für seinen Lebensunterhalt aufwenden. Daher beträgt die Reallohnerhöhung 3,5 %.

Wäre der Nominallohn von Paul nur um 1 % auf 20,20 € erhöht worden, entspräche dies
einem Reallohnverlust von 0,5 %. Um diesen Gefahren zu entgehen, versuchen die Gewerkschaften in Tarifverträgen **Reallohnsteigerungen** zu vereinbaren.

Deflation

Im Gegensatz zur Inflation herrscht bei der **Deflation** (lat. *deflare*: wegblasen,
anpusten) ein Geldmangel.
Einer geringen Geldmenge steht eine große Gütermenge gegenüber. Das
Angebot ist größer als die Nachfrage und deshalb sinken die Preise.

Eine Deflation kann durch die vermehrte Spartätigkeit der Bevölkerung oder den Rückgang von Kreditaufnahmen ausgelöst werden. Die Verbraucher geben weniger Geld aus,
das heißt, sie fragen weniger Waren und Dienstleistungen nach.
Für den Verbraucher haben sinkende Preise im ersten Moment Vorteile, denn ihr Geld
nimmt an Kaufkraft zu. Langfristig führt ein Nachfragerückgang aber auch zu weniger
Produktion der Unternehmen. Mitarbeiter werden entlassen. Arbeitslose können weniger
Geld ausgeben, also geht die Nachfrage weiter zurück. Die Situation kann sich weiter ver-
schlechtern und zu Massenentlassungen und einer Wirtschaftskrise führen. Gleichzeitig
nimmt der Staat weniger Steuern ein und kann seine Aufgaben nicht mehr finanzieren.

Geldwertsicherung

Inflation wie Deflation sind schlecht für die Wirtschaft und haben unerwünschte Auswirkungen auf eine Gesellschaft. Deshalb hat der Staat das wirtschaftspolitische Ziel,
ein stabiles Preisniveau zu erhalten. Die Europäische Zentralbank bringt Banknoten in
Umlauf und kann somit die Geldmenge in der Eurozone steuern. Sie hat beispielsweise
die Möglichkeit, durch die Erhöhung des Leitzinses Geld zu verteuern, damit es weniger
nachgefragt wird. Die Gefahr einer Inflation kann dadurch reduziert werden. Durch Zinssenkungen kann sie die gesamtwirtschaftliche Nachfrage beleben, um einer Deflation
entgegenzuwirken.

3.3 Das Bruttoinlandsprodukt

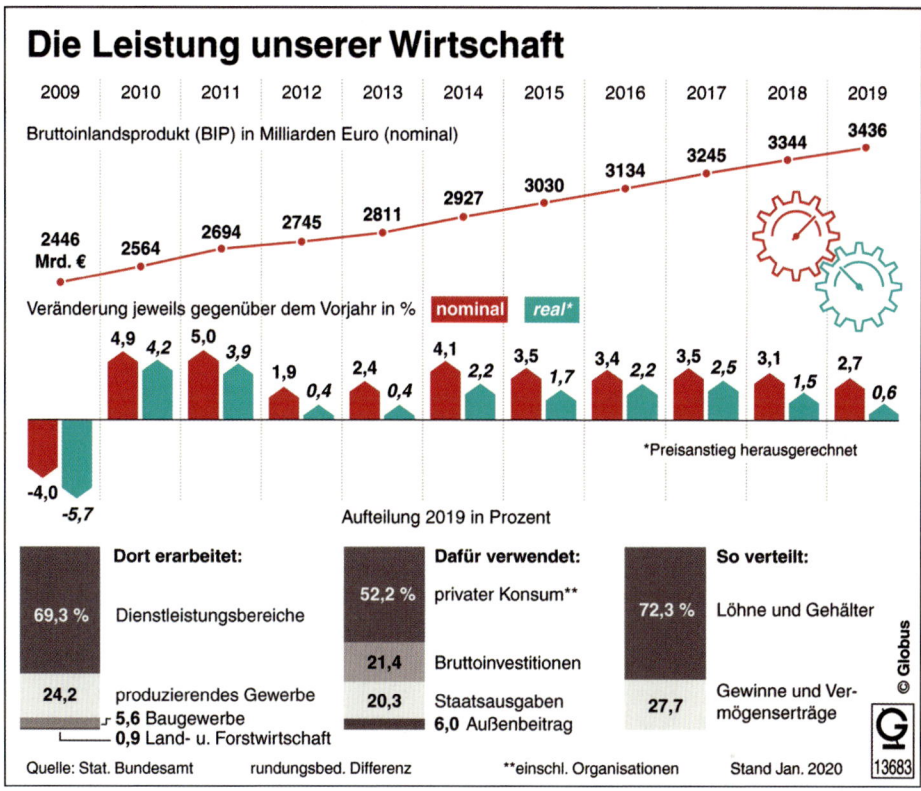

Die Leistung unserer Wirtschaft

2009	2010	2011	2012	2013	2014	2015	2016	2017	2018	2019

Bruttoinlandsprodukt (BIP) in Milliarden Euro (nominal)

2446 Mrd. € · 2564 · 2694 · 2745 · 2811 · 2927 · 3030 · 3134 · 3245 · 3344 · 3436

Veränderung jeweils gegenüber dem Vorjahr in % [nominal] [real*]

| | 4,9 | 4,2 | 5,0 | 3,9 | 1,9 | 0,4 | 2,4 | 0,4 | 4,1 | 2,2 | 3,5 | 1,7 | 3,4 | 2,2 | 3,5 | 2,5 | 3,1 | 1,5 | 2,7 | 0,6 |

*Preisanstieg herausgerechnet

-4,0
-5,7

Aufteilung 2019 in Prozent

Dort erarbeitet:
- 69,3 % Dienstleistungsbereiche
- 24,2 produzierendes Gewerbe
  - 5,6 Baugewerbe
  - 0,9 Land- u. Forstwirtschaft

Dafür verwendet:
- 52,2 % privater Konsum**
- 21,4 Bruttoinvestitionen
- 20,3 Staatsausgaben
- 6,0 Außenbeitrag

So verteilt:
- 72,3 % Löhne und Gehälter
- 27,7 Gewinne und Vermögenserträge

© Globus

13683

Quelle: Stat. Bundesamt   rundungsbed. Differenz   **einschl. Organisationen   Stand Jan. 2020

Millionen von Unternehmen in den verschiedenen Wirtschaftszweigen produzieren Waren, vermitteln diese vom Hersteller bis zum Endverbraucher oder stellen Dienstleistungen zur Verfügung. Auch der Staat beteiligt sich an der gesamtwirtschaftlichen Leistung. Berechnungsgrundlage für den Beitrag eines Unternehmens ist sein **Nettoproduktionswert (Wertschöpfung)**. Er ergibt sich als Differenz von Bruttoproduktionswert und Vorleistungen (Güterbezüge von anderen Unternehmungen).

Bruttoproduktionswert
− Vorleistungen
―――――――――――――
= Nettoproduktionswert (Wertschöpfung)

Der Beitrag eines Automobilwerkes zum Bruttoinlandsprodukt liegt also nicht im Gesamtwert der produzierten Autos. Davon sind die Leistungen, die von anderen Unternehmen (Zulieferern) bezogen werden, abzuziehen.

Addiert man die Waren und Dienstleistungen, die alle Unternehmen innerhalb eines Landes während eines Jahres erbringen, so erhält man das **Bruttoinlandsprodukt (BIP)**. Bewertungsgrundlage sind die Marktpreise, also die
Verkaufspreise der Güter.

Entstehung

In der amtlichen Statistik werden die **Beiträge** zum Bruttoinlandsprodukt **nach Wirtschaftszweigen** erfasst: Landwirtschaft, warenproduzierendes Gewerbe, Dienstleistungen, Handel und Verkehr, Staat und andere. Dabei fällt auf, dass der Anteil der Landwirtschaft kaum ins Gewicht fällt, da der Anteil der Warenproduktion seit Jahren zurückgeht,
während das Gewicht der Dienstleistungen seit den 1970er-Jahren stetig zunimmt. Die
Bundesrepublik Deutschland hat sich also von einer Industriegesellschaft zu einer
Dienstleistungsgesellschaft entwickelt.

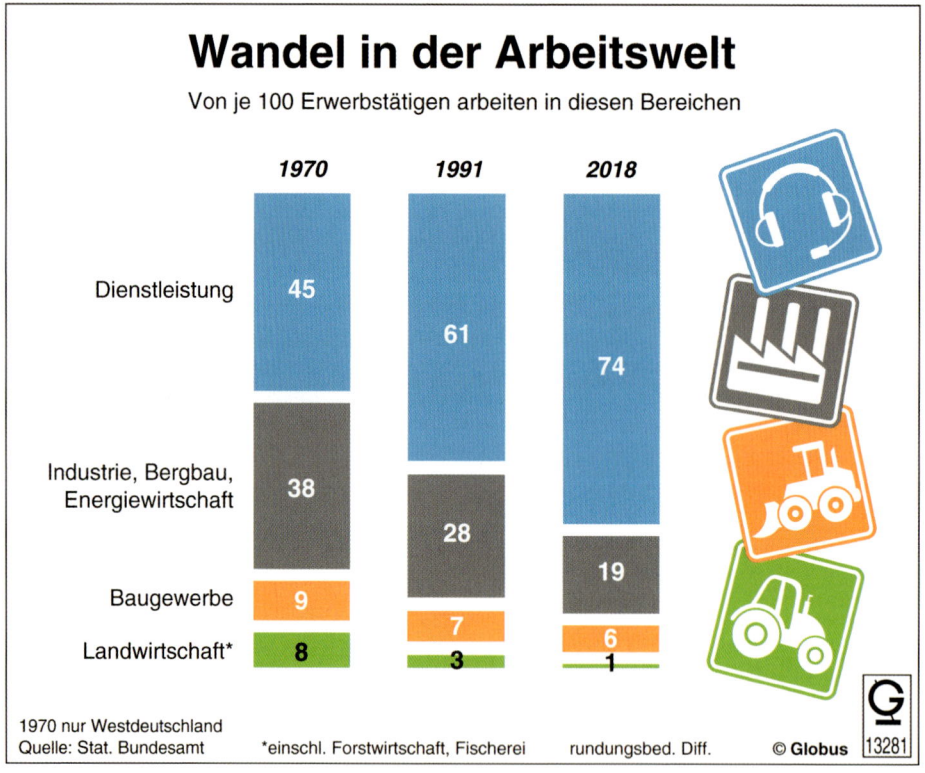

Verteilung

Alle an der Erstellung des Bruttoinlandsprodukts Beteiligten werden entlohnt – sie erhalten Einkommen. Die Summe dieser Einkommen bezeichnet man als **Volkseinkommen**.
Die Statistik unterscheidet **zwei Gruppen**:

1. Einkommen aus **unselbstständiger Arbeit** (Arbeitnehmereinkommen: Löhne, Gehälter)
2. Einkommen aus **Unternehmertätigkeit und Vermögen** (Gewinne, Zinsen, Dividenden, Miet- und Pachteinnahmen)

Den prozentualen Anteil der Einkommen aus unselbstständiger Arbeit am Volkseinkommen bezeichnet man als volkswirtschaftliche **Lohnquote**.

Verwendung

Die Verwendungsrechnung zeigt, von wem bzw. zu welchem Zweck das Bruttoinlandsprodukt in Anspruch genommen wird. Die erzeugten Waren und Dienstleistungen werden entweder verbraucht oder investiert. Investitionen dienen dem Ersatz abgenutzter Produktionsmittel (**Ersatzinvestitionen**) oder der Erweiterung des Produktionsmittelbestandes (**Neu- oder Nettoinvestitionen**). Höhere Investitionen begünstigen das Wirtschaftswachstum; sie sind nur zu erreichen, wenn der private oder staatliche Verbrauch eingeschränkt wird. Ein Teil der Inlandsproduktion wird exportiert. Durch Importe gelangen ausländische Produkte ins Inland. Die Differenz (Export – Import) bezeichnet man als **Außenbeitrag**. Die Bundesrepublik Deutschland hat traditionell einen positiven Außenbeitrag, das bedeutet, es werden mehr Waren aus- als eingeführt.

Nominales und reales Bruttoinlandsprodukt

Vergleicht man die Entwicklung des Bruttoinlandsprodukts über mehrere Jahre, so ist nicht entscheidend, um wie viel es dem Betrag nach (nominal) angestiegen ist. Aussagekräftiger ist hingegen der mengenmäßige (reale) Zuwachs. Während das nominale Bruttoinlandsprodukt mit den Preisen des jeweiligen Jahres bewertet wird, legt man beim realen Bruttoinlandsprodukt die Preise eines bestimmten Ausgangs- oder Basisjahres zugrunde. Damit ist der durch Preiserhöhungen bedingte Anstieg (Inflation) herausgerechnet, das heißt, man kann feststellen, wie viel tatsächlich (real) produziert bzw. geleistet wurde. So kann das Bruttoinlandsprodukt in einem Jahr nominal beachtlich zunehmen und gleichzeitig real zurückgehen.

> Das reale Bruttoinlandsprodukt ist der Maßstab für das Wirtschaftswachstum.

Aussagekraft

Die Aussagekraft des Bruttoinlandsprodukts wird vielfach infrage gestellt. Berücksichtigt werden **nur Güter, die statistisch erfassbar sind**. Nicht erfasst werden Leistungen im privaten Bereich (Haushaltsarbeit, Reparaturen), Leistungen aus Gefälligkeit, ehrenamtliche Tätigkeiten und die sogenannte Schattenwirtschaft (Schwarzarbeit). Andererseits erfasst die Statistik eine ganze Reihe von Tätigkeiten zur Beseitigung und Abmilderung von Schäden oder Nachteilen, die den Lebensstandard mindern. Dazu gehören vor allem Umwelt- und Gesundheitsaufwendungen, zum Beispiel Leistungen von Ärzten, Versicherungen oder anderen Unternehmen zur Beseitigung von Unfallschäden oder Umweltzerstörungen. Man nennt sie auch **soziale Kosten**. Nimmt man das Bruttoinlandsprodukt als Maßstab für den Wohlstand, so müssten diese wohlstandsmindernden Faktoren herausgerechnet werden.

Entsprechend niedriger fällt dann der tatsächliche Wohlstand aus. Über die **Verteilung des Wohlstands** innerhalb der Bevölkerung lässt sich anhand des Bruttoinlandsprodukts ebenfalls keine Aussage machen.

Da wesentliche Elemente wie saubere Umwelt, gesellschaftlicher Zusammenhalt oder Zufriedenheit der Menschen nicht erfasst werden, gibt es eine breite Zustimmung, dass eine Zunahme des Bruttoinlandsprodukts nicht für eine Zunahme an Wohlbefinden steht. Wirtschaftswachstum bzw. eine Steigerung des Bruttoinlandsprodukts ist keine Antwort auf die großen Herausforderungen unserer Zeit wie den Klimawandel, den demografischen Wandel oder die Sicherheit. Statt auf langfristige nachhaltige Entwicklung zu setzen, wird politisch jedoch nach wie vor ökonomische Leistung in den Mittelpunkt gestellt. Maßnahmen, die das Bruttoinlandsprodukt senken, aber Wohlfahrt stiften, sind nur schwer durchzusetzen. Zukünftig werden jedoch zusätzliche, vor allem **umweltbezogene und soziale Indikatoren**, für die Messung unseres Wohlstandes herangezogen werden müssen.

3.4   Konjunkturelle Schwankungen

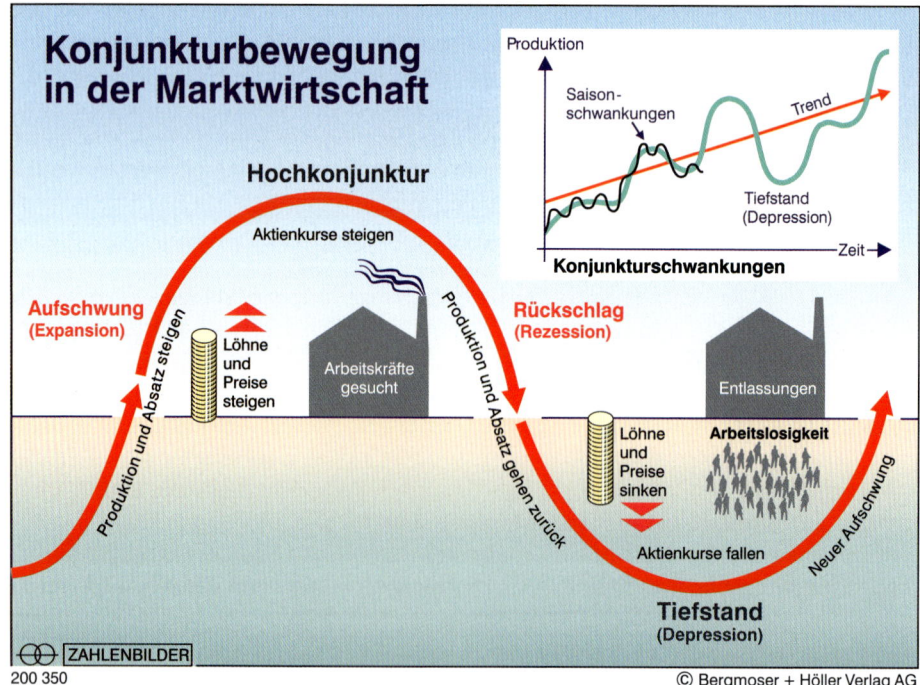

An welcher wirtschaftlichen Größe wird der Verlauf der Konjunktur gemessen?

Stellen Sie fest, wie sich Beschäftigung und Löhne in der Konjunktur entwickeln.

Konjunktur ist die Entwicklung der allgemeinen Wirtschaftstätigkeit, das Auf und Ab bei Aufträgen, Produktion, Beschäftigung, Löhnen, Preisen und Zinsen. Die Wirtschaftsentwicklung verläuft in der Regel nicht gleichmäßig und störungsfrei. **Konjunkturschwankungen** sind typisch für die Marktwirtschaft.

Im klassischen Konjunkturzyklus werden folgende Phasen beschrieben:

- Ein **Aufschwung (Expansion)** wird eingeleitet durch einen Anstieg der Nachfrage, hervorgerufen zum Beispiel durch eine Belebung der privaten oder öffentlichen Investitionstätigkeit, des Verbrauchs oder der Auslandsnachfrage. Produktion und Beschäftigung nehmen zu, die Zahl der Arbeitslosen sinkt. Allmählich beginnen auch Löhne und Preise zu steigen und bei zunehmender Kreditnachfrage auch die Zinsen. Setzt sich diese Entwicklung weiter fort, so folgt die Hochkonjunktur.

- **Hochkonjunktur (Boom)**: Bedingt durch die anhaltenden Auftragseingänge herrscht Vollbeschäftigung. Die Kapazitäten sind ausgelastet. Es gibt zahlreiche offene Stellen. Preise, Löhne und Zinsen steigen weiter. Die Produktion wird so lange gesteigert, bis eine Überhitzung des Marktes, die sogenannte Marktsättigung, eintritt. Die anhaltenden Preis- und Kostensteigerungen können Einbrüche bei der Konsum- und Investitionsgüternachfrage nach sich ziehen. Von nun an nimmt das Bruttoinlandsprodukt nicht weiter zu. Die Phase der Rezession ist eingeleitet. Die Hochkonjunktur schlägt um.

- **Abschwung (Rezession)**: Der allgemeine Nachfragerückgang führt zu Produktionseinschränkungen und Entlassungen. Die Zahl der Arbeitslosen beginnt zu steigen. Investitionen unterbleiben, da sinkende oder gar keine Gewinne zu erwarten sind. Der Auftrieb bei Preisen und Löhnen kommt zum Stillstand. Die Zinsen sinken wegen der rückläufigen Kreditnachfrage.

- **Tiefstand (Depression)**: Eine Rezession erreicht schließlich den Tiefstand der Konjunktur, wenn es aufgrund fehlender Nachfrage zu Unternehmenszusammenbrüchen und Massenarbeitslosigkeit kommt. Die Unternehmer sind trotz extrem niedriger Zinsen nicht bereit zu investieren. Preise und Löhne liegen auf niedrigem Niveau. Schließlich können aber die geringen Kosten wie Rohstoffpreise, Löhne und Zinsen auch einen erneuten Wirtschaftsaufschwung einleiten.

Konjunkturverlauf in der Realität

Selbstverständlich verläuft die tatsächliche Konjunktur nicht in gleichmäßigen Wellenlinien, wie es im klassischen Konjunkturzyklus dargestellt wird. Ein Wirtschaftsaufschwung kann einmal über Jahre hinweg anhalten, ein anderes Mal dagegen nur schwach ausfallen und bald wieder in eine Rezession übergehen.

Auch wird der Staat aufgrund seiner Verpflichtung für das gesamtwirtschaftliche Gleichgewicht entsprechende Maßnahmen ergreifen, um Konjunkturausschläge nach oben wie nach unten möglichst zu vermeiden.

Auch im Jahresablauf sind Schwankungen der allgemeinen Wirtschaftstätigkeit festzustellen. In den Wintermonaten sind vor allem in der Bauwirtschaft Rückgänge zu verzeichnen. Ähnliches gilt für die meisten Branchen in den Haupturlaubsmonaten Juli und August. Dagegen tritt in den Frühjahrs- und Herbstmonaten meist eine deutliche Belebung ein. Man spricht von **saisonalen Schwankungen**.

Wirtschaftspolitische Ziele

Das Sozialstaatsprinzip des Grundgesetzes (Artikel 20 GG) verpflichtet den Staat zu einer aktiven Sozialpolitik. Voraussetzungen dafür sind eine ausgewogene Entwicklung der Konjunktur und ausreichende Mittel zur Verwirklichung der sozialen Gerechtigkeit.

Darüber hinaus enthält das *Gesetz zur Förderung der Stabilität und des Wachstums der Wirtschaft (Stabilitätsgesetz)* Maßnahmen zur Erreichung des **gesamtwirtschaftlichen Gleichgewichts**.

§ 1 Stabilitätsgesetz

Bund und Länder haben bei ihren wirtschafts- und finanzpolitischen Maßnahmen die Erfordernisse des gesamtwirtschaftlichen Gleichgewichts zu beachten. Die Maßnahmen sind so zu treffen, dass sie im Rahmen der marktwirtschaftlichen Ordnung gleichzeitig zur Stabilität des Preisniveaus, zu einem hohen Beschäftigungsstand und außenwirtschaftlichem Gleichgewicht bei stetigem und angemessenem Wirtschaftswachstum beitragen.

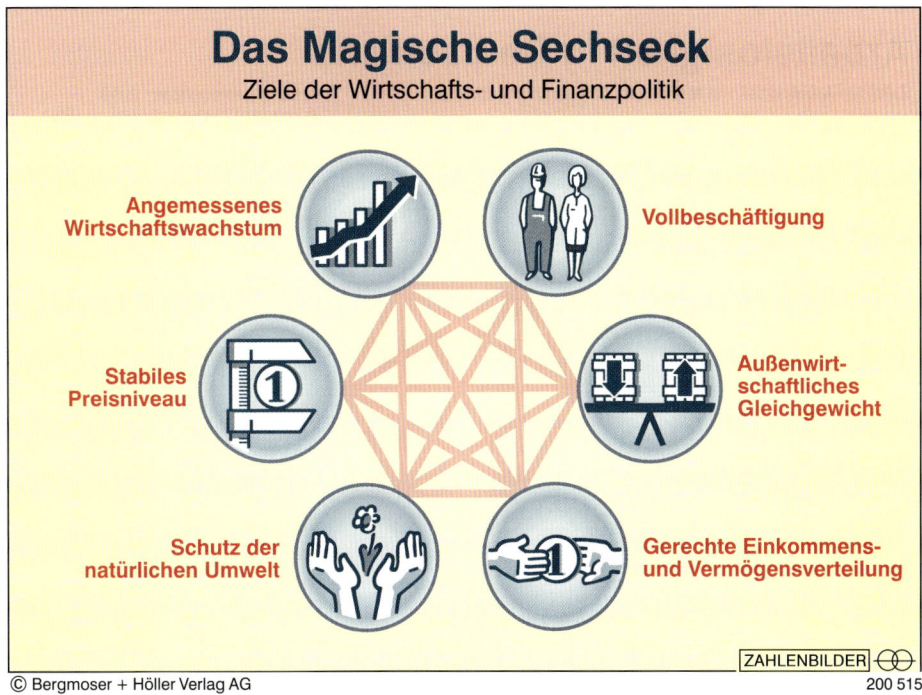

© Bergmoser + Höller Verlag AG

ZAHLENBILDER

200 515

Hoher Beschäftigungsstand

Ein hoher Beschäftigungsstand oder Vollbeschäftigung ist dann gegeben, wenn alle Arbeitswilligen eine Beschäftigung finden können. Dies ist der Fall, wenn

○ die Zahl der Arbeitslosen geringer ist als die Zahl der offenen Stellen bzw.

○ die Arbeitslosenquote niedrig ist. Gemeint ist der prozentuale Anteil der Arbeitslosen an der Gesamtzahl der Erwerbspersonen (Arbeitsfähige und Arbeitswillige).

Von Überbeschäftigung spricht man, wenn es mehr offene Stellen als Arbeitslose gibt. Unterbeschäftigung herrscht dann, wenn die Zahl der Arbeitslosen die der offenen Stellen bei Weitem übersteigt. Die Arbeitslosenquote ist dann besonders hoch.

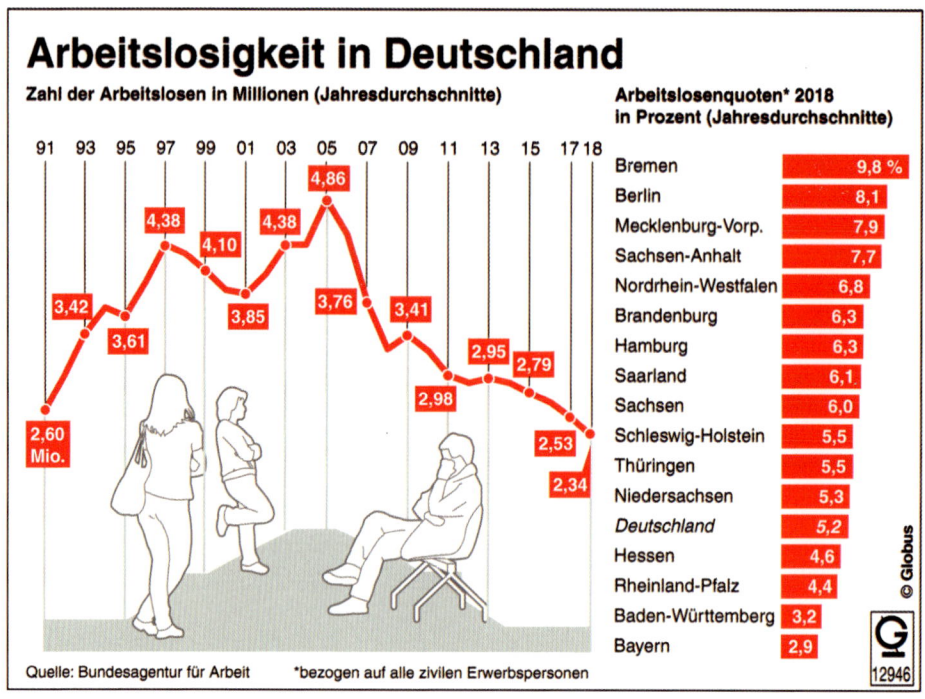

Arbeitslosigkeit in Deutschland

Zahl der Arbeitslosen in Millionen (Jahresdurchschnitte)

Arbeitslosenquoten* 2018 in Prozent (Jahresdurchschnitte)

91 93 95 97 99 01 03 05 07 09 11 13 15 17 18

2,60 Mio. — 3,42 — 3,61 — 4,38 — 4,10 — 3,85 — 4,38 — 4,86 — 3,76 — 3,41 — 2,98 — 2,95 — 2,79 — 2,53 — 2,34

Bremen	9,8 %
Berlin	8,1
Mecklenburg-Vorp.	7,9
Sachsen-Anhalt	7,7
Nordrhein-Westfalen	6,8
Brandenburg	6,3
Hamburg	6,3
Saarland	6,1
Sachsen	6,0
Schleswig-Holstein	5,5
Thüringen	5,5
Niedersachsen	5,3
Deutschland	5,2
Hessen	4,6
Rheinland-Pfalz	4,4
Baden-Württemberg	3,2
Bayern	2,9

Quelle: Bundesagentur für Arbeit   *bezogen auf alle zivilen Erwerbspersonen

© Globus
12946

Stabilität des Preisniveaus

Bei einem stabilen Preisniveau bleiben die Preise über einen langen Zeitraum möglichst unverändert, das heißt, dass man beispielsweise im aktuellen Jahr für sein Geld noch genau so viel kaufen kann wie im Jahr zuvor. Durch Preissteigerungen vermindert sich die Kaufkraft des Geldes, man bekommt also weniger für sein Geld. Dies soll verhindert werden. Preisstabilität gilt als erreicht, wenn die Inflationsrate möglichst gering gehalten werden kann. Absolute Preisstabilität ist kaum zu verwirklichen. Deshalb werden **Preissteigerungsraten bis zu einer Höhe von 2 %** als relativ stabil angesehen. Dazu wird ermittelt, wie sich die Preise der Güter eines **repräsentativen Warenkorbes** im Durchschnitt über die Zeit geändert haben.

Außenwirtschaftliches Gleichgewicht

Moderne Industrieländer wie die Bundesrepublik Deutschland stehen in engen wirtschaftlichen Verflechtungen mit dem Ausland. Ein hoher Anteil unserer Industrieproduktion wird exportiert. Rohstoffe, Nahrungsmittel und Industriewaren werden importiert. Zahlreiche Bundesbürger verbringen ihren Urlaub im Ausland, ausländische Arbeitnehmer überweisen große Beträge in ihre Heimatländer. Die Bundesrepublik Deutschland leistet als Mitglied verschiedener internationaler Organisationen Beitragszahlungen in Milliardenhöhe. Alle Zahlungen zwischen In- und Ausland im Zusammenhang mit dem Warenhandel, Dienstleistungsverkehr und einseitigen Übertragungen werden in der **Leistungsbilanz** erfasst. Sie bildet den wichtigsten Teil der Zahlungsbilanz.

Ein Ziel der Wirtschaftspolitik ist eine über die Jahre ausgeglichene Leistungsbilanz bzw. ein ausgeglichener Außenbeitrag (= Saldo zwischen Exporten und Importen von Waren und Dienstleistungen), dass also ungefähr gleich viel aus dem Ausland eingekauft wird, wie in das Ausland verkauft wird. Damit soll verhindert werden, dass das eigene Land durch übermäßiges Einführen von Gütern aus dem Ausland in eine Abhängigkeit gerät bzw. durch übermäßigen Export die inländische Geldmenge ansteigt (Geld aus Exporten wird in inländische Währung umgetauscht). Dies würde zu einer importierten Inflation führen.

Da Deutschland mehr exportiert als importiert, ist der Saldo in der Regel positiv (Export-überschuss).

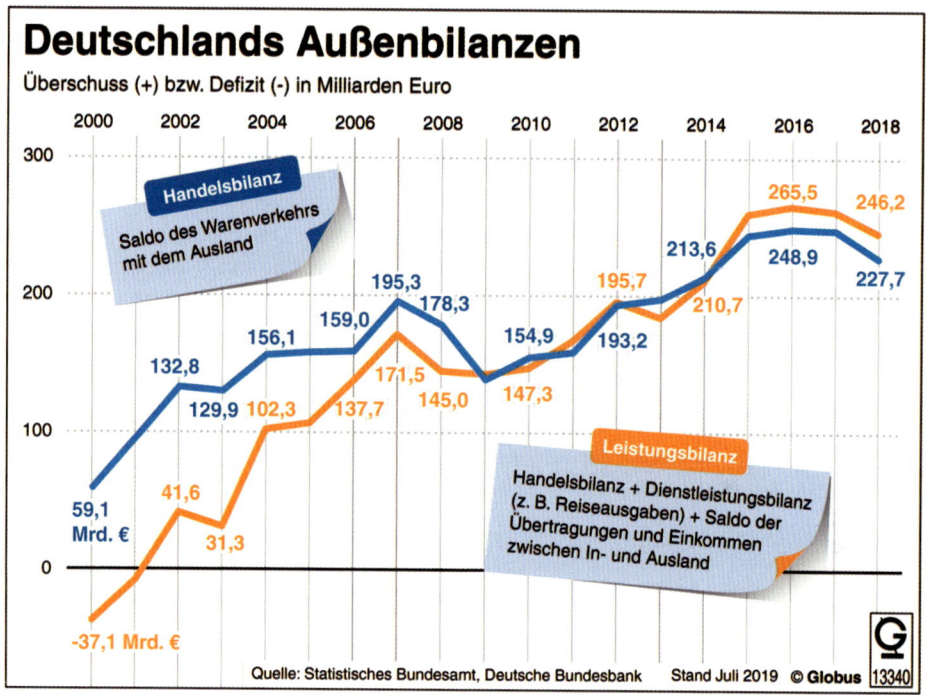

Deutschlands Außenbilanzen
Überschuss (+) bzw. Defizit (-) in Milliarden Euro

Quelle: Statistisches Bundesamt, Deutsche Bundesbank   Stand Juli 2019 © Globus 13340

Angemessenes Wirtschaftswachstum

Im Stabilitätsgesetz wird von einem stetigen und angemessenen Wirtschaftswachstum gesprochen. Das bedeutet, unsere Wirtschaft soll ohne extreme Ausschläge nach oben oder unten weiter wachsen. Das Wachstum der Wirtschaft wird gemessen am Anstieg des realen Bruttoinlandsprodukts. Was als angemessen gilt, ist eine Frage des politischen Standpunkts. Häufig wird ein Wachstum zwischen 2 % und 4 % genannt. Dagegen ist eine zunehmende Anzahl von Menschen der Meinung, dass man auf Wirtschaftswachstum ganz verzichten sollte. Der Begriff „Nullwachstum" ist zum politischen Schlagwort geworden.

Magisches Viereck oder Magisches Sechseck?
Neben den vier Zielen des Stabilitätsgesetzes (siehe S. 303) muss in einer
sozialen Marktwirtschaft, die soziale Gerechtigkeit anstrebt, für eine gerechte
Einkommens- und Vermögensverteilung gesorgt werden. Immer wichtiger wird
auch das Ziel der Erhaltung einer lebenswerten Umwelt. Denn was nützen
Preisstabilität, Vollbeschäftigung, Wirtschaftswachstum und außenwirtschaft-
liches Gleichgewicht, wenn dabei die Lebensgrundlagen der jetzigen und
späterer Generationen zerstört werden? Nimmt man diese beiden Ziele hinzu,
so wird aus dem Magischen Viereck ein *Magisches Sechseck*.

Gerechte Einkommensverteilung

Bereits vorhandene Vermögen und das Leistungsprinzip führen zu einer breiten Streuung
der Einkommen in einer marktwirtschaftlichen Ordnung. Einen absolut gültigen Maßstab
für Einkommensgerechtigkeit gibt es nicht; viele sehen ihn im **Leistungsprinzip**, andere
betonen das **Sozialprinzip**, nach dem das Einkommen auf jeden Fall den Lebensunterhalt zu sichern hat. Im Übrigen wird die Einkommensverteilung wesentlich durch Ta-
rifvereinbarungen zwischen Gewerkschaften und Arbeitgeberverbänden bestimmt. Der
Staat greift korrigierend ein, indem er nach dem Grundsatz der Leistungsfähigkeit bei
der Lohn- und Einkommensteuer höhere Einkommen stärker belastet und niedrige Einkommen überhaupt nicht besteuert (**Steuerprogression**). Personen ohne bzw. mit nicht
ausreichendem Einkommen werden durch staatliche **Einkommensübertragungen** unterstützt. Dazu gehören die Sozialhilfe, Hinterbliebenenrenten oder das Wohngeld.

Lebenswerte Umwelt

Die Natur bildet das Reservoir für Rohstoffe und Energie; Land- und Forstwirtschaft und
die Fischerei. Auch wichtige Dienstleistungsbereiche wie der Fremdenverkehr sind auf
eine intakte Umwelt angewiesen. Die Gesundheit von Menschen und Tieren wird durch
den Zustand von Luft, Wasser, Boden und Nahrungsmitteln beeinflusst. Aufgrund des Ver-
ständnisses für diese Umstände ist das Umweltbewusstsein in der Vergangenheit stark
gewachsen.

An der Gefährdung und Belastung der Umwelt durch Luft- und Wasserverschmutzung,
Bodenbelastung und Landschaftsverbrauch sind produzierendes Gewerbe, Kraftwerke,
Verkehr, Landwirtschaft und Haushalte beteiligt. Umweltschutz ist daher zur politischen
Aufgabe geworden. Der Staat begünstigt umweltbewusstes und belastet umweltschädi-
gendes Verhalten nach dem **Verursacherprinzip**, soweit dies durchsetzbar ist.

Zielkonflikte und Zielharmonie

Die Begriffe „Magisches Viereck" bzw. „Magisches Sechseck" drücken aus, dass es au-
ßerordentlich schwierig ist, die Ziele der Wirtschaftspolitik gleichzeitig zu verwirklichen.
Allerdings gibt es auch Übereinstimmungen zwischen Zielen (Zielharmonien), so kann
ein Streben nach Wirtschaftswachstum gleichzeitig die Vollbeschäftigung begünstigen.
Dieser Zusammenhang ist jedoch nicht zwingend. Wirtschaftswachstum kann auch durch
Rationalisierungsmaßnahmen (zum Beispiel Fertigungsautomation oder Verbesserung
der Arbeitsorganisation) hervorgerufen werden, ohne dass dadurch ein einziger Arbeits-

platz geschaffen wird. In anderen Fällen kann die Erreichung eines Zieles ein anderes gefährden. Man spricht dann von Zielkonflikten. Solche **Zielkonflikte** sind zum Beispiel folgende:

○ Fördert man Vollbeschäftigung und Wirtschaftswachstum, zum Beispiel durch Zinssenkungen oder Staatsaufträge, so wird die Stabilität des Preisniveaus gefährdet. Umgekehrt beeinträchtigen preisdämpfende Maßnahmen Wachstum und Beschäftigung.

○ Stabile Preise im Inland führen zu Überschüssen in der Leistungsbilanz, falls die Preise im Ausland steigen. Leistungsbilanzüberschüsse vermehren den inländischen Geldumlauf und gefährden die Preisstabilität.

○ Wirtschaftswachstum erfordert einen höheren Einsatz an Rohstoffen und Energie, Landschaftsverbrauch für Verkehrswege und Gewerbeansiedlungen und gefährdet die Umwelt. Anzustreben ist ein umweltverträgliches Wachstum durch Förderung umweltfreundlicher Produkte und Technologien.

○ Die Einkommens- und Vermögensverteilung kann durch Maßnahmen der Steuerpolitik und durch staatliche Einkommensübertragungen gerechter gestaltet werden. Dadurch kann aber auch zusätzliche Nachfrage entstehen, die das Ziel „Preisstabilität" gefährdet. Da die Einkommensverteilung durch die Ergebnisse von Tarifverhandlungen bestimmt wird, kann der Staat wegen der Tarifautonomie keinen direkten Einfluss nehmen.

Maßnahmen zur Beeinflussung der Konjunktur

§ 2 (1) Stabilitätsgesetz

Die Bundesregierung legt im Januar eines jeden Jahres dem Bundestag einen Jahreswirtschaftsbericht vor. Der Jahreswirtschaftsbericht enthält:

1. die Stellungnahme zu dem Jahresgutachten des Sachverständigenrates [...];

2. eine Darlegung der für das laufende Jahr von der Bundesregierung angestrebten wirtschafts- und finanzpolitischen Ziele (Jahresprojektion) [...];

3. eine Darlegung der für das laufende Jahr geplanten Wirtschafts- und Finanzpolitik.

Jahreswirtschaftsbericht 2020

WACHSTUM, WETTBEWERBSFÄHIGKEIT UND PRODUKTIVITÄT STÄRKEN – IN DEUTSCHLAND UND EUROPA

Die Bundesregierung ist gesetzlich zu einer vorausschauenden Finanz- und Wirtschaftspolitik verpflichtet. Bei unerwünschten Konjunkturentwicklungen wird versucht, rechtzeitig die erforderlichen Gegenmaßnahmen einzuleiten.

Der Staat kann vor allem durch seine Haushaltspolitik Einfluss auf die Konjunktur neh-men (Fiskalpolitik). In der Hochkonjunktur wird er Maßnahmen ergreifen, die die Kon-junktur dämpfen, bereits bei einem sich abzeichnenden Abschwung (Rezession) werden Maßnahmen zur Anregung der Konjunktur erforderlich. So kann ein Abgleiten in den Tief-stand (Depression) vermieden werden. Man bezeichnet ein derartiges Gegensteuern auch als **„antizyklische Finanzpolitik"**, das heißt gegen den Konjunkturverlauf gerichtet.

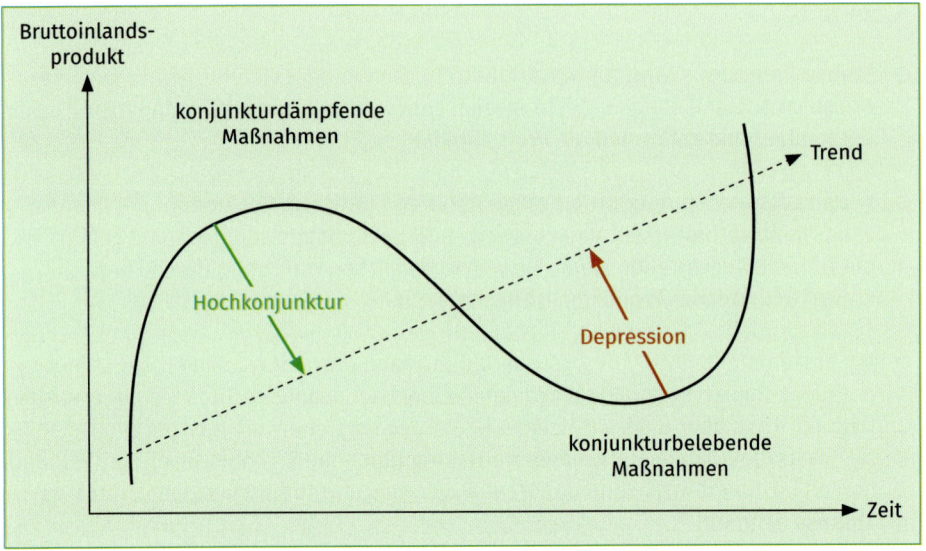

Konjunkturdämpfende Maßnahmen
Sie werden in der Hochkonjunktur ergriffen, wenn Preise, Löhne und Zinsen steigen und Überbeschäftigung herrscht. Die gesamtwirtschaftliche Nachfrage übersteigt das Ange-bot. Die Stabilität des Preisniveaus ist gefährdet.

O   Bereits beschlossene Ausgaben werden zurückgestellt, die dafür vorgesehenen Mittel werden in eine sogenannte Konjunkturausgleichsrücklage, das heißt in der Hochkonjunktur gebildete Rücklagen aus Steuermehreinnahmen, eingezahlt.

O   Die Aufnahme von Krediten durch den Staat wird verringert oder Kredite werden vorzeitig getilgt.

O   Zur Dämpfung der privaten Nachfrage kann vorübergehend die Lohn- und Einkom-mensteuer angehoben werden.

Konjunkturbelebende Maßnahmen
Abschwung und erst recht Depression sind gekennzeichnet durch steigende Arbeitslosigkeit und rückläufiges Wirtschaftswachstum.

o Der Staat beschließt zusätzliche Ausgaben, zum Beispiel Bauten und Subventionen. Diese werden meist durch zusätzliche Kreditaufnahme oder durch Konjunkturausgleichsrücklagen finanziert.

o Die private Nachfrage kann durch eine vorübergehende Senkung der Lohn- und Einkommensteuer angeregt werden.

o Investitionen der Wirtschaft werden steuerlich begünstigt.

Möglichkeiten und Grenzen der Konjunkturpolitik
Meist ist die Konjunkturbelebung erfolgreicher als die Konjunkturdämpfung. Es ist beispielsweise verhältnismäßig einfach, zusätzliche Staatsausgaben zu beschließen, eine Verringerung stößt dagegen auf erhebliche Schwierigkeiten. Ein großer Teil der Staatsausgaben besteht aus Löhnen und Gehältern, die nicht gekürzt werden können oder gesetzlich vorgeschrieben sind. Unter einer Kürzung öffentlicher Investitionen würde die Versorgung der Bevölkerung mit kollektiven Leistungen leiden. Auf Steuererhöhungen könnten die Betroffenen mit verringertem Sparen reagieren, die Nachfrage ginge dann nicht zurück. Allerdings können zusätzliche Leistungen in der Krise nur dann finanziert werden, wenn dies der öffentliche Schuldenstand noch zulässt. Kreditaufnahme belastet die Haushalte zukünftiger Jahre mit Zins- und Tilgungszahlungen, außerdem erhöhen sich die Zinsen, da der Staat auf den Kreditmärkten als zusätzlicher Nachfrager auftritt.

Geldpolitische Maßnahmen
Die **Preisstabilität** in den Ländern des Eurogebietes zu gewährleisten, ist vorrangige Aufgabe der **Europäischen Zentralbank (EZB)**. Soweit es mit diesem Ziel zu vereinbaren ist, unterstützt sie auch die allgemeine Wirtschaftspolitik. Mit ihren Maßnahmen versucht die EZB, den Geldumlauf zu steuern. Parallel dazu wird die wirtschaftliche Entwicklung ständig beobachtet, damit eventuelle Inflationsrisiken frühzeitig erkannt werden können. Durchgeführt wird

Europäische Zentralbank in Frankfurt am Main

die **Geldmengensteuerung durch die Festsetzung der Leitzinsen**, das sind die Zinssätze, zu denen die Kreditinstitute kurz- oder mittelfristig Geld beim Europäischen System der Zentralbanken (ESZB) beschaffen oder auch anlegen können. Dadurch beeinflusst die EZB das Kreditvolumen und die Kreditkosten der Banken.

Auf einen Blick

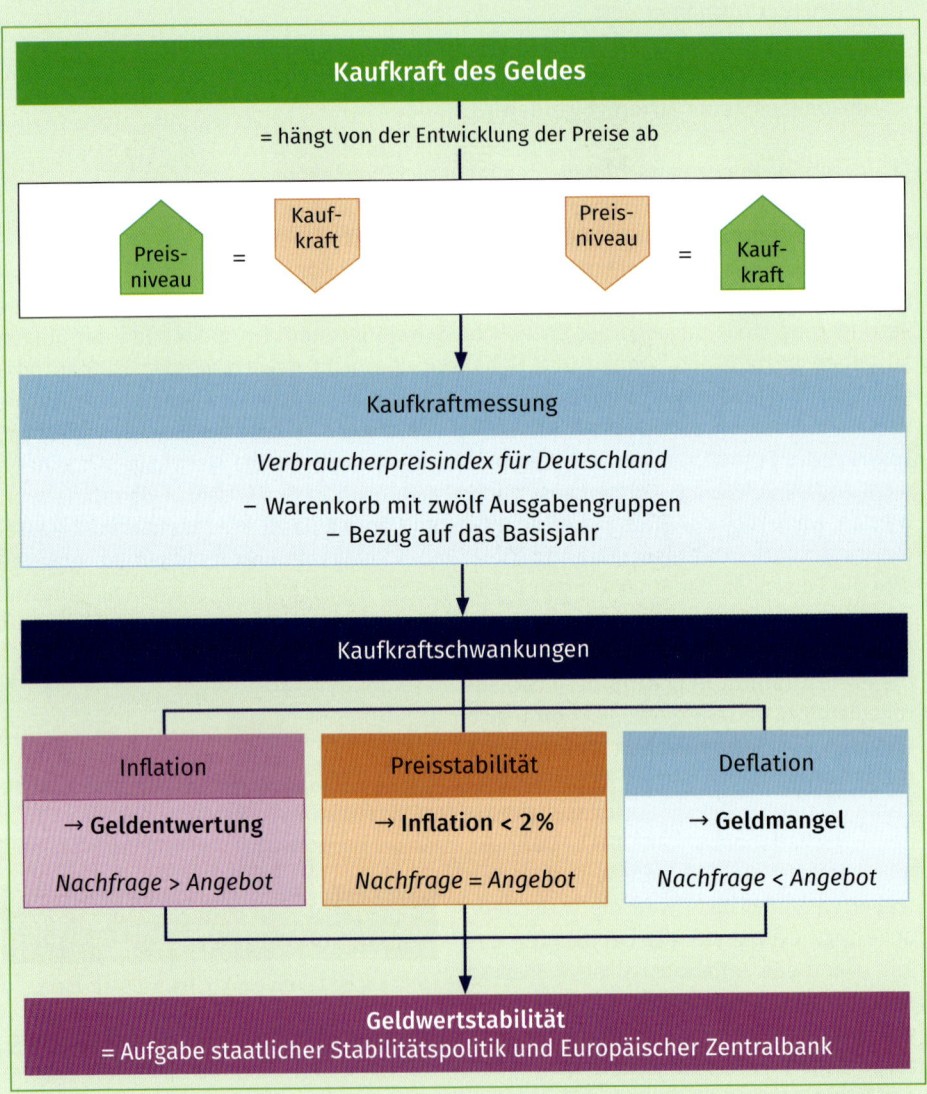

Gesamtwirtschaftliche Lage

Bruttoinlandsprodukt

Wert aller Güter und Dienstleistungen eines Landes in einem Jahr
- nominal: bewertet mit den Preisen des jeweiligen Jahres
- real: bewertet mit den Preisen eines bestimmten Basisjahres

Entstehung	Verteilung	Verwendung

– Land-, Forstwirtschaft
– Warenproduktion
– Baugewerbe
– Dienstleistungen
– Finanzierung, Vermie-
  tung, Handel, Verkehr
	– Einkommen aus un-
	  selbstständiger Arbeit
	  (Löhne, Gehälter)
	– Einkommen aus
	  Unternehmertätigkeit
	  und Vermögen
		– privater Verbrauch
		– Staatsverbrauch
		– Bruttoinvestitionen
		– Außenbeitrag
		  (Export – Import)

Konjunkturschwankungen

Auf und Ab der allgemeinen Wirtschaftstätigkeit,
gemessen an der Entwicklung des realen Bruttoinlandsproduktes

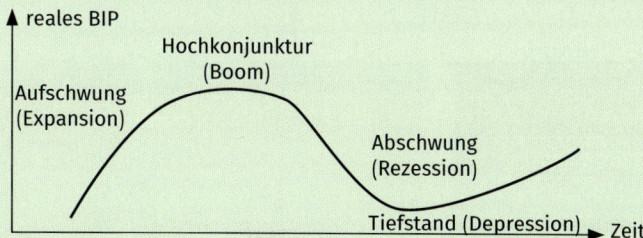

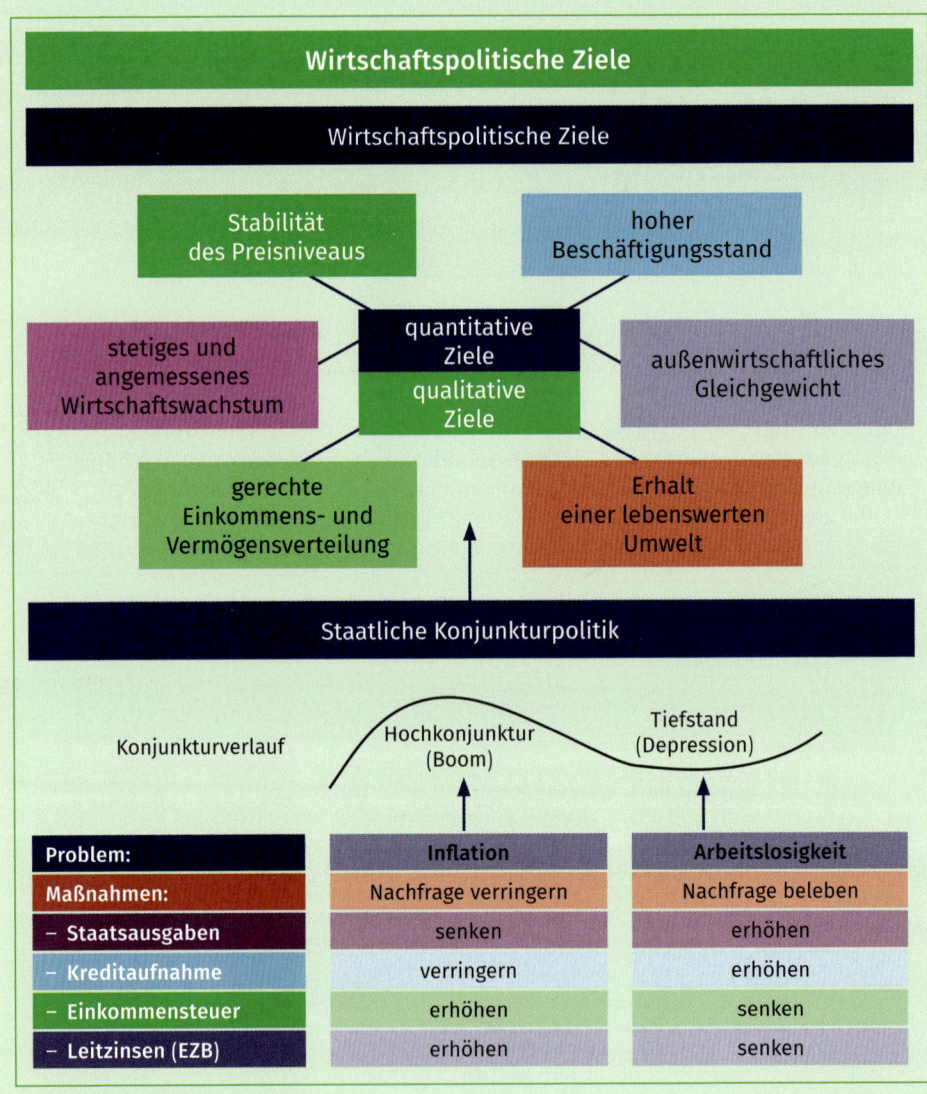

Wirtschaftspolitische Ziele

Wirtschaftspolitische Ziele

Stabilität des Preisniveaus		hoher Beschäftigungsstand
stetiges und angemessenes Wirtschaftswachstum	**quantitative Ziele** / **qualitative Ziele**	außenwirtschaftliches Gleichgewicht
gerechte Einkommens- und Vermögensverteilung		Erhalt einer lebenswerten Umwelt

Staatliche Konjunkturpolitik

Konjunkturverlauf — Hochkonjunktur (Boom) — Tiefstand (Depression)

Problem:	Inflation	Arbeitslosigkeit
Maßnahmen:	Nachfrage verringern	Nachfrage beleben
– Staatsausgaben	senken	erhöhen
– Kreditaufnahme	verringern	erhöhen
– Einkommensteuer	erhöhen	senken
– Leitzinsen (EZB)	erhöhen	senken

Kompetent handeln

> **Preisanstieg bei 2,4 %**
> Die Kosten für die Lebenshaltung aller privaten Haushalte sind gegenüber dem Vorjahr um 2,4 % gestiegen.

> **Aus einer Fernsehdiskussion**
> „Wir brauchen unbedingt 3 % Wirtschaftswachstum pro Jahr!"
> „Wachstum ja, aber nur ein ökologisch verträgliches Wachstum!"
> „Wir sollten in Zukunft ein Nullwachstum anstreben!"

> **Erhöhung der Leitzinsen**
> Aufgrund der konjunkturellen Entwicklung der letzten Wochen in den Euroländern ist damit zu rechnen, dass der Rat der Europäischen Zentralbank auf seiner nächsten Sitzung die Leitzinsen erhöhen wird.

1. Bearbeiten Sie mithilfe der Schlagzeile „Preisanstieg bei 2,4 %" die folgenden Aufgaben.
   a) Welche Auswirkungen hat der Preisanstieg für Verbraucher, welche für Sparer, welche für Schuldner?
   b) Wie wird der Preisanstieg ermittelt?

2. Weshalb verliert Geld bei einer galoppierenden Inflation nach und nach seine Funktion? (siehe auch S. 293)

3. Beschreiben Sie die Lohn-Preis-Spirale.

4. Erläutern Sie, warum sich eine Inflation unsozial auf die Bevölkerung auswirkt.

5. Laura und Caner unterhalten sich vor einer Klassenarbeit über das Bruttoinlandsprodukt. Laura behauptet, es sei gegenüber dem letzten Jahr um 3 % gestiegen, Caner dagegen meint, es sei um 1 % gesunken.
   a) Erklären Sie, weshalb beide recht haben können.
   b) Welche Leistungen werden im Bruttoinlandsprodukt erfasst, welche nicht?
   c) „Mit dem Anstieg des realen Bruttoinlandsproduktes steigt auch der Wohlstand der Bevölkerung."
   Befassen Sie sich kritisch mit dieser Aussage.

6. Seit Jahren kann man beobachten, dass die Anteile der Landwirtschaft und des produzierenden Gewerbes am Bruttoinlandsprodukt zurückgehen, während der Anteil der verschiedenen Dienstleistungen zunimmt.
   a) Nennen Sie Gründe für diese Veränderungen.
   b) Mit welchen Problemen ist zu rechnen, wenn sich dieser Trend weiter fortsetzt?

7. Das Auf und Ab der allgemeinen Wirtschaftstätigkeit bezeichnet man als Konjunktur.
   a) Beschreiben Sie die vier Abschnitte eines Konjunkturverlaufs.
   b) Weshalb kann eine Hochkonjunktur nach einer gewissen Zeit in eine Rezession umschlagen?
   c) In welchem Zusammenhang spricht man von Saisonschwankungen?

8. Adnan und Florian fragen sich, ob der Konjunkturverlauf der letzten Jahre genau dem Verlauf des in der Berufsschule behandelten Konjunkturzyklus' entspricht (aktuelle Daten über das Wachstum des realen Bruttoinlandsproduktes, siehe Grafik auf S. 291).

   a) Übertragen Sie die Daten in ein Koordinatensystem und skizzieren Sie den Konjunkturverlauf der letzten Jahre. (x-Achse: 1 Jahr = 2 cm und y-Achse: 1 % = 2 cm)
   b) Benennen Sie die verschiedenen Phasen (Abschnitte) der von Ihnen gezeichneten Konjunkturkurve.
   c) Beurteilen Sie anhand aktueller Wirtschaftsdaten, in welcher Konjunkturphase wir uns befinden.
   d) Welche Maßnahmen kann der Staat zur Belebung der Konjunktur einsetzen?

9. Bearbeiten Sie mithilfe der Aussagen „Aus einer Fernsehdiskussion" die folgenden Aufgaben.
   a) Welche Standpunkte verbergen sich hinter den drei Aussagen?
   b) Beschreiben Sie mögliche Konflikte zwischen Wirtschaftswachstum und Umweltschutz.
   c) Finden Sie Beispiele für ökologisch verträgliche Produkte bzw. Produktionsverfahren.

10. Ziehen Sie Schlüsse aus der Zeitungsmeldung „Erhöhung der Leitzinsen".

IV

Wir auf dem Weg in die berufliche Selbstständigkeit

1   Berufliche Selbstständigkeit abwägen
2   Eine Unternehmensgründung vorbereiten

1   Berufliche Selbstständigkeit abwägen

Nils Lohrmann hat vor fünf Jahren seine Ausbildung zum Kfz-Mechatroniker für Pkw-Technik bei einem Automobilhersteller erfolgreich abgeschlossen. Seitdem arbeitet er in einem Kfz-Betrieb.

Um seine Karriere weiter anzukurbeln, hat er bereits kurz nach Ausbildungsabschluss den Entschluss gefasst, sich zum Kraftfahrzeugtechnikermeister an der Bildungsakademie der Handwerkskammer Stuttgart fortzubilden. Dabei hat er immer sein Ziel einer beruflichen Selbstständigkeit vor Augen gehabt. Diese Weiterbildung hat ihm die notwendigen Kenntnisse für Theorie und Praxis eines Kfz-Betriebes, aber auch das Wissen, wie man einen solchen Betrieb in wirtschaftlicher Hinsicht führt, vermittelt. Eventuell kann er, sollte ihm der Schritt in die Selbstständigkeit gelingen, nun selbst junge Menschen ausbilden.

Nils Lohrmann weiß, dass der Schritt in die Existenzgründung nicht leicht wird. Er sucht sich kompetente Hilfe und meldet sich zum Beratungsgespräch bei der Handwerkskammer Stuttgart an.

? Welche Gründe führen Nils in die Selbstständigkeit?

Was ist auf dem Weg in die Selbstständigkeit zu beachten?

1.1 Motive für Selbstständigkeit

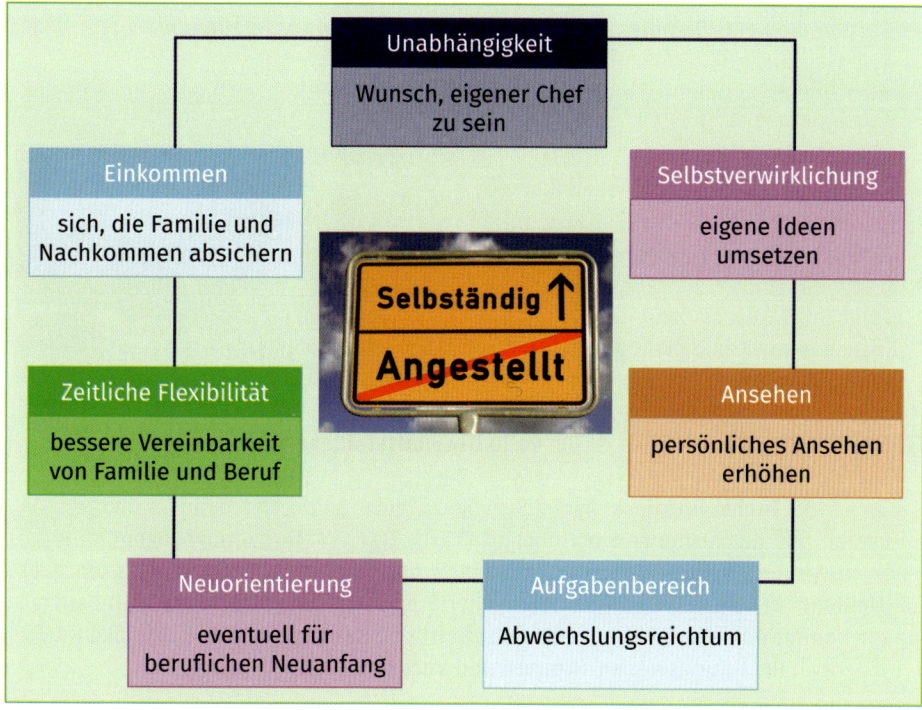

Es gibt die unterschiedlichsten **Motive**, warum Menschen den Weg in die Selbstständigkeit suchen und zum Existenzgründer werden. Die meisten Menschen brauchen ein klares Motiv, damit sie diesen bedeutsamen Schritt erfolgreich gehen können. Wichtig ist, sich vorher über die Gründungsmotivation klar zu werden. Bei manchen steht der Wunsch, der **eigene Chef** zu sein, im Vordergrund. Die meisten Menschen haben **eine Idee**, welche sie umsetzen bzw. verwirklichen wollen. Diese Idee ist nicht selten etwas „völlig Neues".

Vielleicht war das bisherige Aufgabenfeld aber auch zu einseitig, die berufliche Perspektiven für die eigene Karriere zu gering. Auch der Wunsch, Erfolg zu haben und **Ansehen** zu erwerben, kann bei einer Existenzgründung durchaus eine Rolle spielen.

Die Gründe und Motivation für eine Existenzgründung können vielseitig sein. Wichtig ist, sich diese immer wieder, gerade auch in schwierigen Phasen einer Unternehmensgründung, in Erinnerung zu rufen und zur Basis des eigenen Handelns zu machen.

1.2   Anforderungen an einen Unternehmer

Der Start in die Selbstständigkeit erfordert **persönliche Voraussetzungen**.

Gründer/-innen sollten über bestimmte Charaktereigenschaften verfügen, zum Beispiel:

- Eigeninitiative,
- psychische und physische Belastbarkeit,
- Risikobereitschaft,
- Verantwortungsbewusstsein,
- Kreativität,
- Durchsetzungsvermögen,
- Entscheidungsfreudigkeit und
- Selbstdisziplin.

Zur Ausübung eines Gewerbes ist die **volle Geschäftsfähigkeit** erforderlich.

Ausreichende **Fachkenntnisse** (fachliches Know-how) sollte der Gründer mitbringen, am besten aus der bisherigen beruflichen Praxis. Über Weiterbildungsangebote, Branchenkontakte und vorbereitende Praktika kann der Weg in die Selbstständigkeit auch auf „Neuland" erfolgen. Für einen erfolgreichen Weg in die Selbstständigkeit sind ausreichende **kaufmännische** und **betriebswirtschaftliche Kenntnisse** sowie Grundkenntnisse im Bereich **Rechnungswesen**, **Steuern** und **Vertragsrecht** Voraussetzung.

§ 1 Gewerbeordnung

Grundsatz der Gewerbefreiheit

(1) Der Betrieb eines Gewerbes ist jedermann gestattet, soweit nicht durch dieses Gesetz Ausnahmen oder Beschränkungen vorgeschrieben oder zugelassen sind.

Trotz Gewerbefreiheit erfordern verschiedene Gewerbezweige wegen ihrer Genehmigungspflicht **berufsbezogene Voraussetzungen**.

- **Einzelhandel:** Beim Handel, beispielsweise mit Milch oder Arzneimitteln, ist ein Sachkundenachweis notwendig.

- **Hotel- und Gaststättengewerbe:** Eine Erlaubnis erhalten nur zuverlässige Personen in geordneten Lebensverhältnissen, wenn sie bei der zuständigen IHK an einer entsprechenden Unterweisung teilgenommen haben.

- **Handwerk:** Eine Unternehmertätigkeit im Kernbereich eines Handwerks ist handwerksrollenpflichtig, das heißt, es sind eine Meisterprüfung und der Eintrag in die Handwerksrolle erforderlich. In einigen Berufen werden Gesellen auch ohne

Meisterbrief eingetragen, wenn sie sechs Jahre Berufspraxis besitzen und davon vier Jahre in leitender Funktion tätig waren.

Gewerbeanmeldung

Jeder Gewerbebetrieb muss beim zuständigen **Gewerbeamt** (Bürgermeisteramt, Gemeinde) angemeldet werden. Notwendig ist ein Personalausweis bzw. Pass sowie gegebenenfalls besondere Genehmigungen und Nachweise, zum Beispiel Handwerkskarte oder Konzessionen. Das Gewerbeamt leitet eine Kopie des Anmeldeformulars automatisch weiter an:

o   das **Finanzamt** zur Zuteilung einer Steuernummer,

o   die **Berufsgenossenschaft** zur Erfassung in der Unfallversicherung,

o   die **Handwerkskammer** zur Eintragung in die Handwerksrolle mit der vorliegenden Erlaubnis für handwerkliche Tätigkeit,

o   die **IHK** wegen gesetzlicher Zwangsmitgliedschaft in der Handelskammer,

o   das **Statistische Landesamt** zur Datenerhebung,

o   das **Handelsregister** (Amtsgericht) zur Eintragung der Rechtsform für Firmen im Sinne des Handelsgesetzbuches (HGB).

Bei der **Arbeitsagentur** muss zudem eine **Betriebsstätten-Nummer** beantragt werden. Mit den zuständigen **Versorgungsunternehmen** wie Stadtwerken oder Elektrizitätswerk sollten Lieferverträge für Wasser, Strom usw. abgeschlossen werden.

Werden Arbeitnehmer beschäftigt, so ist eine Anmeldung bei den **Sozialversicherungsträgern** erforderlich, das heißt bei einer gesetzlichen Krankenkasse, der gesetzlichen Rentenversicherung, der Bundesagentur für Arbeit und einer gesetzlichen Pflegekasse.

1.3   Chancen und Risiken der Selbstständigkeit

Geschäftsidee

Aus besonderen beruflichen Fähigkeiten des Existenzgründers, aus Marktlücken, aus der Kopie eines erfolgreichen Konzepts aus einem anderen Land und aufgrund technischer Neuentwicklungen können sich neue Geschäftsideen ergeben. Mit einem besonderen Service kann man sich von der Konkurrenz abheben. Informationen aus Zeitschriften, Wirtschaftsmagazinen und aktuelle Marktstudien der Marktforschungsinstitute können dabei helfen, eine gute Idee zu erkennen und ein Konzept zu entwickeln.

Standortwahl

Der Standort beeinflusst meist sehr langfristig den Umsatz, die erzielbaren Preise, die Kosten und somit den Gewinn. Fehlentscheidungen können zu hohen Kosten führen oder sogar die Existenz des Unternehmens bedrohen.

Bei der Wahl des Unternehmensstandorts sind deshalb eine Reihe von Einflussfaktoren zu berücksichtigen.

Einflussfaktoren auf den Unternehmensstandort	
Kundennähe	Gibt es genügend Kundschaft?
Verkehrsanbindung	Wie gut erreichbar ist der Standort für Kunden und Lieferanten?
Konkurrenz	Anzahl, Größe und Anziehungskraft der Mitanbieter?
Kosten	Wie hoch sind Miete, Energie und Steuern?
Arbeitskräfte	Bietet der Arbeitsmarkt geeignete Mitarbeiter? Wie hoch ist das Lohnniveau?
Behördliche Auflagen	Welche Umwelt- und Bauvorschriften gilt es nach dem Bebauungsplan zu beachten?

 Standortwahl = Kompromiss zwischen Kostenminimum und Nutzenoptimum

Wege in die Selbstständigkeit

Der erste Schritt in die Selbstständigkeit kann über eine **Klein-**, **Teilzeit-** oder **Nebenerwerbsgründung** mit geringem Risiko und geringem Kapitalbedarf erfolgen. Diese bieten die Möglichkeit, die eigene Befähigung und Tragfähigkeit der Geschäftsidee zu testen.

Eine **Betriebsneugründung** ermöglicht den Betriebsaufbau nach eigenen Vorstellungen mit unbelasteten Geschäftsbeziehungen. Während der Aufbauphase müssen ein Kundenstamm aufgebaut, eventuell geeignete Mitarbeiter eingestellt und ein „Ruf" erworben werden.

Gute Chancen zur Verwirklichung der Selbstständigkeit bietet eine **Betriebsübernahme** durch Kauf, Pacht, Schenkung oder Erbe. Man kann dabei auf ein erprobtes Konzept mit Kunden- und Personalstamm zurückgreifen.

Die **Beteiligung** an einem Betrieb sollte von dessen Zukunftsaussichten und den konkreten Regelungen des Gesellschaftsvertrags abhängig gemacht werden.

Die **Kooperation** setzt eine vertrauensvolle Zusammenarbeit zweier oder mehrerer **Partner** voraus. Die Vorteile liegen in der Aufteilung der Belastung (Risiko, Verantwortung). Die Stärken des Einzelnen können gezielt in verschiedenen Betriebsbereichen eingesetzt werden (Aufgabenteilung). Die Partner bringen fachliche Kenntnisse ein und tragen zur Finanzierung bei.

Beim **Franchising** (engl., Konzession, Zugeständnis) wird ein fertiges Unternehmenskonzept gekauft. Der **Franchisegeber** liefert Namen, Marke, Know-how und Marketing. Darüber hinaus gewährt er Bestandsschutz, das heißt, es gibt kein weiteres Unternehmen in der Umgebung. Gegen Gebühr räumt er dem **Franchisenehmer** das Recht ein, seine Waren und Dienstleistungen zu verkaufen.

Franchisetypen		
Typ	Erklärung	Beispiel
Vertriebsfranchising	Das Geschäft trägt den Namen des Franchisegebers und der Franchisenehmer verkauft bestimmte Waren in seinem Geschäft.	Toom, OBI, McDonald's, NORDSEE
Dienstleistungs-franchising	Der Franchisenehmer bietet Dienstleistungen unter den Geschäftsbeziehungen (Know-how) des Franchisegebers an und verpflichtet sich, bestimmte Richtlinien und Vorgaben einzuhalten.	Restaurantkette, Nachhilfe-Institute oder Bürodienstleistungen
Produktions-franchising	Der Franchisenehmer stellt nach Anweisung des Franchisegebers eine Ware selbst her. Er verkauft die Produkte unter dem Warenzeichen des Franchisegebers.	Getränkeabfüllbetrieb für Coca-Cola

Beispiele: Franchisegeber

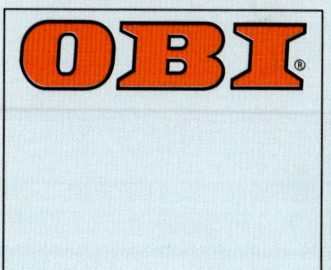

Der Entscheidungsspielraum des wirtschaftlich unabhängigen Franchisenehmers wird durch den Franchisevertrag eingeschränkt. Er erhält dafür ein umfassendes Leistungsangebot mit relativ hoher Sicherheit. Franchisenehmer sind in der Konkursstatistik seltener zu finden als andere Selbstständige. Dem Vertragsabschluss sollte eine juristische Beratung vorausgehen, um Knebelverträge mit unausgereiften Geschäftsideen zu vermeiden

Gründungshilfen

Informationsdefizite sind die zweithäufigste Ursache für das frühzeitige Aus junger Unternehmen. **Beratung** ist keine Nachhilfe, sondern **Entscheidungshilfe**. In der Anfangsphase und über die ersten fünf Jahre ist eine wiederholte Beratung unerlässlich.

In einer **Erstberatung** sollten geklärt werden:

1. Reichen die persönlichen und fachlichen Kenntnisse aus?
2. Stimmt die Markteinschätzung?
3. Sind die finanziellen Risiken überschaubar?
4. Lohnt es sich, das Risiko der Selbstständigkeit einzugehen?
5. Ist die Geschäftsidee Erfolg versprechend?
6. Sind die Pläne realisierbar?

Quelle: www.existenzgruender.de

Die Industrie- und Handelskammern (IHK), Handwerkskammern und die Fachverbände der Wirtschaft der einzelnen Branchen sowie Wirtschaftsinstitute bieten Informationen für Existenzgründer an. Kostenloses Informationsmaterial gibt es beim Bundesministerium für Wirtschaft und Energie (BMWi), den Landeswirtschaftsministerien sowie über die Kreditinstitute. Kammern und Verbände bieten neben Informations- und Schulungsveranstaltungen eine kostenlose, persönliche Existenzgründerberatung an:

○ Kreditinstitute beraten vorwiegend in Finanzierungsfragen.

○ Rechtsanwälte und Notare sind beim Erstellen von Verträgen erforderlich.

○ Steuerberater unterstützen beim Einrichten der Buchführung und beraten in Steuerfragen.

Die Europäische Union, Bund, Länder und Kommunen unterstützen die Existenzgründung durch öffentliche Förderprogramme. Sie bieten finanzielle Hilfe zu günstigen Konditionen. Diese müssen vor Beginn des Vorhabens über die Hausbank beantragt werden. Wichtige **Förderprogramme** für Existenzgründer sind beispielsweise:

- Eigenkapitalhilfeprogramm (EKH) der Deutschen Ausgleichsbank (DtA)
- Existenzgründungsprogramm der Landesbanken
- ERP-Existenzgründungsprogramm der Deutschen Ausgleichsbank (DtA)

Risiken einer Unternehmensgründung

Die Herausforderungen einer Existenzgründung müssen vom angehenden Unternehmer sehr gut abgewogen werden. Den Chancen stehen immer auch Risiken gegenüber:

- unsichere Einkommenssituation
- hohe Arbeitsbelastung
- fehlender familiärer Rückhalt
- finanzielles Risiko
- fehlende betriebswirtschaftliche und kaufmännische Kenntnisse
- fehlende Kenntnisse über Kunden und Wettbewerb

Nachsitzen für Unternehmensgründer

Von je 100 Teilnehmern an der IHK-Gründungsberatung ...

haben zu geringe kaufmännische Kenntnisse	**39**
haben sich zu wenig Gedanken zum Kundennutzen ihrer Geschäftsidee gemacht	**37**
haben die Finanzierung ihres Start-ups nicht gründlich durchdacht	**35**
haben unklare Vorstellungen über ihre Kundenzielgruppe	**33**
schätzen den möglichen Umsatz zu hoch ein	**32**
können ihre Produktidee nicht klar beschreiben	**23**
haben unzureichende Fach-/Branchenkenntnisse	**20**

Quelle: DIHK   Stand 2016   Mehrfachnennungen   © Globus 11988

Auf einen Blick

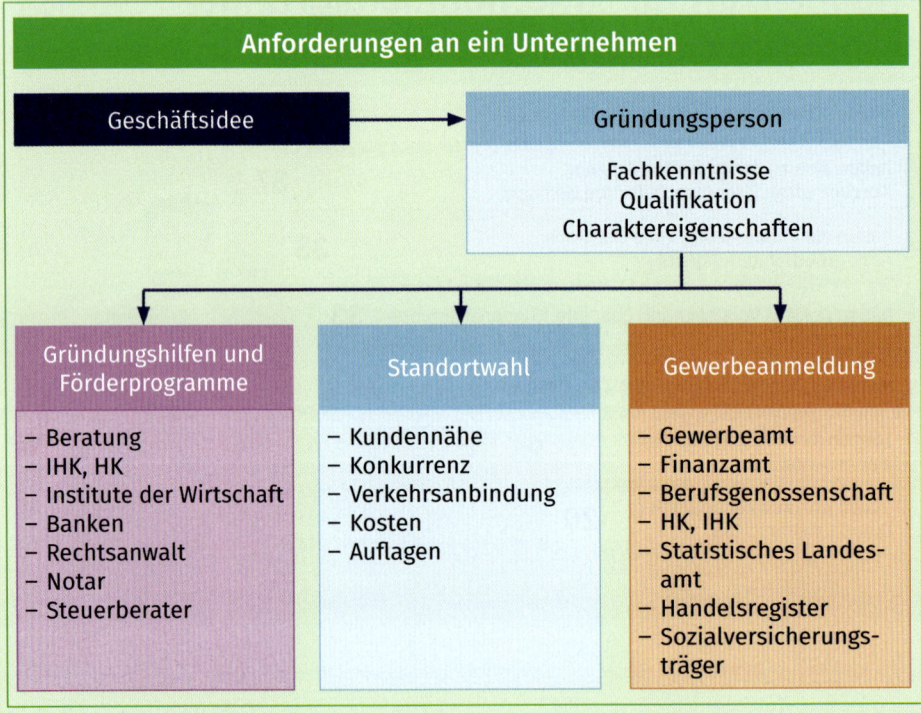

Motive für Selbstständigkeit

Unabhängigkeit
Selbstverwirklichung
persönliches Ansehen
abwechslungsreiche Aufgaben
Neuorientierung
zeitliche Flexibilität
Einkommen

Anforderungen an ein Unternehmen

Geschäftsidee → Gründungsperson

Fachkenntnisse
Qualifikation
Charaktereigenschaften

Gründungshilfen und Förderprogramme
- Beratung
- IHK, HK
- Institute der Wirtschaft
- Banken
- Rechtsanwalt
- Notar
- Steuerberater

Standortwahl
- Kundennähe
- Konkurrenz
- Verkehrsanbindung
- Kosten
- Auflagen

Gewerbeanmeldung
- Gewerbeamt
- Finanzamt
- Berufsgenossenschaft
- HK, IHK
- Statistisches Landesamt
- Handelsregister
- Sozialversicherungsträger

Kompetent handeln

Chancen und Risiken der Selbstständigkeit

Wege in die Selbstständigkeit	Risiken
– Kleingründung – Neugründung – Beteiligung – Kooperation – Franchising	– unsichere Einkommenssituation – hohe Arbeitsbelastung – fehlender familiärer Rückhalt – finanzielles Risiko – fehlende betriebswirtschaftliche und kaufmännische Kenntnisse – fehlende Kenntnisse über Kunden und Wettbewerb

1. Nennen Sie erforderliche persönliche Voraussetzungen, über die ein Existenzgründer verfügen sollte.

2. Welche Kenntnisse sind für eine Existenzgründung notwendig und welche Chancen und Risiken müssen beachtet werden?

3. Beschreiben Sie den notwendigen Anmeldevorgang zum Betreiben eines Gewerbebetriebs.

2   Eine Unternehmensgründung vorbereiten

Nils Lohrmann hat gründlich recherchiert und möchte nun seine Geschäftsidee umsetzen. Seine Berufserfahrung, die Weiterqualifizierung zum Kraftfahrzeugtechnikermeister und eine Erbschaft sind gute Voraussetzungen für die Gründung einer eigenen Kfz-Werkstatt.

Im nahegelegenen Gewerbegebiet hat er eine geeignete Fläche und Räumlichkeiten für seine Werkstatt gefunden.

Um zu prüfen, ob er seine Geschäftsidee auch erfolgreich umsetzen kann, will er mithilfe eines Mitarbeiters der Industrie- und Handelskammer einen Businessplan aufstellen. Dabei sind viele Fragen zu klären.

Der Gründungsberater der Industrie- und Handelskammer hat Nils Lohrmann angeraten, sich dafür schon einmal mit der Wahl der Rechtsform zu beschäftigen. Und natürlich spielt für den Erfolg seiner Werkstatt auch die richtige Einschätzung des Marktes eine Rolle – schließlich muss er sich als Existenzgründer bei seinen zukünftigen Kunden bekannt machen, einen Kundenstamm aufbauen und diesen halten. Will er das durch günstige Preise erreichen oder soll der Service im Mittelpunkt stehen?

Nils Lohrmann muss auch einen Finanzplan erstellen und eine Prognose für die betrieblichen Kosten treffen. Ein Bestandteil des Finanzplans ist der Kapitalbedarfsplan. Er hat von dem Gründungsberater den Tipp bekommen, einen Steuerberater zu beauftragen, um den Kapitalbedarf für seine Existenzgründung zu ermitteln. Um im ersten Gespräch nicht völlig unvorbereitet zu sein, möchte er sich aber schon im Vorfeld über die wichtigsten Positionen Klarheit verschaffen.

Der Businessplan (Geschäftsplan) stellt das Unternehmenskonzept, das Marktpotenzial, die Strategie und Rahmenbedingungen sowie den Kapitalbedarf des Unternehmens für einen bestimmten Zeitraum dar. Wichtig für potenzielle Investoren (Kapitalanleger) sind vor allem auch Informationen zum angestrebten Ertrag des Unternehmens.

Wo kann Nils Lohrmann weitere Informationen zur Erstellung eines Businessplans bekommen?

Für welche Rechtsform wird sich Nils Lohrmann entscheiden?

Überlegen Sie, welche Kosten Nils Lohrmann in seinem Kapitalbedarfsplan erfassen muss.

2.1 Inhalt eines Businessplans

Im Businessplan sollte die Geschäftsidee treffend beschrieben werden. Alle Erfolgs- und Risikofaktoren müssen aufgezeigt werden und die Ziele für die ersten Jahre formuliert sein.

Eine Hilfestellung zur Erarbeitung des Businessplans bietet folgende Checkliste.

Checkliste für Existenzgründer zur Erstellung eines Unternehmenskonzepts
1. Geschäftsidee
Was ist Ihre Geschäftsidee?
Welchen Nutzen hat Ihr Angebot?
Welchen zusätzlichen Nutzen, welche Leistung und Attraktivität bieten Sie gegenüber der Konkurrenz?
Welche Ziele (Qualitätsziele, Serviceziele, Wachstumsziele) haben Sie sich für Ihr Unternehmen gesetzt und wie wollen Sie diese erreichen?
2. Gründerprofil
Welche kaufmännischen Qualifikationen, Kontakte, Branchenerfahrungen und Referenzen haben Sie?
Welche Aufgaben übernehmen Sie im Unternehmen?

Checkliste für Existenzgründer zur Erstellung eines Unternehmenskonzepts

3. Markteinschätzung

Welche Kunden sprechen Sie an? (Klein- oder Großkunden, Privat- oder Geschäftskunden, Altersgruppe, Einkommensgruppe)

Wie groß ist das Marktvolumen?

Mit welcher Werbung erreichen Sie Ihre Kunden?

Inwieweit können Sie bereits vorhandene Kundenkontakte nutzen?

Für welche Strategie (eher Preis- oder Serviceorientierung) entscheiden Sie sich?

4. Wettbewerbssituation

Wer sind Ihre Konkurrenten?

Wo haben Ihre Mitbewerber Schwächen?

Was sind die Stärken Ihres Unternehmens (Zusatznutzen)?

Wie könnte die Konkurrenz reagieren und wie sieht Ihre Gegenreaktion aus?

5. Standort

Welche Standortbedingungen (Kunden-/Lieferanten-Nähe, Verkehrsanbindung, Mietpreisniveau, Objektzustand und Größe, Umfeld) sind für Ihr Unternehmen erforderlich?

6. Unternehmensführung

Mit wem – allein, Partner, Mitarbeiter, Lieferanten, Hersteller, Großhändler – wollen Sie Ihr Unternehmen beginnen (Rechtsform)?

Wie ist die Aufgabenverteilung?

Wie organisieren Sie Ihre Fertigung?

7. Finanzplanung

Kapitalbedarf für Gründung (Investitionsplan)

Eigen- und Fremdkapitalanteil

Kreditsicherheiten

Rentabilitätsvorschau (lohnt sich der Aufwand?)

8. Zukunftsaussichten (Prognose)

Welche Probleme könnten auftreten (Kunden bleiben aus, Nachahmer, Erstarkung der Mitbewerber, Personalmangel, Zahlungsunfähigkeit der Kunden)?

Können Sie Ihren Vorsprung durch zusätzlichen Nutzen oder eine zusätzliche Leistung halten bzw. ausbauen?

Quelle: vgl. Bundesministerium für Wirtschaft und Technologie (Hrsg.): Starthilfe. Der erfolgreiche Weg in die Selbstständigkeit, Berlin 2019. In: https://www.bmwi.de/Redaktion/DE/Publikationen/Mittelstand/starthilfe-der-erfolgreiche-weg-in-die-selbstaendigkeit.html [30.09.2019].

2.2   Rechtsformen von Unternehmen

Einen großen Einfluss auf die Entscheidung über die Rechtsform des Unternehmens haben die Unternehmensziele.

Privatunternehmen versorgen den Markt mit Gütern und sind bestrebt, durch ihre Tätigkeit einen Gewinn zu erzielen. Dieses Handeln nennt man **erwerbswirtschaftliches Prinzip**. Da der Gewinn dem Inhaber des Unternehmens zufließt, ist er bestrebt, den Gewinn zu maximieren. Die **Gewinnmaximierung** ist jedoch nicht das einzige Unternehmensziel.

Nach dem **ökonomischen Prinzip** (Wirtschaftlichkeitsprinzip) strebt der Unternehmer ein optimales Verhältnis zwischen Gewinn und Kapitaleinsatz (= **Rentabilität**) an. Um erfolgreich am Markt bestehen zu können, sind die Interessen aller Beteiligten (Mitarbeiter, Kunden, Eigentümer) zu berücksichtigen.

Mögliche Unternehmensziele		
Ziele	Beispiele	
Ökonomische Ziele	Wettbewerbsfähigkeit, ständige Verbesserung der Produktivität	
	hohes Qualitätsniveau der Produkte bzw. der Dienstleistungen	
	Innovation, Anpassung an die technische Entwicklung	
	Optimierung der betrieblichen Abläufe, bestmögliche Nutzung der Betriebsmittel, Vermeidung von Stillstandszeiten der Maschinen, optimale Gestaltung der Betriebsorganisation, kurze Entscheidungswege	
	strategische Ziele	Sicherung und Erweiterung der Marktanteile, Marktführerschaft
	Unternehmensphilosophie	Firmenimage, Prestige, Leitbild
	finanzwirtschaftliche Ziele	Rentabilität, Sicherung der Liquidität und Unabhängigkeit von Geldgebern, Entscheidungsfreiheit
Soziale Ziele	Identifikation der Mitarbeiter und Kunden mit dem Unternehmen	
	gerechte Entlohnung	
	Arbeitsplatzsicherung, Altersabsicherung	
Ökologische Ziele	Naturschutz	
	Abfallvermeidung, Verminderung von Emissionen und Reduzierung von Lärmbelästungen	
	Verwendung erneuerbarer Energien	

Mit der Unternehmensgründung stellt sich die Frage nach der **passenden Rechtsform**. Sie schafft die finanziellen, steuerlichen und rechtlichen Rahmenbedingungen des Unternehmens. Mehr als zwei Drittel aller Unternehmen in Deutschland sind Einzelunternehmen. Bei den Neugründungen dominiert die Gesellschaft mit beschränkter Haftung (GmbH).

Die „richtige" Rechtsform für ein Unternehmen gibt es nicht. Jede Form hat Vor- und Nachteile. Generell sind folgende Punkte zu bedenken:

o Anzahl der Gründer   o Buchführung
o Haftung   o Bilanzierung
o Fremd- oder Eigenfinanzierung   o Besteuerung
o Gestaltungsfreiheit

Die Rechtsformen lassen sich in Einzelunternehmungen, in die Gruppe der Personen- und Kapitalgesellschaften und Genossenschaften einteilen. Zu den Personengesellschaften zählen beispielsweise die GbR, die OHG und die KG, zu den Kapitalgesellschaften zum Beispiel die GmbH und die AG.

Die Einzelunternehmung

Bei der Einzelunternehmung, zum Beispiel ein Einzelhändler, Handwerksbetrieb oder landwirtschaftlicher Betrieb, hat nur ein einzelner Betriebsinhaber die Geschäftsbefugnis.

Der Inhaber ist für den betrieblichen Aufbau und die Führung des Betriebs allein verantwortlich. Das Entscheidungsrecht bei innerbetrieblichen Angelegenheiten (Leitung,
Planung) und das Recht, Anweisungen zu geben, liegt beim Alleininhaber, ebenso die
Vertretungsbefugnis. Nur der Inhaber hat das Recht, rechtswirksame Verträge abzuschließen. Folglich übernimmt er für alle Verpflichtungen die Verantwortung. Er bringt das
erforderliche Kapital auf und haftet für eventuelle Schulden als Vollhafter mit dem Ge-
schäftsvermögen und seinem Privatvermögen **(Vollhafter)**. Für diesen hohen Einsatz hat
er den alleinigen Anspruch auf den Gewinn.

Da jegliche Haftungsbeschränkung ausgeschlossen ist, ist diese Rechtsform mit hohem
Ansehen und hoher Kreditwürdigkeit verbunden. Sie eignet sich zum Einstieg und für
Kleingewerbetreibende, bei denen die Umsätze und der Geschäftsverkehr keine vollkauf-
männische Einrichtung wie beispielsweise eine Buchhaltung erfordern. Den Kleingewer-
betreibenden ist der Eintrag ins Handelsregister freigestellt. Mit dem Eintrag ins **Handelsregister** übernimmt man alle Rechte und Pflichten eines Kaufmanns.

Es ist dann der **Rechtsformzusatz** „Eingetragener Kaufmann" bzw. „Eingetragene Kauf-
frau" dem Firmennamen aus Vor- und Familiennamen anzufügen.

> **Beispiel:**
> So wird aus der Firma „Nils Lohrmann" durch den Eintrag „Nils Lohrmann e. K.".

Mit dem Erreichen einer bestimmten Unternehmensgröße ist die Eintragung als Kauf-
mann/Kauffrau (Ist-Kaufmann) ins Handelsregister erforderlich.

Beim Ist-Kaufmann muss im Gegensatz zum Nichtkaufmann der Firmenname nicht mehr
den Vor- und Nachnamen des Inhabers enthalten.

> **Beispiel:**
> „Nils Lohrmann e. K." könnte seine Firma auch „car repair e. K." nennen.

Einzelunternehmung	
Vorteile	**Nachteile**
alleinige Verfügung über den Gewinn	unbeschränkte Haftung mit dem Geschäfts- und Privatvermögen
schnelle Entscheidungsfindung	alleiniges Risiko
hohe Flexibilität, schnelle Anpassung an wirtschaftliche Veränderungen	begrenzte Kapitalkraft und Kapital- beschaffungsmöglichkeiten
große Unabhängigkeit gegenüber Andersdenkenden	eventuell problematische Nachfolge und Unternehmensübergabe
	unbeschränkte Haftung mit dem Geschäfts- und Privatvermögen

Personengesellschaften

 Bei Personengesellschaften schließen sich zwei oder mehrere natürliche oder juristische Personen zusammen, um ein Unternehmen zu betreiben.

Dabei muss mindestens eine Person mit ihrem gesamten Geschäfts- und Privatvermögen haften. Vielfach ergibt sich eine Personengesellschaft aus der Umwandlung einer Einzelunternehmung, um die Kapitalkraft und Kreditwürdigkeit zu steigern. Haftung, Risiko und Arbeitsbelastung können auf mehrere Schultern verteilt werden. Über die Umwandlung können Fachkräfte für das Unternehmen gewonnen oder Verwandte beteiligt werden. Die Gründung einer Personengesellschaft kann bedingt durch Alter oder im Erbfall erforderlich werden.

Die Gesellschaft des bürgerlichen Rechts (GbR), die offene Handelsgesellschaft (OHG) und die Kommanditgesellschaft (KG) sind wichtige Personengesellschaften.

Gesellschaft des bürgerlichen Rechts (GbR)

Die GbR ist der einfachste Weg, wenn zwei oder mehrere Personen ein Unternehmen gründen wollen. Rechtsgrundlage ist das BGB (§ 705 ff.). Deshalb wird die GbR auch BGB-Gesellschaft genannt. Vertraglich sind Art und Zweck der Gesellschaft, Einlagenhöhe, Geschäftsführung und Vertretung, Auflösung der GbR, Gewinn- und Verlustverteilung, Todesfall oder Ausscheiden eines Gesellschafters schriftlich festzulegen. Die Schriftform ist empfehlenswert, aber nicht zwingend vorgeschrieben. Auch mündliche Abmachungen können als Vertrag gelten (zum Beispiel Lotto- und Fahrgemeinschaften). Ohne vertragliche Vereinbarung müssen alle Gesellschafter jedem abzuschließenden Geschäft (BGB § 709 Gemeinsame Geschäftsführung) zustimmen. Die Vertretung nach außen steht ebenfalls allen Gesellschaftern (BGB § 714 Vertretungsbefugnis) zu. Es ist kein Mindestkapital vorgeschrieben und jedem Gesellschafter steht der gleiche Gewinnanteil zu. Als eingeschränkte Rechtspersönlichkeit kann die GbR nicht ins Handelsregister eingetragen werden. Alle Gesellschafter haften mit ihrem Privatvermögen. Bei dieser Rechtsform steht die Mitarbeit der Gesellschafter im gemeinsamen Betrieb im Vordergrund. Verglichen mit der Einzelunternehmung entstehen keine steuerlichen Nachteile.

Offene Handelsgesellschaft (OHG)

Die OHG ist der Zusammenschluss mindestens zweier Gesellschafter (natürliche oder juristische Person), die gemeinsam ein Unternehmen betreiben wollen. Der Firmenname kann aus den Familiennamen aller Gesellschafter bestehen, muss aber den Namen mindestens eines Gesellschafters mit dem **Rechtsformzusatz** „OHG" enthalten.

 Beispiele:
„Lohrmann & Schäfer OHG", „Lohrmann OHG", „Schäfer OHG"

Zur Gründung der OHG legen die beteiligten Personen in einem **Gesellschaftsvertrag** die Rechtsbeziehung untereinander (Innenverhältnis) und das Verhältnis gegenüber Außenstehenden (Außenverhältnis) fest. Rechtsgrundlage ist das Handelsgesetzbuch (§§ 106– 160 HGB). Ergänzend gelten §§ 705 ff. BGB über die GbR. Zur Gründung der OHG ist kein bestimmtes Mindestkapital erforderlich. Die Kapitaleinlage kann als Geld-, Sach- oder Dienstleistung (kaufmännische oder technische Qualifikation) erfolgen. Die Höhe der Einlage wird im Gesellschaftsvertrag festgelegt.

Nach dem HGB ist jeder Mitinhaber zur Geschäftsführung und Vertretung der Firma berechtigt und verpflichtet. Das heißt, jeder Gesellschafter kann Geschäfte mit Dritten (Lieferanten, Kunden, Banken) abschließen, die für die übrigen Gesellschafter bindend sind. Bei der Gewinnverteilung erhält jeder Gesellschafter zunächst 4 % auf seine Kapitaleinlage. Der restliche Gewinn wird nach Köpfen verteilt. Eventuelle Verluste werden ebenfalls pro Kopf aufgeteilt.

Die Haftung der Gesellschafter ist bei der OHG umfassend. Jeder Gesellschafter haftet **unmittelbar**, das heißt persönlich und **unbeschränkt**, mit seiner Kapitaleinlage und dem Privatvermögen (Vollhafter) sowie **gesamtschuldnerisch**. Das heißt, jeder Gesellschafter haftet für die gesamten Schulden der OHG, auch für die Schulden der Mitgesellschafter. Da alle Gesellschafter persönlich haften, kann sich der Gläubiger heraussuchen, welchen Gesellschafter er zur Haftung heranziehen möchte.

Aufgrund der unbeschränkten und gesamtschuldnerischen (solidarischen) Haftung besitzt diese Rechtsform eine hervorragende Kreditwürdigkeit und ist nur für Vollkaufleute geeignet. Voraussetzung für die Gründung einer OHG sind eine gute Zusammenarbeit und ein entsprechendes Vertrauensverhältnis zwischen den Gesellschaftern.

Kommanditgesellschaft (KG)
Die Kommanditgesellschaft ähnelt weitgehend der OHG. Im Wesentlichen unterscheidet sie sich durch die zwei Arten von Gesellschaftern (§ 161 ff. HGB). Bei den Gesellschaftern wird unterschieden zwischen **Komplementären** als Vollhaftern und **Kommanditisten** als Teilhaftern.

Die Komplementäre führen als persönlich haftende Gesellschafter allein die Geschäfte und vertreten die KG nach außen. Sie haften nicht nur mit ihrer Kapitaleinlage, sondern zusätzlich mit ihrem Privatvermögen. Die Kommanditisten dagegen haften nur beschränkt mit ihrer Kapitaleinlage und sind zur Geschäftsführung nicht berechtigt oder verpflichtet. Dafür steht den Kommanditisten ein Kontrollrecht zu. Sie können Einsicht in die Bücher nehmen und eine Bilanzabschrift verlangen. Bei außergewöhnlichen Geschäften besitzen sie ein Widerspruchsrecht. Zunächst erhalten die Kommanditisten vom Gewinn 4 % auf ihre Kapitaleinlage. Der restliche Gewinn ist in angemessenem Verhältnis zu verteilen, ebenso ein eventueller Verlust. Wie bei der OHG regelt ein Gesellschaftervertrag die Gewinn- und Verlustverteilung.

Der Firmennamen einer KG darf nur den Namen der/des Vollhafter(s) mit dem Zusatz „Kommanditgesellschaft" enthalten.

Beispiele:
„Lohrmann & Gerner KG", „Lohrmann KG"

Die KG eignet sich besonders, wenn einzelne Gesellschafter keine volle Haftung tragen und auch nicht persönlich in der Unternehmung tätig werden wollen.

Kapitalgesellschaften

Im Gegensatz zu den Personengesellschaften steht bei den Kapitalgesellschaften die Aufbringung größerer Kapitalbeträge durch die Gesellschafter im Vordergrund und nicht die „Persönlichkeit" der Gesellschafter und deren Mitarbeit im Unternehmen. Die Gesellschafter haften nur mit ihrer Kapitaleinlage und nicht mit ihrem Privatvermögen. Die Anteile der Gesellschafter an der Kapitalgesellschaft sind übertragbar, ohne dass der Bestand beeinflusst wird.

Die Kapitalgesellschaft hat eine eigene Rechtspersönlichkeit. Als **juristische Person** kann sie Geschäfte tätigen, Verträge abschließen und vor Gericht verklagt werden wie jede natürliche Person. Kapitalgesellschaften entstehen durch den Eintrag in das Handelsregister.

Die häufigsten Kapitalgesellschaften sind die Gesellschaft mit beschränkter Haftung (GmbH) und die Aktiengesellschaft (AG).

Gesellschaft mit beschränkter Haftung (GmbH)
Die GmbH ist eine eigenständige juristische Person. Zur Gründung ist ein Stammkapital (Mindestkapital) von 25 000,00 € erforderlich. Das Stammkapital kann von einer Person (Ein-Mann-GmbH) aufgebracht werden oder von mehreren. Die Gesellschafter sind mit ihren Geschäftsanteilen am Stammkapital der GmbH beteiligt. Eine Stammeinlage (ein Geschäftsanteil) muss mindestens 1,00 € betragen.

Die Haftung der Gesellschaft beschränkt sich auf das Gesellschaftsvermögen. Die Gesellschafter haften ausschließlich mit ihren Geschäftsanteilen, also nicht mit ihrem Privatvermögen. Die Gewinnverteilung erfolgt gemäß den Geschäftsanteilen am Stammkapital.

Aus dem Firmennamen muss die Rechtsform „Gesellschaft mit beschränkter Haftung" ersichtlich sein.

Beispiele:
„Lohrmann GmbH" oder „car repair GmbH"

Organe der GmbH
Unabhängig vom Mitgliederbestand hat sie mindestens zwei selbstständige Organe, den oder die **Geschäftsführer** und die **Gesellschafterversammlung**. Die Bestellung eines **Aufsichtsrates** ist zulässig, aber nicht in jedem Fall notwendig.

Die Geschäftsführung ist das leitende Organ. Sie wird von der Gesellschafterversammlung bestellt und besteht aus einer oder mehreren Personen. Diese können Gesellschafter sein oder ein angestellter Geschäftsführer. Als Kontrollgremium kontrolliert die Gesellschafterversammlung die Geschäftsführung und entscheidet unter anderem über die Verwendung des Jahresgewinns. Der Aufsichtsrat muss als Kontrollorgan aus Vertretern der Kapitalgeber und der Arbeitnehmer gebildet werden, wenn die GmbH mehr als 500 Beschäftigte hat.

Wegen ihrer beschränkten Haftung ist die GmbH eine häufig gewählte Rechtsform. Kreditgeber achten jedoch bei der Kreditaufnahme auf ausreichende Sicherheit und räumen der GmbH keinen sehr hohen Kreditrahmen ein.

GmbH & Co. KG
Die GmbH & Co. KG (Gesellschaft mit beschränkter Haftung & Compagnie Kommanditgesellschaft) ist eine häufige Unternehmensform. Bei dieser **Sonderform der Kommanditgesellschaft** ist der persönlich haftende Gesellschafter (Komplementär = Vollhafter) keine natürliche Person, sondern eine GmbH (juristische Person). Die Kommanditisten der KG sind in der Regel auch Gesellschafter der GmbH. Die GmbH & Co. KG bietet neben steuerlichen Vorteilen die Möglichkeit, das Privatvermögen aus der Haftung auszuschließen.

Haftungsbeschränkte Unternehmensgesellschaft
Die haftungsbeschränkte Unternehmergesellschaft, kurz: **UG (haftungsbeschränkt)**, wurde als existenzgründerfreundliche Variante der herkömmlichen GmbH eingeführt. Diese auch als Mini-GmbH bezeichnete Rechtsform unterliegt dem GmbH-Gesetz. Mit der Anwendung des im GmbHG verankerten Musterprotokolls ist eine schnelle und kostengünstige Gründung möglich. Für die notarielle Beglaubigung sind in der Regel 30,00 € ausreichend. Das Stammkapital der UG (haftungsbeschränkt) beträgt mindestens 1,00 € und ist vor Anmeldung im Handelsregister in bar zu erbringen. Sacheinlagen sind ausgeschlossen. Es muss jedoch so lange ein Viertel des jährlichen Jahresüberschusses angespart (Bildung einer gesetzlichen Rücklage) werden, bis das gesetzliche Mindestkapital einer üblichen GmbH von 25 000,00 € erreicht ist. Deshalb wird die UG (haftungsbeschränkt) auch als „Ansparungs-GmbH" bezeichnet.

Der Firmenname muss den Rechtsfortsatz UG (haftungsbeschränkt) aufweisen. Die UG (haftungsbeschränkt) kann in eine reguläre GmbH umgewandelt werden, wenn das Stammkapital von 25 000,00 € angespart ist. Die „Mini-GmbH" ist für Unternehmensgründungen gedacht, für die ein geringer Kapitalbedarf ausreicht.

Aktiengesellschaft (AG)
Die wirtschaftlich bedeutendste Kapitalgesellschaft ist die Aktiengesellschaft (AG). Bei dieser Rechtsform als eigenständige juristische Person handelt es sich um eine Kapitalgesellschaft, die das Grundkapital in Aktien zerlegt hat. Die **Aktionäre** (Gesellschafter) sind über **Aktien** (Anteile) am Grundkapital der Aktiengesellschaft beteiligt und haften nur mit ihren Aktien.

Das Grundkapital einer AG beträgt mindestens 50 000,00 € (Mindestkapital). Sie kann von einer oder mehreren natürlichen oder juristischen Personen gegründet werden. Der

Gesellschaftsvertrag (Satzung) muss notariell beurkundet werden. Es gibt Nennbetrags-aktien und Stückaktien.

Nennbetragsaktien lauten auf einen bestimmten Nennbetrag. Der Mindestbetrag einer Aktie beträgt 1,00 €. Höhere Nennbeträge müssen auf volle Euro lauten. Die Summe aller Nennbeträge entspricht dem Grundkapital der AG.

Stückaktien weisen keinen Nennwert auf, haben aber rechnerisch einen. Die Anzahl der aus-gegebenen Stückaktien ist nur der Satzung zu entnehmen und nicht auf der Aktie vermerkt.

Beispiel:
Das Grundkapital einer AG beträgt 5 Mio. €. Es sind 2,5 Mio. Stückaktien ausgegeben.

Rechnerischer Anteil = 5 Mio. €/2,5 Mio. Aktien. = 2,00 € pro Aktie.

Ein Aktionär besitzt 10 000 Stückaktien.

Sein Anteil = 2,00 € × 10 000 Stück = 20 000,00 € oder 0,4 % am Grundkapital.

Der **Kurswert** (Preis) einer Aktie wird über den Handel durch Angebot und Nachfrage an den Wertpapierbörsen ermittelt. Meist ist der ermittelte Kurswert höher als der Nenn-wert. Die **Dividende** wird als Anteil am Gewinn der AG in Euro pro Aktie an die Aktionäre ausbezahlt.

Organe der Aktiengesellschaft (AG)
Die **Hauptversammlung** besteht aus allen Aktionären und wählt die Mitglieder des Auf-sichtsrates. Sie entscheidet über eine mögliche Grundkapitalerhöhung und die Gewinn-verwendung. Der **Aufsichtsrat** bestellt den Vorstand und beruft ihn ab. Er überwacht die Geschäftsführung, prüft den Jahresabschluss und berichtet darüber der Hauptversamm-lung. Der **Vorstand** wird vom Aufsichtsrat bestellt und kontrolliert. Besteht der Vorstand aus mehreren Personen, wird ein **Vorstandssprecher** ernannt. Er vertritt die AG nach außen (gerichtlich und außergerichtlich) und ihm obliegt die Geschäftsführung.

Öffentliche Unternehmen

Die öffentlichen Unternehmen (Wirtschaftsbetriebe der öffentlichen Hand) sind im Be-reich der Gemeinden, Landkreise, Länder und beim Bund angesiedelt. Diese Betriebe arbeiten nach dem **Bedarfsdeckungsprinzip** und versorgen die Bevölkerung mit Gütern und Dienstleistungen bestmöglich. Sie sind in Wirtschaftsbereichen tätig, an denen Pri-vatunternehmen wegen fehlendem Gewinnanreiz kein Interesse haben.

Beispiel:
Kommunale Wasserwerke versorgen auch abgelegene Einzelgehöfte mit Frischwasser.

Bereiche mit hohem öffentlichem Interesse will man nicht dem privaten Gewinnstreben überlassen. Die gemeinwirtschaftliche Tätigkeit der öffentlichen Unternehmen ist auf unterschiedliche Ziele ausgerichtet.

Gemeinwirtschaftliche Tätigkeit öffentlicher Unternehmen		
Ziel	Erklärung	Beispiel
Bedarfsdeckung	flächendeckende Versorgung der Bevölkerung mit wichtigen Gütern und Dienstleistungen	Gas, Wasser, Abwasser
Kostendeckung	Die Aufwendungen (Kosten) der öffentlichen Unternehmen sollten durch die Gebühren (Preise) für die Inanspruchnahme der Leistungen gedeckt werden.	kostendeckende Wasser-, Abwasser- und Müllgebühren
Verlustminderung	Nicht alle Leistungen sind mit Rücksicht auf das Allgemeinwohl kostendeckend anzubieten, Verluste werden durch Trägerzuschüsse aus Steuermitteln ausgeglichen.	öffentlicher Personennahverkehr (ÖPNV), öffentliche Bäder, Theater, Bibliotheken und Museen
Angemessenheitsprinzip	Gemeinwirtschaftliche Unternehmen ersetzen bewusst die Gewinnmaximierung durch eine angemessene Gewinnerzielung.	Gewinne aus Energieversorgungsbetrieben werden als Konzessionsabgabe für die Nutzung und Instandhaltung des Leitungsnetzes oder zum Verlustausgleich defizitärer öffentlicher Unternehmensbereiche herangezogen.

Bei erwerbswirtschaftlich geführten Betrieben ist der Zwang zum rationellen Einsatz der Produktionsfaktoren sehr groß. Deshalb besteht eine Tendenz zur Privatisierung öffentlicher Unternehmen. Um die Grundversorgung der Bevölkerung zu gewährleisten, behält sich die öffentliche Hand bei einer eventuellen Privatisierung öffentlicher Unternehmen eine Beteiligung vor. Unternehmen mit einer staatlichen bzw. kommunalen Beteiligung von mindestens 51 % gelten als öffentliche Unternehmen.

Genossenschaften

Bei den Genossenschaften steht nicht die Gewinnerzielung im Vordergrund, sondern die gemeinsame **wirtschaftliche Förderung** ihrer Mitglieder.

Beispiele:
Ziel einer Bürgergenossenschaft ist beispielsweise die Energieversorgung mit Bürgerbeteiligung, der Erhalt lokaler Brautradition oder die Rettung des örtlichen Freibads. Andere Genossenschaften sind auf die Schaffung von Wohnraum, günstigen Einkaufsmöglichkeiten oder den Vertrieb der erzeugten Waren ausgerichtet.

Die Gründung erfolgt durch mindestens drei Personen (Genossen), die eine Satzung (das Statut) für die Genossenschaft aufzustellen und die Organe zu wählen haben. Die Mitgliederzahl ist nach oben unbegrenzt.

Kennzeichen einer Genossenschaft
- Personenvereinigung mit wirtschaftlicher Förderungsaufgabe
- gleichberechtigte Mitglieder unabhängig von der Höhe der Kapitalbeteiligung
- gemeinschaftlicher Geschäftsbetrieb

Die Genossenschaft ist als solidarische Selbsthilfe ein privatwirtschaftlich ausgerichtetes Unternehmen. Die Kapitaleinlagen der Mitglieder nennt man Geschäftsanteile. Wegen der offenen Zahl der Mitglieder richtet sich das Grundkapital nach den Geschäftsanteilen der ein- bzw. austretenden Genossen. Der Austritt bedarf einer längerfristigen Kündigung. Die Genossenschaft haftet mit ihrem Vermögen. Die Haftung der Genossen beschränkt sich normalerweise auf die Höhe ihrer Kapitaleinlage. In der Satzung (Statut) ist die Nachschusspflicht geregelt, das heißt, ob die Genossen im Konkursfall eine beschränkte oder unbeschränkte Nachschusszahlung leisten müssen.

Organe der Genossenschaften
Die **Generalversammlung** wird von den Mitgliedern der Genossenschaft gebildet und ist oberstes und beschließendes Organ. In der Regel haben die Genossen – unabhängig von Anzahl und Höhe der Geschäftsanteile – bei Beschlüssen nur eine Stimme.

Der **Aufsichtsrat** als überwachendes Organ kontrolliert die Tätigkeit des Vorstandes und besteht aus mindestens drei Mitgliedern. Er prüft den Jahresabschluss, leitet die Generalversammlung und berichtet über die durchgeführte Prüfung. Bei Genossenschaften mit mehr als 500 Beschäftigten ist der Aufsichtsrat nach dem Mitbestimmungsgesetz aus Vertretern der Mitglieder und der Arbeitnehmer zu bilden.

Der **Vorstand** als leitendes Organ wird von der Generalversammlung gewählt. Er führt die Geschäfte und vertritt die Genossenschaft nach außen. Durch die Anmeldung des Vorstands wird die Genossenschaft in das Genossenschaftsregister eingetragen und erhält dadurch als „Genossenschaft eG" (eG = eingetragene Genossenschaft) ihre **Rechtsfähigkeit als juristische Person**.

Einteilung der Genossenschaftsarten nach ihren Zielen		
Genossenschaft	Ziel	Beispiel
Kreditgenossenschaft	Gewährung günstiger Kredite an ihre Mitglieder, besonders Förderung des gewerblichen und landwirtschaftlichen Mittelstandes	Volks- und Raiffeisenbank

Einteilung der Genossenschaftsarten nach ihren Zielen		
Genossenschaft	Ziel	Beispiel
Einkaufs-genossenschaft	Einkauf von Roh-, Hilfs- und Betriebsstoffen, Maschinen, Waren und Anlagen. Beispiel: Metzger-, Bäcker- und Einzelhandelseinkaufsgenossenschaften	Lebensmittelbereich, zum Beispiel Edeka
Baugenossenschaft	Schaffung von günstigem Wohnraum	Baugenossenschaft Esslingen
Betriebs-genossenschaft	gemeinsame Finanzierung und Nutzung von Maschinen und Anlagen	landwirtschaftlicher Maschinenring, Bürgergenossenschaft zur wirtschaftlichen Nutzung regenerativer Energie
Konsum-genossenschaft	Verbrauchergenossenschaft, die ihren Mitgliedern durch Großeinkauf preisgünstige Güter des täglichen Bedarfs beschafft	Konsumgenossenschaft, Coop
Bezugs- und Absatzgenossenschaften	Genossenschaft der Landwirte	
	• zum Bezug benötigter Betriebsmittel	• Saatgut, Pflanzenschutz-, Düngemittel
	• als Investitionsgüter	• Landmaschinen
	• zum Vertrieb der Produkte	• Getreide, Kartoffeln, Obst
Produktions-genossenschaft	auch Verwertungsgenossenschaft; zur Be- oder Verarbeitung und Vermarktung von Rohstoffen, die von den Mitgliedern angeliefert werden	Molkereien, Winzergenossenschaften

2.3 Marketing

Marketing ist die konsequente Ausrichtung des Unternehmens an den Bedürfnissen des Marktes. Das heißt, dass die Bedürfnisse der Nachfrager im Zentrum der Unternehmensführung stehen müssen.

Werbung allein reicht heute nicht mehr aus, um ein Unternehmen mit guten Produkten zum wirtschaftlichen Erfolg zu führen. Zur Gewinnung von Käufern ist ein erfolgreiches Marketing erforderlich. Existenzgründer müssen zunächst für ihre Produkte einen Markt aufbauen. In der Folge müssen sie sich auf diesem Markt durchsetzen, neue Märkte erobern und diese halten.

Dazu steht ein **Marketingmix** aus den Marketinginstrumenten Produktpolitik, Preispolitik, Vertriebspolitik (Distributionspolitik) und Kommunikationspolitik (Promotion) zur Verfügung.

Ein Marketingmix ist der zielgerichtete Einsatz und die Kombination der verschiedenen Marketinginstrumente.

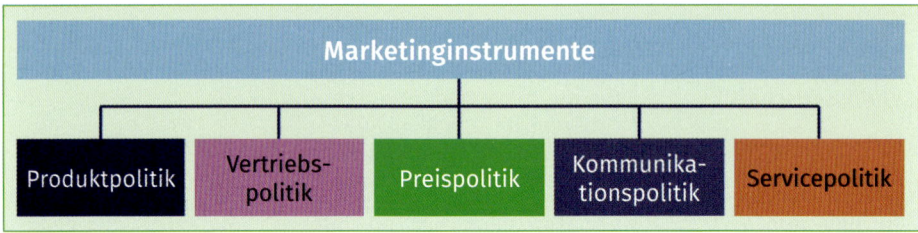

Produktpolitik

Nur wenige Produkte sind dauerhaft auf dem Markt erfolgreich. Produkte erleben einen Lebenszyklus von der Einführung über die Blüte bis zur Alterung. Mode und technischer Fortschritt lassen Produkte altern. Um den Marktanteil zu sichern, muss die Produktpalette ständig überarbeitet werden.

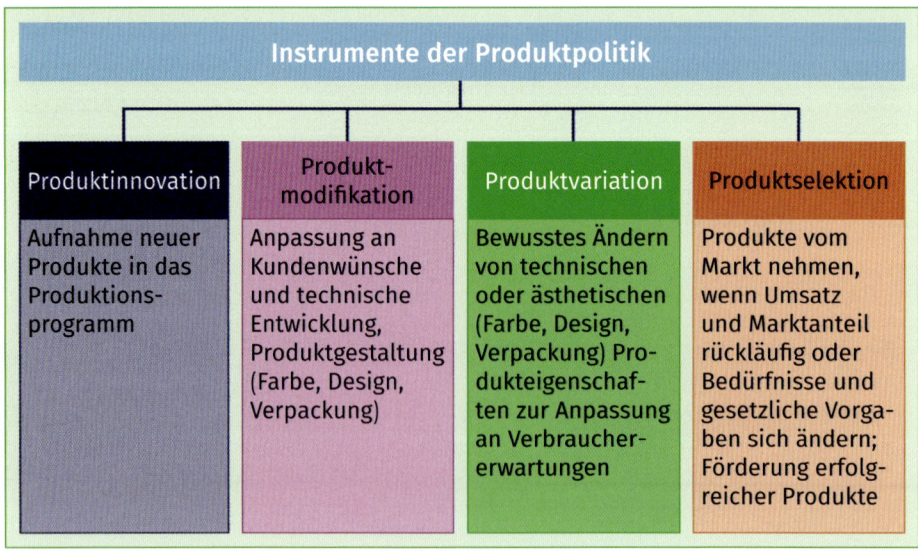

Vertriebspolitik

Der **Vertrieb** der Erzeugnisse ist nach der Herstellung die letzte Stufe im gesamtbetrieb-lichen Leistungsprozess. Sein Stellenwert wird angesichts der sich rasch wandelnden Märkte immer größer. Betriebsinhaber müssen die Sicherung des Absatzes als ständige Aufgabe betrachten. Aufgabe des Marketings ist die Ausrichtung aller unternehmerischen Entscheidungen am Absatz.

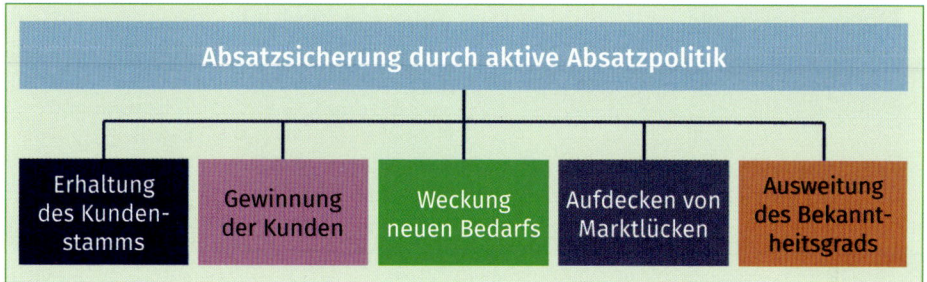

Voraussetzungen für vertriebspolitische Entscheidungen sind umfassende Informatio-nen über den betreffenden Absatzmarkt. Die **Marktforschung (Marktanalyse)** befasst sich mit der Untersuchung der Absatzmärkte, dem Verhalten der **Mitanbieter** und dem Verhalten der **Verbraucher** und liefert die entsprechenden Informationen.

Marktanalyse – Aufschluss über Absatzmöglichkeiten

Die Ergebnisse der Marktforschung sind Voraussetzungen für die Absatz- und Vertriebs- planung. Wesentliche Instrumente der **Vertriebspolitik** sind:

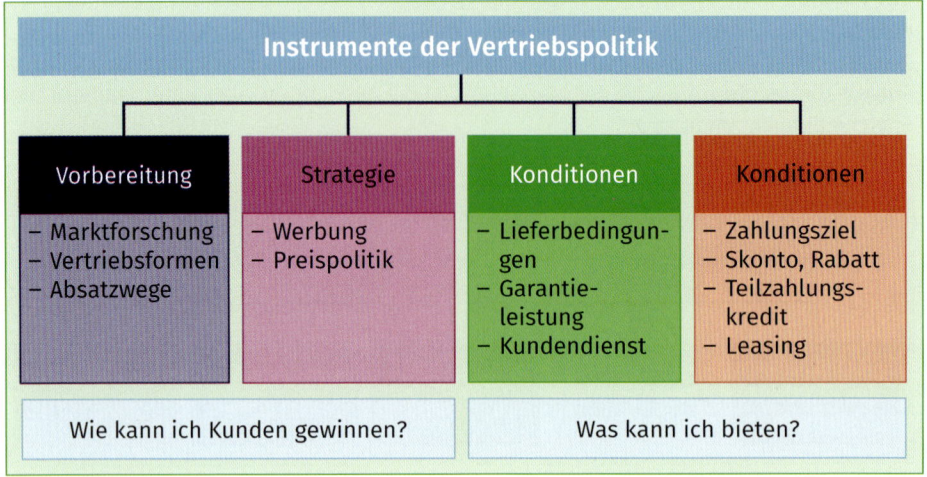

Preispolitik

Die Kaufentscheidung des Kunden wird wesentlich vom Preis bestimmt. Die Absatzent- wicklung der Unternehmen ist vom Preis-Leistungs-Verhältnis und ihrer Preispolitik ab- hängig.

Unternehmer unterscheiden zwischen dem **Marktpreis**, der sich auf dem Markt tatsäch- lich erzielen lässt, und dem **kalkulierten Preis**, der sich aus der Kostenrechnung ergibt. Das Ergebnis der Kalkulation stellt eine wesentliche Orientierungsgröße bei der Preisge- staltung dar.

In einem **Käufermarkt**, wie er sich häufig zwischen gewerblichen Geschäftspartnern, zum Beispiel Zulieferbetrieb und Autokonzern, ergibt, diktiert der Käufer (Nachfrager) den Preis. Beispielsweise bei der Abnahme einer bestimmten Menge Auspuffkrümmer (Guss- teile) zu einem bestimmten Preis. Je nach Auslastung seiner Produktionsanlagen ist der Anbieter gezwungen, die Preisvorstellung des Käufers zu akzeptieren.

Bei einem funktionierenden Wettbewerb erfolgt die Preisbildung durch Angebot und Nachfrage. Die Preispolitik ist ein wichtiges Instrument des Marketings, dabei muss der Preis der Mitanbieter beachtet werden.

In der Preispolitik des Handels spielen auch preispsychologische Argumente eine Rol- le. Ziel ist es, den Absatz anzukurbeln. Mit dem **Paketpreis** wird der Kunde zum Kauf mit geringer Ersparnis verführt. Zwei oder mehrere Einheiten werden in einem Paket angeboten. Bei der **Preisbündelung** sind Komplementärgüter unterschiedlicher Attrak- tivität in einem Verkaufspaket zusammengefasst, zum Beispiel ein PC inklusive Monitor, Tastatur und Maus. Der Einzelpreis ist nicht erkennbar. Für bestimmte Artikel hat sich beim Verbraucher eine **Preisbarriere** aufgebaut. Wird diese überschritten, reagieren die Verbraucher mit Kaufverzicht oder weichen auf Ersatzgüter aus. Der Preis bestimmter Artikel besitzt einen **Signalcharakter**. Der Kunde schließt vom Preis bekannter Artikel auf das Preisniveau des Anbieters. Ist Markenkaffee bei einem Händler besonders günstig, wird der Kunde davon ausgehen, dass auch das übrige Sortiment zu günstigen Preisen angeboten wird.

Ausschlaggebende Faktoren der Preispolitik

O **Nachfrageverhalten**
Wie reagieren die Kunden auf Preisveränderung?
Welchen Preis akzeptieren die Kunden (Preisakzeptanz)?

O **Produktionskosten**
Selbstkosten der Fertigung = absolute Preisuntergrenze

O **Mitanbieter**
Wie stark ist die Konkurrenz? Preise der Konkurrenz?
Wie reagiert die Konkurrenz bei einer Preissenkung?

O **Ersatzprodukte (Substitutionsgüter)**
Auf welche Ersatzprodukte können die Kunden ausweichen? Was kosten die Ersatz-produkte? Wie hoch ist die Preisschwelle (Preisbarriere), die die Kunden zum Wech-seln bewegt?

Es gibt zahlreiche Möglichkeiten, die Kunden in ihrer Kaufentscheidung zu beeinflussen. Die Auswahl einzelner Maßnahmen hängt von der Betriebsform und dem Unternehmens-konzept ab. Die beste Möglichkeit, potenzielle Kunden als Käufer zu gewinnen, ist nach wie vor, hochwertige Produkte anzubieten. Ein entsprechendes Markenimage erleichtert den Absatz und lastet die Produktionsanlagen aus.

Kommunikationspolitik

Unser Umfeld wurde schon immer von der Werbung bestimmt. Sie beeinflusst gezielt und nicht wahrnehmbar das Verhalten des Einzelnen. Werbung findet man beispielsweise in Stadien, auf Bussen, im Internet, als Schleichwerbung bei Talkshows und Fernsehfilmen. Durch Werbung wird versucht, die Meinung der Verbraucher durch geeignete Maßnah-men so zu beeinflussen, dass sie von sich aus eine bestimmte Ware oder Dienstleistung von einem ganz bestimmten Anbieter kaufen. Besonders in konjunkturschwachen Zeiten setzen die Unternehmen auf die Werbung und wollen den Konsumenten zum Kauf sti-mulieren.

Wesentliche Ziele der Werbung
O Verbraucherinformation und Kundeninformation durch informative Werbebotschaft
O Altkunden erhalten und Gewinnung von Neukunden
O Aufmerksamkeit auf neue Produkte lenken (Produkteinführung)

- Aufbau eines Marken- und Firmenimages
- Werbemaßnahmen der Mitbewerber begegnen
- bewusste und unbewusste Bedürfnisse ansprechen und wecken

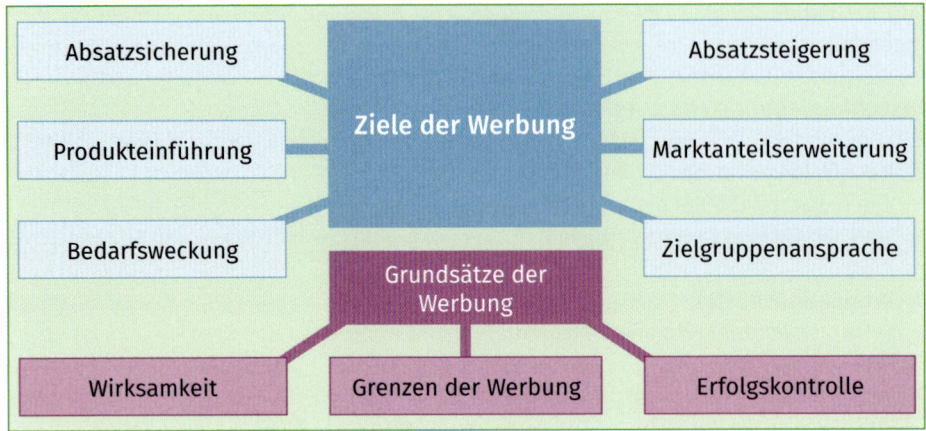

Werbeplan

Abgestimmt auf die angestrebten Ziele wird ein Werbeplan erstellt. Mit dem Werbeplan werden die Werbemaßnahmen, die Gestaltung und Steuerung der Werbemittel und das Budget (Werbeetat) festgelegt. Die erforderliche Höhe des Etats hängt ab vom Werbeumfang, vom Werbemittel (Hörfunk, TV, Zeitung, online) und von der Größe der Personengruppe, die angesprochen werden soll. Schließlich wird festgelegt, wie die Werbeerfolgskontrolle erfolgen soll.

Checkliste
Werbeplan
Wofür wird geworben? (Produkt/Dienstleistung)
Wo wird geworben? (Werberaum)
Wer wird umworben? (Zielgruppe)
Mit welcher Aussage wird geworben?
Womit wird geworben? (Werbeträger)
Wann wird geworben? (Zeitraum)
Welcher Etat wird zur Verfügung gestellt?
Mit welchen Maßnahmen wird der Werbeerfolg erreicht?

Werbeerfolgskontrolle

Nach der Durchführung einer Werbekampagne ist eine Erfolgskontrolle erforderlich, um aufzuzeigen, ob durch den Werbeeinsatz die gewünschten Ziele erreicht wurden.

Eine einfache Erfolgskontrolle ergibt sich aus dem Vergleich des Umsatzes vor und nach der Werbekampagne. Ob die Zielgruppe erreicht wurde, lässt sich über eine Rückantwort, verbunden mit einem kleinen „Geschenk", ermitteln. Die Erfolgskontrolle kann mit einer Meinungsumfrage oder einem Bestellformular, welches nach dem eingesetzten Werbemittel fragt, durchgeführt werden.

Servicepolitik

Der Unternehmenserfolg entsteht in erster Linie durch die Berührungspunkte zum Kunden. Zufriedene Kunden sind für einen Betrieb die beste Werbung – Mundpropaganda. Über den Kundendienst und eine fachliche Beratung kann ein positives Image aufgebaut werden. Zusatzleistungen erleichtern den Verkauf.

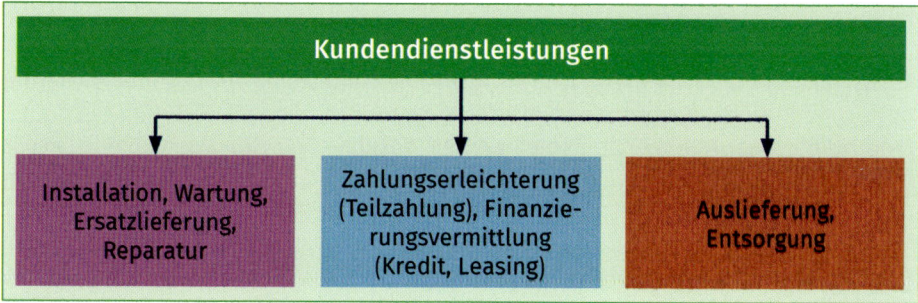

Kommunikationstechnik

Kundendienstleistungen steigern die Kundenzufriedenheit. Ein enger und intensiver Kundenkontakt dient dem Aufbau und der Erweiterung des Kundenstamms. Bei der Kundenberatung spielt die Kommunikationstechnik eine wichtige Rolle. Dem Kunden ist mit Freundlichkeit und Geduld entgegenzutreten. Ausführliche und eingehende Beratung anhand von Prospekten, Katalogen und Mustern, das Erklären der Gebrauchsanleitung und der Handhabung des Produkts vermitteln dem Kunden das Gefühl, dass man ihn ernst nimmt, seine Fragen berechtigt sind und er jederzeit nachfragen kann.

Ökomarketing

Der **Umweltschutz** als Marketinginstrument gewinnt mehr und mehr an Bedeutung. Ein Unternehmen, das sich auf ein umweltbezogenes Verbraucherverhalten einstellt, erschließt sich neue Märkte und sichert damit die Wettbewerbsfähigkeit. Der Verweis auf umweltfreundliche Produkte und betrieblichen Umweltschutz verbessert das Image wie etwa die Verwendung von chlor- und säurefrei produziertem Papier im Buchdruck. Umweltbewusste Betriebe informieren mit den Energielabels über den Energieverbrauch.

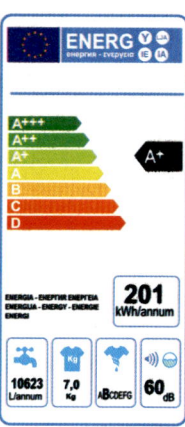

Die **Ökobilanz** zeigt Möglichkeiten für Kosteneinsparungen im Unternehmen auf. Eine umweltgerechte Fertigung verwendet Werkstoffe und Verpackungen, die geringere Entsorgungskosten aufweisen oder wiederverwertbar sind. Kostengünstigere Materialbeschaffung, Verringerung des Materialeinsatzes in der Produktion und bei der Verpackung und Energieeinsparungen bei den Fertigungsverfahren sind weitere Gesichtspunkte.

Qualitätssicherung

Mit qualitativ hochwertigen Produkten und Dienstleistungen kann sich ein Unternehmen von der Konkurrenz abheben und am Markt durchsetzen. Eine umfassende Qualitätskontrolle während der Fertigung verringert den Ausschuss und ergibt somit eine Kostenersparnis. Gewährleistungen, Rückrufaktionen und Nachbesserungen entfallen und verbessern das Firmenimage. Über die Qualitätskontrolle können hohe Kosten aus der Produkthaftung vermieden werden.

Kostengünstiger als Fehlerbeseitigung ist die Fehlervermeidung. Die **Qualitätssicherung** begleitet den Herstellungsprozess von der Konstruktion über die Fertigung bis hin zur Produktabnahme. Auftretende Fehler werden dokumentiert, um Wiederholungsfehler auszuschließen. Ziel des Qualitätssicherungsprozesses ist eine ständige Verbesserung des Produkts und des Herstellungsprozesses. Durch die freiwillige Zertifizierung nach ISO 9001 lassen sich Betriebe die Bemühungen ihrer Qualitätssicherung bescheinigen. Großabnehmer wie die Automobilindustrie zwingen ihre Zulieferbetriebe zur Zertifizierung, um gleiche Qualitätsstandards zu gewährleisten. Die ISO-Norm zur Qualitätssicherung legt fest, nach welchen Regeln die Entwicklung und Produktion, die Montage, das Design und der Kundendienst zu organisieren sind. Betriebe, deren Betriebsablauf dieser Norm entspricht, können bei der Trägerschaft (TGA) eine Zertifizierung beantragen. Die Zertifizierung hat die Funktion eines Gütesiegels.

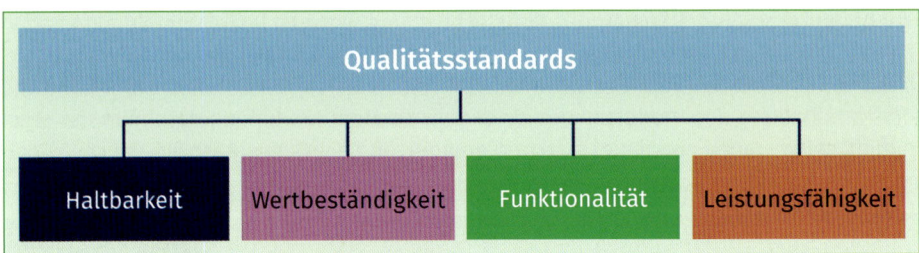

2.4   Projekt: Einen Kapitalbedarfsplan aufstellen

Bei der Erstellung des Businessplans ist auch ein Finanzplan zu erstellen. Ein Bestandteil des Finanzplans ist der **Kapitalbedarfsplan**.

Der Kapitalbedarfsplan erfasst alle betrieblichen und privaten Ausgaben und verschafft somit einen Überblick über die anfallenden Kosten.

Wie viel Geld für eine Existenzgründung notwendig ist, wird mit einer **Kapitalbedarfsplanung** festgestellt. Wer auf eine genaue Planung verzichtet, riskiert, dass das Geld am Ende nicht ausreicht und das Gründungskonzept insgesamt in Gefahr geraten könnte. Der Kapitalbedarfsplan ist folglich das Kernstück der Finanzplanung, denn Investitionen binden das Kapital auf lange Zeit und können später nicht ohne Verluste rückgängig gemacht werden.

Inhalte eines Kapitalbedarfsplans

Im Kapitalbedarfsplan wird das notwendige Kapital des zu gründenden Unternehmens erfasst. Dabei handelt es sich um notwendige Investitionen, Gründungsnebenkosten und Betriebsmittel. Daraus ergibt sich ein sogenannter **Gesamtkapitalbedarf**, welcher dem vorhandenen **Eigenkapital** gegenübergestellt wird, um zu prüfen, ob eventuell **Fremdkapital** (Darlehen usw.) in Anspruch genommen werden muss, um die Unternehmensgründung realisieren zu können. Interessenten des Kapitalbedarfsplans sind deshalb vor allem Kapitalgeber oder Investoren.

$$\text{Verschuldungsgrad} = \frac{\text{Fremdkapital}}{\text{Eigenkapital}}$$

Je höher der Verschuldungsgrad, also je kleiner der Anteil des Eigenkapitals am Gesamtkapital ist, desto größer wird das Risiko für Eigenkapitalgeber und Gläubiger. Der hohe Fremdkapitalanteil führt zu hohen Zinszahlungen, die wiederum den Gewinn schmälern oder eventuell sogar zu Verlusten führen können.

Beispiel: Kapitalbedarfsplan

Kapitalbedarfsplan	
Existenzgründung Kfz-Servicewerkstatt Lohrmann	
	€
Investitionen	
Grundstücke und Gebäude	
Renovierungskosten/Nebenkosten	
Betriebsausstattung (Büroeinrichtung, Maschinen usw.)	
Fahrzeuge	
Warenausstattung	
Kaufpreis/Übernahmepreis	
Summe	
Gründungsnebenkosten (einmalige)	
Mietkaution	
Patent-, Lizenz-, Franchisegebühr	
Beratungen	
Notar/Handelsregister	
Markteinführung	
Sonstiges	
Summe	
Betriebsmittel	
Anlaufkosten	
Vorfinanzierung von Aufträgen/Forderungen	
Sonstiges (eventuelle Reserven für Lebensunterhalt)	
Summe	
Gesamtbedarf	
Eigenkapital	
Fremdkapitalbedarf	

Betriebliche Kosten

Bei der Sachgüterherstellung von Maschinen, Fahrzeugen oder Elektrogeräten und der Dienstleistungsbereitstellung wie Reparaturleistungen oder Rechtsberatung setzen die Unternehmen Produktionsfaktoren ein, zum Beispiel Maschinen, Rohstoffe und Arbeitskräfte. Dieser „Input" muss bezahlt werden.

Der in Geld ausgedrückte Werteverzehr (Nutzung und Verbrauch) wird als „Kosten" bezeichnet.

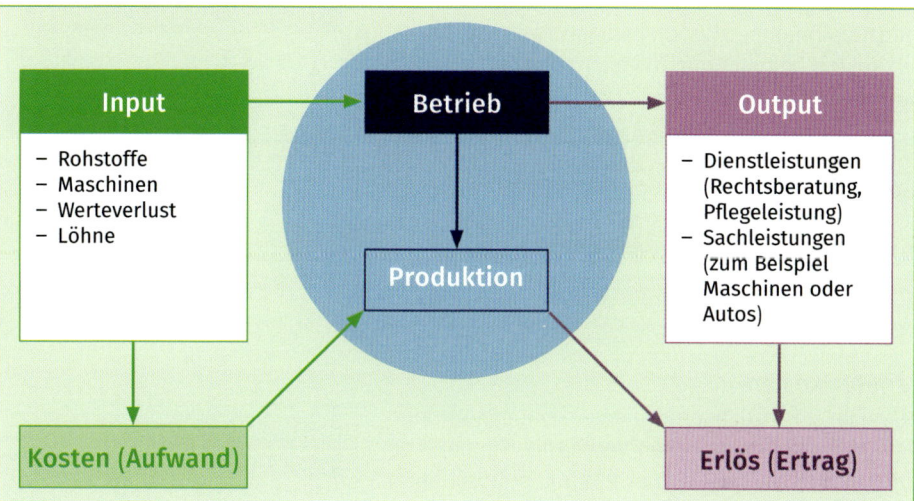

Erwerbswirtschaftlich ausgerichtete Unternehmen sind bestrebt, einen angemessenen Gewinn zu erzielen. Je geringer die Herstellkosten der betrieblichen Leistung, umso mehr bleibt vom Verkaufspreis als Gewinn übrig. Deshalb ist die Kostenerfassung von besonderer Wichtigkeit. Die erfassten Kosten bilden die Grundlage für die Verkaufspreisermittlung (Kalkulation).

Über die Kosten entscheidet sich auch, ob Dienstleistungen bzw. Sachgüter selbst hergestellt **(Eigenfertigung)** oder bezogen **(Fremdfertigung)** werden sollen. Die Erweiterung des Dienstleistungsangebots bzw. der Produktpalette des Unternehmens ist ebenfalls abhängig von den Kosten und den zu erlösenden Preisen. Um den Marktanteil zu erweitern, muss das Unternehmen günstiger anbieten können als die Mitanbieter. Kostenerfassung und Kostenrechnung sind wesentliche unternehmerische Tätigkeiten und entscheiden über Erfolg oder Misserfolg.

Gewinn / Verlust = Erlös – Kosten

Fixe und variable Kosten

Die Nutzung eines Fahrzeugs verursacht Kosten. Die Kosten sind abhängig von der Häufigkeit der Nutzung. Wird die Nutzung erhöht oder verringert, so steigen oder verringern sich die Kosten. Dies trifft allerdings nur auf einen Teil der Kosten zu. Dieser Kostenzusammenhang gilt auch für die Produktion von Gütern oder die Bereitstellung von Dienstleistungen. Wesentliche **Kostenarten** sind die fixen (unveränderlichen) Kosten und die variablen (veränderlichen) Kosten.

Fixe Kosten

Jedes Unternehmen hat einen Fixkostenblock, der unabhängig von der Ausbringungsmenge oder der Inanspruchnahme von Dienstleistungen ist. Die fixen Kosten fallen immer in gleicher Höhe an, selbst wenn überhaupt nicht produziert wird.

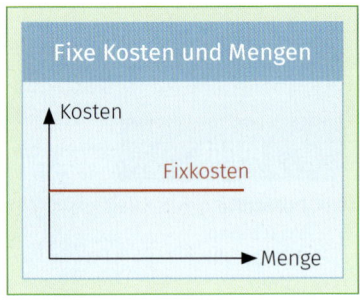

 Mieten, Kreditkosten, Versicherungen, Leasingraten, Personalkosten der Verwaltung, Abschreibungen (Werteverlust an Maschinen und Anlagen)

Variable Kosten

Mit jeder zusätzlich produzierten Einheit erhöhen sich die Kosten im gleichen Verhältnis. Sie nehmen gleichmäßig ab, wenn die Produktion verringert wird. Wird nichts produziert, fallen auch keine Kosten an.

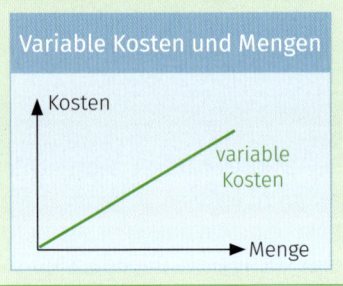

 Materialverbrauch, Fertigungslöhne, Energie- und Betriebsstoffverbrauch, Verpackungskosten

Gesamtkosten

Zählt man die fixen und variablen Kosten zusammen, ergeben sich die Gesamtkosten.

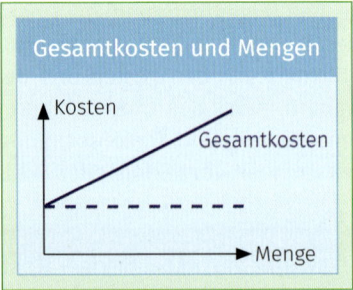

 Gesamtkosten = fixe Kosten + variable Kosten

Teilt man die Gesamtkosten durch die produzierte Menge, erhält man die Kosten pro Stück (Stückkosten).

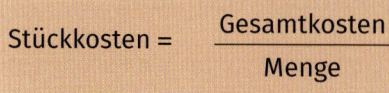

$$\text{Stückkosten} = \frac{\text{Gesamtkosten}}{\text{Menge}}$$

Die Gesamtkosten setzen sich aus einem fixen und einem variablen Kostenanteil zusammen. Teilt man die Gesamtkosten durch eine wachsende Menge, dann wird der fixe Kostenanteil pro Stück immer kleiner und die Stückkosten sinken. Diesen Zusammenhang bezeichnet man als **Gesetz der industriellen Massenfertigung**.

Menge (Stück)	Fixe Kosten (in €)	Variable Kosten (in €)	Gesamtkosten (in €)	Stückkosten (€/Stück)
0	60 000,00 €	0,00 €	80 000,00 €	0,00 €
20 000	60 000,00 €	30 000,00 €	90 000,00 €	4,50 €
40 000	60 000,00 €	60 000,00 €	120 000,00 €	3,00 €
60 000	60 000,00 €	90 000,00 €	130 000,00 €	2,50 €

Einzel- und Gemeinkosten

Bei der Ermittlung des Verkaufspreises aus den erfassten Kosten stellt man fest, dass sich nicht alle Kosten dem Erzeugnis bzw. der Dienstleistung direkt zuordnen lassen. Nach der **Zurechenbarkeit** unterscheidet man Einzelkosten (= direkte Kosten) und Gemeinkosten (= indirekte Kosten).

Einzelkosten können der einzelnen betrieblichen Leistung direkt zugerechnet werden. Sie sind für die einzelne Leistung berechenbar. Man nennt sie deshalb auch **direkte Kosten**.

Beispiele:
Fertigungsmaterial, Lohnkosten, Einzelkosten der Fertigung

Gemeinkosten können einer betrieblichen Leistung nicht direkt zugerechnet werden, da sie für alle Produkte anfallen. Deshalb werden die Gemeinkosten den einzelnen Produkten **indirekt** über einen **prozentualen Zuschlag** zugerechnet.

Beispiele:
Personalkosten der Verwaltung, Abschreibungen, Energiekosten, Instandhaltungskosten, Hilfs- und Betriebsstoffe, Kapitalkosten

Kostenarten-, Kostenstellen- und Kostenträgerrechnung

Die Einzelkosten für den Materialverbrauch und die Lohnkosten für die benötigte Arbeitszeit gehen direkt in die **Kostenträgerrechnung** ein. Die Gemeinkosten müssen über einen Verteilerschlüssel auf die einzelnen Kostenstellen, zum Beispiel die Fertigung, verteilt werden. Die Verteilung erfolgt mithilfe des Betriebsabrechnungsbogens (BAB). Über den Gemeinkostenzuschlag werden die Kostenstellen in der Kalkulation berücksichtigt.

Systematik der Kostenrechnung im Überblick

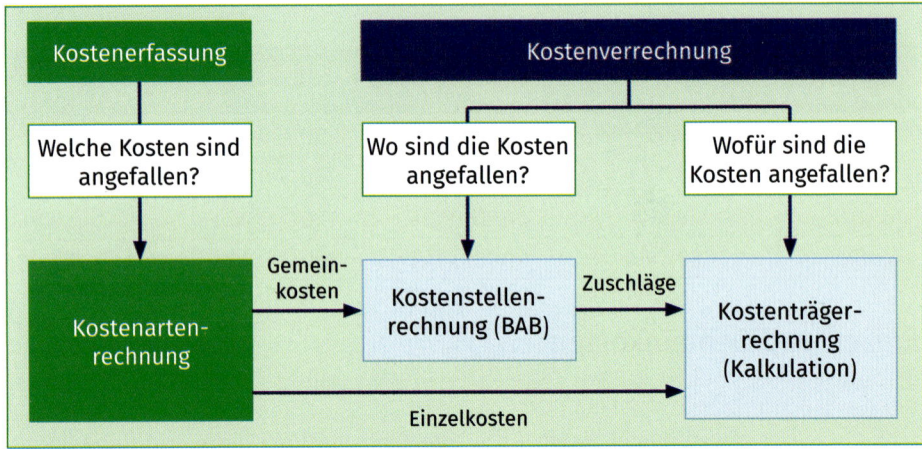

Betriebe weisen vier **Hauptkostenstellen** auf, und zwar Material, Fertigung, Verwaltung und Vertrieb. Die Gemeinkostenzuschläge der Kostenstellen werden aus dem Verhältnis der Einzelkosten, geteilt durch die Gemeinkosten, ermittelt.

Zuordnung der Gemeinkosten

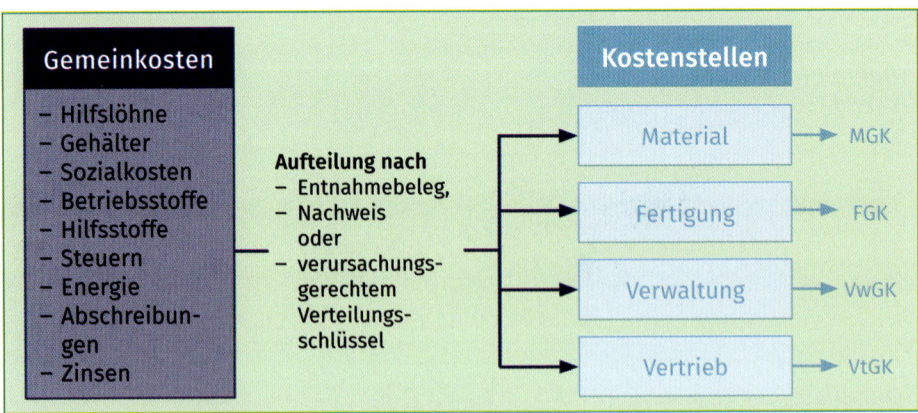

MGK = Materialgemeinkosten; FGK = Fertigungsgemeinkosten; VwGK = Verwaltungsgemeinkosten; VtGK = Vertriebsgemeinkosten

Ermittlung der Selbstkosten – Kalkulation

Die **Selbstkosten** bilden die Grundlage bei der Preisfindung. **Kostenträger** ist die betriebliche Leistung, die vom Betrieb hervorgebracht wird (Produkt, Dienstleistung). Betriebe weisen unterschiedliche Fertigungsstrukturen auf. Deshalb sind Kalkulationsmethoden erforderlich, die auf die Bedürfnisse der Betriebe zugeschnitten sind. Als Kalkulationsarten bieten sich die Divisionskalkulation, die einfache und die erweiterte Zuschlagskalkulation an.

Divisionskalkulation

Die Divisionskalkulation eignet sich für Betriebe, die ein einheitliches Produkt herstellen bzw. eine bestimmte Dienstleistung anbieten, zum Beispiel Stromerzeugung, Zementfabriken, Ziegeleien oder Abfallbeseitigung.

Die Selbstkosten ergeben sich aus den Gesamtkosten eines Zeitraums, dividiert durch die produzierte Menge.

$$\text{Selbstkosten} = \frac{\text{Gesamtkosten}}{\text{Verarbeitungsmenge}}$$

Beispiel:
Im zurückliegenden Jahr wurden in einer Müllverbrennungsanlage 125 000 t Abfall verbrannt. Die Betriebskosten (Material, Verwaltung, kalkulatorische Kosten usw.) beliefen sich auf 15 Mio. €.

$$\text{Selbstkosten} = \frac{15\,000\,000,00\,€}{125\,000\,t} = 120,00\,€/t$$

Einfache Zuschlagskalkulation

Handwerksbetriebe sind auf die Auftragsfertigung nach Kundenwunsch ausgerichtet. Die Gesamtkosten werden in Einzel- und Gemeinkosten aufgeteilt. In arbeitsintensiven Handwerksbetrieben werden die anfallenden Gemeinkosten in einer Summe erfasst und meist auf die Lohnkosten bezogen.

$$\text{Gemeinkostenzuschlag in \%} = \frac{\text{Gemeinkosten pro Zeitraum}}{\text{Lohnkosten pro Zeitraum}} \cdot 100\,\%$$

Beispiel:
Ein Handwerksmeister hat für das zurückliegende Jahr Fertigungslöhne von 137 500,00 € und Gemeinkosten von 220 000,00 € errechnet.

$$\text{Gemeinkostenzuschlag in \%} = \frac{220\,000,00\,€}{137\,500,00\,€} \cdot 100\,\% = 160\,\%$$

Der Handwerksmeister soll ein Angebot abgeben. Für den Auftrag wird
Material im Wert von 180,00 € benötigt. Sein Geselle braucht zur Fertigstellung erfahrungsgemäß 25 Stunden. Sein Stundenlohn beträgt 12,50 €.

Materialkosten laut Auftragszeichnung	180,00 €
Fertigungskosten 25 Stunden · 12,50 €/Stunde	312,50 €
Gemeinkostenzuschlag 160 % von 312,50 €	500,00 €
Selbstkosten des Angebots	**992,50 €**

Ein Vorteil der einfachen Zuschlagskalkulation ist, dass die aufwendige Verteilung der
Gemeinkosten und die Ermittlung von Gemeinkostenzuschlagssätzen im Betriebsabrechnungsbogen (BAB) entfallen.

Nachteilig ist, dass bei Aufträgen mit hohem Lohnkostenanteil ein entsprechend hoher
Gemeinkostenzuschlag berechnet wird. Daher ist zu prüfen, ob die Gemeinkosten tatsächlich im gleichen Verhältnis (proportional) zu den Lohnkosten ansteigen.

Erweiterte Zuschlagskalkulation
In den meisten Betrieben werden verschiedenartige Erzeugnisse mit wechselnden Ar-
beitsabläufen gefertigt. Die einfache Zuschlagskalkulation mit einem einzigen Gemeinkostenzuschlag wird dem nicht gerecht.

Bei der erweiterten Zuschlagskalkulation wird ebenfalls zwischen Einzel- und Gemeinkosten unterschieden. Die Gemeinkosten werden getrennt nach den Hauptkostenstellen (Material-, Fertigungs-, Verwaltungs- und Vertriebsstelle) erfasst. Den betrieblichen
Leistungen werden die Gemeinkosten mit im Betriebsabrechnungsbogen ermittelten Ge-
meinkostenzuschlägen zugerechnet.

Beispiel:
Für eine Auftragsausführung werden 16 m² Steinplatten zum Preis von
65,00 € pro Quadratmeter benötigt. Das Verlegen erfordert 8 Stunden bei
einem Stundenlohn von 18,00 €. Im BAB wurden folgende Gemeinkosten-
zuschlagssätze ermittelt:

Materialgemeinkostenzuschlag:	12,5 %
Fertigungsgemeinkostenzuschlag:	160,0 %
Verwaltungsgemeinkostenzuschlag:	7,5 %
Vertriebsgemeinkostenzuschlag:	5,0 %

Kalkulationsschema	Berechnung	Beispiel
Fertigungsmaterial	$16\ m^2 \cdot 65{,}00\ €/m^2$	1 040,00 €
+ Materialgemeinkosten	$12{,}5\%$ von 1 040,00 €	130,00 €
= Materialkosten (MK)		**1 170,00 €**
Fertigungskosten	$8\ Stunden \cdot 18{,}00\ €/Stunde$	144,00 €
+ Fertigungsgemeinkosten	160% von 144,00 €	230,40 €
= Fertigungskosten (FK)		**374,40 €**
Herstellkosten (HK)	Materialkosten + Fertigungskosten	**1 544,40 €**
+ Verwaltungsgemeinkosten	$7{,}5\%$ von den Herstellkosten	115,83 €
+ Vertriebsgemeinkosten	5% von den Herstellkosten	77,22 €
= Selbstkosten (SK)		**1 737,45 €**

Verrechnungssätze

Eine wirtschaftliche Kalkulationsmethode ist dadurch gekennzeichnet, dass sie einfach zu handhaben ist und an betriebliche Notwendigkeiten angepasst werden kann. Es ist sinnvoll, für die Kalkulation sogenannte **Verrechnungssätze** zu ermitteln. Diese können sich auf den zu verarbeitenden laufenden Meter, Quadratmeter oder auch auf die Werkstoffeinheit Kilogramm usw. beziehen. Dabei wird aus dem Stundenlohn einschließlich Zuschlägen und Zulagen und dem prozentualen Gemeinkostenanteil der **Selbstkostenlohn** errechnet.

Beispiel:
Die Herstellung eines Wintergartens erfordert 240 laufende Meter eines Aluminiumprofils. Das Unternehmen hat einen Selbstkostenlohn pro Meter von 108,00 € (Verrechnungssatz) ermittelt. Die Herstellen des Wintergarten-Skeletts ohne Verglasung ergibt:

Selbstkosten = 240 m · 108,00 €/m = 25 920,00 €

Preiskalkulation

Das Erzielen eines angemessenen Gewinns ist das ureigenste Interesse aller Unternehmungen. Die Festlegung des **Gewinnaufschlags** ist von der Marktsituation abhängig. Als Unternehmer muss man seine Kunden durch ein hervorragendes Preis-Leistungs-Verhältnis überzeugen. Der Gewinnaufschlag entspricht dem Unternehmerlohn und ist eine Entschädigung für das eingegangene Risiko. Er dient auch als Motivation.

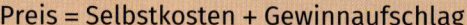 Preis = Selbstkosten + Gewinnaufschlag

Mit dem Einräumen eines **Skontoabzugs** will der Unternehmer seine Kunden für eine zügige Zahlung der Rechnung belohnen. Deshalb verbindet er den Skontoabzug mit einem Zahlungsziel (meist 14 Tage). Eine Lieferung stellt bis zur vollständigen Zahlung einen Warenkredit dar.

Ein **Rabatt** (Preisnachlass) kann als Mengenrabatt oder langjährigen Kunden als Treuerabatt eingeräumt werden. Werden Skonto und/oder Rabatt kalkuliert, aber vom Kunden nicht genutzt, erhöhen diese Zuschläge den Gewinn des Unternehmers.

Beim Verkauf einer Ware oder Leistung fällt immer noch die **Mehrwertsteuer** (fachsprachlich: Umsatzsteuer) an. Der volle Mehrwertsteuersatz (MwSt.) beträgt derzeit 19 %.

Der so ermittelte Preis entspricht den Vorstellungen des Unternehmers. Ob er sich mit diesem Preis am Markt durchsetzen kann, ist nicht gewährleistet und hängt von der Marktsituation ab. Dabei spielen die „Preisvorstellungen" der Mitanbieter und die Kaufkraft der Kunden eine wesentliche Rolle.

Beispiel:
Die ermittelten Selbstkosten für eine Auftragsausführung betragen 1 737,45 € (siehe Kalkulationsbeispiel, Seite 353). Als Gewinn sollen 20 % angestrebt werden. Um die Zahlungsmoral zu stärken, wird ein Skonto von 3 % eingeräumt. Dem Kunden wird ein Rabatt von 10 % gewährt.

Preiskalkulation

Selbstkosten	1 734,45 €		
+ Gewinnaufschlag	346,89 €		
= Barverkaufspreis	**2 081,34 €**	≙	97 %
+ 3 % Skonto	64,37 €	≙	3 %
= Zielverkaufspreis	**2 145,71 €**	≙	90 %
+ 10 % Rabatt	238,41 €	≙	10 %
= angestrebter Preis	**2 384,12 €**	≙	100 %

Verkaufsberechnung

Preis	2 384,12 €
− 10 % Rabatt	238,41 €
= Zielverkaufspreis	**2 145,71 €**
− 2 % Skonto	64,37 €
= Nettopreis	**2 081,34 €**
+ MwSt.-Satz 19 %	395,45 €
= Bruttopreis	**2 476,79 €**

2.4   Einen Kapitalbedarfsplan aufstellen

Kapitalbedarfsplan aufstellen

Nils Lohrmann muss eine Prognose für die betrieblichen Kosten treffen. Zu den Kosten zählen beispielsweise die Miete für die Werkstatt, die Betriebs- und Geschäftsausstattung, die Kosten für Ersatzteile und Personalkosten. Die Summe dieser Aufwendungen stellt die betrieblichen Ausgaben dar. Auch private Ausgaben wie etwa Miete, die Kosten für den Lebensunterhalt, für das Auto und Versicherungen müssen erfasst werden.

Nils Lohrmann hat vom Gründungsberater der IHK den Tipp bekommen, einen Steuerberater zu beauftragen, um den Kapitalbedarf für seine Existenzgründung zu ermitteln. Er möchte sich aber schon im Vorfeld über die wichtigsten Positionen Klarheit verschaffen.

1. Was muss Nils Lohrmann bei der Erstellung eines Kapitalbedarfsplans beachten?
2. Erstellen Sie mithilfe des Beispiels für einen Kapitalbedarfsplan (siehe S. 348) den Kapitalbedarf für Nils Lohrmann.

> **Tipp:** Wenn Sie bei der Planung des Kapitalbedarfs unsicher sind, informieren Sie sich im Internet über realistische Zahlen zu den möglichen anfallenden Kosten. Überlegen Sie, ob Sie wirklich alle anfallenden Kosten erfasst haben. Ergänzen Sie den Kapitalbedarfsplan eventuell.

Die anfallenden Kosten wirken sich auf die Preise von Nils Lohrmann aus. Da er als Reparaturwerkstatt mit viel Konkurrenz rechnen muss, möchte er aber seine Dienstleistungen so günstig wie möglich anbieten.

1. Überarbeiten Sie Ihren Kapitalbedarfsplan und überlegen Sie sich Einsparmöglichkeiten.
2. Welche Kostenpunkte sind besonders kritisch?
3. Beurteilen Sie die Geschäftsidee von Nils Lohrmann und schätzen Sie seine Aussichten auf dem Markt ein.
4. Was könnte er noch tun, um seine Erfolgschancen zu verbessern?

> **Tipp:** Überlegen Sie, wie sich Nils Lohrmann einen festen und vor allem zufriedenen Kundenstamm aufbauen kann.
> Welche Vermarktungsstrategien stehen ihm zur Verfügung?

Auf einen Blick

Inhalt eines Businessplans

1. Geschäftsidee
2. Gründerprofil
3. Markteinschätzung
4. Wettbewerbssituation
5. Standort
6. Unternehmensführung
7. Finanzplanung
8. Zukunftsaussichten (Prognose)

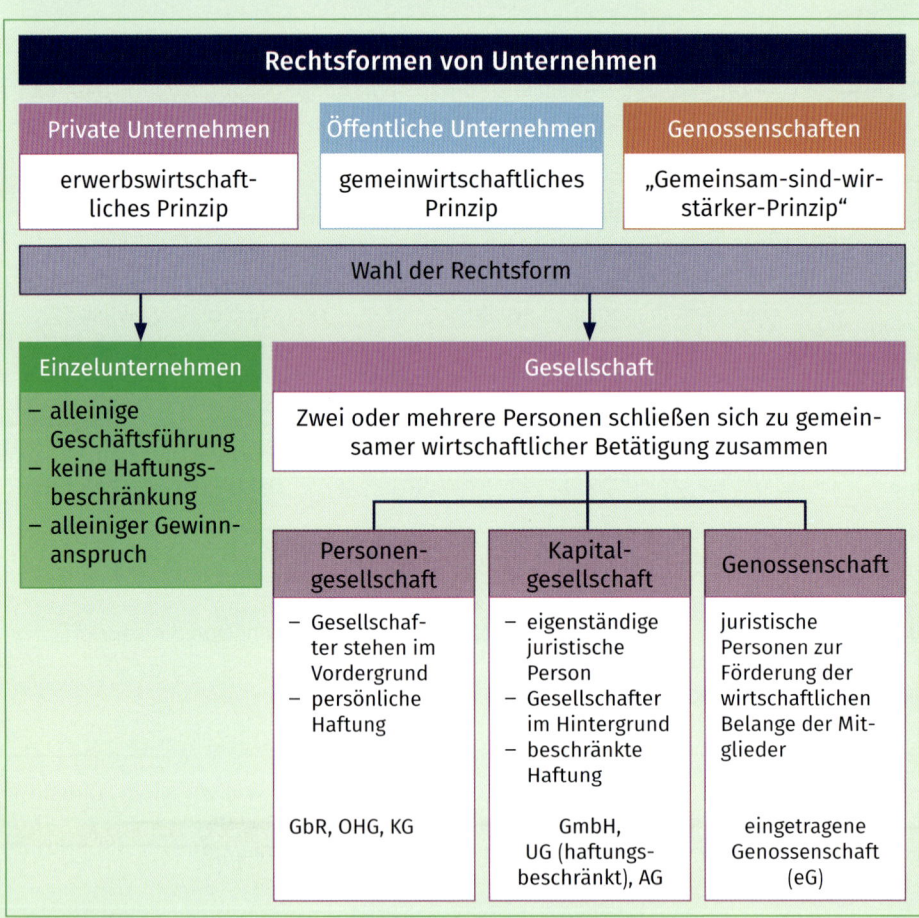

Rechtsformen von Unternehmen

Private Unternehmen	Öffentliche Unternehmen	Genossenschaften
erwerbswirtschaft-liches Prinzip	gemeinwirtschaftliches Prinzip	„Gemeinsam-sind-wir-stärker-Prinzip"

Wahl der Rechtsform

Einzelunternehmen
- alleinige Geschäftsführung
- keine Haftungs-beschränkung
- alleiniger Gewinn-anspruch

Gesellschaft
Zwei oder mehrere Personen schließen sich zu gemein-samer wirtschaftlicher Betätigung zusammen

Personen-gesellschaft	Kapital-gesellschaft	Genossenschaft
– Gesellschaf-ter stehen im Vordergrund – persönliche Haftung GbR, OHG, KG	– eigenständige juristische Person – Gesellschafter im Hintergrund – beschränkte Haftung GmbH, UG (haftungs-beschränkt), AG	juristische Personen zur Förderung der wirtschaftlichen Belange der Mit-glieder eingetragene Genossenschaft (eG)

Rechts-form	Merkmale				
	Gründung	Haftung	Geschäftsfüh-rung/Vertretung	Organe	Gewinn-verteilung
GbR	mindestens zwei natürliche oder juristische Personen mit gemeinsamem Ziel	gesamtschuldne-risch haftende Gesellschafter, Haftung auch mit dem Privatvermö-gen	gemeinschaftlich oder vertraglich geregelt	Gesellschaf-terversamm-lung, Geschäfts-führer	gleiche Anteile für jeden Gesellschaf-ter
OHG	mindestens zwei Personen	jeder Gesellschaf-ter unmittelbar gesamtschuldne-risch	jeder Gesell-schafter	Gesellschaf-terversamm-lung	4 % auf die Kapitalein-lage; Rest nach Köpfen
KG	mindestens ein Vollhafter und ein Teilhafter	Komplementär unbeschränkt; Kommanditisten mit ihren Einlagen	nur durch Komplementär	Gesellschaf-terversamm-lung	4 % auf die Kapitalein-lage; Rest in angemesse-nem Verhältnis
GmbH	mindestens eine Person, Stammkapital mindestens 25 000,00 €, UG mindestens 1,00 €	Gesellschafter haften nur mit den Geschäfts-anteilen	Geschäftsführer	Gesellschaf-terversamm-lung, Geschäfts-führer, evtl. Aufsichtsrat	nach Geschäfts-anteilen
AG	mindestens eine Person, Grundkapital mindestens 50 000,00 €	Aktionäre haften nur mit der Aktie	Vorstand	Hauptver-sammlung, Aufsichtsrat, Vorstand	Dividende je nach Aktien-wert oder Anteil bei Stückaktien

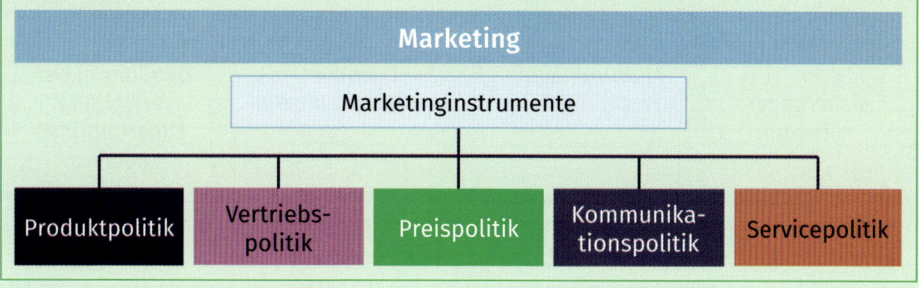

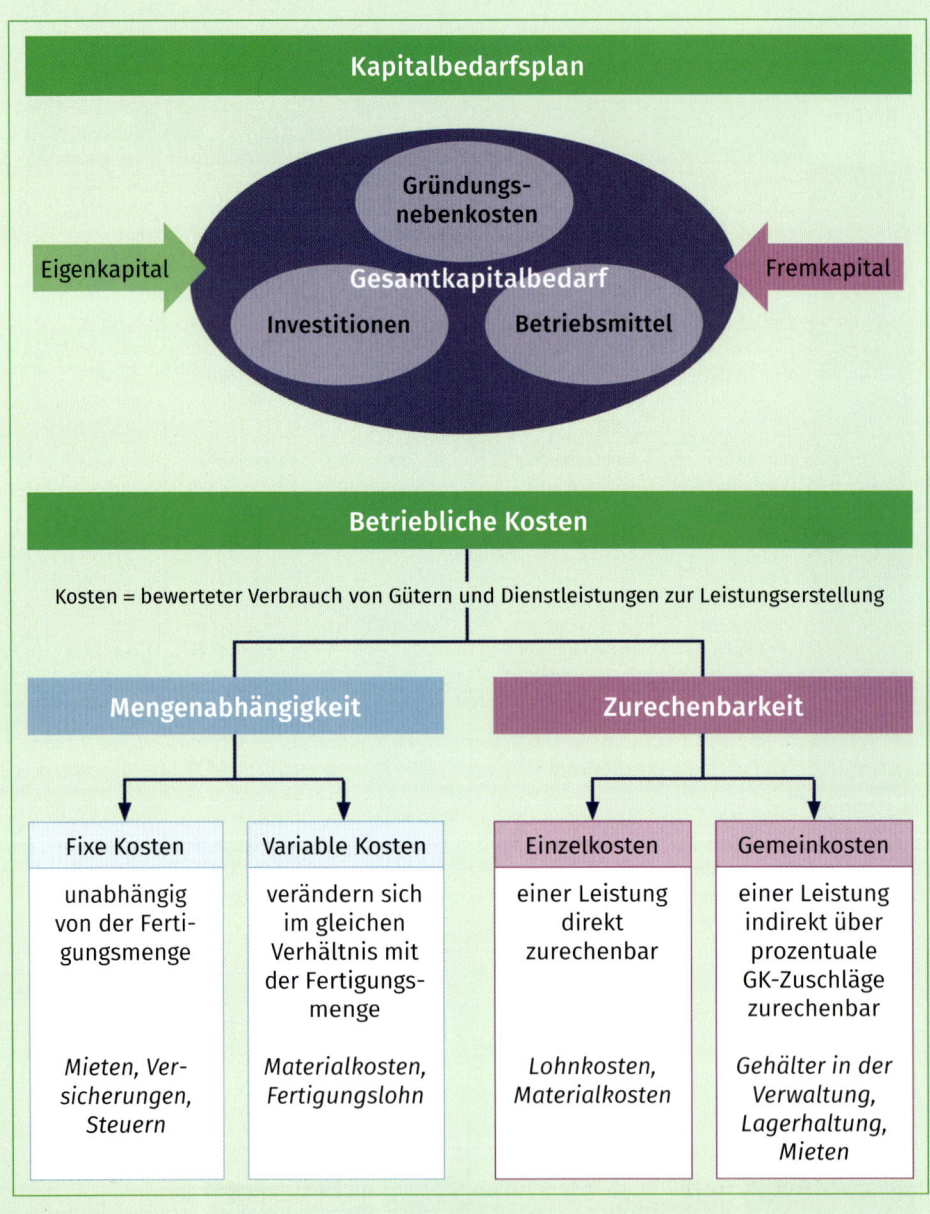

Kompetent handeln

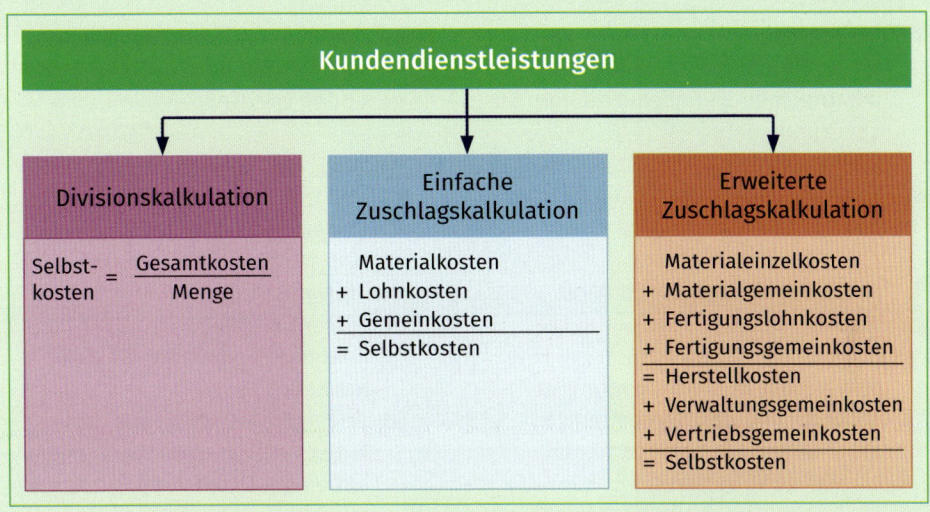

1. Nennen Sie die wesentlichen Merkmale der Einzelunternehmung. Welche Gründe könnten einen Einzelunternehmer zur Umwandlung der Rechtsform in eine Personengesellschaft veranlassen?

2. Erläutern Sie, warum gerade die Gesellschaft des bürgerlichen Rechts (GbR) eine einfache Rechtsform ist. Beschreiben Sie die positiven Merkmale der GbR. Welche Nachteile ergeben sich bei der GbR?

3. Bei der Offenen Handelsgesellschaft (OHG) unterscheidet man zwischen Innen- und Außenverhältnis.
   a) Erläutern Sie die beiden Begriffe.
   b) Erläutern Sie die Haftung der OHG-Gesellschafter.

4. OHG und Kommanditgesellschaft (KG) sind sich ähnlich.
   a) Wodurch unterscheidet sich die KG von der OHG?
   b) Was haben beide Rechtsformen gemeinsam?

5. Durch welche Merkmale unterscheiden sich Personen- und Kapitalgesellschaften?

6. Weshalb ist die Gesellschaft mit beschränkter Haftung (GmbH) eine besonders beliebte Rechtsform? Erläutern Sie die Aufgaben der Organe einer GmbH.

7. Die Rechtsform der Aktiengesellschaft (AG) ist vor allem bei Großunternehmen zu finden. Erläutern Sie
die Gründe dafür.

8. Nennen Sie die Organe der AG und
ihre Aufgaben.

9. Marketing ist maßgeblich daran
beteiligt, ob es gelingt, ein neues
Produkt am Markt einzuführen. Eine
erfolgreiche Existenzgründung ist
abhängig von der Werbestrategie.
   a) Erläutern Sie, was man unter
   Marketing versteht.
   b) Zeigen Sie für ein Produkt oder
   einen Hersteller Ihrer Wahl eine
   Werbestrategie nach dem Prinzip
   „Marketingmix" auf.
   c) Überlegen Sie sich Maßnahmen,
   mit denen Sie die Wirksamkeit
   Ihrer/einer Werbestrategie
   überprüfen können.
   d) Entwickeln Sie für eine Geschäftsidee aus dem Berufsfeld Ihres
   Ausbildungsberufes eine Werbestrategie.
   e) Beschreiben Sie Werbemaßnahmen, welche bei einer Geschäfts-
   eröffnung eingesetzt werden
   können.

10. Zufriedene Kunden sind für einen
Betrieb die beste Werbung. Ein
zufriedener Kunde wird seinen
Neuwagen wieder beim selben
Autohändler kaufen. Mit welchen

Maßnahmen und Verhaltensweisen
können Kunden an das Unternehmen
gebunden werden?

11. Werbung hat das Ziel, die Öffentlichkeit auf ein Unternehmen, seine
Produkte und Leistungen aufmerksam zu machen. Mehr und mehr wird
der Umweltschutz als Marketinginstrument erkannt.
   a) Erläutern Sie den Begriff „Ökomarketing".
   b) Zeigen Sie Beispiele aus der
   Wirtschaft, deren Werbestrategie
   auf einem Ökomarketingkonzept
   aufbaut.

12. Worin unterscheiden sich fixe Kosten
von variablen Kosten?

13. In einem Reiseunternehmen wird ein
neuer Bus angeschafft. Mit welchen
fixen und variablen Kosten muss das
Unternehmen rechnen?

14. Unterscheiden Sie zwischen Einzel-
und Gemeinkosten. Ordnen Sie die
folgenden Kosten den Einzel- bzw.
Gemeinkosten zu.
   a) Erforderliches Fertigungsmaterial
   laut Stückliste 280,00 €
   b) Monatsgehalt für die Beschäftigten in der Kantine, Postannahme-
   stelle, Empfang; Fertigungslohn
   entsprechend der Ausführungs-
   zeit.

15. Für das Leistungsangebot ihres Frisörsalons muss Petra Schmitz eine Preisliste erstellen. Ein Damenhaarschnitt mit Waschen und Föhnen dauert 70 Minuten. Der Stundenlohn der Mitarbeiterin beträgt 9,50 €. Den Gemeinkostenzuschlag, bezogen auf die Lohnkosten, hat Petra Schmitz mit 140 % ermittelt. Als Gewinn strebt sie 18 % an.

a) Welchen Preis muss sie in der Preisliste ausweisen, wenn der MwSt.-Satz 19 % beträgt?

b) Erläutern Sie den Einfluss der Marktsituation.

Sachwortverzeichnis

A

Abgaben 116
Abmahnung 56, 59
Abschwung 301
Agentur für Arbeit 42
Akkordarbeit 35
Akkordlohn 125
Aktienfond 229
Aktiengesellschaft (AG) 335
Allgemeine Geschäftsbedingungen (AGB) 205
allgemeine Hochschulreife 40
Allgemeinverbindlichkeitserklärung 83
Altersrente 95
Altersvorsorgezulage 106
analytische Arbeitsbewertung 131
Anerkenntnis 101
Anerkennungstarifvertrag 81
anfechtbare Rechtsgeschäfte 171
Anfechtungsfrist 171
anforderungsabhängige Entlohnung 130
Angebot 176, 256
Angebotsoligopol 261
Annahme 176
Antrag 176
Anwartschaftszeit 95
Äquivalenzprinzip 102
Arbeitgeber 39, 50
Arbeitgeberverband 78

Arbeitnehmer 50
Arbeitnehmerpauschbetrag 145
Arbeitnehmerveranlagung 148
Arbeitsförderung 42, 93
Arbeitsgemeinschaft 265
Arbeitskampf 83
Arbeitslosengeld I (ALG I) 93
Arbeitslosengeld II (ALG II) 94
Arbeitslosenversicherung 281
Arbeitsplatzwert 132
Arbeitsproduktivität 122
Arbeitsschutzgesetz 32
Arbeitsschutzgesetz (ArbSchG) 33
Arbeitssicherheitsgesetz (ASiG) 33
Arbeitsstättenverordnung (ArbStättV) 33
Arbeitsunfall 92
Arbeitsvertrag 50, 169
Arbeitswertzahl 131
Arbeitszeit 35, 37
Arbeitszeitgesetz 37
Arbeitszeugnis 53, 60
Art der Erhebung 119
Aufgaben des Geldes 211
Aufhebungsvertrag 57
Auflassung 183
Aufschwung 301
Aufstiegsfortbildungsförderungsgesetz 43

Ausbildungsberechtigung 20
Ausbildungsberuf 13
Ausbildungsberufsbild 12
Ausbildungsbetrieb 11
Ausbildungseignung 20
Ausbildungsformen 11
Ausbildungsordnung 12
Ausbildungsrahmenplan 12
Ausbildungsverhältnis 20
Ausbildungsversicherung 109
Auslandsreise-Krankenversicherung 109
außergerichtliches Mahnverfahren 189
außergewöhnliche Belastung 149
außergewöhnliche Belastungen 146
außerordentliche Kündigung 25, 59
Aussperrung 85
Auszubildender 57
Autoschutzbrief 108

B

BAföG 42
Bankkarte 220
Basisrente 107
Bauherrenhaftpflicht 110
Bausparvertrag 228
Beendigung des Ausbildungsverhältnisses 24

befristetes Arbeitsverhältnis 54
Beitrag 92, 94
Beiträge 116
Beitragsbemessungsgrenze 91, 96
Beitragssatz 91
Beratungspflicht 103
Bereicherungsverbot 104
berufliche Flexibilität 40
berufliche Grundausbildung 18
berufliche Schulart 16
berufliche Umschulung 41
berufliche Vorbereitung 17
Berufsausbildung 11, 148
Berufsausbildungsvertrag 168
Berufseinstiegsjahr (BEJ) 18
Berufsfeld 13
Berufsgenossenschaft 39
Berufsgrundbildungsjahr (BGJ) 18
Berufshaftpflichtversicherung 104
Berufskolleg 19
Berufskrankheit 92
Berufsschule 35
Berufsschule (BS) 11
Berufsunfähigkeitsversicherung 105
beschränkt geschäftsfähig 166
Besitz 181
Besitzsteuer 119

besonderer Kündi-
gungsschutz 57
Bestellung 177
Bestellungsannahme
177
Beteiligungslohn
128
Betrieb 31
betriebliche Kosten
349
betriebliche Messzahl
123
Betriebsausschuss
67
Betriebsfrieden 53
Betriebsrat 39,
57, 65
Betriebsratsmitglied
67
Betriebsratswahl 67
Betriebsvereinbarung
51, 72, 73
Betriebsverein-
barungen 66
Betriebsverfassungs-
gesetz (BetrVG)
65, 66
Betriebsversammlung
68
Bewerbung 48
Bewerbungsmappe
47
Bewerbungsunter-
lagen 48
Bewertungsverfahren
130
Bewertung von
Arbeitsstellen
130
BG-Vorschriften (BGV)
33
Boom 301
Bruttoinlandsprodukt
299
Bruttoinlandsprodukt
(BIP) 297

Bruttolohn 124
Bundesagentur für
Arbeit (BA) 93
Bundesausbildungs-
förderungsgesetz
42
Bundesausbildungs-
förderungsgesetz
(BAföG) 16
Bundeselterngeld 36
Bundesinstitut für
Berufsbildung
(BiBB) 13
Bundessteuer 121
Bundesurlaubsgesetz
37
Bundeszentralamt für
Steuern 142
Bürgerliche Gesetz-
buch (BGB) 164
Bürgerliches Gesetz-
buch (BGB) 196
Businessplan 326

Culpa in contrahendo
50

 hier steht D

Dauerauftrag 219
Deflation 293, 296
Depression 301
Deutschen Gewerk-
schaftsbund (DGB)
79
Dienstvertrag 50
direkte Steuer 120
Direktversicherung
106
Dispositionskredit
214, 238
Divisionskalkulation
353
dreijährige Berufs-
fachschule (3BFS)
19

dreijähriges Berufs-
kolleg (3BK) 20
Drohung 171
duales Berufsausbil-
dungssystem 13
Duales System 12
Durchlaufposten
121
Durchschnittssteuer-
satz 147

E

Ecklohn 131
Ecklohngruppe
131
Ehegattensplitting
147
eidesstattliche Versi-
cherung 190
Eigentum 181
Eigentumsvorbehalt
183
einfaches Arbeits-
zeugnis 60
einfache Zuschlags-
kalkulation 353
Einigungsstelle 68
einjährige Berufs-
fachschule 18
einjähriges Berufs-
kolleg (1BK) 20
Einkommensteuer
142
Einkommensteuer-
erklärung 142
Einkommensteuerfrei
143
Einkommensteuer-
gesetz 143
Einstellungs-Kriterien
49
Einzelkosten 351
Einzelunternehmung
330, 331
Electronic Banking
224

elektronisches Last-
schriftverfahren
221
ELStAM 133
ELSTER 151
Elterngeld 36
Elternzeit 37, 57
Elternzeitgesetz 36
Entgeltpunkte (Ep) 98
Entgelt-Rahmen-
abkommen (ERA)
132
Entgelttarifvertrag
81
Erholungsurlaub 53
Erklärungspflicht zur
Einkommensteuer
147
Erlebensfallversiche-
rung 106
Ersatz vergeblicher
Aufwendungen
185
erweiterte Zuschlags-
kalkulation 354
Erwerbsminderungs-
rente 95
erwerbswirtschaft-
liches Prinzip
329
europäischen
Integration 282
europäischer
Agrarmarkt 283
europäischer Binnen-
markt 283
Expansion 301

F

Facharbeiter- 12
Fachhochschulreife
40
Fachqualifikation
(FQ) 13
Fachschule für
Technik 40

Fernabsatzgeschäft 203
Finanz- und Haus- haltspolitik 284
fixe Kosten 350
Flächentarifvertrag 81
flexible Altersrente 96
Foodwatch 202
Fördermöglichkeit 42
Formfreiheit 51
Formzwang 169
Fortbildung 39
Franchising 321
Freibetrag 147
freie Marktwirtschaft 274
freien Marktwirt- schaft 274
Friedensfunktion 77
Friedenspflicht 83
Fürsorgepflicht 53

G

Garantie 187
Gebietskörperschaft 116, 117
Gebühren 116
Gehaltsabtretung 134
Gehorsamspflicht 53
Geld 211
Geldakkord 126
Geldanlage 225
Geldarten 211
Geldfaktor 126
Geldschulden 181
Geldwertsicherung 296
Gemeindesteuer 121
Gemeinkosten 351

gemeinschaftliche Steuern 121
Generationenvertrag 96
Genossenschaft 337
Gerichtskosten 101
geringfügig Beschäf- tigte 96
Geringfügigkeits- grenze 91
Gesamtkosten 350
Geschäftsfähigkeit 165
Geschäftsidee 319
Geschäftsunfähig 166
Gesellen- oder Gehilfenbrief 12
Gesellschaft des bürgerlichen Rechts (GbR) 332
Gesellschaft mit beschränkter Haf- tung (GmbH) 334
Gesetz gegen den unlauteren Wettbe- werb (UWG) 196
gesetzliche Arbeits- losenversicherung 93
Gesetzliche Kranken- versicherung 90
gesetzliche Lohn- abzüge 133
gesetzliche Pflege- versicherung 99
gesetzliche Renten- versicherung 95
gesetzliche Unfall- versicherung 91
Gewährleistungsfrist 187
Gewässerschaden- haftpflicht 110
Gewerbeanmeldung 319

Gewerbeaufsichtsamt 38
Gewerbeordnung (GewO) 33
Gewerkschaft 79
Gewinn 349
Gewinnbeteiligung 129
Gewinnmaximierung 329
Giralgeld 213
girocard 220
girocard-System 220
Girokonto 214
Gläubiger 188
Gleichgewichtspreis 260
GmbH & Co. KG 335
Grenzen des Sozial- staats 279
Grenzsteuersatz 147
Gründe für eine Fortbildung 41
Grundfreibetrag 145, 146
Grundgesetz 77
Grundlohn 133
Gründungshilfen 322

H

Handwerksordnung (HwO) 12
Haushaltsplan 242
Haustarifvertrag 81
Haus- und Grund- besitzerhaftpflicht 110
Hemmung der Verjährung 191
Hinterbliebenenrente 92
Hochkonjunktur 301
höhere Gewalt 191
Holschulden 181

IBAN 218
indirekte Steuer 120
Inflation 293
Inflationsrate 291
Informations- und Beratungsrecht 72
Insassenunfall- versicherung 108
Irrtum 171

Jugendarbeitsschutz- gesetz 34
Jugend- und Auszu- bildendenvertre- tung 57, 65, 69
juristischen Person 165

K

Kalkulation 353
Kammer 24
Kapitalbedarfsplan 346
Kapitalbedarfsplan aufstellen 357
Kapitalbeteiligung 128
Kapitalgesellschaft 334
Kapitalversicherung 106
Kartell 266
Kartellgesetz 267
Kaufkraft 123, 124, 290
Kaufkraftmessung 290
Kaufvertrag 176
Kernqualifikation (KQ) 13
Kfz-Haftpflichtversi- cherung 104

Kinderfreibetrag
135, 145
Kinderinvaliditätsver-
sicherung 108
Kinderlosenzuschlag
100
Kirchensteuer 134
Klage 101
Klagerücknahme
101
Klageverfahren 189
Kollektivvertrag 77
Kommanditgesell-
schaft (KG) 333
Kommunikations-
politik 343
Kommunikations-
technik 345
Kompetenz 48
Konjunktur 118, 301
konjunkturelle
Schwankung 300
Konjunktur/Maßnah-
men zur Beeinflus-
sung 307
Konjunkturpolitik
277
Konto 214
Konzern 268
Kosten 349
Krankengeld 90
Krankenhaustage-
geld-Versicherung
110
Krankentagegeld-
versicherung 110
Krankenversicherung
280
Krankenversiche-
rungspflichtgrenze
91
Kredit 233
Kreditaufnahme
117
Kreditkarte 222,
238

Kreditkosten 237
Kreditwürdigkeit
234
Kündigung 58
Kündigung nach
Ablauf der Probe-
zeit 25
Kündigungsfrist 51
Kündigungsgrund
56
Kündigungsschutz
56
Kündigungsschutz-
gesetz (KSchG) 56
Kündigung während
der Probezeit 24
Kurzarbeitergeld 93

 L

Ländersteuer 121
Lastschrift 219
Lebensmittelinforma-
tionsverordnung
(LMIV) 198
Lebensversicherung
106
Leistungsbewertung
128
Leistungsherstellung
31
Leistungslohn 125
Leistungsmerkmal
128
Leistungsort 181
Leistungswert 128
Leistungszulage
125
Leistungszulage (LZ)
128
letzte Arbeitstag als
Auszubildender
25
Lieferungsverzug
188
Lohnabrechnung
132, 135

Lohnabzug 134
Lohnart 122
Lohnfortzahlung
129
Lohngruppe 130,
131
Lohnnebenkosten
137
Lohnquote 299
Lohnsteuer 133,
142
Lohnsteuerabzugs-
merkmal 142
Lohnsteuerer-
mäßigung 147
Lohnsteuerklasse
135
Lohnsteuertabelle
133
Lohnzusatz 137

 M

Magisches Sechseck
303
Mahnung 188, 189
Mahnverfahren 189
Mängel 183
mangelhafte
Lieferung 184
Mängelrüge 186
Manteltarifvertrag
81, 130
Marketing 339
Markt 253
Marktform 254, 255
Marktforschung
(Marktanalyse)
341
Marktpreis 257, 259
Mehrwert 120
Meister-BAföG 43
Meisterschule 40
Minderung 185
Mindestinhalt eines
Ausbildungs-
vertrags 22

Mindestlohn 129
Mindestregelung 51
Mindesturlaub 38
Mitbestimmungsrecht
70
Mitgliedsbeitrag
148
Mitwirkungsrecht 71
Monatslohn 131
Monopol 255
Monopolabgaben
117
Mutterschaftsgeld
91
Mutterschaftshilfe
91
Mutterschutz 55
Mutterschutzgesetz
36
Mutterschutzgesetz
(MuschG) 57

Ⓝ N

Nacherfüllung 185
Nachfrage 257
Nachfrist 188
nachrangiges Recht
185
Nachweisgesetz
(NachwG) 51
natürliche Person
165
Nettolohn 124
Neubeginn der
Verjährung 191
nichtige Rechts-
geschäfte 170
nichtselbstständiger
Arbeit 143
nominales Brutto-
inlandsprodukt
299
Nominallohn 124,
295
notarielle Beur-
kundung 170

O

Offene Handels-
gesellschaft (OHG)
332
öffentliche Beglaubi-
gung   170
öffentliches Unter-
nehmen   336
Ökomarketing   345
ökonomisches
Prinzip   329
Oligopol   255
Onlinebanking   224
ordentliche
Kündigung   58
Ordnungsfunktion
77
Organisationsformen
der Berufsaus-
bildung   14

P

Personalzusatzkosten
122, 137
Personengesell-
schaften   332
Personen-
versicherung   104
Pfändung   190
Pflegegeld   100
Pflegezusatz-
versicherung   105
Pflichten des
Arbeitgebers   53
Pflichten des Arbeit-
nehmers   53
Pflichtversicherungs-
prinzip   89
PIN / TAN-Verfahren
224
Prämienlohn   125
Prävention   92
Preisangabenverord-
nung (PAngV)   198
Preisbildung   258

Preisentwicklung
290
Preiskalkulation
355
Preispolitik   342
Preisstabilität   293
Preissteigerungsrate
124
private Kranken-
versicherung   105
private Pflege-
versicherung   105
private Renten-
versicherung   106
private Unfall-
versicherung   107
private Zusatz-
versicherung   102
Privathaftpflicht-
versicherung   104
privatrechtlicher
Versicherungs-
vertrag   102
Probezeit   51
Probleme der
sozialen Marktwirt-
schaft   279
Produkthaftungs-
gesetz (ProdHaftG)
197
Produktionsbetrieb
30
Produktivität   122
Produktpolitik   340
Produktsicherheits-
gesetz (ProdSG)
33
Progressionszone
146
Proportionalzone
146
Prüfungsordnung
12

Q

qualifiziertes Arbeits-
zeugnis   60
Qualitätssicherung
346

R

Rahmentarifvertrag
81
Ratenkauf   239
Ratenkredit   238
Rationalisierung
123
reales Bruttoinlands-
produkt   299
Reallohn   124, 295
Rechte und Pflichten
in der Ausbildung
22
Rechtsformen von
Unternehmen
329
Rechtsgeschäfte
167
Rechtsschutzversi-
cherung   104, 108
Rehabilitation   92,
95
Reichensteuer   146
Reisegepäckversiche-
rung   110
Reiserücktrittsver-
sicherung   110
Rentabilität   329
Rentenartenfaktor
(Raf)   98
Rentenformel   97
Rentenkonto   98
Rentenversicherung
140, 280
Rentenwert (aRw)
98
Rezession   301
Riester-Rente   106
Ruhepause   35, 37

Rürup-Rente   107

S

Sachmängelart   184
Sachversicherung
104
Saison-Kurzarbeiter-
geld   93
Schadensersatz   185
Schickschulden   181
Schlichtung   84
schlüssiges Handeln
167
schriftliche
Bewerbung   48
Schulden   240
Schuldenfalle   239,
245
Schuldenstand   116
Schuldner   188
Schuldnerberatung
242
Schultyp   16
Schutzfunktion   77
Schutzpflicht   50
Schutzvorschrift   31
Schweigepflicht   53
Selbständigkeit/
Chancen und
Risiken   319
Selbstkosten   353
Selbstpräsentation
49
Selbstständigkeit
316
Selbstverwaltungs-
prinzip   90
Servicepolitik   345
Sicherheits-
beauftragter   39
Solidaritätsprinzip
89
Solidaritätszuschlag
133
Sonderausgaben
146, 148

Sonderausgaben-
pauschbetrag
145
Sonn- und Feiertags-
arbeit 37
Sorgfaltspflicht 53
Sozialauswahl 56
soziale Marktwirt-
schaft 274
soziale Markt-
wirtschaft/Grund-
werte 275
sozialer Arbeitsschutz
34
Sozialgerichtbarkeit
100
Sozialgesetzbuch III
42
Sozialgesetzbuch
Neuntes Buch 36
Soziallohn 129
Sozialpartner 78
Sozialpolitik 278,
285
Sozialversicherung
89
Sozialversicherungs-
ausweis 51
Sozialversicherungs-
beitrag 134
Spareinlage 227
Spende 148
Staatseinnahmen
117
Stabilitätsgesetz
302
Stabilitätspolitik
285
Standortwahl 320
Stellenangebot 48
Sterbegeld-
versicherung 108
Steuerberatungs-
kosten 148
Steuergegenstand
119

Steueridentifikations-
nummer 51
Steuer-Identifikati-
onsnummer 144
Steuerklasse 144
Steuern 116
Steuerschuld 142
Steuerspirale 119
Steuerträger 120
Steuerverteilung
119
Steuerzahler 120
Stiftung Warentest
200
Streik 85
Strukturpolitik 277
Stückgeldakkord 126
Stückgeldakkordsatz
126
Stückzeitakkord 126
Stundenlohn 131
summarische
Arbeitsbewertung
130

 T
Tagegeldversicherung
105
Tarifautonomie 77,
83
Tarifbindung 82
Tarifverhandlung 84
Tarifvertrag 51, 77,
169
Tarifvertragsart 80
Tarifvertragspartei
77, 78
Täuschung 171
technischer Arbeits-
schutz 32
Teilkaskoversicherung
107
Teilzeit- und
Befristungsgesetz
(TzBfG) 54
Teilzeitvertrag 55

Termingeld 228
Tiefstand 301
Tierhalterhaftpflicht-
versicherung
104, 108
Todesfallversicherung
106
Träger 103
Treuepflicht 53
Trust 269

 U
überbetriebliche
Ausbildungsstätte
(ÜBA) 12
Überschuldung 241
Überwachung 31
Überwachung der
Berufsausbildung
24
Überwachung der
Schutzvorschrif-
ten 38
Überweisung 217
Umsatzsteuer 120
Umschulung 39
Umweltpolitik 278
unbefristetes Arbeits-
verhältnis 54
Unfallanzeige 92
Unfallgefahr 32
Unternehmen 31
Unternehmensgesell-
schaft (UG) 335
Unternehmens-
gründung/Risiken
323
Unternehmens-
konzentration
264, 267
Unternehmenskoope-
ration 264, 265
Unternehmensziele
329
Unternehmer 318

unzulässige Fragen
50
Urabstimmung 85
Urlaub 35
Urteil 101, 189

V
variable Kosten 350
Verband 265
Verbraucherberatung
199
Verbraucherinsolvenz
243
Verbraucherkredit
233
Verbraucherpreis
118
Verbraucherpreis-
index 291
Verbraucherrecht
196
Verbraucherschutz
195
Verbraucherzentrale
199
Verbrauchsteuer
120
Vergleich 101, 189
Vergütung 53
Verhandlungs-
kommission 84
Verjährung 190
Verjährungsfrist
191
Verkehrsrechtschutz
108
Verkehrssteuer 120
Verkürzung der Aus-
bildungszeit 22
Verlängerung am
Ausbildungsende
22
Verletztenrente 92
Verlust 349
Vermögensaufbau
226

Vermögens-
versicherung 104
vermögenswirksame
Leistungen 134
Verrechnungssätze
355
Verschuldungsgrad
347
Versicherung 228
Versicherungs-
nummer 98
Versicherungspflicht
100
Versicherungspolice
88
Versicherungsprinzip
102
Versicherungsträger
90, 91, 93, 95
Versicherungsvertrag
169
Vertragsabschluss 48
Vertragsart 54
Vertragsverletzung
181
Vertrag von Maast-
richt 284
Vertriebspolitik 341
volkswirtschaftliche
Messgrößen 289
Vollkaskoversiche-
rung 107
vollkommener Markt
260

Vollschulische
Berufsausbildung
19
vollstationäre Pflege
100
vollstreckbarer Titel
190
Vollstreckungs-
bescheid 189
vollzeitschulische
Berufsausbildung
15
Vorqualifizierungs-
jahr Arbeit/Beruf
(VAB) 17
vorrangiges Recht
185
Vorsorgepauschale
145
Vorstellungsgespräch
49
Vorsteuerabzug 120

 W

Waisenrente 95
Warenhandel 117
Warenkorb 291
Warenschulden 181
Wege der beruflichen
Bildung 17
Wege in die Selbst-
ständigkeit 320
Wegeunfall 92
Weiterbildung 39

Werbeerfolgs-
kontrolle 344
Werbeplan 344
Werbungskosten
146, 148
Werbung/Ziele 343
Wettbewerbspolitik
277, 284
Wettbewerbsverbot
53
Widerrufsrecht 103,
204
Widerspruch 101
Willenserklärung
167
Wirtschaftsausschuss
69
Wirtschaftspoli-
tisches Ziel 302
Wirtschafts- und
Währungsunion
284
Witwen- und Witwer-
rente 95
Wochenarbeitszeit
55
Wohngebäude-
versicherung 110

 Z

Zahlungsmöglichkeit
217
Zahlungsverzug
188

Zahnzusatzversiche-
rung 110
Zeitakkord 126
Zeitfaktor 126
Zeitlohn 124
Zentralverwaltungs-
wirtschaft 274
Zeugnis 23
Zölle 117
Zugangsfaktor (zf)
98
Zulage 133
Zusatzversicherung
105
Zuschlag 133
zuständige Stelle
24
zuständige Stelle für
Berufsausbildung
22
Zuwendung 133
Zwangsvollstreckung
190
Zweige der Sozial-
versicherung 89
zweijährige Berufs-
fachschule (2BFS)
19
zweijähriges Berufs-
kolleg (2BK) 20

Bildquellenverzeichnis

akg-images GmbH, Berlin: S. 274.4 (Science Source), 275.1, 295.1
Apple: S. 268.2
Arbeitgeberverband Gesamtmetall e.V., Berlin: S. 265.2
Bastian Klamke/Ellmenreich Werbemittel GmbH, Kleinmachnow: S. 76.1
BC GmbH Verlags- und Medien-, Forschungs- und Beratungsgesellschaft, Ingelheim: S. 33.4
Bergmoser + Höller Verlag AG, Aachen: S. 34.1, 70.1, 101.1, 237.1, 301.1, 303.1
Bundesministerium für Justiz und Verbraucherschutz, Berlin: S. 203.1
Bundesministerium für Wirtschaft und Energie, Berlin, Jahreswirtschaftsbericht 2020: S. 307.1
Bundesministerium für Wirtschaft und Energie, Jahreswirtschaftsbericht 2020 (www.existenzgruender.de): S. 322.1
Bundesverband der Deutschen Industrie e.V., Berlin: S. 265.1
Bundesvereinigung der Deutschen Arbeitgeberverbände (BDA), Berlin: S. 78.1
Burkard Mohr, Königswinter: S. 251.1
Daimler AG, Stuttgart: S. 268.1
Deutsche Bundesbank, Frankfurt am Main: S. 210.1
Deutscher Franchise Verband e. V., Berlin: S. 321.1
Deutscher Mieterbund e.V., Berlin: S. 202.1
DIHK | Deutscher Industrie- und Handelskammertag e.V., Berlin: S. 21.1
einfach-rente.de/Pajoas GmbH, Paunzhausen: S. 97.1
Eisenbahn- und Verkehrsgewerkschaft (EVG), Berlin: S. 79.4
Erich Rauschenbach, Berlin: S. 96.1
Erik Liebermann, Steingaden: S. 25.1, 103.2
EURO Kartensysteme GmbH, Frankfurt am Main: S. 220.2, 222.1
FORMBLITZ GmbH, Berlin: S. 235.1
Formular-Management-Systems (FMS) der Bundesfinanzverwaltung (https://www.formulare-bfinv.de): S. 153–154
Freimut Woessner, Berlin: S. 30.1
Gerhard Mester, Wiesbaden: S. 264.1
Gewerkschaft der Polizei NRW, Düsseldorf: S. 79.8
Gewerkschaft Erziehung und Wissenschaft (GEW), Frankfurt am Main: S. 79.5
Gewerkschaft Nahrung-Genuss-Gaststätten (NGG), Hamburg: S. 79.7
Harm Bengen, Norden: S. 64.1
HOCHTIEF Infrastructure GmbH – BeMo Tunnelling GmbH – Wayss & Freytag Ingenieurbau AG
www.hochtief-infrastructure.de – www.bemo.net – www.wf-ingbau.de, u.a. Essen: S. 265.3
Horst Haitzinger, München: S. 80.1, 116.1.
IG BCE Industriegewerkschaft Bergbau, Chemie, Energie, Hannover: S. 79.3
IG Metall, Frankfurt am Main: S. 79.6
imu-Infografik, Duisburg: S. 49.1
Industriegewerkschaft Bauen-Agrar-Umwelt, Frankfurt am Main: S. 79.2.
iStockphoto.com, Calgary: S. 31.1 (franckreporter), 36.1 (vgajic), 102.1 (Lux_D), 125.1 (kemalbas), 150.1 (wutwhanfoto), 164.1 (hjalmeida), 182.1 (kontrast-fotodesign), 182.2 (Todor Tsvetkov), 182.2 (Jaroslav Frank), 183.1 (Bet Noire), 183.2 (macniak), 183.3 (lukas_zb), 221.1 (jacoblund), 222.2 (Kritchanut), 245.1 (zhudifeng), 245.2 (f9photosg), 245.3 (scanrail), 245.4 (4x6), 245.5 (andresr), 315.1 (Cecilie_Arcurs), 318.1 (sturti), 319.1 (Peshkova)
Martin Guhl/Cartoonexpress (www.cartoonexpress.ch), Stein am Rhein: S. 293.1
McDonald's Deutschland LLC, München: S. 268.3
©Netto/public link communication & consulting GmbH, Berlin: S. 262.1
NORDSEE GmbH, Düsseldorf: S. 321.4
NORMA Lebensmittelfilialbetrieb Stiftung & Co. KG, Fürth: S. 262.2
OBI Group Holding SE & Co. KGaA, Wermelskirchen: S. 321.2
Picture-Alliance GmbH, Frankfurt am Main: S. 11.1, 19.1, 55.1, 59.1, 66.1, 68.1, 79.1 (Nicolas Armer), 82.1 (dpa-Infografik), 84.1 (Hendrik Schmidt), 85.1, 94.1, 100.1, 103.1, 118.1, 119.1, 122.1, 123.1, 134.1, 137.1, 146.1, 195.1 (egal), 199.1 (Horst Galuschka), 218.1, 225.1 und 225.2, 229.1 (gopixa), 232.1, 279.1, 280.1, 281.1 und 281.2, 282.1, (dpa-Infografik), 284.1 (Hendrik Schmidt), 291.1, 292.1, 297.1, 298.1, 304.1, 305.1, 323.1, 330.1 (dpa-Infografik)
RE/MAX Germany, Leinfelden-Echterdingen: S. 321.3
Shutterstock.com, New York: S. 204.1 (Stokkete)
Staufenbiel Institut GmbH, Köln: S. 47.1
Stiftung Warentest, Berlin: S. 200.2, 201 (3x)